Byron Oswaldo Vélez Escallón

# *Do tamanho do mundo*
## O Páramo *de Guimarães Rosa*
## —*com um* Yavaratê

Manuel H., *Un tranvía en llamas frente a la Iglesia de San Francisco*, 1948.

ISBN: 1-930744-85-4
© Serie Premio *Revista Iberoamericana* mejor tesis, 2018
INSTITUTO INTERNACIONAL DE
LITERATURA IBEROAMERICANA
*Universidad de Pittsburgh*
1312 Cathedral of Learning
Pittsburgh, PA 15260
(412) 624-5246 • (412) 624-0829 FAX
iili@pitt.edu • www.iilionline.org

---

*Colaboraron con la preparación de este libro:*

Composición y diseño gráfico: Erika Arredondo
Corrector: Luana Moreira Reis y Emy Takada

*Índice*

O borbulhar do grimório – prefácio por Raúl Antelo ............ 7

Agradecimentos ................................................................ 17

Introdução ......................................................................... 23
   Liminar ........................................................................... 23
   Origem, temporalidade, monstro ................................. 26
   Vestígio, estilo, *mal-estar* ............................................. 33
   Semblante, sensível, espectro ....................................... 40
   Mesa ............................................................................... 46
   *Aquí, ahora* .................................................................... 49
   Um pequeno roteiro ...................................................... 55

## *Primeira parte*
## Bogotá *sub Rosa*

I. ........................................................................................ 61
   Rosa em Bogotá ............................................................ 63

II. De lama e sangue ......................................................... 73
   Espectro cultural ........................................................... 75
   A política despolitizada ................................................ 87
   O diabo na rua .............................................................. 92

III. Declaração de Bogotá (*sub rosa*) ............................... 104
   *Mi oscura voz de silbos cautelosos* ............................... 107
   Um lugarejo perdido na Cordilheira ........................... 112

*Soroche*—ruína .................................................. 120
Sob o signo de Saturno .................................. 126
*Pathosformeln* ................................................ 130
De ar e de pedra ............................................. 156
Um mundo de ódio ........................................ 159
Morto-vivo ....................................................... 168
Evanira! ............................................................ 171
Resto ................................................................. 176
*EXSPECTAMVS.RESVRRECTIONEM.MORTVORVM* ......... 180
Paraíso de pedra ............................................. 190
Sol negro .......................................................... 194
*a(n)nómos* ....................................................... 203

# Segunda parte
# Do tamanho do mundo

I. *Aleph* ............................................................ 209
   *Caribe* ........................................................ 221

II. No meio do caminho tinha uma selva ..... 239
   *Mythos sive natura* ................................... 249
   *Amazonas*, a errática, o ritual antropofágico ....... 267
   *Yuruparý* .................................................... 287

III. Por um Iauaretê heterotópico ................. 293
   *Diferonça* ................................................... 326
   *D'outro, ou aquele que ouve* (vozes de sereias) –*à margem da estória* . 348

# Terceira parte
# EVANIRA! (a modo de conclusão)

A China é aqui ............................................... 363
O Livro ............................................................. 370
Nirvana ............................................................. 381

Um lance de dados .................................................................. 385
Gentes ........................................................................................ 396

Bibliografia ............................................................................... 409

Lista de imagens ..................................................................... 437

## *O borbulhar do grimório*

O paradigma da história dividida em ciclos evolutivos relegou a disciplina a um papel muito secundário, o de escrutar a mera potência numeradora e classificatória, confiscando-lhe suas possibilidades como ciência do tempo objetivo com relação ao vivente. Em "Filosofia da composição", Edgar Allan Poe cria uma tradição literária muito produtiva: explica como se faz um poema para que outras pessoas possam fazer um poema. Daí em diante, o artista torna-se, por meio de um desvio, um criador de formas, como atestam Mallarmé, Raymond Roussel, Borges, o grupo Oulipo.... Se a arte é uma potencialidade aberta, um campo magnético de projetos programáticos, a tarefa de um ensaio como este de Byron Vélez Escallón é mapear esse campo, levantar suas derivas. Mas, quando um livro assim concebido procede a aproximar textos muito distantes de um sensório comum, o *koinòn aisthetérion* de Aristóteles, sempre cabe perguntar-se se estamos diante de uma montagem de fragmentos desconexos aproximados pela intuição do crítico ou se, pelo contrário, nos deparamos com o destaque figurativo de um conjunto de afinidades performativas inerentes ao próprio fato literário. Se adotamos esta segunda perspectiva, estamos, sem dúvida, diante de um horizonte pós-metafísico. É a minha perspectiva.

Várias periodizações literárias setentistas advogaram, na literatura latino-americana, pela superação do regionalismo, esse programa de fidelidade à terra, à realidade envolvente e bizarra, à paisagem rude e bela, como Antonio Candido já apontara em "O sertão e o mundo" (1957), e como reiteraria, exemplarmente, em "Literatura e subdesenvolvimento" (1971), através de certo refinamento técnico que levasse os traços antes pitorescos a se descarnarem e adquirirem universalidade, descartando o piegas e o retórico; alimentando-se, porém, de elementos não-realistas e técnicas antinaturalistas, mas, aproveitando, contudo, a própria substância do nativismo, o documento social. Ora, em função dessas características, Candido propunha então denominar o horizonte da literatura contemporânea de *super-regionalista*, vinculando-o a uma consciência dilacerada de subdesenvolvimento, que operasse uma explosão do naturalismo, da referencialidade e da representação. Desse super-regionalismo seria tributária, a seu ver, a obra de Guimarães Rosa, de algum modo, associada também à "sobriedade fantasma" de *Pedro Páramo*.

É curioso pensar, não obstante, que "Páramo", o texto rosiano objeto da singular reflexão deste livro, de certa maneira antecede o de Juan Rulfo, que só sai em 1955. Mas Guimarães Rosa não era o único escritor, no Brasil, a tentar uma saída como essa. Um seu conterrâneo e amigo, Aníbal Machado, registra, em seus *hypomnemata* (essas cadernetas onde se verifica um peculiar cuidado de si e uma forma de veredição parcimoniosa), um sonho que lhe acontecera em 1953, e cuja recepção diferida, meio século depois, torna-o uma ficção, "1953 – Julho – 13", no limiar mesmo da Revolução iluminista. Aníbal monta, nessa cena, um *fantástico de biblioteca* de legalidade híbrida, porque a descoberta da absoluta contingência do relato se produz "no pátio da chácara de Sabará", onde ele encontra um cavaleiro, em trajes, porém, que não são de cavalheiro. Descartando o sentimentalismo e a retórica de elementos absurdos ou mesmo a magia das situações, como pedia Antonio Candido, Aníbal Machado aproveita o que antes era a substância do documentário social para produzir, no entanto, pura ficção, simples delírio. Ele constata a verossimilhança realista, uma vez que o cavaleiro em questão se parece bem com a ideia que ele tinha de Raymond Roussel, mas verifica também que a identidade é pura cisão e lacuna, vazio mesmo, porque "nunca o senhor será para mim o R. Roussel, o autor de *Locus Solus*... o outro... o grande é irreal... perdido na distância...", nimbado pela aura da literatura, valor estranhamento compartilhado, aliás, com o próprio Raymond Roussel, a personagem, que não se reconhece na própria imagem.

A ficção de Aníbal Machado era absolutamente pioneira. Tirando o pequeno retrato traçado por Breton em 1937, na revista *Minotaure*, mais tarde incorporado à *Antologia do humor negro* (1940), só um surrealista quase inédito, Jacques Brunius, propôs uma "máquina para ler Raymond Roussel", suplementada, a seguir, por um ensaio de 1938, "Na sombra onde os olhares se alimentam", e que mais tarde se tornaria um livro, *À margem do cinema francês*. O patafísico argentino Juan Esteban Fassio também produziu uma máquina de leitura, inspirada na de Brunius, documentada em *Letra y línea*, a revista de Aldo Pellegrini, e através de Fassio, chegamos facilmente a Julio Cortázar ou mesmo a Michel Leiris, que conhecia Roussel desde criança e cuja famosa expedição a Dakar foi parcialmente financiada por ele mesmo. Roussel teve enorme influência sobre muitos outros artistas da época. Com efeito, em *Maladie mentale et psychologie* (1962), Foucault já ensaia uma relação entre escritura e loucura, a partir de Hölderlin, Nerval, Roussel e Artaud; e a seguir, num artigo para a *Nouvelle Revue Française*, "Le cycle des grenouilles", daquele mesmo ano, o filósofo nos diz que Roussel lança mão de um arbitrário combinado, em que a verdade permanece indicada, embora não descoberta. Pouco depois, em "Dire et voir en Raymond Roussel", uma colaboração para *Lettre Ouverte*, destaca o caráter não-cronológico da escrita de Roussel, que o levaria a ver nele um bom exemplo de estrutura bipolar de polivalência tão rigorosa quanto incontrolável. Ainda em 1964, quando cunha o seu famoso conceito de *fantástico de biblioteca*, Foucault traça a linhagem dessa escritura, que passaria pelo *Santo Antão* de Flaubert, *Le Livre* de Mallarmé, Joyce, Roussel, Kafka, Pound, Borges. E arremata: "La bibliothèque est en feu". E, certamente, foi a alavanca foucaultiana de que a biblioteca pegou fogo, que fez Deleuze escrever o ensaio sobre Raymond Roussel e o horror ao vazio, cuja hipótese central é a de que não falta sentido à literatura: aquilo que nela falta são signos e é por isso mesmo que o problema literário por excelência é o vazio, um vazio que se abre no interior de cada palavra, tese que seria desenvolvida em *Proust e os signos*.

Para Deleuze, a repetição (de uma palavra, de uma situação) deixa escancarada a diferença de seus sentidos. Seria a prova de uma impossibilidade da repetição? Não. Na repetição, paradoxalmente, trata-se de aumentar o vazio ao máximo, tornando-o determinável e mensurável, até preenchê-lo, então, com toda uma fantasmagoria que religa e integra as diferenças à repetição. A questão, portanto, é falar e fazer ver, ao mesmo tempo, ou seja, falar e dar a ver aquilo que se resiste a ser visto. Temos aí, em suma, uma das chaves para certa literatura brasileira em busca, precisamente, de mecanismos de condensação, substituição e proliferação. E para ver, como nos propõe Byron Vélez, o mesmo no outro, Brasil na Colômbia, o atual no arcaico.

Aliás, essa questão, longe de ser apenas estética, vincula também, no texto de Guimarães Rosa, duas questões corriqueiramente distantes, linguagem e política. O *soroche*, como sabemos, se passa com o choro. O diplomata protagonista acata o choro que lhe sobrevém na rua e, para disfarçar, acompanha um préstito, porém, o faz à distância, como um cachorro. *Choro-cachorro* sinalizam, através da linguagem, a ausência de comunidade como uma das questões centrais do conto de Guimarães Rosa. A comunidade primitiva está definitivamente perdida: não existe mais o sagrado. O dispêndio ocorre hoje à plena luz do dia. É a despesa do consumo ininterrupto, que caracteriza o Ocidente, aquilo que está na sua estrutura política. Georges Bataille sempre defendeu, no campo da arte, um domínio heterológico ou sagrado, composto por fenômenos que fugissem de qualquer redução intelectual, ideal ou formal e só admitissem ser definidos em negativo, como diferença a-lógica. Por isso, em algum momento, julgou poder encontrar certa semelhança entre a heterologia e as formações do inconsciente, concluindo que haveria nos ameríndios, ou mais especificamente, na passividade com que aceitaram a derrota perante os espanhóis, uma força de renovação da própria modernidade ocidental, a da imanência absoluta, que cabia resgatar para nossa modernidade não se institucionalizar como ruptura autônoma, desprovida de força contestatária.

Pouco antes da guerra, em janeiro de 1937, no famoso número duplo da revista *Acéphale* dedicado à reparação de Nietzsche, Bataille já formula umas "Proposições sobre o fascismo", em que argumenta que o caráter sucedâneo do indivíduo com relação à comunidade é uma das raras evidências que se destacavam nas pesquisas históricas em curso. É à comunidade unitária, dizia, que a pessoa empresta sua forma e seu ser. As crises, as mais opostas, culminaram, aos nossos olhos, na formação de comunidades unitárias semelhantes: não havia nelas nem doença social, nem regressão. As sociedades reencontravam seu modo de existência fundamental, sua estrutura de todos os tempos, tal como ela se formou ou reformou nas circunstâncias econômicas ou históricas as mais diversas. Dessa situação, inferia Bataille, a democracia, que repousa sobre um equilíbrio precário entre as classes, talvez não seja nada além de uma simples forma transitória, porque ela não traz consigo somente as grandezas, mas também as pequenezas da decomposição. A vida, não sendo unívoca, exigia então que o protesto contra o formalismo idealista, ainda dominante, não se processasse, necessariamente, num sentido democrático representativo. Ele não era necessariamente feito em nome de um *aquém (en-deçà)*, simplesmente porque as possibilidades da existência humana podiam muito bem estar situadas *além (au-delà)* da formação das sociedades monocéfalas.

Ora, com seu baixo materialismo, Bataille estava pois empenhado em conceituar a cultura não enquanto processo de produção, circulação e consumo, como nos pedia Antonio Candido, mas como elaboração da perda, dispêndio de forças vitais de caráter circular, levando em conta, em primeiro lugar, não só aquilo que se depreende do corpo, mas também qualquer marca fisiológica que não seja fundamental para o prosseguimento da vida (os traços sexuais secundários, por exemplo). Reivindicava, em consequência, tudo aquilo que se põe para fora, pelo buraco da boca, e que não seja linguagem propriamente destinada à comunicação, tanto o grito quanto a poesia e, em última análise, o próprio dispêndio, que pressupõe, em última instância, a morte.

Acéfalo, portanto, é para Bataille o elemento soberano que não só elide a racionalidade e exclui a chefia, o mundo administrado, mas, acima de tudo, também aquilo que solicita a auto-exclusão dos membros da própria comunidade, presentes somente através da ausência de racionalidade em sua participação, como sujeitos atravessados pela paixão, isto é, pelo êxtase. A definição introduz, assim, o paradoxo decisivo do *ekstasis*, um absoluto estar-fora-de-si do sujeito, que torce convulsivamente sua boca (a beleza será convulsiva, dizia Breton) como a demonstrar que aquele que faz a experiência não está mais no instante em que a experimenta, ou, em outras palavras, que deve faltar à sua racionalização, no momento mesmo em que deveria estar presente para completar a experiência. Nesse *time out of joint* constatamos uma consistência *aiônica* do tempo, completamente *não-cronológico*, que faz com que experiência e dessubjetivação surjam assim interligadas. Toda a filigrana de Byron Vélez, lendo o *Bogotazo* nas entrelinhas de "Páramo", obedece a essa lógica.

Portanto, não vejo tanto em Guimarães Rosa a superação da comarca, do local originário e da estirpe, quanto uma reivindicação comunitária claramente negativa ou, quando muito, uma comunidade de afirmação não positiva, de legitimação, muito embora, a rigor, não reivindicativa. Essa comunidade tem uma estrutura absolutamente singular, pois ela assume em si a impossibilidade da própria imanência, a impossibilidade mesma de ser comunitária, enquanto sujeito da comunidade. Como a comunidade é a impossibilidade da comunidade, cabe então à experiência desta impossibilidade criar, pelo contrário, a única comunidade possível.

Qual seria a razão dessa impossibilidade comunitária? Neste tipo de comunidade, o soberano está além do útil e, nesse sentido, encontra-se, ao mesmo tempo, além da angústia da morte. Mostra-se, então, em confronto com a angústia do fim e do domínio da mercadoria. Mas essa comunidade, além de serviço, carece de origem. A origem, longe de apontar a uma plenitude, a uma realização efetiva, está associada com aquilo que dela emerge, embora não no sentido linear de uma causa e um efeito, mas como ruptura ou hiato, isto é, como vazio não saturado. A origem não é um fundamento: é uma fundação construída, *de jure* e não *de facto*, funcionando mesmo como o negativo daquilo de que ela mesma é origem.

Talvez possamos ver melhor essas questões no episódio de Cordovez Moure, glosado por Guimarães Rosa, em "Páramo". Não se trata de nele ver um *continuum* da história mas de ver, no ódio da velha, os limites do simbólico para poder dar conta da democracia. A crônica de Cordovez Moure mostra um *plus* de gozo na tortura, na medida em que a velha não representa a lei mas acredita ser a Lei. Isso derruba as versões convencionais que, *grosso modo*, poderíamos filiar à teoria dos dois demônios, e nos postula, entretanto, uma violência do Estado, insuportável e abjeta. Não espanta, portanto, que o episódio da velha augure um conjunto de narrativas situadas em bairros transformados em autênticos focos de violência, onde imperam o narcotráfico, clãs e tribos suburbanas, que fraturam a centralidade neocolonial e a modernidade mal e mal assimilada de Bogotá. Um texto posterior, *Scorpio City* (1998), de Mario Mendoza, mas que se ressignifica a partir de "Páramo", afasta qualquer visão arcádica da metrópole e dir-se-ia que Bogotá abriga, a rigor, uma multiplicidade de cidades subterrâneas dentro dela. Uma cidade-caos que produz literatura-rap: torsões e contorsões, redemoinhos e retorcimentos, que se valem da escritura para se apropriarem de uma fala extraída de um corpo desestabilizado.

Mas, Byron Vélez detecta, em sua análise, essa vertigem vocabular num significante muito preciso, *grimoire*. Ele nos retroage a Mallarmé e eu diria, mais particularmente, à teoria da linguagem em Mallarmé, a seu vínculo com a política, isto é, a uma política da imanência absoluta, segundo a qual nada é anterior ao mútuo jogo das palavras, à sintaxe. Disto deriva que o sentido nunca pode ser imposto de cima, do alto, por alguma instância transcendental ou uma autoridade doutrinária. O sentido borbulha no grimório, dizia Mallarmé.

Byron Vélez Escallón oferece-nos, nesta leitura de "Páramo", um excelente exemplo de como o anacronismo pode nos auxiliar a produzir uma potencialidade aberta, um campo magnético de possibilidades de sentido arrancado, aparentemente, de um nada, nonada, tutaméia, baga, ninha, inânias, ossos-de-borboleta, mexinflório, chorumela, nica, quase nada....

RAÚL ANTELO

*Para Luz Adriana Sánchez Segura,*
*para Pablo Andrés y Juan José*

## *Agradecimentos*

Ler é sempre ler-junto. A voz plural que narra este trabalho pretenderia dar conta dessa leitura compartilhada, e de uma construção conjunta, mas não dispensa agradecer com nomes próprios às pessoas e instituições sem cuja colaboração este trabalho teria sido impossível. Agradeço a elas e a eles:

A Luz Adriana Sánchez Segura, que trabalhou comigo em todas as fases do desenvolvimento da pesquisa. A ela devo, e devoto, este trabalho.

À minha família –Ana, Zulay, Pablo, Juan, Oswaldo e Andrés. São o mundo.

À professora Liliana Reales, minha orientadora, por sua *vigília* de sempre, pelo dom dessa vigília.

Aos Professores Raúl Antelo, Carlos Capela, Joca Wolff, Gonzalo Aguilar e Ítalo Moriconi, integrantes da Banca de Defesa da primeira versão deste trabalho, por suas preciosas sugestões e pelo estímulo que me deram para desenvolvê-lo até seu estado atual.

Devo um agradecimento especial ao Professor Antelo que, com sua generosidade característica, em muito contribuiu para o acabamento deste livro.

Aos Professores Susana Scramim, Luciana di Leone, Silviano Santiago, Roberto Ferro e Antonio Carlos Santos, pela amizade oferecida e pela abertura à escuta.

Aos amigos e colegas Gastón Cosentino, Ana Carolina Cernicchiaro, Vanessa de Moraes, Larissa Costa da Mata, Artur de Vargas Giorgi, Rosario Lázaro e Juan Manuel Terenzi. Aos colegas do Núcleo Juan Carlos Onetti de Literatura Latino-americana e do

NELIC, ambos sediados na Universidade Federal de Santa Catarina.

Agradeço o apoio de Manuel Franco Avellaneda e Tania Pérez-Bustos na fase preparatória deste trabalho.

A todos os amigos e colegas que me acompanharam em momentos de extrema dor e necessidade: Gabriel Tolosa, Carolina Rodrigues Costa, Jiana Tomaz Moro, Natalia Pérez Torres, Ana María Ortegón, Carlos Julio Aguilera, América Larraín, Carlos Uscátegui, Juan Manuel Otálora, Jaime Lozano, Diana Morales (*in memoriam*), José Bran, Mónica Machado, Marcela Pinilla Bahamón, Carlos Cárdenas, Fernanda Savicki, Alejandro Lasso, Miguel Guayasamín, Elena Piedra, Fernando Augusto de Assis, Nadia Burgos, Renzo Figueroa, Álvaro Restrepo e Marcos Mendes.

Isca, Iago: están en mi corazón.

Aos professores Teresa Cabañas e Fernando Villarraga pela calorosa acolhida em Santa Maria, Rio Grande do Sul.

Ao Dr. Camilo Hoyos Gómez, professor e ex Vice-Diretor Acadêmico do Instituto Caro y Cuervo de Bogotá, pela ajuda com a "Oda" bogotana de Philippe Soupault.

A Guillermo González Uribe, diretor da Revista Número de Bogotá que, após negociação junto aos detentores dos direitos autorais de João Guimarães Rosa, publicou a minha tradução de "Páramo".

A Margarita Rodríguez Rodríguez e Amanda Elizabeth Rodríguez Rodríguez, pela cessão dos direitos autorais da fotografia *Un tranvía en llamas frente a la Iglesia de San Francisco* (1948), da autoria de Manuel H., que compõe a capa deste livro.

Aos funcionários dos acervos do Museu Casa Guimarães Rosa (Superintendência de Museus e Artes Visuais/ Secretaria de Estado de Cultura de Minas Gerais), do Instituto de Estudos Brasileiros (Universidade de São Paulo) e do Archivo General de la Nación (Ministerio de Cultura de la República de Colombia).

À CAPES, pela bolsa de estudos que me concedeu durante os quatro anos de doutorado. Ao CNPq, pela bolsa de pós-doutorado que me permitiu elaborar este trabalho até a sua versão atual.

Ao Instituto Internacional de Literatura Iberoamericana e à *Revista Iberoamericana* da Universidade de Pittsburgh pela concessão do Prêmio Roggiano à melhor tese doutoral sobre literatura e cultura latino-americana. Devo a esse prêmio a publicação da minha tese no formato atual.

Devo um agradecimento especial a Maryllu de Oliveira Caixeta, Diego Florez Delgadillo e Joaquín Correa, pela leitura atenta e sugestões sobre o manuscrito que deu origem a este livro. Amor, amizades dadas.

> *Ellos van. Vasto, profundo*
> *como el páramo del mundo*
> *misterioso es el que pisan;*
> *mil fantasmas se divisan,*
> *mil formas vanas allí,*
> *que la sangre joven hielan:*
> *mas ellos vivir anhelan.*
> Esteban Echeverría

> *Eis como se conquista uma paizagem: feita memória viva de alguém*
> Neynes

> Desterro
> *Eu ia triste, triste, com a tristeza discreta dos fatigados,*
> *com a tristeza torpe dos que partiram tendo despedidas,*
> *tão preso aos lugares*
> *de onde o trem já me afastara estradas arrastadas,*
> *que talvez eu não estivesse todo inteiro presente*
> *no horror dessa viagem.*
> João Guimarães Rosa

*Introdução*

LIMINAR

Imagine que o Guimarães Rosa nasceu em Cordisburgo, zona de engorda de gado, no Vale do Rio das Velhas; completou estudos e tirou o curso de Medicina em Belo Horizonte; clinicou dois anos na roça, em Itaguara, na zona Oeste de Minas; andou em duas revoluções (na de 32, já como Capitão-Médico); foi capitão-médico, em paz, em Barbacena; veio fazer concurso para o Itamaraty, foi da Divisão do Cerimonial (naquele tempo se chamava *do Protocolo*; seguiu para Hamburgo, 1° posto: lá teve o ano e pouco de paz e dois anos e tanto de guerra, bombardeios aéreos, o diabo; veio, na troca dos diplomatas... E etc, etc. (*Ainda houve muita coisa, depois, a revolução em Bogotá, por exemplo...*). Acho que só quando eu for aí, de viva voz, poderei falar com você da minha vida.

O presente livro se dedica a esse "*ainda*", a esse último parêntese que destaco em itálico, excedente mais exemplo com que João Guimarães Rosa resumia a própria vida para o amigo Paulo Dantas, em carta datada de 19 de janeiro de 1957 (Rosa, *Sagarana emotiva* 54).

Não deve, assim, estranhar ao leitor o título, nem a capa, nem o conteúdo deste livro. Lançando mão da biblioteca, do arquivo e dessa singular forma da memória que chamamos de imaginação, tentarei, ao longo deste ensaio, reconstruir a *grosso modo* as passagens de Guimarães Rosa pela "minha" cidade, de ver os vestígios desse contato em "Páramo", publicado postumamente no volume *Estas estórias* (1968), que narra a experiência de *soroche* e melancolia de um viajante brasileiro, e cujo cenário –uma rareza no *corpus* rosiano– é a Bogotá da década de 1940.

O autor viveu nessa cidade entre os anos 1942 e 1944, retornou como delegado do Brasil à IX Conferência Pan-americana e testemunhou o chamado Bogotazo, em abril de 1948. O "ainda", da citação acima, assim sendo, pode ocupar mais espaço que esse parentético dado até o momento, tanto pelo autor quanto pela crítica especializada, a uma cidade e a textos que já estiveram, e de muitas maneiras estão ainda, em chamas... O diabo, e etc, etc. Entenda-se o que segue, portanto, como uma extensão do destaque desse excedente.

Essa extensão não se restringe à chamada de atenção sobre eventos, ou sobre determinados lugares. Por isso, este trabalho também procura os motivos da marginalização mencionada nas maneiras e nos instrumentos de leitura de Guimarães Rosa. Complementariamente, e dado que propõe procedimentos alternativos a esses protocolos leitores, o ensaio abordará também a estória intitulada "Meu tio o Iauaretê" (publicada originalmente em 1961, e recolhida no volume *Estas estórias* de 1968). Muito mais canônico, lido *da margem* (a partir de, ou em relação com, um texto, e/ou uma cidade, entre parênteses), esse texto-jaguar se mostra em profunda afinidade com "Páramo", evidenciando regiões, comoções e intertextualidades que uma leitura frontal não permitiria.

Esse proceder leva à postulação de uma hipótese: há lugares na "obra" de Rosa que, longe de permitirem uma leitura autônoma, afirmam o seu valor pela contaminação –não pela representação– de outros textos, eventos e culturas "periféricos", o que exige leituras em filigrana. Se pensada a escritura rosiana nesses termos, haverá também que pensá-la como o semblante de algo que porta marcas provindas das ordens da sensibilidade e da percepção, ou seja, como imagem receptora/emissora de experiência. A partir desse deslocamento do interesse crítico, do representacional ao vestigial, este livro pretende evidenciar a maneira em que, muito além da criação de metáforas ou símbolos, ou da expressão da pura subjetividade –em tensão com uma realidade (histórica, política, social) de que o texto seria a ficção–, a escritura de Rosa faz a junção de elementos díspares em campos operatórios que reclamam os seus materiais a partir de presentes de urgência. Caracterizar-se-á, assim, essa escritura como um espaço intersticial, crivado de silêncios, de sintomas, de murmúrios subterrâneos, que se dá como tarefa multiplicar as singularidades que toca ou pelas que foi tocado: inserir mundos no mundo, aposto.

Dado que a memória e a imaginação não operam sem uma participação plural, as formas pronominais que narram este trabalho estarão um tanto misturadas, razão pela que peço desculpas e invoco a paciência do leitor. Sempre importa quem fala, no entanto, e não posso não dizer que essa pluralidade está atravessada *por*, e como que reconduzida *a*, uma montagem excêntrica, que se nomeia pela assinatura impressa na capa deste livro. Imagine que estou aí, de viva voz (uma voz que não oculta seu sotaque, mesmo se travestindo de "nós"), e que assim poderei falar com você da vida e feitos de outro. Valha esse esclarecimento também para a atribuição de responsabilidades.

O texto que o leitor tem em mãos é a versão atual de uma escritura prévia, um trabalho de vários anos que acabou como tese, defendida em 2014 na Universidade Federal de Santa Catarina, com orientação da Profa. Dra. Liliana Reales e julgamento pelos Profs. Drs. Ítalo Moriconi (UERJ), Raúl Antelo (UFSC), Gonzalo Aguilar (UBA), Joca Wolff (UFSC) e Carlos Capela (UFSC). Seguindo indicações certeiras dos editores e da comissão julgadora do Premio Revista Iberoamericana à melhor tese doutoral 2014-2016, do Instituto Internacional de Literatura Iberoamericana da Universidade de Pittsburgh, cortei e reescrevi grande parte desse texto original, a que remeto caso alguém se interessar por dobras e semblantes próprios dele e do seu momento. Está disponível na internet, com o título "*O Páramo* é do tamanho do mundo: Guimarães Rosa, Bogotá, Iauaretê".

Para finalizar esta "Liminar", preciso dizer que o trabalho arqueológico não consiste exclusivamente numa escavação à procura de conteúdos ou achados positivos, mas também é uma tarefa crítica, que dá a maior relevância à exposição das camadas que ocultam esses "objetos" de uma "visão direta". Nas páginas a seguir serão enunciadas algumas preferências teórico-metodológicas, problemas de pesquisa e hipóteses: é a minha maneira de dar conta dessa exposição e de conduzir ao "objeto" propriamente dito deste longo ensaio. Invoco, de novo, a paciência do leitor e o convido a uma imersão sutil e amorosa neste labirinto. Espero que não se decepcione se não encontra um fim-final.

*Byron Vélez Escallón*
Desterro, outono de 2017

Origem, temporalidade, monstro

Martin Heidegger, em *O ser e o tempo* (1927), após a enunciação de um dos seus postulados fundamentais —a saber, a insuficiência da concepção do "tempo" como efetividade— opta pelo conceito suplementar de "temporalidade", com o qual pretende indicar isso que não existe por si numa esfera autônoma, mas que se constitui no encadeamento dos acontecimentos. Para Heidegger, o tempo original é finito: o cair no ser do que não era conclui "poder ser" que o precedia sem fechá-lo absolutamente, dado que ele se mantém como possibilidade de não ser. O acontecimento, dessa maneira, é o fundamento da temporalidade, e não a temporalidade o fundamento dos acontecimentos. O tempo só se faz temporal extaticamente, atingindo o fora-de-si, ou mais rigorosamente a *in-sistência*, daquilo que já não é tempo, que é nada. O tempo que é se fundamenta na possibilidade de não ser e, assim, na impossibilidade, no impensável. Por isso é extático: o nada pertence originariamente à essência do ser (Heidegger, *El ser y el tiempo* 356-58).

"Ser-aí —diz Heidegger em outro lugar— Ser-aí quer dizer: estar suspenso dentro do nada" (*Conferências e escritos filosóficos* 41). Dado que só podemos pensar o que é a partir da nossa própria existência que é temporal e finita, isto é, se só podemos pensar o ser se também o pensamos na nossa própria ausência, devemos também considerá-lo como aquilo que nos transcende. O ser é extático, como o tempo (*Conferências e escritos filosóficos* 59).

Em 1928, um ano depois da publicação de *O ser e o tempo*, Walter Benjamin em *Origem do drama barroco alemão*, postulava uma das suas mais célebres contribuições ao pensamento moderno: a saber, o *Ursprung* ou a origem, entendida como algo não simplesmente dado, ou seja, não como uma gênese (*Entstehung*) senão como algo originário, como aquilo que, ainda que histórico, não estabilizaria uma identidade ou presença (nem *ousia* nem *parousia*), mas desataria um movimento inesgotável de gestação. A origem, assim entendida, estaria lançada a acontecer cada vez que reclamada, ela estaria no acontecimento de toda remontagem da história. Um redemoinho: não o vir-a-ser daquilo que se origina, e sim algo que emerge do vir-a-ser e da extinção. Não algo da ordem dos fatos brutos e manifestos, e sim algo de inacabado e incompleto, algo que restaura e/ou reproduz uma imagem originária e urgente, em diante portadora da sua pré e pós-história (Benjamin, *Origem do drama* 68).

Por que trazer a este trabalho, dedicado à escritura de João Guimarães Rosa, essas postulações: "o ser está suspenso no nada", "o que é não está estabilizado nem é idêntico a si para sempre", "a origem é um redemoinho ritmado pelo vir-a-ser e pela extinção"? As seguintes páginas tentarão responder a essa questão, além de apresentar algumas opções teóricas e críticas que orientam o presente trabalho. Antes disso, entretanto, voltaremos um instante aos autores acima mencionados, para logo enunciar, a partir deles e de algumas atualizações das suas concepções da temporalidade e da origem, problemas de pesquisa, hipóteses e preferências metodológicas.

Heidegger pretendia retomar com a sua filosofia o *espanto* do pensamento antigo: o espanto perante a diferença entre o ser e o ente, ou seja, entre a evidência do que é e a sua inabarcabilidade absoluta em conceitos unificadores. Para ele o *espanto* seria precisamente a abertura ao pensamento, algo verdadeiramente originário, de que não se pode fugir sem também fugir da essência mesma do existente, que é a própria existência, quer dizer, a singularidade irredutível do ente temporal (ver *Conferências e escritos*). Benjamin, por sua vez, não cessou de trabalhar *a contrapelo* de uma noção familiar: a unilinearidade da história, a compreensão do tempo como um decurso homogêneo, vazio e de obrigatório aperfeiçoamento do homem, sem fendas nem interrupções. Para Benjamin, trabalhar com essas concepções do histórico e do temporal seria trabalhar do lado dos vencedores; construir uma imagem do mundo como progressão ininterrupta levaria a esquecer as ruínas, os dejetos, a opressão, a barbárie, que habitam todo processo pretensamente civilizatório (ver *Magia e técnica*).

*Espanto e imagem dialética*, com esses conceitos os filósofos mencionados enfrentavam o *monstro* que, após a I Guerra Mundial, deixava à vista como nunca antes o seu império e as suas produções geralmente obliteradas: os restos, o esquecimento, a destruição, a alienação.

Num tempo de globalização, em que as expropriações, os movimentos e as misturas, as migrações, os exílios, não fizeram outra coisa do que multiplicar-se, neste tempo que Jean-Luc Nancy interpreta, "simultânea e contraditoriamente" como realização de um monstro global –"um mundo unitário" e "de horizontes limitados"– e como uma abertura de possibilidades de retrocesso do unívoco e parcelado (*La creación*; "La existencia" 36), não é mais possível pensar uma escritura exclusivamente a partir do seu lar familiar. Pensar toda escritura desde o exílio (isto é: como exílio) é hoje um imperativo, dado que particularizar as singularidades como expressões ou representações de um "universal" abstrato não seria outra coisa que negar ao mundo a sua multiplicidade constitutiva, ou seja, contribuir com a homogeneização pretendida pelo monstro. Multiplicar as diferenças, entretanto, mostrar essa singularidade diferida como o produto do monstro e, ao mesmo tempo, como potência de revolta contra ele ou como a sua desconstrução, já é inserir mais mundo no mundo, *mundializar* efetivamente (ver Nancy, *La creación*), ou, como diria Walter Benjamin, "originar um verdadeiro estado de exceção" (*Magia e técnica* 226).

Ora, é possível pensar a escritura de João Guimarães Rosa a partir do exílio ou em estreita relação com ele? Entenda-se: do exílio como originariedade ou propriedade no sentido do *ex (éks)* heideggeriano ou do *Ursprung* benjaminiano? Como se verá no desenvolvimento deste livro, especialmente na primeira parte, a própria biografia de Rosa, ou melhor, o seu arquivo biográfico (que, como todo arquivo desse tipo, é sempre propriamente impróprio), nos permite e exige uma leitura indisciplinada: talvez não elaborada exclusivamente a partir do sertão como a expressão particular de uma universalidade dada, senão do exílio, o estranhamento, o *Unheimlich...* enfim, de todos esses ex que também ressoam na palavra *êxtase*. Diferença, espanto, imagem, espectro, *êxtase*, são significantes complementares no que todos eles têm de limiares, de umbrais, ao menos na economia deste ensaio, algo

*Do tamanho do mundo*

que usaremos contra –e também, esperamos, a favor de– alguém que já foi muitas vezes domesticado através de um elogio de proveniência tolstoiana: o de chegar à universalidade pintando a sua aldeia.

Como é conhecido, uma domesticação opera estabelecendo filiações, montando imagens no álbum familiar, familiarizando o domesticado com ascendências e descendências que, naturalizadas através de discursos hegemônicos, não conseguem ocultar totalmente suas marcas de fabricação. Também é conhecida a progênie que, em âmbito latino-americano, se deduz de um Guimarães Rosa universalizador de certa "realidade" local.

Para Idelber Avelar, na sua leitura do chamado "boom", a literatura que promoveu uma celebração do identitário e da autonomia, pretensamente alcançados nas décadas de 1960 e 1970 na América Latina, teria servido como assassinato edípico substitutivo do pai europeu, como compensação simbólica perante aquilo que não se conseguiu além do literário. Nesse sentido, a literatura seria certamente um operador de barbárie, teria um papel fundamental na transição do Estado ao Mercado ao criar a impressão de uma autonomia que estava muito longe de se alcançar em tempos de atraso, dependência e opressão capitalistas. A política, então, estaria substituída pela literatura (ver *Alegorías de la derrota*). Uma nuance necessária, para concordar com Avelar: essa promoção de identidade e autonomia não é exclusiva do literário, senão que se repete sem cessar nos protocolos de leitura que o interpretam. Lembre-se que, afinal, esses protocolos, também têm componentes ficcionais e que, se o problema é a chave autonomia-identidade, mais vale focar em efeitos de leitura que em objetos absolutamente constituídos.

Nesse sentido, o trabalho de Raúl Antelo pode fornecer uma alternativa. Como Antelo tem mostrado em vários trabalhos, os diagnósticos de leitura dos anos 1960-1980 trabalhavam em conjunto por uma modernidade neutralizadora, produtora de uma sociedade monocéfala, centrada no nacional ou no Estado. Para Antelo, para falar de dois exemplos que nos interessam: "Esa neutralización se llamó 'transculturación' o 'supra-regionalismo' y se orientó hacia un régimen autonomista de lectura" ("Una crítica" 134).

Não é possível se obliterar que Rosa contribuiu conscientemente à compensação simbólica diagnosticada por Avelar. Disso dá conta, por exemplo, a famosa entrevista a Günter Lorenz,[1] em que Rosa fazia a prospecção triunfalista de uma literatura latino-americana realizada universalmente nos anos 2000.[2] Não é a nossa tentativa apagar essa participação, mas lembrar que o inconsciente insiste e que, se seguimos Lacan, ele também escreve (como também, e isso se mostrará mais adiante, o faz o acaso, ou seja, o real). Como veremos ao longo deste livro, a escritura rosiana se relaciona com o seu tempo de maneira dúplice, paradoxal, por um lado contribuindo à neutralização modernizadora, e por outro deixando à vista as profundas falhas dessa opção. Para dizer isso de outra maneira: essa escritura não pode não portar com ela o *espanto* ou, para dizê-lo com Freud, o *mal-estar* na civilização representada pelo escritor e diplomata João Guimarães Rosa.

O problema, porém, e como já antes foi dito, pode ser também das ferramentas de leitura.

Sabemos da permanência crítica dos protocolos chamados *Transculturação* e *Super-regionalismo*, de Ángel Rama (*Transculturación*) e Antonio Candido ("Literatura"; "A literatura") respectivamente, que coincidem, cada um a sua maneira, ao proclamar na obra de Rosa uma "universalização da região" chamada Sertão. Geralmente centradas nos textos que elas próprias canonizaram —*Grande Sertão: veredas* ou em *Primeiras estórias*, "A terceira margem do rio", por exemplo—, essas leituras construíram uma obra que ficcionalmente interpretaria uma dada realidade introduzindo-a, também, no âmbito internacional das representações simbólicas do nacional. Isso quer dizer que as operações da crítica nacionalista, ou regional-universalista, sempre foram caudatárias de uma economia restrita: no caso, usaram a literatura de Guimarães Rosa como uma moeda de troca num mercado internacional da cultura.

---

[1] "Diálogo com Guimarães Rosa", datado de Gênova, janeiro de 1965. Teve lugar durante a realização do Congresso de Escritores latino-americanos, realizado naquela cidade.

[2] "Estou firmemente convencido, e por isso estou aqui falando, com você, de que no ano 2000 a literatura mundial estará orientada para a América Latina; o papel que um dia desempenharam Berlim, Paris, Madri ou Roma, também Petersburgo ou Viena, será desempenhado pelo Rio, Bahia, Buenos Aires e México. O século do colonialismo terminou definitivamente. A América Latina inicia agora o seu futuro. Acredito que será um futuro muito interessante, e espero que seja um futuro humano" (Lorenz LXV).

O que esses protocolos têm de problemático? Em primeira instância vale dizer que a sua concepção do específico cultural é uma forma do que Derrida chama de "metafísica da presença" ou de "modificação (ontológica) da presença" (*Margens da filosofia* 352), o que quer dizer: uma postergação da concretude do texto que visa estabelecer um significado no além de palavras apenas representativas. Nesse caso, o centro seria a identidade produzida pela tensão entre instâncias culturais diversas que, por sua vez, viriam ser transformadas por essa identidade. O texto literário, concebido autonomamente, sintetizaria em si as tendências literárias e as temáticas locais e universais, a partir de uma "consciência dilacerada do subdesenvolvimento" ("Literatura" 162). Isso significa que a complexidade "viva e dinâmica" do literário é proveitosamente compreendida nesses protocolos como um desafio às noções de "*tercer mundo y subdesarrollo*" (Mignolo 543), mas a singularidade textual continua obliterada pela transmissão de um significado essencial ou nuclear que não pode deixar de estar imóvel para ser descrito.[3]

De outra parte, a inserção de obras como a de Rosa (ou Rulfo) como "piedras miliares" do *boom* −ou seja, como obras preparatórias daquilo que depois se apresentou criticamente como uma literatura madura e internacionalizada−, essa fabricação, evidentemente, partilha de uma concepção dogmática da história e do próprio papel que a "arte literária" desempenharia nessa história (Vélez Escallón, "Grande sertão"). Chame-se: uma dogmática do progresso. É claro que, concomitantemente, um paradigma de cultura está no centro dessa concepção, e que é visando à conformidade da produção latino-americana com esse padrão que a crítica dirige os seus esforços. Digamos que se trata de um modelo arborescente, em que os galhos são entendidos como secundários em relação com um tronco principal. No fundo, sempre se trata de um processo crítico de naturalização do estranho, de domesticação ou civilização do que aparece como uma incontrolável profusão de sentido. (Uma ferocidade que se quer enquadrar nas dimensões do animal de estimação). Ora, como pensar nessa estranheza? Em que lugar estaria essa singularidade que acima

---

[3] A esse respeito ver Rama, *Transculturación* 116.

descrevemos como algo a se multiplicar, ou como algo pronto à revolta contra o mundo entendido como não mais mundializável para além da globalização? Precisamente, o singular é o não incorporado absolutamente pelo universal e é no marginalizado, no deposto, nas ruínas, em tudo que não é assimilável à monstruosidade dos monumentos ou das obras primas que ele encontra o seu lugar. Sem dúvida, a crítica dedicada à leitura e interpretação da escritura rosiana procura, em muitos casos, demonstrar a maneira por meio da qual ela faz uma representação modernizadora do Brasil, quer dizer, uma constituição ou realização de uma dada essência nacional no ente literário.[4] Todo desvio dessa norma modernizadora é, nessa chave de leitura, caracteristicamente desconsiderado, quando não abertamente desqualificado. Um claro, e já antigo, exemplo dessa última atitude é o artigo "O mundo em perspectiva", em que Luiz Costa Lima, em 1963, condenava o "barroquismo" da escritura de *Primeiras estórias* (1962) por considerá-lo uma diminuição da "visualização da realidade", ou como relacionado a uma "estrutura mental caracterizada pelo seu baixo grau de integração" ou como "estacionário" em termos de uma necessária representação da realidade em processo de transformação a que o literário teria de contribuir positivamente ("O mundo" CCXXV-CCXXVII). Por que o barroco? Qual o "perigo" que Costa Lima advertia nele? Como veremos mais adiante, apoiados nas contribuições teóricas de autores como Walter Benjamin e Severo Sarduy, o horror ao vazio e ao outro que dominam nesse tipo de leitura estão relacionados, precisamente, com a proliferação de dejetos, pormenores ou restos inassimiláveis num sistema que todo "barroco" mobiliza, além da melancólica e destrutiva visão da história que comporta, e que desestabiliza toda metafísica do progresso.[5] Há lugares da escritura de Rosa que, longe

---

[4] Referimo-nos, é claro, a uma vasta tradição de alguma vigência, manifesta em leituras como as de Willi Bolle (*Grande sertão*), o próprio Candido ("O homem"), Cavalcanti Proença ("Trilhas"), Alan Viggiano (*Itinerário*), Luiz Costa Lima ("O mundo"), Luiz Roncari (*O Brasil*), José Hildebrando Dacanal ("A epopeía"), etc. Para se ter um panorama, ou genealogia, da domesticação da escritura selvagem de Guimarães Rosa, ver *Genealogia da ferocidade*, de Silviano Santiago.

[5] Hal Foster, em seu "O retorno do real", remetendo aos trabalhos sobre o pós-modernismo de Julia Kristeva e Frederic Jameson, associa o barroco –manifesto em estruturas estáticas

de permitirem uma leitura autônoma, afirmam o seu valor pela contaminação –não pela representação– de outros textos, eventos e culturas "periféricos" que exigem leituras em filigrana, leituras em que a afinidade prevaleça sobre a identidade.

## VESTÍGIO, ESTILO, *MAL-ESTAR*

Pelas razões mencionadas se faz necessário procurar uma alternativa teórica à leitura representacional acima descrita, uma que permita lidar com os lugares dessa proliferação.

Lembremos com Nancy que, dada a sua violência, não é possível se reconduzir dialeticamente o exílio até uma síntese salvacionista: ele só mantém uma exigência inapelável de justiça em toda pretensão de progresso ("La existencia"). Em outro lugar, especificamente numa conferência intitulada "O vestígio da arte", de 1994, o mesmo autor nos oferece uma alternativa à leitura representacional. Antes de caracterizar essa alternativa convém, sempre com o auxílio de Nancy, retomar a definição paradigmática desse tipo de leitura. Essa definição, não por acaso, provém do mesmo filósofo que pensou a história como uma realização cumulativa de certo espírito absoluto que, de fora e com inserções temporais parciais, vigiava um processo distendido ao seu fim: "Hegel: el arte *es la presentación sensible de la Idea*" (Nancy, "El vestígio" 120). Segundo essa definição a arte traria à visibilidade uma essência invisível, manifestaria seu ser de Forma e sua forma de ser. Leia-se: a imagem visível de um Deus invisível, cuja mais representativa instituição seria, aliás, um universal: o Estado (122). Ora, Nancy traça uma genealogia que inclui autores como Bataille, Heidegger, Benjamin e Adorno, que após a retirada moderna da Ideia de Ideias (Deus), só podem pensar a arte como aquilo que recebe residualmente os rastros dessa retirada e que, portanto, exige uma definição diferente da acima citada. Se o espírito absoluto não sustenta mais nada, então "el resto es vestigio" (126). Dessa maneira, o sensível não pode mais ser pensado como imagem de, isto é, como imagem de algo que não seja

---

e melancólicas do sentimento ligadas à fragmentação da escritura e à emblematização do abjeto– com a crise de ordens simbólicas inteiras ("O retorno" 184-85).

pura imagem. Sem Ideia, e sem Imagem, resta à arte lidar com uma proliferação incessante de vistas ou fragmentos que não remetem a nada, mas que exigem um tipo de resposta que não reconduza a uma unificação apaziguadora (126-127).

Se o espírito absoluto não sustenta mais nada, resta o vestígio, *o resto é vestígio*. O vestígio é um efeito, que só representa a causalidade da sua causa, mas não a sua forma. Vestigial, nesse sentido, seria o que se retira da imagem, ou seja, a imagem sem a sua essência, sem o seu interior, sem a sua Ideia: "el arte es humo sin fuego, vestigio sin Dios y no presentación de la Idea" (129). Se não há, portanto, um fundamento na arte, o trabalho com ela deveria "encaminar el paso en la huella de otros pasos" (128), quer dizer, procurar nela não mais um fundamento a-histórico ou metafísico, senão "el pasaje visible de un viviente" (131). Que vivente seria esse? Precisamente, o vivente histórico e corporal, aquele que toca as matérias da arte, aquele que passa porque morre: não o Homem, mas os homens, a multidão anônima e exilada à espera da justiça, *gentes*. Nancy conclui a sua conferência precisamente se referindo a esses viventes:

> *Las gentes*, palabra-vestigio si las hay, nombre sin nombre de lo anónimo y lo confuso, nombre *genérico* por excelencia, pero cuyo plural evitaría la generalidad e indicaría más bien el singular en cuanto es siempre plural, y también el singular de los *géneros*, los sexos, las tribus (*gentes*), los pueblos, los géneros de vida, las formas [...], y el singular/plural de las *generaciones* y los *engendramientos*, vale decir, de las generaciones y los pasajes, las llegadas y las partidas, los saltos, los ritmos. ("El vestígio" 133)

Deslocar-nos, dessa maneira, dos protocolos acima mencionados, implica deslocar também a nossa atenção do "universal", entendido como referência e ponto de chegada da leitura, para o *vestigial*, o que resta do toque de alguns viventes nessa matéria com que trabalhamos. Da Ideia universal, ou essência, ao singular que tocou nessa matéria deixando nela algumas marcas, nessa passagem está localizada a atenção do presente trabalho crítico, dedicado à escritura de João Guimarães Rosa e singularmente focado em algumas das suas intervenções escriturais menos frequentadas. Por esse motivo, para retomar algo antes mencionado, o trabalho concentrar-se-á em alguns

Do tamanho do mundo

indícios lidos no arquivo e na biblioteca, sempre à medida que esses indícios apontem na direção de corpos ausentes do toque, o que nos leva a uma concentração equivalente em pormenores e referências geralmente obliterados pela crítica que antes se caracterizou como representacional. Para dizê-lo apenas de passagem com Carlo Ginzburg, adotaremos uma reflexão que poderia se localizar como participando de um "paradigma indiciário" (*Mitos, emblemas* 143-80), no caso de não produzir alguma desconfiança essa palavra —*paradigma*— pelo que pode ressoar nela de modelo representacional de um dado saber. Talvez seja mais adequado, devido ao distanciamento a respeito desse modelo, adotar um *estilo de pensamento*[6] vestigial ou indiciário que,

---

[6] Optamos por este conceito, cunhado pelo médico e epistemólogo polonês Ludwik Fleck (*Gênese e desenvolvimento de um fato científico*, 1935) e não por aquele de paradigma— retomado por Ginzburg diretamente de *A estrutura das revoluções científicas* (1962) de Thomas Kuhn— precisamente pelo que "paradigma" mobiliza de compartimentagem dos saberes e pela concepção evidentemente historicista do conhecimento que alimenta. Ali onde Fleck usava expressões como "coletivo de pensamento", "extensão do estilo de pensamento", "transformação do estilo de pensamento" ou "complicação"; Kuhn escreverá "comunidade científica", "ciência normal", "revolução científica" e "anomalia do paradigma" (Delizoicov e outros). Embora a reflexão de Carlo Ginzburg seja iluminadora em muitos lugares —principalmente naqueles em que remonta historicamente o paradigma até ligá-lo com antecedentes divinatórios, detetivescos ou médicos— ela chega por momentos a se permear da pouca atenção que Kuhn manifesta por áreas de extensão do conhecimento não hegemônicas, quer dizer pelas margens, o que leva Ginzburg, por exemplo, a negligenciar uma figura da relevância contemporânea de Aby Warburg, ou a contrapor ao *indiciário* um *paradigma galileano* próprio das ciências experimentais (Ginzburg, *Mitos, emblemas*). Da mesma maneira que Kuhn pensava o desenvolvimento científico como sucessão de revoluções paradigmáticas, Ginzburg parece entender a história da arte como uma disciplina "autônoma" e cumulativa, o que o leva a optar, por exemplo, pelo método "sistemático" de Gombrich —que rejeitava o caráter sintomático da arte e preferia pensá-la como uma transmissão de "mensagens" ou como uma "comunicação" entre indivíduos que partilhariam um código ou um contexto (72-91)— em detrimento de Warburg, em cuja "quase antropológica" noção de cultura —"ao lado da arte, literatura, filosofia, ciência, cabem as superstições e as atividades manuais", ou em que está ausente "a avaliação propriamente estética", ou se usam "testemunhos figurativos como fontes históricas", ou em que texto e imagem são indistintos qualitativamente para a pesquisa do historiador da arte (42-59). Essas preferências fazem com que, para Ginzburg, falar de um "método warburguiano" seja "um pouco ridículo" (42). Pensado como *paradigma*, é claro, esse *estilo de pensamento* parece pouco "rigoroso", o que se evidencia, por exemplo, quando Ginzburg elogia o papel dos sentidos na pesquisa do historiador, mas sempre que reconduzidos para a arte "relevante", quer dizer, quando usada a natureza em favor de uma cultura claramente separada dela e entendida como "totalidade" (171-178). A produção contemporânea de Ginzburg parece ainda se orientar por esse conceito:

longe de se ocupar com conteúdos ou formas, atende a indícios, pistas, pegadas, fragmentos, sinais, vestígios, detalhes... enfim, a *sintomas*, que deem conta de um certo *mal-estar*. Atentar para o toque, para o aparentemente negligenciável, é atentar para o múltiplo. Além disso, permite pensar no involuntário, no fortuito, no não necessariamente atrelado à consciência de um autor ou a um projeto artístico voluntariamente preparado por ele. Talvez o negligenciado desse projeto seja fundamental, precisamente, pelo que tem de incontrolado e pelo que pode nos dizer a respeito da passagem vital antes mencionada. Nisso não nos distanciamos substancialmente de algo extremamente importante para a escritura de Rosa e que, em algumas das suas narrativas, poderia se dizer ser "o seu método", ou para manter-nos na economia de discurso empreendida, o seu *estilo de pensamento*. Não por acaso, no último dos prefácios espalhados em *Tutaméia*, Rosa se refere ao tecido da sua escrita, e da sua própria vida, como "[*SERENDIPITY*]: a chance de topar, sem busca, pessoas, coisas

---

quando em *O fio e os rastros* o historiador se aproxima do "paradigma indiciário", só o faz sob a condição de que os indícios estudados –as "anomalias", ele escreve– possam ser sistematizados "numa perspectiva de história serial", apta para "lançar luz sobre uma série documental mais ampla" (*O fio e os rastros* 263). Em livro mais recente, *Medo, reverência, terror*, publicado originalmente em 2008, Ginzburg retoma esse paradigma como uma forma de leitura iconográfica de imagens políticas, transformando para tal fim o *Pathosformel* warburguiano numa *Logosformel* e, portanto, tentando conciliar o sintoma com um *logos* da história (*Medo, reverência*). É claro que isso sempre nos levaria a uma história objetiva –ou, para usar as palavras de Benjamin: "como ela de fato foi"–, ou seja, em que a memória também estaria compartimentada. A questão, como adiante se verá, é que uma abordagem vestigial não trabalha sobre totalidades operacionais (as obras) que remetam a totalidades históricas ou sociais (a realidade, a nação, a identidade, etc.), e isso exclui a separação taxativa entre ficções e documentos ou a hierarquização dos materiais segundo um critério determinado de valor. Optamos, portanto, pelo conceito de Fleck. Para uma aproximação da polêmica contemporânea ao redor das diferenças entre Gombrich e Warburg, ver Didi-Huberman, "Ante el tiempo"; "La exposición"; *Venus rajada*. Para uma problematização contemporânea do conceito de *paradigma*, no caso específico da filosofia de Giorgio Agambem, ver Didi-Huberman, *Sobrevivência dos vaga-lumes* 110 e seguintes. Para uma aproximação entre o conceito de história em Walter Benjamin e a construção do fato científico em Ludwik Fleck ver Otte, "Fato e pensamento".

[7] Rosa remete a Horace Walpole como o cunhador do neologismo *Serendipity*: "para designar a faculdade de fazer por acaso afortunadas e inesperadas descobertas" (*Tutaméia* 157). Carlo Ginzburg, no capítulo supracitado sobre o "Paradigma indiciário", refere, como "antecedente da remota origem venatória" do paradigma, o livro *Peregrinação dos três jovens filhos do rei de Serendip* (aparecido na Europa no século XVIII). A fábula desse

e informações urgentemente necessárias" (*Tutaméia* 157). Rosa diz, de fato, que várias das suas narrativas e descobertas literárias lhe foram "ditadas [...] por forças ou correntes muito estranhas" (158). Muitos leram esse "ditar subterrâneo" como manifestação de um esoterismo persistente no autor. Esse esoterismo é evidente em muitos casos, mas esse "ditado" também parece indicar que Rosa –assíduo leitor de Freud, como o atesta o inventário da biblioteca do escritor à sua morte, levantado pela pesquisadora Suzi Frankl Sperber (*Caos e cosmos*), ou a entrevista a Lorenz– dava um lugar de destaque ao inconsciente no seu labor de criação.

Nesse sentido, este trabalho também se alimenta da retomada contemporânea que autores como Hal Foster (*El retorno*) ou Georges Didi-Huberman (*Atlas*) fazem do *mal-estar cultural* teorizado por Sigmund Freud em 1930 (*El malestar*). Com efeito, se com Didi-Huberman pensamos no trabalho da imaginação como uma espécie de ponto de vista da imagem que revelaria as potências –tanto astrais quanto monstruosas– do homem e da sua história, quer dizer, como um arquivo de sintomas e fantasmas que porta o insuportável à maneira do titã Atlas, então teremos que pensar o conjunto de textos estudados não mais como sínteses ou expressões de uma dada realidade, mas como os lugares de um certo *saber trágico* à maneira de Nietzsche: um saber em que lutam de maneira irreprimível Apolo e Dioniso, ou um saber do *duende*, ou do *daimon*, como talvez o próprio Rosa preferisse chamá-lo.[8] É claro que para esse saber trágico a razão e a loucura

---

livro, que depois seria retomado por Voltaire e Walpole, entre muitos outros autores, conta a história de três irmãos que interpretando uma série de indícios conseguem descrever um animal que nunca viram (Ginzburg, *Mitos, emblemas* 168). Para Ginzburg, esse "método" consiste em "fazer profecias retrospectivas" ou inferir causas remotas de efeitos atuais, o que o liga às práticas de disciplinas como a investigação policial, a caça, a psicanálise ou a medicina (169). Existem no presente numerosas publicações científicas dedicadas à *serendipidade*, forma de descobrimento muito comum em todos os âmbitos do conhecimento.

[8] Em célebre entrevista a Günter Lorenz, em 1965, quando questionado sobre a "brasilidade" da sua obra, Rosa responde: "Um exemplo magnífico: o *daimon* de Lorca e também o *daimon* de Goethe são exemplos exatos para tais coisas indizíveis. Duvida-se da existência da 'brasilidade', mas ninguém mais põe em dúvida que exista um 'duende' ou a 'hispanidade' de Unamuno, pois foram exemplificados pela vida. Falemos de 'brasilidade': nós os brasileiros estamos firmemente persuadidos, no fundo de nossos corações, que sobreviveremos ao fim do mundo que acontecerá um dia. Fundaremos

não são antitéticas, mas complementares, assim como nele cultura e barbárie, vida e morte, trauma e sintoma, não estão claramente diferenciados. Se toda produção cultural é, de alguma maneira e sob certo ponto de vista, um anteparo contra um real traumático, se nela se oblitera insistentemente um desencontro constitutivo com o real (que não pode ser representado simbolicamente, como relembra Lacan, e isso mesmo pode ser traumático), então não é em seu conteúdo —e dizemos isso pensando no trabalho de Hal Foster (*El retorno*)— mas em certas marcas impressas na escrita *como por acaso* que teremos de procurar esse mal-estar. O *mal-estar*, portanto, se manifesta no corpus estudado através daquilo que —estando— não está mais aí, e se faz "legível" (talvez seja melhor dizer "rastreável") a partir de vestígios, de sintomas, que dão conta desse desencontro e que, assim, "operam" tanto como proteção contra o trauma quanto como ruptura dessa proteção, como acontecimentos de um certo retorno do real.

Precisamente Jacques Lacan, no seu *Seminário, livro 18, de um discurso que não fosse semblante* (1971), dá ao chamado "ato falho" o status da posição significante, isto é, uma posição prévia à simbolização, atrelada à dimensão do real (83). Com isso, ao dizer que não há atos falhos na vida psíquica, mas só falas bem-sucedidas, Lacan —que provê o exemplo de um homem que insistentemente, se corrigindo e rindo, fala da sua mãe como se fosse a sua mulher: "[Essa fala] é bem-sucedida porque a mãe dele era realmente sua mulher" (83)— nos fornece uma abertura. É obvio que, à procura dos motivos de um certo mal-estar, e ao nos depararmos com uma produção literária da magnitude da assinada por Rosa, a escolha de um começo será sempre muito importante.

---

então um reino de justiça, pois somos o único povo da terra que pratica diariamente a lógica do ilógico, como prova nossa política. Esta maneira de pensar é conseqüência da 'brasilidade'. Outro exemplo, [...] segundo nossa interpretação brasileira, não muito cristã mas muito crédula, o diabo é uma realidade no mundo. Está oculto na essência das coisas, e faz ali suas brincadeiras. A ciência existe para expulsar o diabo. O homem sofre sempre o desespero metafísico, pois conhece a existência do diabo e pode assim liquidá-lo, superando-o até conseguir uma humanidade sem falsidades. Também isto é 'brasilidade'. Poderia ficar várias horas dando exemplos como esses, mas não teria sentido. Para compreender a 'brasilidade' é importante antes de tudo aprender a reconhecer que a sabedoria é algo distinto da lógica" (Lorenz, "Diálogo" LX).

Como começar? Qual a origem da nossa indagação? Se com Benjamin pensamos a origem não mais como uma gênese a partir do nada, mas como um corte −cruzado pela sua pré e pós-história (*A origem* 68)− num dado intervalo temporal, se a essa compreensão somamos aquela temporalidade heideggeriana acima mencionada −que, a rigor, está atravessada pelo finito da existência, ou seja, por uma singular pré-ocupação e pela insistência do fora (do *éks*)−, então teremos de entender a escolha de um determinado *corpus*, e de uma *entrada nele*, tanto como uma intervenção na pluralidade da rede quanto como uma participação temporal na temporalidade.[9] Este, assim, é um trabalho de memória e de arquivo, justapostos a partir de uma específica leitura do presente e a partir do presente que impõe, justamente, optar a modo de começo ou corte por algo que se assemelha ao ato falho: algo que parece assinalar na direção do recalque: um texto "assinado" por Rosa, e com certeza extensamente trabalhado ao longo da sua carreira como escritor, mas inacabado, só publicado postumamente e até hoje pouco estudado por especialistas. Trata-se, como se disse acima, de "Páramo", um texto fora do cânone rosiano, tanto daquele estimulado pelo próprio escritor quanto daquele construído pela crítica literária. Além dessas características, o texto é atípico no tocante ao seu espaço (urbano), personagens (o protagonista é um intelectual e diplomata) e procedimentos (a elipse, a metonímia), o que certamente também pode ter contribuído para a sua marginalização no conjunto da "obra" de Guimarães Rosa.[10] Dado que a nossa tentativa é ler essa "obra" a *contrapelo*, e que por essa razão não estamos atrás da realização de determinada essência ou pré-essência diferida senão dos sintomas de um −ainda− vago mal-estar, esse pode ser um bom começo. Ler a obra a contrapelo é começar pelo avesso, quer dizer, a partir do que não é obra, do que está em processo, do *work in progress*.

Na sequência dessa entrada ou corte, dedicar-nos-emos a "Meu tio o Iauaretê", texto muito mais canônico, mas que, lido *da margem* (a

---

[9] Raúl Antelo tem pensado esse estilo de trabalho com o arquivo como uma singular política anacrônica ("O arquivo").
[10] De fato Rosa manifestamente rejeitava esse tipo de personagens e assuntos: "Minhas personagens, que são sempre um pouco de mim mesmo, um pouco muito, não devem ser, não podem ser intelectuais, pois, isso diminuiria sua humanidade" (ver Lorenz, "Diálogo" LX).

partir de ou em relação com um texto, e/ou uma cidade *entre parênteses*), se mostra em profunda afinidade com "Páramo", evidenciando regiões, comoções e intertextualidades que uma leitura frontal não permitiria.

O que se lê nesses textos, lido o conjunto a partir desse corte? Diferimentos ativos sem um fundamento prévio, uma leitura da história como catástrofe que retorna tragicamente, uma compreensão do identitário como trânsito incessante entre o familiar e o estranho, como uma profunda e permanente comoção de tudo que corriqueiramente se associa ao próprio.

Uma rápida revisão dos conceitos de *semblante, sensível* e *espectro* pode contribuir para uma melhor compreensão desta abordagem vestigial da escritura de Guimarães Rosa.

## SEMBLANTE, SENSÍVEL, ESPECTRO

Sem um resto não assimilável à imagem de si, sem alteridade, não há forma ou contorno próprios. À maneira da imagem especular do protagonista do conto "O espelho" (Rosa, *Primeiras estórias*), que tenta se despojar de tudo o que não é seu até desaparecer totalmente do próprio reflexo, ou até se espelhar o nada em que está suspenso o seu ser, todo semblante recolhe em si aparência e essência até um extremo tal que a oposição entre esses termos seja quase absurda. No êxtase do aparente só está o ser suspenso dentro do nada: o semblante o encobre tanto quanto o manifesta no sensível. Lacan o explicita no seu *Seminário 18*:

> [...] semblante é o significante em si. / [...] Se há um discurso sustentável, ou pelo menos sustentado, nominalmente chamado de discurso da ciência, talvez não seja inútil nos lembrarmos de que ele partiu, muito especialmente, da consideração de aparências. O ponto de partida do pensamento científico, digo, na história, vem a ser o quê? A observação dos astros. E isso é o que senão a constelação, ou seja, a aparência típica?[...] /O meteoro mais característico, o mais original, aquele que sem sombra de dúvida está ligado à própria estrutura do discurso, é o trovão. [...] Não há Nome-do-Pai que seja sustentável sem o trovão, que todos sabem muito bem que é um sinal, mesmo não sabendo sinal de

quê. Essa é a própria imagem do semblante. / É nessa medida que não há semblante de discurso. Tudo que é discurso só pode dar-se como semblante, e nele não se edifica nada que não esteja na base do que é chamado de significante. (14-15)

A natureza, para Lacan, está cheia de semblantes, nela ser e aparecer são coextensivos. Como o trovão, todo discurso é uma maneira de aparecimento do ser, ou seja, ele manifesta tanto quanto encobre o real, por essa razão não há um discurso que não seja semblante. Conceito fronteiriço, o semblante recolhe em si elementos do simbólico, do real e do imaginário: nele essas ordens não estão separadas mas, extaticamente, são indistintas. De outra parte, dado que esse semblante se põe à prova como semblante pela percepção do outro, pode dizer-se que recolhe em si tanto do seu emissor quanto de quem o vê. Uma máscara só é máscara dentro de uma rede referencial ou diferencial, partilhada, ou não, pelos sujeitos que convoca. Por essa razão, e dado que é meteórico, ou constelacional, o semblante fala tanto do real que suporta quanto da posição de que é percebido.

Isso se entende muito mais facilmente quando remetemos a concepção de semblante ao tempo em que Lacan elaborava a sua reflexão sobre a fase do espelho. Pode dizer-se que, nessa etapa, a reflexão de Lacan abandona uma explicação fisiológica dos fenômenos psíquicos para adotar uma perspectiva trágica, *um saber trágico* à maneira do antes mencionado. Pode encontrar-se essa reflexão em dois artigos publicados nos números 1 e 3-4 da revista *Minotaure*, em 1933: "Le problème du style et la conception psychiatrique des formes paranoïaques de l'expérience" e "Motifs du crime paranoïaque: le double crime des sœurs Papin". No segundo desses artigos Lacan, sob uma concepção "dinâmica das tensões sociais", entende o delírio paranoico, a sua manifestação agressiva e a sua punição dentro da complexa rede dos motivos e exigências sociais integradas pelo sujeito. Dessa maneira, tanto o conteúdo pulsional quanto as consequências que acarreta são completamente relativos à sociedade em que o paranoico age e a "doença" de um é sempre a manifestação do mal-estar da outra (ver "Motifs").

No outro artigo, aquele relativo ao estilo e a sua relação com as formas paranoicas da experiência, Lacan aproxima da poesia e do folclore mítico as criações escritas de sujeitos paranoicos no tocante a algumas das suas características salientes: simbolização, estratégias retóricas, temáticas, tensões acordes com aquelas correspondentes à atualidade histórica da produção, etc., são nessas escrituras tão próximas, que Lacan afirma: "le plus remarquable que nous avons dégagé des symboles engendrés par la psychose, c'est que leur valeur de réalité n'est en rien diminuée par la génèse qui les exclut de la communauté mentale de la raison" ("Le problème" 69). Esse valor de realidade, para o analista, faz com que as manifestações criminais da paranoia excitem a simpatia trágica da comunidade de maneira tal que, da perspectiva do coletivo, a questão da humanidade, ou não humanidade, do culpado seja indecidível. Assim, Lacan conclui que tanto a experiência paranoica quanto a concepção de mundo engendrada por ela são uma "sintaxe original" que, se compreendida enquanto tal, levaria a uma afirmação da comunidade humana em detrimento do realismo ingênuo dos objetos.

Notemos então que o semblante (o estilo, o delírio, etc.) não é uma simples aparência que oculta, ou falseia, uma essência. No semblante se manifestam tanto o percebido quanto o sujeito (ou os sujeitos) da percepção sempre dentro de uma rede de referências e diferenças. Essa rede insere o semblante numa estrutura textual, ou sintática, ou discursiva. Assim como os delírios paranoicos são para Lacan um problema de compreensão, quer dizer, de sintaxe do imaginário dentro de um contexto coletivo; assim como para ele o estilo do escritor está estreitamente ligado com a elaboração paranoica; o semblante jamais se adere exclusivamente a quem o produz ou a quem lhe é adjudicado. Ele convoca tanto o seu emissor sensível quanto o seu perceptor ou, para dizê-lo com uma fórmula de Didi-Huberman, "O que vemos nos olha" (*Lo que vemos*).

Dado que no semblante se apagam os limites entre observador e objeto, não é inapropriado aproximá-lo da reflexão de um filósofo contemporâneo que tem empreendido uma física e uma antropologia do sensível precisamente a partir de uma retomada das reflexões lacanianas sobre o estádio do espelho. Falamos de Emanuele Coccia, que em *A vida sensível* (2010) qualifica, precisamente, o sensível (o semblante, a imagem, o significante, a aparência em qualquer um dos

## Do tamanho do mundo

seus avatares sensoriais) como "a astúcia que encontraram as formas para escapar da dialética entre alma e corpo, matéria e espírito" (*A vida sensível* 22). Nesse livro, a imagem se define como "a aparência da coisa fora de seu lugar" (22) e essa definição se exemplifica mais ou menos assim: vejo-me no espelho, o que está ali não é o meu corpo, como também não depende exclusivamente da minha percepção, a minha imagem pode ser capturada por uma câmera, ou desenhada, pode ser vista ou rememorada por outros, etc. Isso quer dizer que toda imagem, como toda escritura (incluída no que nesse livro, na página 45, se denomina "formas da existência do sensível"), está "para além do lugar em que se produziu" (69), e que o estatuto da experiência é a transmissibilidade e alienabilidade do sensível, assim como a sua apropriabilidade. Essa modalidade medial do ser, a imagem (que inclui o olfativo, o gustativo, o visual, o auditivo, o tátil, etc.), está para Coccia intimamente ligada à transmissão da experiência e do conhecimento. Por essa razão, o sensível é a maneira de sobrevida, ou de vida póstuma, de corpos extintos, uma vez que pode multiplicar-se em outros meios, em outros corpos. À projeção póstuma de uma aparição, à sua transmissão ou afecção de outros corpos, poderíamos denominá-la *espectral*:

> Conhecer, perceber, significa chegar a se apropriar desses pequenos seres que conduzem uma existência espectral. Tornando-se sensível, o real se torna da mesma natureza dos sonhos, dos fantasmas e de todas as imagens que animam a experiência. O sensível –a existência das formas nos meios, derivada diretamente dos objetos ou produzidas pelos sujeitos– é a realidade da experiência em uma forma não psicológica e não objetiva. (Coccia 52)

Se pensamos a escritura rosiana nos termos desse sensível, teremos de pensá-la também, rigorosamente, como o semblante de algo que porta marcas provindas das ordens da sensibilidade e da percepção, ou seja, como um sensível afetado por mais sensível, como uma imagem receptora/emissora de experiência. Dado que essa sensibilidade e essa percepção são, em termos de Heidegger, *temporais*, e que já passou o tempo do corpo que escreveu e que viveu, teremos que pensar essa escritura como algo da ordem do sensível, quer dizer, da aparição ou do aparecer. Dado que esse semblante recolhe "o vivido" e projeta vida póstuma, podemos também dizer que a sua insistência no tempo presente não pode ser outra coisa do que espectral, porque *a aparição é o acontecimento do espectro*, como ensina Jacques Derrida em *Espectros de Marx* (2002). Um espectro é algo de outro tempo que insiste na atualidade, que irrompe sem permissão nem direito. A sua modalidade de percepção é o assédio, a insistência impertinente, e não a presença: por essa razão, e dado que a nossa intenção é encaminhar nossos passos na direção de outros passos, devemos manter-nos na economia do assédio, da insistência do nada, do não-assimilável à lógica cumulativa do monstro. Ou seja, teremos que trabalhar com restos, com pedaços, sempre *vestigialmente*.

É precisamente contra esse monstro monolítico que Derrida levanta o espectro. Entre a vida e a morte, entre a presença e a ausência, entre o ser e o não-ser, o espectro assedia, enquanto não assimilável, ao mundo da acumulação e da mesquinhez especulativa. Por essa razão, isso que não necessariamente existe mas que insiste, se apresenta como um excesso, como a pulverização de um saber pretendido unívoco e de uma razão da história entendida como progressão homogênea. A economia do espectro, então, é uma *economia geral* em termos de Georges Bataille (*La parte maldita*), uma economia da doação, da hospitalidade, do gasto improdutivo, da *différance*. O espectro, assim, é uma atualização da mesma luta de Heidegger (com a sua *Destruktion* metafísica) e de Benjamin (com a sua dialética aberta), porém nas condições de uma atualidade que proclama com cinismo – paradigmaticamente através de um Francis Fukuyama, por exemplo– o triunfo da democracia de mercado e o liberalismo econômico como via única. Como evidencia Derrida, essa democracia e esse mercado são reencarnações do absoluto hegeliano, e não conseguem lidar com a insistência do espectro, pois esse espectro –insistência, excesso, promessa ou exigência: *economia geral* enfim– não se corresponde com o Espírito –presença diferida, falta, acumulação progressiva: economia restrita. Em *différance*, o espectro seria a vida decaída e culpada do Espírito, a sua aparição encarnada, impaciente por uma redenção sem messias –e nessa medida desmontaria qualquer cálculo, qualquer interesse ou capital (*Espectros de Marx* 196).

## Do tamanho do mundo

Em *différance* –temporalização e espaçamento– o espectro é a frequência de visibilidade do invisível (que é a própria percepção: o olho não se vê vendo), ou seja, é a frequência de percepção de um devir sensível, para além do fenômeno ou do ente. Essa frequência permaneceria para Derrida como uma reclamação ininterrupta de justiça –entendida essa justiça como doação e abertura temporal indesconstrutíveis. Se o espectro pertence à esfera da aparição, então ele partilha algo com o acontecimento: ele é intempestivo, não se sabe se vem do passado ou do futuro; é sempre um reaparecido, um sobrevivente, mas o seu tempo é o porvir (148). Como porvir da justiça o espectro é também comunidade futura, pluralidade que resiste à unificação ou à capitalização, quer dizer, ao *nómos*: uma espera messiânica sem messianismo, uma hospitalidade oferecida à justiça por vir e tão fechada para qualquer tipo de absoluto como intratável com aquilo que obstrui o que não vem. Horda é outro nome para espectro assim como, por que não, legião –*gentes* como diz Nancy, ou *comunidade humana* como dizia Lacan. A memória dos sem nome é presença escrita do ausente, toque hoje da catástrofe de outrora, vida póstuma como gesto tendido em direção àquilo que resiste a jazer.

Um fantasma só pode evidenciar, com a sua resistência, os efeitos ruinosos do monstro sobre o mundo –é *reinsurrecional*, para usar uma palavra de Derrida (ver *Espectros de Marx*). Dessa maneira, pode-se dizer que tudo que aqui entendemos em posição significante –as imagens, os textos, os semblantes em geral– opera temporalmente como sobrevivência e que, assim, implica uma remontagem da história (ver Didi-Huberman, *Atlas*; *Cuando las imágenes*). Opera por repetições em ato da catástrofe geral e por diferenciação dos momentos em que se ativa a sua lembrança. O singular, portanto, não é nem o particular que se realiza como universal, nem o passado algo que esteja concluído, senão que se disseminam infinitamente: não há fatos completamente consumados, mas fragmentos ou ruínas abertos ao sentido, expostos em sobrevida na atualidade. Contra o total e unívoco do monstro, o *corpus* que estamos a estudar se faz da proliferação desses pedaços que, longe de outorgar uma razão aos acontecimentos ou de corresponder necessariamente às suas formas ou estruturas, estão marcados pela comoção do que está ausente e que, como tal, é irrepresentável. O real é aquilo que passou por aí e cujo contato não pôde deixar de não se escrever. A origem, então, é uma marca do nada em que a coisa originada está suspensa, e retorna sempre de maneira diferente, como trazida por um redemoinho.

## Mesa

Adiantemos mais uma premissa, dedutível do até aqui colocado: a massa −que na reflexão de Jacques Derrida, é também a horda, a turba, a comunidade impossível (ver *Espectros*)− é o fantasma ou, melhor, o espectro que assola a escritura de Guimarães Rosa. A questão é que todo pensamento pode se definir pela sua relação com as massas, como explicita Peter Sloterdijk, e que cabe diferenciar entre os pensamentos que pretendem desenvolver a massa como individuo (algo comum aos fascismos históricos e à contemporânea democracia de mercado), os que cinicamente afirmam que não há mais nada para desenvolver, e os que entendem a diferença como uma provocação que, no seio da cultura, pode levar a massa a levantar-se contra si própria, contra a sua tendência à normalização horizontal de toda e qualquer distinção. Essa última é a opção tomada por este trabalho. Dado que a massa é sempre anônima, porém singular, entender essa provocação implica colocar o coletivo numa rede diferencial, entender que a aparição, ou o vestígio, dos viventes, só podem tocar-nos se recolocados em posição significante, para além de qualquer essência ou sentido adjudicados.

O espectro, assim, deve ser entendido em termos do que Derrida denomina "as artes do visível" e o seu aparecimento, se possível no presente, como um efeito de montagem. Se a desconstrução é, numa das suas mais felizes definições, "más de una lengua" (Derrida, *Monolinguismo* s/p), devemos trabalhar com os materiais disponíveis (com as matérias tocadas) à maneira desconstrutiva, isto é, expandindo o conceito de "texto" (ver Derrida, *Mal de archivo* 29). Na ausência de um centro, origem ou essência da textualidade, essa expansão equivale a que tudo se transforma em discurso articulável: os documentos históricos, pessoais, artísticos, jornalísticos, as imagens, as cartas, os monumentos; a literatura, a psicanálise, a crítica literária, a antropologia, a sociologia, a filosofia; o depoimento, o rascunho, a lembrança, os objetos, etc. Se com esses elementos, outrora "tocados" por alguém, formamos um "sistema" em que é a própria articulação que "fala", estaremos substituindo o centro transcendental (o significado) pela rede (o significante), estenderemos o campo e o jogo da significação (ver Derrida, *A escritura* 232). Usaremos, pois, os "meios à mão" como instrumentos, os adaptaremos à necessidade atual (aquela para a qual não foram especialmente concebidos) mesmo se as suas origens ou formas são heterogêneas (239). Trata-se, assim, de uma sintaxe de documentos, armada à procura de marcas do sensível. A *bricolagem*, portanto, também será neste trabalho uma marca de *estilo* e dela esperaremos, para dizê-lo com palavras de Didi-Huberman, obter uma espécie de ponto de vista da imagem (entendida com a extensão do *sensível* teorizado por Emanuele Coccia) que revele as potências –tanto astrais quanto monstruosas– do homem e da sua história (Didi-Huberman, *Atlas*). Dado que trabalhamos com um arquivo muito específico de sintomas e fantasmas, e que é da sua articulação que esperamos a manifestação do mal-estar, teremos de substituir o modelo epistemológico do *quadro* –da obra encerrada em si, própria e autossuficiente ou absoluta– por aquele da *mesa* –um lugar de trabalho com elementos heterogêneos– que Didi-Huberman teoriza a partir do *Atlas Mnemosyne* de Aby Warburg. Entendida essa (esta) mesa como um *campo operatório* em que se constelam elementos díspares –em que o sentido se aguarda não da autonomia de cada um desses elementos mas da articulação das suas diferenças, simultaneidades e similitudes–, em que é a própria montagem que fala, este trabalho deixa de lado a questão do valor, ou seja, tentará não hierarquizar seus materiais mas, simplesmente, usá-los. Dessa maneira, além de levar ao metodológico a reivindicação benjaminiana de honrar a memória dos sem nome, o trabalho se dispensa de considerar a imagem como inferior ao texto,[11] ou de abonar a separação entre documentos reais e ficcionais.

---

[11] Essa consideração, aliás, é insustentável, como fartamente tem demonstrado o próprio Didi-Huberman a partir das suas reflexões sobre as obras de Blanchot ("De semelhança"), Brecht (*Cuando las imágenes*), Carl Einstein ("El punto"; "O anacronismo"; *Ante el tiempo*), Aby Warburg (*Atlas*) e Walter Benjamin (*Ante el tiempo*). *A vida sensível* (2010) de Coccia trabalha no mesmo sentido.

A montagem, entretanto, não basta por si só para manifestar o mal-estar: ela deve trabalhar com critérios. Os conceitos warburguianos de "vida póstuma" (*Nachleben*) e de "fórmula de *pathos*" (*Pathosformel*) serão fundamentais para conformar um campo operatório. Gestos patéticos que se repetem convencionalmente em representações de épocas e origens diversas, migrações inusitadas de valores expressivos, crispações ou excitações intensas repetidas em momentos diferentes, servirão para trabalhar com os documentos disponíveis, para procurar nos interstícios entre eles as manifestações do espectro: aquilo que impugna a unicidade do monstro, ou que faz aparecer as suas falhas, a loucura fundamental da sua razão (ver Warburg, *Atlas*; Didi-Huberman, *Atlas*).

Dado que o escopo é, afinal, um corpus literário, e que a ele serão reconduzidos todos os esforços, vale a pena dizer que o estilo de trabalho escolhido não procede simplesmente de uma opção teórica ou de uma adesão automática. Isso leva à enunciação de mais uma hipótese: o conjunto, ou grande parte do conjunto, dos textos assinados por João Guimarães Rosa, também trabalha por montagem: dispondo materiais heterogêneos para formar campos operatórios de sentido, ou seja, opera desconstrutivamente usando os "meios à mão" como instrumentos, adaptando-os a necessidades contingentes, articulando-os de maneira a que sejam as suas diferenças, simultaneidades e similitudes que se multipliquem. Prova disso, num nível (diríamos) literal, por exemplo, poderia ser o surpreendente "cara-de-bronze", escrito às vezes "convencionalmente" e às vezes, por trechos, ao modo de um roteiro cinematográfico, e com efeitos contrapontísticos e críticos nas notas de rodapé; que integra elementos de diversas procedências sem hierarquizá-los (cantigas de boi, citações de Goethe, de Dante, de Platão, de poetas latinos, poesia popular, refrões sertanejos, trechos em diversas línguas, jargão cinematográfico, biológico, agropecuário, etc.); que usa a enumeração em chave borgeana, ou seja, para fazer e refazer *atlas do impossível* ou *heterotopias*, cujo efeito mais imediato é a impugnação da lógica e das pretensões racionalistas de compartimentagem da cultura e da existência (ver Didi-Huberman, *Atlas*). Mais um exemplo: as cadernetas do escritor, em que ele, como um etnógrafo, recolhia nomes vulgares de plantas, animais, acidentes geográficos, canções, receitas de cozinha, poesia, desenhos, costumes, etc. —materiais todos que depois Rosa "montava" em seus textos, e que ainda são visíveis em *Grande Sertão: veredas* ou *Tutaméia*. Muito além da criação de fábulas ou símbolos, ou da expressão da pura subjetividade – em tensão com uma realidade (histórica, política, social) de que o texto seria a *ficção*[12]– Rosa faz a junção de elementos díspares num campo operatório que os reclama a partir de um presente de urgência. Além disso, ou melhor, precisamente por isso, há na escritura de Rosa uma impressionante tendência a fazer do seu texto um espaço intersticial, crivado de silêncios, de sintomas, de murmúrios subterrâneos que, como em Rulfo, insistem e apontam na direção daquela massa ou espectro de que acima se falou. Dar voz aos sem nome, portanto, em sua singularidade, é também uma premissa rosiana: mais de uma língua (ou ao menos, *para além* da requintada língua da diplomacia, que é sempre uma falsa hospitalidade). É um semblante, portanto, que sustenta e é sustentado pelo real, o ser com a sua essência *ekstática*.

## *AQUI*, AHORA

Atravessado pela morte, ou pelo outro, o texto rosiano se apresenta como um híbrido, como um campo operatório heterotópico. Dado que nele a ficção e a realidade não estão hierarquizadas nem os seus limites estão claramente marcados, que ele faz dessa indistinção (e de outras) um valor, podemos pensar esse campo nos termos em que Silviano Santiago pensou a cultura na América Latina:

> O elemento híbrido reina. / A maior contribuição da América Latina para a cultura ocidental vem da destruição sistemática dos conceitos de unidade e de pureza; estes dois conceitos perdem o contorno exato do seu significado, perdem seu peso esmagador, seu sinal de superioridade

---

[12] O texto "O conceito de ficção" (1991), de Juan José Saer, pôde contribuir para uma compreensão da presente abordagem do ficcional. Para Saer a ficção seria, de maneira geral, uma "antropologia especulativa", constituída por um entrecruzamento crítico entre verdade e falsidade, tão complexo que tenderia a apagar os limites entre o empírico e o imaginário. Em síntese, a ficção não só fala sobre o mundo, mas é e faz mundo (ver "O conceito de ficção").

cultural, à medida que o trabalho de contaminação dos latino-americanos se afirma, se mostra mais e mais eficaz. A América Latina institui seu lugar no mapa da civilização ocidental graças ao movimento de desvio da norma, ativo e destruidor, que transfigura os elementos feitos e imutáveis que os europeus exportavam para o Novo Mundo. (*Uma literatura nos trópicos* 18)

Escrita em mais de uma língua, como se mostrará ao longo deste livro, a "obra" de Guimarães Rosa opera policefalicamente, multiplica as singularidades que toca ou pelas que foi tocada, projeta o espectro de maneira tal, que não pode outra coisa que abalar a unicidade pretendida pelo monstro, manchar a sua "pureza", impugná-lo pela exposição aberta dos seus restos, confrontando-o com a sua própria verdade, que é a ruína. Quem coleciona restos, como é sabido, não é caracterizado pela falta, mas pela carência (desejo o desejo do outro, mas nada lhe quero tirar, nem o desejo meu igual), e a sua lei é o excesso. Excesso vital, exuberância existencial, jogo incessante, o híbrido ou o misto não são uma falsificação de algo puro ou uma fase menos evoluída de uma realidade desejada, mas seres exílicos, habitantes do confim que na própria pele levam o seu caráter originário (*Ursprung*: porque o que há na origem é excesso de ser) e cuja tarefa é confrontar a cultura com o "desastre", entendido nos termos de Raúl Antelo: como catástrofe histórica exposta e como oportunidade para continuar sem a guia tranquilizadora dos astros (ver "Una crítica acéfala"). Dessa maneira, e nos projetando anacronicamente sobre uma escritura que também o faz, teremos que trabalhar (talvez seja melhor dizer: jogar) com a cabeça multiplicada ou, ao menos, posta em vários lugares:

> La escena contemporánea de América Latina, irregularmente libre y vital, nos ofrece, [...] una cultura policéfala, en que los antagonismos vitales se manifiestan de manera cada vez más constante y explosiva. Pero esa irreductible heterogeneidad, esa policefalia simbólica son un claro indicio de que sólo una crítica que rescate el carácter acéfalo de la existencia podrá cuestionar el retorno a las formas autonomistas de pensar la cultura, que no son otra cosa sino retornos reductores a la unidad, a un mundo anterior al *des-astre* y todavía habitado por Dios (llámese esa divinidad Verdad, Nación o Justicia). ("Una crítica acéfala" 134-35)

## Do tamanho do mundo

Em explosão, cruzado pelo *des-astre*, ou seja tão astral quanto monstruoso, o texto rosiano, como tentaremos argumentar, não nos apresenta o híbrido como uma síntese tranquilizadora, nem como a harmonia do absoluto, mas como um diferimento em marcha. Como ensinam Derrida (*La hospitalidad*; *El monolinguismo*) e Nancy (*El intruso*; *La comunidad*; *Ser singular*), a hospitalidade e a política não podem ser ativadas sem uma lógica da confrontação, não é possível lidar com o outro sem se deparar com a morte ou sem sentir o seu contato (um pouco ao menos) como uma intrusão. No entanto, é nessa extremidade que a vida alcança o seu ponto máximo: o êxtase –orgasmo, embriaguez sagrada, soberania– é o lugar existencial em que vida e morte se aproximam: "al final la muerte estará ahí: la habrá traído la multiplicación, la sobreabundancia de la vida" (Bataille, *El erotismo* 107).

A nossa intenção é apontar esse lugar existencial em relação com um corpus literário mas, dado que esse lugar é tão difícil, e que o nosso fundamento epistêmico –ensina Sarduy (*Obra completa*)– é a carência; dado que o semblante suporta o insuportável de um saber trágico, teremos de pensar os textos com que trabalhamos como uma constelação melancólica. Estar suspenso no nada é jogar rigorosamente ao redor de um fundamento não existente, multiplicar o campo e o jogo da diferença sem lhe atribuir um sentido final, substituir incessantemente significantes à procura de um objeto para sempre e desde sempre perdido. Sempre seguindo a lógica da mesa antes mencionada, o nosso proceder será mais metonímico do que metafórico, e nisso de novo não fazemos outra coisa do que *mimar* o nosso "objeto": a escritura de Guimarães Rosa se compraz no suplemento, no pormenor; se contamina a pureza do símbolo é porque deixa muita vida entrar –nos mais ínfimos detalhes– na sua própria construção. Nessa extremidade em que vida e morte se tocam, nesse jogo de substituição, a cidade das caveiras pode, isso esperamos, mostrar o seu limite, que é a apocatástase, o levantamento dos mortos.

O espectro é insurreto, ou, para retomar o neologismo derridiano "reinsurrecional", pois o seu assédio atualiza anacronicamente –fora da conjuntura: *out of joint*– a indignação do passado na atualidade (*Espectros* 59). Portanto, também é intempestivo: não se apresenta exclusivamente como temática, quer dizer, não representa o plural e excessivo da indignação, mas o expõe sensivelmente na própria construção que vemos ou que lemos. *Ressurrecional ou reinsurrecional*, o jogo com que trabalhamos se confronta com o monstro em termos muito precisos, que tentaremos enunciar a seguir pela sua aproximação com protocolos contemporâneos de leitura da literatura latino-americana.

Para Idelber Avelar, o mercado constrói uma memória que se quer sempre metafórica, dado que se dá como tarefa a substituição ou superação absoluta do passado —um passado entendido como totalidade ultrapassada que os novos tempos não podem senão incorporar como já concluída, numa espécie de superação-conservação ou "negação da negação" (*Aufhebung*) hegeliana (ver *Alegorías*). Por essa razão a produção do novo, ou da mercadoria, continua Avelar, não lida muito bem com o inacabamento metonímico, porque a lei do mercado é que toda nova produção torna obsoletas as suas precedentes. Esse tornar obsoleto omite atentar para os restos produzidos pelo próprio devir histórico e, por isso, o mercado faria do símbolo totalizador o seu principal dispositivo de memória. Os restos, entretanto, insistem enquanto não assimiláveis por esse dispositivo e, de fora da história entendida como totalidade, irrompem póstuma e intempestivamente em determinados momentos: "La mercancía abandonada se ofrece a la mirada en su devenir-alegoría" (Avelar, *Alegorías* 4). A metáfora é imensamente mais independente de um momento histórico e de um lugar, ou cultura, que a alegoria. Portanto: manifesta menos a marca sensível (indícios, pegadas, vestígios) de vidas singulares. O deslizamento incessantemente metonímico da alegoria, entretanto, se apresenta como uma alternativa à visão triunfalista do tempo e da memória, e o seu emblema, o cadáver ou o corpo apodrecendo (porém nunca simplesmente desaparecendo), floresce num mundo abandonado pelos deuses, mundo do qual, no entanto, esse emblema é a memória. Apropriando-se da noção —elaborada por Abraham e Torok— de *criptonímia*, que designa a rede de sinônimos parciais que se incorporam ao eu como signos da impossibilidade de dizer a palavra traumática, ou seja, como semblantes do objeto perdido enquanto não perdido, Avelar analisa algo que para ele seria característico das

*Do tamanho do mundo*

narrativas pós-ditatoriais na América Latina: incorporar, como se fosse um cadáver enterrado numa tumba intrapsíquica, determinados conteúdos traumáticos. Operando dessa maneira, as narrativas pós-ditatoriais incorporariam os símbolos (imagens, fábulas, mitos) produzidos e consumidos durante as ditaduras, porém transformando-os em alegorias, em proliferações metonímicas incessantes que portariam marcas da ruína produzida pelas totalidades orgânicas do passado (*Alegorías* 8). Lidos como cadáveres, esses símbolos em seu devir-cripta, não podem senão designar parcialmente os seus objetos, apontar inequivocamente na direção de acontecimentos que, apesar da sua absoluta especificidade, resistem à nomeação. Esse devir-cripta, também, como se verá ao longo deste trabalho, esse dançar do significante em torno de um objeto perdido-não-perdido, é característico do corpus que estudamos. (Esse corpus também é anterior ao período pós-ditatorial e isso obriga a enunciar mais uma hipótese, um pouco mais adiante).

Em 2007, a crítica argentina Josefina Ludmer publicou o ensaio "Literaturas posautónomas", em que afirmava, sobre o que ela chamava nesse ensejo de "escrituras actuales" ou do presente, que essas escrituras não admitiriam mais leituras literárias, ou seja, que para elas não seria mais relevante a distinção entre realidade e ficção, e que o valor literário da representação seria substituído pelo interesse por "fabricar un presente". Junto com os critérios de autoria, obra, estilo, significado, etc., cairiam, segundo Ludmer, as tarefas de transgressão, emancipação ou superação, que teriam sido assinaladas como próprias do fenômeno literário na modernidade. Dessa abertura do campo, a crítica argentina deduz uma série de contaminações que tocaria os âmbitos do econômico, o artístico, o virtual, o potencial, o fantástico, o fantasmático, o histórico, e que teria como principal consequência o apagamento da autonomia literária –determinada por uma pretendida "especificidade" do literário, que se sustentaria por uma nítida distinção entre a realidade e a fábula, entre as quais o ficcional estaria distendido à maneira de uma síntese (*Cem anos de solidão*, por exemplo, com a sua criação de uma árvore genealógica que "interpretaria" uma vasta história). Em oposição a essa autonomia, Ludmer enuncia a existência de uma série de literaturas constituídas por realidade-ficção (porque o que entendemos por realidade é tão convencional quanto real é a escritura literária), cujo interesse fundamental seria a fabricação de um presente —a imaginação pública— "para contar algunas vidas cotidianas en alguna isla latinoamericana. Las experiencias de migración y de 'subsuelo' de ciertos sujetos que se definen adentro y afuera de ciertos territorios". Não esqueçamos que Ludmer se vale da imagem da ilha, definida por uma indistinção entre interior e exterior a uma dada territorialidade, para contrapô-la a territórios simbólicos mais "definidos" —"la ciudad, la nación, la sociedad, el trabajo, la familia, la ley o la razón"— cujas circunscrições deixariam os ilhéus em situação liminar: *dentrofora*. A conclusão do ensaio de Ludmer mostra às claras que, não obstante essa indistinção ou esse *dentrofora*, é no chão da imaginação pública ou da fabricação de presente —onde não há realidade oposta à ficção, nem autor centralizador dos sentidos, nem demasiado sentido— que esses sujeitos e esses territórios reclamam os seus nomes: "Desde la imaginación pública leo la literatura actual como si fuera una noticia o un llamado de Amelia de Constitución o de Iván de Colegiales".

A escritura de Guimarães Rosa, como se tentará argumentar ao longo deste ensaio, partilha com essas literaturas pós-autônomas e pós-ditatoriais numerosas características, dentre as quais se destacam: as marcas vestigiais de *gentes* liminares, porém singulares; a alegorese ou metonímia (criptonímia) que as circunscreve de maneira tal que tende a espectralizá-las como referentes; a colocação em crise das fronteiras entre noções como realidade e ficção (vida e morte, alto e baixo, próprio e estranho); e, finalmente, uma montagem de materiais heterogêneos que tende a manifestar sintomaticamente o mal-estar do monstro: a retirada da sua centralidade, o abandono da sua soberania, a caveira que o sustenta. Dessa maneira, mostraremos que o corpus estudado é semblante de um real traumático e não simbolizável, e assim opera de uma maneira extática —levando o identitário ao umbral do *alter*, os gêneros literários à indecidibilidade, a literatura ao limite do sensível ou da imagem, a história a se revelar como retorno de uma catástrofe sem sentido.

Algo a dizer, para concluir esta introdução: se as hipóteses até aqui mencionadas são legítimas, se rejeitamos toda compreensão positiva da história como uma superação absoluta de estados delimitados num tempo homogêneo e vazio, se na origem há excesso e não falta, se ela opera sempre por corte e montagem, então teremos que enunciar uma última aposta, não enunciável sem a intervenção de um anacronismo necessário: a escritura de Guimarães Rosa (um dos paradigmas da autonomia literária como entendida, por exemplo, por Antonio Candido) é pós-ditatorial e pós-autônoma em tempos da ditadura e da autonomia.[13] Essas experiências sempre estiveram aí, afinal, e como o demonstra Raúl Antelo, não há um divisor de águas:

> A hegemonia da literatura autonomizada, através do formalismo e do funcionalismo, consolidados depois de 1930, ocultou de nossa apreciação as experiências de fusão barroca, neo-colonial ou primitivo-vanguardistas, já muito sólidas nos anos 20, porém expulsas, daí em diante, do campo artístico, como sinônimas do feio, kitsch, abjeto, não-emancipatório [...] Só bem recentemente, com a dissolução da autonomia, é que teríamos podido compreender a singularidade de muitas dessas experiências, ora chamadas de neo-barrocas, mas que, no entanto, sempre estiveram aí. Nós é que não tínhamos categorias para analisá-las e conseqüentemente, avaliá-las. ("Una crítica acéfala" 49)

## UM PEQUENO ROTEIRO

O presente livro se divide em três partes, que descreveremos sucintamente a seguir: A primeira parte apresenta e perscruta as circunstâncias das passagens de Guimarães Rosa pela Bogotá dos anos 1940. Da caracterização desses contatos, tentar-se-á uma leitura de "Páramo", tanto das operações de escrita que o constituem quanto do seu inacabamento e não publicação. Finalmente, se evidenciará a insuficiência de alguns dos protocolos dominantes na crítica

---

[13] Esse anacronismo é necessário para atenuar o que pode haver de cronologismo nas didáticas de Ludmer e Avelar, ou mais claramente, nas denominações por eles escolhidas para as suas propostas. Essas didáticas *post* tendem a deixar na obsolescência escrituras do passado, assim como a classificá-las de acordo com critérios taxativos de periodização. Miguel Dalmaroni, no artigo "A propósito de un libro de Ludmer (y de otros tres)", caracteriza essa tendência no caso da pós-autonomia e sugere uma alternativa teórica: o anacronismo ("A propósito" s/p). O aqui e agora, portanto, não pode se pensar em termos de separação a respeito de um passado já concluído —o anacronismo fabrica a história.

dedicada à obra estudada e se proporão alternativas a eles a partir dos procedimentos escriturais deduzidos da narrativa.

Toda leitura de um *corpus* depende do texto de que se focaliza e do próprio enfoque adotado. Para testar as diretrizes alternativas de leitura decorrentes de "Páramo", na segunda parte se faz uma leitura situada de "Meu tio o Iauaretê". Nessa secção, intitulada "Do tamanho do mundo", pretenderá evidenciar-se a maneira em que um texto rosiano canônico, *lido da margem*, manifesta contatos, comoções, intertextualidades e, por fim, roteiros diversos daqueles que costumeiramente lhe são atribuídos. Como tentaremos argumentar, esse diálogo de profundas afinidades ilumina regiões invisibilizadas por leituras centrais ou frontais e desconstrói pressupostos de prioridade ontológica, com efeitos sobre as atribuições de valor inerentes à compartimentagem e hierarquização de noções como corpo e espírito, sujeito e objeto, original e derivado, forma e força, natureza e cultura, fala e escritura, barbárie e civilização, pureza e impureza, nacional e estrangeiro, história e estória, centro e periferias, entre outras. Para terminar, essa segunda parte pensa a operação através da qual o escritor se coloca à margem da estória, reproduzindo com o próprio silêncio o silenciamento histórico de outros, dando assim lugar a quem nunca teve lugar.

Uma terceira parte, a última e mais breve deste trabalho, intitulada "EVANIRA!", *constela* materiais de composição de "Páramo" para evidenciar como a escritura rosiana oscila entre a produção do vazio e a plenitude de uma experiência nele sustentada. Segundo argumentaremos, essa escritura pode pensar-se como uma sistemática do vazio em tempos da crise dos sistemas, uma exposição do corpo significante que impugna as totalizações que por todos os lugares o circundam. Esses materiais, embora não incluídos na versão "definitiva" da narrativa, são algo assim como o filamento ectoplásmico dos fios que compõem o texto, além de vincular o *corpus* assinado por João Guimarães Rosa com séries literárias diversas daquelas que lhe são geralmente atribuídas, séries que tendem a reivindicar os efeitos de leitura para além de toda autoria detentora de sentidos –criptografias que encenam e produzem o nada para procurar, ou suscitar, novas possibilidades de existência coletiva.

*Do tamanho do mundo*

Cidade, floresta e mapa serão os lugares das nossas errâncias. Esperamos que essa sequência sinalize, mesmo de maneira insuficiente, o labirinto cujas dimensões o título deste livro pretenderia enunciar.

*Primeira parte*

Bogotá *sub Rosa*

*Minha biografia, sobretudo minha biografia literária, não deveria ser crucificada em anos. As aventuras não têm tempo, não têm princípio nem fim. E meus livros são aventuras; para mim, são minha maior aventura. Escrevendo, descubro sempre um novo pedaço de infinito. Vivo no infinito; o momento não conta. Vou lhe revelar um segredo: creio já ter vivido uma vez. Nesta vida, também fui brasileiro e me chamava João Guimarães Rosa. Quando escrevo, repito o que vivi antes. E para estas duas vidas um léxico apenas não me é suficiente. Em outras palavras: gostaria de ser um crocodilo vivendo no rio São Francisco. [...] Sim, rio é uma palavra mágica para conjugar eternidade.*

Guimarães Rosa, "Diálogo com Günter Lorenz"

*Esta cidade é uma hipótese imaginária [...] Esta cidade eu já a avistara, já a tinha conhecido, de antigo, distante pesadelo.*

Guimarães Rosa, "Páramo"

I

Numa conferência intitulada "Bogotá revisitada en los libros", publicada no número 71 da revista de difusão cultural *El Malpensante*, de junho de 2006, o poeta colombiano Juan Manuel Roca faz uma revisão das aparições literárias dessa cidade, dos encontros que tem experimentado com o seu lar adotivo nos livros. Entre os nomes relembrados pelo poeta, só para mencionar os estrangeiros, estão: Augusto Le Moyne, Philippe Soupault, Nicolás Guillén, Alcídes Arguedas, Alexander Von Humboldt, Ernesto Guevara, José Juan Tablada, Pablo de Rokha, André Maurois, Luis Cardoza y Aragón e William Burroughs. Ainda poderiam ser mencionados outros: José Gorostiza, Ricardo Píglia ou César Aira, por exemplo. "Es posible que nadie, o que quizá todos, seamos extranjeros en las páginas de un libro", diz Roca, enquanto faz a contagem das fascinações literárias que tem suscitado essa cidade de "esquiva belleza", estranha e às vezes brutal até para os seus nativos ("Bogotá revisitada" s/p).

Dentre os nomes mencionados nessa conferência destaca-se o de um autor brasileiro: "en algún lugar, más en una carta que en algún libro –dato para sabuesos literarios– debe haber una alusión de João Guimarães Rosa, pues el gran escritor brasileño ejerció la diplomacia en esta ciudad" (s/p).

Ora, sabemos que há algo mais do que uma menção epistolar.

No volume *Estas estórias*, publicado em 1968, um ano após a morte de Rosa, se reúnem textos de épocas e fortunas diversas: textos publicados e celebrados em vida do autor, como "Meu tio o Iauaretê", estão lado a lado com outros como "Bicho mau", um texto que, condenado pelo então júri Graciliano Ramos, significou o rebaixamento de uma versão inicial de *Sagarana* ao segundo lugar de um concurso nacional de conto em 1938. Entre esses textos diversos está "Páramo", um relato que narra[14] os meses de sofrimento de um brasileiro afetado pelo *soroche* (o mal das alturas) numa cidade fria e hostil. Lida detalhadamente, essa narrativa chama a atenção pela singular semelhança do seu protagonista com o próprio autor e da cidade ficcional com a Bogotá da década de 1940. Trata-se de um texto inacabado, em que o autor deixou um espaço para citação vazio, várias correções e dúvidas assinaladas, e que também não aparece em todas as versões do índice de *Estas estórias* que ele deixou

---

[14] Um equívoco idiomático levou-nos em princípio a usar indistintamente as palavras "narrativa" e "relato" para referir-nos a "Páramo". Apesar desse equívoco inicial, que poderia ter sido simplesmente superado pela utilização ao longo deste trabalho de "narrativa" (como usada na tradução brasileira do livro de Roland Barthes, *Análise estrutural das narrativas*), optamos por não normalizar ou privilegiar exclusivamente essa denominação. Isso, principalmente, porque apesar de que essas palavras têm sentidos restritos aos lugares em que aparecem com mais frequência ("relato", por exemplo, ligado a questões jurídicas, testemunhais ou policiais; "narrativa" mais relacionada à autonomia do campo literário ou ficcional), no cotidiano elas se associam com a ação de "contar". Na economia deste trabalho essa semelhança e essa diferença podem ser usadas com proveito, dado que o texto estudado se aproxima do testemunhal, do registro de acontecimentos ou marcas de experiência do ponto de vista de determinado sujeito, tanto quanto da elaboração ficcional que comumente conhecemos como "narrativa". Para dizê-lo de uma vez: em "Páramo" a questão do gênero se mantém indecidível. Privilegiaremos "relato", com algumas ocorrências de "narrativa", para nos referirmos ao texto estudado.

manuscritas (ver Rónai, *Nota introdutória*). A crítica que se debruçou sobre esse relato lê o seu inacabamento, assim como a dúvida do autor quanto à publicação, como sinais de um valor estético inferior, o que faz de "Páramo" um texto "menor" ou à margem de produções mais importantes.

Antes de entrar nos pormenores dessa valoração dominante e, principalmente, de propor uma leitura diferente, é necessário revisar brevemente algumas aproximações biográficas a Guimarães Rosa, assim como determinadas fontes referidas ao tempo em que o autor passou pela cidade. Posteriormente, mostrar-se-á a maneira em que "Páramo" está atravessado por esses contatos e tentar-se-á uma caracterização dessa impressão em termos de mal-estar ou sintoma, o que, finalmente, nos levará a propor uma lógica operativa da escritura rosiana que se estenderá à segunda parte do presente livro. Essa "lógica", como se verá no devido momento, é uma impugnação da história entendida como uma progressão homogênea e, como tal, exige uma adoção de protocolos de leitura distintos daqueles corriqueiramente aplicados à obra estudada.

## Rosa em Bogotá

Em 1942, nomeado segundo secretário da embaixada brasileira em Bogotá, João Guimarães Rosa foi para essa cidade. Nela morou até 1944 para voltar por alguns dias, em 1948, no marco na IX Conferência Pan-americana, também em missão diplomática.

Várias das fontes referidas à biografia do escritor registram essas duas passagens em trechos expressivamente curtos e pouco documentados.[15] Na sequência, serão citadas algumas das mais expressivas menções dessas passagens, ao menos no que tange à leitura de "Páramo" e, um pouco mais pontualmente, em relação com as vivências do autor na cidade.

"A única biógrafa do papai sou eu. Ninguém pode escrever uma biografia sem o consentimento das filhas, herdeiras do nome e

---

[15] Ver por exemplo Perez, "Guimarães Rosa" 41; Rodríguez Monegal, "En busca" 49.

da imagem de Guimarães Rosa" (em Leite, "Filhas de Guimarães Rosa" s/p). Essas palavras de Vilma Guimarães Rosa dão conta de uma das razões pelas quais existem poucas referências à passagem mais prolongada do autor por Bogotá (não é a única, entretanto, nem a mais relevante dessas razões). Trata-se de um período recalcado à força pelas herdeiras dos direitos autorais de Guimarães Rosa[16] e que coincide com o processo de separação e desquite de Lygia (a primeira mulher e mãe das herdeiras Agnes e Vilma) e de noivado e união com Aracy Moebius de Carvalho[17] (a segunda mulher), entre 1938 e 1942.

O extenso livro biográfico *Relembramentos* (1983) de Vilma Guimarães Rosa contém duas menções da autora às passagens do escritor pela cidade, além de quatro cartas datadas entre setembro de 1942 e 1943. A primeira dessas menções é brevíssima e um pouco inexata:

> Ele foi então designado para um novo posto: nossa embaixada na Colômbia. Seguiu sozinho para Bogotá, onde havia uma conturbada

---

[16] Há três casos salientes de censura relacionados com esse período: *O Diário de Hamburgo*, que recolhe anotações preciosas do autor entre os anos 1939 e 1941, preparado para a sua publicação pelos professores Eneida de Souza, Reinaldo Marques, e Georg Otte, e arquivado desde 2001 por pressão das herdeiras numa sala do terceiro andar da Biblioteca Central da Universidade Federal de Minas Gerais, em Belo Horizonte. Inspirado nesse diário, e em outros documentos, o filme *Outro sertão*, de Adriana Jacobsen e Soraia Vilela, teve a exibição comercial proibida em 2013. O outro caso é a biografia *Sinfonia Minas Gerais: a vida e a literatura de João Guimarães Rosa*, escrita por Alaor Barbosa, retirada de circulação a partir de uma proibição judicial de 2007 (Machado, "Diario arquivado").

[17] Trechos de duas cartas enviadas pelo escritor, desde Bogotá, para Aracy: "Sinto e tenho necessidade tremenda de sentir o amor como cousa NÃO HUMANA, SUPER-HUMANA, sublime, acima de tudo merecendo todos os sacrifícios, mesmo os mais inauditos. Sempre precisei, disto. Isto ou nada. 'Ou a perfeição, ou a pândega!' Não me satisfaria um amor burguês, morno, conformado, dosado, raciocinando sobre conveniências ou inconveniências. Quando conheci você, estava já descrente de encontrar a mulher que seria a MINHA, capaz de sentir como eu e amar assim" (24 de março de 1943). "Serás tudo para mim: mulher, amante, amiga e companheira. Sim, querida, hás de ajudar-me, ao escrever os nossos livros. Não só passarás à máquina o que eu escrever, como poderás auxiliar-me muito. Tu mesma não sabes o que vales. Eu sei. Sei, e sempre disse, que tens extraordinário gosto, para julgar coisas escritas. Muito bom gosto e bom senso crítico. Serás, além de inspiradora, uma colaboradora valiosa, apesar ou talvez mesmo por não teres pretensões de 'literata pedante'. E estaremos sempre juntos, leremos juntos, passearemos juntos, nos divertiremos juntos, envelheceremos juntos, morreremos juntos" (6 de novembro de 1942) (em Miné e Cavalcante, "Memória da leitura" 430, 426).

situação política. Nós já éramos crescidas e eu já aprendera a suportar a separação. Suas cartinhas, na mesma interessante linguagem que sempre usara, nos ensinavam curiosas palavras em espanhol, com suas pitorescas traduções para o português. Amiúde explodia uma revolução em Bogotá, mas ele sempre nos tranqüilizava, avisando que estava próximo o seu retorno ao Rio. (52-53)[18]

A segunda menção reúne as duas passagens em poucas linhas:

> O jovem diplomata, após a volta ao Brasil, fora designado para nossa embaixada em Bogotá, onde permanecera [desde 1942] até 1944. No ano seguinte, uma excursão pelo interior de Minas, que ele cita em uma de suas cartas, reúne mais uma vez o escritor e a terra, na alegria do contato maior. / Sagarana em pleno sucesso, papai é convidado para chefe-de-gabinete do ministro das Relações Exteriores, João Neves da Fontoura. Foi então Membro da Delegação à Conferência da Paz, em Paris, atuando brilhantemente. / Voltou a Bogotá, em 1948, como secretário-geral da Delegação Brasileira à IX Conferência Interamericana.[19] E no mesmo ano é nomeado conselheiro de embaixada, em Paris, onde serviu até 1951. (100)

Há no volume algumas cartas pessoais, redigidas em Bogotá pelo autor para as filhas. A primeira, manuscrita, datada em 16 de setembro de 1942, além de manifestar saudades e cumprimentos, inclui algumas descrições e menciona palavras, hábitos e nomes do lugar. A seguir, esses trechos:

> Aqui faz sempre frio, um frio bravo, que começa no dia 1º de Janeiro e acaba no dia 31 de Dezembro. Os homens pobres andam na rua com uma espécie de cobertores, furados para passar as cabeças – chamam-se "ruanas". / O café pequeno chama-se "tinto", o café-com-leite "perico"; uma coisa muito boa = "chúsco" (txúsco!). Para perguntar a alguém si[20] quer tomar um cafezinho, a gente diz: "Le provoca un tinto?...". [...] Os nomes de cidades aqui também são bonitos. Por exemplo, algumas:

---

[18] A menção é um tanto inexata, pois a única "revolução" (seria mais justo dizer "revolta") vivenciada por Guimarães Rosa nessa cidade foi o Bogotazo de 9 de abril de 1948.
[19] Trata-se da IX Conferência Pan-americana (30 de março a 2 de maio de 1948).
[20] Transcrevem-se aqui os textos das cópias fac-similares dessas cartas, respeitando a pontuação, grafias, e usos do autor. Usar-se-á, como até aqui se fez, o mesmo procedimento para todas as transcrições.

Fusagasugá, Facatativá, Zipaquirá, Cucutá, etc. / A comida não é má, e os dôces e frutas são ótimos. / Só as saudades é que são muitas. / P.S. −Sinônimo de saudade? = Tristeza / Sinônimo de receber carta das filhinhas = Alegria! (em Vilma Guimarães Rosa, *Relembramentos* 320)

Em outra carta, não datada no volume de Vilma (mas aparentemente uma continuação datilografada da carta manuscrita de 16 de setembro), o papai ainda diz algumas poucas coisas sobre a cidade:

> [...] tanto vocês mandavam o Papai para as alturas, no elevador do Maximus,[21] que ele acabou vindo parar aqui, mais alto ainda [...] sinônimo de Papai− pessoa que tem muitas saudades da Vilmagnes. / Aqui é lugar onde não há nada para se contar às mocinhas. Nada de "melancioso", tudo "aboboroso" ou "mandiocoso". Mandioca aqui se chama "Y uca" (yuca). Minha filha: "Mi hija", mi hijita (minha filhinha), familiarmente: "mijita"... (322)

Segundo se pode inferir, não há mais referências de Guimarães Rosa à cidade na sua correspondência com Agnes e Vilma. Também não há mais menções de Bogotá no volume *Relembramentos*.

Já a outros destinatários, Guimarães Rosa contaria algumas outras coisas. Em carta de 21 de setembro de 1942 ao primo Vicente Guimarães, o autor declara:

> Caro Vicente,
> até agora, não tive jeito de escrever, porque tôdas as minhas energias físicas e morais, estavam enfeixadas, na tarefa fisiológica de adaptação à altura. Porque, não é brincadeira esta altitude de 2.660 metros; oxigênio aqui é manga-de-colête, e passei uns dez dias aprendendo a respirar nesta atmosfera rarefeita. Passava as manhãs em terrível dispnéia, e as tardes com tremenda angústia e dores de cabeça. Felizmente, já venci

---

[21] Edifício localizado na Praia do Flamengo, no Rio de Janeiro, em que moravam as filhas e a primeira mulher, e onde acontecia uma brincadeira também relembrada por Vilma: "Quando nos visitava, Agnes e eu inventávamos várias maneiras de prolongar as despedidas. Quase sempre apertávamos o último botão do elevador −morávamos no segundo andar −e o elevador subia ao décimo segundo e descia, tornando a subir, enquanto nós atirávamos beijos pela janelinha gradeada" (Vilma Guimarães Rosa, *Relembramentos* 272).

a etapa, que foi duríssima. Não desejo, sinceramente, a nenhum de vocês, a vinda a essas regiões tão próximas do céu, que são paragens apropriadas para anjos e não para criaturas humanas. E, olhe que adotei um regímen feroz: como pouquíssimo no almoço, e nada mais no resto do dia. Estou emulando com Gandhi, mas apenas na prática de jejuns estirados. Quanto ao resto, esta velha Santa Fé de Bogotá é tolerável, pelo menos para quem gosta de calma e sossêgo. O clima é bom, frio que nem Barbacena. A gente colombiana, ao menos aqui na capital, tem o intelectualismo em grande apreço, e louváveis preocupações de cultura. A vida é que é cara, caríssima, pelo menos 6 vezes mais cara do que em Hamburgo... Se é que em Hamburgo agora ainda haverá vida... [...] [Na passagem por Oruco, Bolívia] Mal dera alguns passos, e já cambaleava, tonto, asfixiado, com as artérias crescendo e o coração querendo pular fora. [...] Fui acometido pelo *soroche*—o mal das alturas, com incríveis dores de cabeça e náuseas. [...] Eu fico aqui, na velha cidade colonial de Jimenes de Quesada, aninhada junto às nuvens, entre a cordilheira central e a cordilheira oriental; escutando os sinos das igrejas antigas, contemplando a savana melancólica, e pensando em vocês, com saudades e tôda a sorte de bons desejos. (Guimarães, *Joãozito* 166-67)

Esse mal-estar fora confirmado posteriormente por Carlos Alberto Moniz Gordilho, Embaixador do Brasil em Bogotá, que em carta ao Itamaraty referir-se-ia ao *soroche* sofrido por Guimarães Rosa. Em documento oficial, o funcionário destaca seu "verdadeiro espírito de sacrifício, [e complementa:] nunca deixou que o seu estado de saúde que tanto se ressentia da grande altura de Bogotá, prejudicasse a sua atividade nesta Embaixada. A assiduidade ao serviço constitui uma das qualidades do referido funcionário" (em Seixas Corrêa, "Guimarães Rosa" 38-39).

Em carta dirigida aos seus pais (Florduardo Pinto Rosa e Francisca Guimarães Rosa) de 24 de outubro de 1944, já retornado ao Rio de Janeiro, o autor ainda insiste no "pavor" que lhe produz a grande altitude. Segundo se pode inferir do conteúdo dessa carta, o soroche ainda se prolongou durante muito tempo:

Mamãe, Papae, –
Estou mesmo aqui, de volta das alturas pavorosas dos Andes colombianos, que Deus mantenha, para sempre, a bem grande distância. [...] No começo, estranhei, pois, além do mais, tinha de

readaptar-me [no Rio] ao nível do mar, após dois anos vividos em uma altitude só suportável para fígados, pulmões e corações de índios, condores e lhamas. Agora, porém, já consegui dominar a situação, a contento. [MCGR 009/0023][22]

Esse contentamento seria provisório pois, apesar do desejo de manter os Andes colombianos a bem grande distância, Rosa ainda teria que voltar, como o anuncia em carta ao seu pai de 25 de novembro de 1947:

> [...] não me será possível ir aí, pelo casamento do Oswaldo [irmão de Rosa]. [...] faço parte da Comissão de estudos para a Conferência de Bogotá, que vai ser em janeiro próximo. Aliás, provavelmente, irei à Conferência, onde a delegação do Brasil será chefiada pelo Ministro João Neves da Fontoura. [MCGR 009/0030]

No livro biográfico *Sinfonia Minas Gerais* (2007), de Alaor Barbosa, há uma relação um pouco mais extensa das passagens bogotanas do escritor. Barbosa inclui alguns depoimentos da própria Vilma Guimarães Rosa e do seu livro (antes citado), assim como extratos da carta a Vicente Guimarães. Citaremos a continuação dessa biografia, depurada das citações antes usadas:

> Em 19 de julho ele foi transferido, por decreto do Presidente Getúlio Vargas e do Ministro do Exterior Oswaldo Aranha, de Hamburgo para Bogotá. Antes de viajar para a Colômbia, ele foi a Minas. Em 12 de agosto, o jornal *O Diário*, de Belo Horizonte, registrou a presença dele em Belo Horizonte, vindo de Hamburgo e destinado a Bogotá. A caminho de Bogotá, passou um dia em São Paulo, e gostou muito. Dois dias em Corumbá (Mato Grosso), "um fim-de-mundo simpático, mais com hotéis infectos, mil vezes piores que o de Itaguara". Depois, Arica, Lima, Arequipa, Guaiaquil, Quito, Cali, Bogotá. O tempo todo sofrendo os efeitos custosos da altitude. [...] Depois da Europa, depois da Alemanha, depois de Hamburgo – a América do Sul, a Colômbia, a Capital Bogotá. João Guimarães Rosa reclama muito da altitude:

---

[22] Essa carta se encontra no Acervo do Museu Casa Guimarães Rosa /Superintendência de Museus e Artes Visuais/ Secretaria de Estado de Cultura de Minas Gerais. Em diante, os números catalográficos de todos os documentos citados de proveniência desse acervo –números sempre iniciados pelas letras MCGR– se indicarão entre colchetes.

*Do tamanho do mundo*

2660 metros. [...] Nesse mesmo ano de 1942 ele se desquitou da esposa, Lygia. Conta Paulo Dantas que um dia Guimarães Rosa lhe disse: "desquitei-me sem dramas. No cartório, tanto eu como a minha mulher, sorríamos..." [...]. Em 1942 mesmo João Guimarães Rosa se casou, no estrangeiro [no México], com Aracy Moebius de Carvalho, que ele conhecera no Consulado de Hamburgo. [...] Em janeiro de 1943 ele está em Bogotá. Com data de julho de 1943, sua carteira funcional do Ministério das Relações Exteriores o dá como Segundo Secretário da Embaixada do Brasil em Bogotá. [...] Em 27 de junho de 1944, data do seu trigésimo sexto aniversário de nascimento, é exonerado do cargo de Secretário da Embaixada do Brasil em Bogotá. Retorna ao Brasil, para a Secretaria de Estado. (*Sinfonia Minas Gerais* 194-197)

Algumas páginas depois, seguindo à risca a ordem cronológica do seu livro, Barbosa menciona alguns dos acontecimentos de 1948, durante a segunda passagem de Rosa por Bogotá:

Em 1948 —ano da morte de Monteiro Lobato—, em março, dia 19, João Guimarães Rosa viajou para Bogotá, a fim de participar, na qualidade de secretário-geral da delegação brasileira, da IX Conferencia Interamericana.[23] / Ocorreu, durante a Conferência, um episódio bem significativo. Antonio Callado, que estava lá como jornalista, relatou-o, anos atrás, em depoimento a uma revista semanal. Deu-se o fato de que eclodiu uma revolta política em Bogotá, a qual se tornou conhecida como "el bogotazo". (Dela participou um jovem cubano por nome Fidel Castro Ruz). Durante vários dias —uma semana—, lutou-se a tiros e em barricadas nas ruas de Bogotá. A Conferência, naturalmente, foi suspensa. Reiniciou-se quando cessaram os combates e voltou a paz a Bogotá. Antonio Callado, reencontrando João Guimarães Rosa após o reinício da Conferência, perguntou-lhe o que fizera durante aqueles dias de confusão na Capital. João Guimarães Rosa lhe respondeu: "reli Proust". "Tive então —comentou Callado— uma estranha visão do gênio daquele homem". (221-22)

A seguir, o biógrafo se refere pela última vez à cidade, especificamente à alusão que Guimarães Rosa fez do acontecimento no seu "Discurso de posse" na Academia Brasileira de Letras em 1967 (discurso dedicado ao Ministro João Neves da Fontoura). Esse

---

[23] IX Conferência Pan-americana.

trecho, tomado do volume *Em memória de João Guimarães Rosa* (1968), transcreve-se, a seguir:

> Nem esqueço, em Bogotá, quando a multidão, mó milhares, estourou nas ruas sua alucinação, tanto o medonho esbregue de uma boiada brava. Saqueava-se, incendiava-se, matava-se, etc. Três dias, sem policiamento, sem restos de segurança, o Governo mesmo encantoado em palácio. Éramos, bloqueados em vivenda num bairro aristocrático, cinco brasileiros, e penso que nem um revólver. Recorro a notas: "*12. IV.48 - 22 hs. 55'. Tiros. Apagamos a luz.*" Mas, o que, com João Neves, por sua calma instigação, então discorríamos, a rodo, eram matérias paregóricas: paleontologia, filosofia, literatura; ou lembrava tropelias brilhantes de seu Sul, citava o saudoso nosso Dr. Glicério Alves, nobre tipo humano, do melhor gaúcho e amigo. E, todavia foi sua determinada e ativa decisão um dos ponderáveis motivos por que a IX Conferência se manteve na capital andina, adiante e a cabo. (82)

Outros depoimentos também mostram o autor como alguém que se manteve afastado dos fatos sangrentos desse 9 de abril de 1948. Um dos mais conhecidos dentre esses depoimentos é o de Antonio Callado que, em versão muito diferente sobre a entrevista referida acima por Alaor Barbosa, conta como, após a explosão da revolta, Guimarães Rosa teria "desaparecido". Dias depois aconteceria o seguinte diálogo entre os escritores:

> Quando ele reapareceu, eu disse: "Puxa, Rosa! Onde é que você andou?" E ele me respondeu: "Estava todo o tempo na residência do embaixador". A casa ficava no bairro mais chique de Bogotá,[24] era enorme e tinha um parque imenso. "Mas você não viu o que aconteceu em Bogotá? Puxa, parecia a história de Augusto Matraga, de tanto que mataram gente... Isso aconteceu no meio da rua, o tempo todo!" Foi então que ele me disse: "Ora, Callado, o que tenho que escrever já está tudo aqui na minha cabeça. Não preciso ver coisa alguma". – "Mas Rosa, olha, eu garanto que você ficaria impressionado. Foi um

---

[24] Segundo o documento *Personal de las Delegaciones y de la Secretaría General*, arrolado na bibliografia deste trabalho, o endereço de Guimarães Rosa coincide com o do embaixador João Neves da Fontoura: "Calle 87, N° 8-64" (Trata-se do prédio hoje usado como Embaixada da França em Bogotá) (Personal de las delegaciones 23-25). Leve-se em consideração que Chapinero, o bairro dessa residência, está a quase 70 quarteirões do local dos distúrbios.

espetáculo terrível... O que você fez durante todos esses dias?" Ele disse: "Eu reli o Proust". Vejam só! [...] Ignorou a cidade que pegava fogo porque já tinha todas as guerras de que precisava dentro da cabeça. (Callado, *3 Antônios* 24-25)

Numa crônica de 2006, Joel Silveira relataria o encontro assim:

> Passado o furacão, Antônio Callado me convidou:
> – Vamos até a Embaixada conversar com Guimarães Rosa, saber o que ele está achando de tudo isso?
> Famosa gravata borboleta, rosto bem barbeado, aquele eterno sorriso nos lábios, Rosa nos recebeu com alegria:
> – Como vão os sobreviventes?
> Quando lhe pedimos a opinião sobre as terríveis ocorrências dos últimos dias, ele me fez um ar de enfado e disse:
> – Querem saber mesmo o que é que eu acho? Pois aí vai: para mim, este povo colombiano é muito sem-modos, muito mal-educado.
> E mudou de assunto. (Silveira, "Guimarães Rosa nos pergunta" s/p)

Em uma impressionante crônica da época, posteriormente publicada no volume *Memórias de alegria* (2001), o mesmo jornalista, Joel Silveira, recolhia uma imagem do autor de Sagarana como alguém distante dos fatos, além de um testemunho singular da violência desatada por esses dias.[25] A crônica, intitulada "Bogotá está em chamas" e datada em abril de 1948, inicia com trechos de

---

[25] Numa entrevista de 2005, Silveira relata algumas impressões do evento, além de detalhes do seu encontro com Rosa, Callado e Fidel Castro: "O povo se revoltou e destruiu a cidade, Bogotá acabou. Inclusive, eu estava lá com o Antônio Callado, de quem eu era muito amigo, e naquele tempo ele estava casado com uma inglesa, e morando em um hotel do centro. O hotel em que eu e o Francisco de Assis Barbosa, que depois foi da Academia Brasileira de Letras, estávamos era um pouco distante do centro. E o hotel do Callado foi completamente destruído. Ele ficou com a roupa do corpo. Ele e a mulher. A conflagração demorou três dias. E quem também estava lá, aos 22 anos, sem barba, mas já comunista, chefiando uma delegação estudantil, era o Fidel! [...] Conheci Fidel em 1948 no Bogotazo. Ele estava lá, tinha 22 anos, chefiando um grupo de estudantes. Era dessas conferências que acontecem todo ano de chanceleres de todas as repúblicas sul-americanas e da América Central. E naquele ano, foi escolhida Bogotá. Fidel foi chefiando um grupo de estudantes e conversamos. [...] Guimarães Rosa era um homem essencialmente literário. A única coisa que interessava ao Guimarães era a literatura, apesar de ser um bom diplomata, um bom funcionário burocrata" (Portari, "Repórter velho" s/p).

uma entrevista que Silveira e Callado (além de Murilo Marroquim, Octavio Thyrso, Nahum Sirotsky e José de la Peña) fizeram com Jorge Eliécer Gaitán, o candidato presidencial cujo assassínio serviria de estopim à explosão popular. Já nessa entrevista, Gaitán ironizava sobre a expressão "bandoleros", usada pelo jornal *El Siglo*[26] para se referir a um bando Liberal que tinha atacado uma dezena de pessoas ligadas ao Partido Conservador: "talvez não sejam mais que pobres camponeses famintos. Famintos principalmente de liberdade. E essa 'dezena de mortos' possivelmente não foi mais que dois ou três, todos policiais ou soldados do exército" (Silveira, *Memórias* 187). Essa minimização da violência serve sintomaticamente de umbral à narração de inúmeros atos de fúria, à descrição da revolta, dos seus efeitos sobre a cidade, e à consideração dos antecedentes imediatos. No trecho intitulado "O povo já tinha raiva antes da morte de Gaitán", Silveira conta como os olhares das pessoas, especialmente da "população de origem índia ou mesmo os índios puros" (194), estavam carregados de raiva contra os visitantes estrangeiros e contra as pessoas que, pela sua aparência, não pertenciam às camadas populares da sociedade.[27]

Depois de delinear o perfil de Gaitán e de falar da atuação de Fidel Castro, no fragmento "Um menino morto", a crônica de guerra descreve um outro olhar:

> Ainda na manhã do dia 10 de abril, um sábado, estive no Cemitério Central de Bogotá [...] Nunca, em toda a minha vida, nem mesmo nos meses de guerra, estive diante de mortos tão mortos. A maioria fora imobilizada em pleno furor da rebelião. [...] Somente aquele menino (não mais de oito anos) morrera cândido, de olhos abertos, um começo de sorriso nos lábios. Os olhos vazios fixavam o céu de chumbo e as mãos de unhas sujas e compridas pendiam sobre a laje dura – como os remos inertes de um pequeno barco. O barco fora surpreendido pela tempestade, havia perdido o leme, mas ficara boiando sobre as águas, sem afundar. Foi a impressão que me deu aquele menino: a impressão

---

[26] Segundo Silveira, tratava-se do "intolerantíssimo órgão do Partido Conservador" (187), partido no poder com Mariano Ospina Pérez, de 1946 até 1950 e com Laureano Gómez de 1950 até 1954.

[27] Vários romancistas colombianos têm se debruçado sobre essa tensão social. Para mencionar dois exemplos: ver Osorio Lizarazo, *El día*; Molano, *Los años*.

de que não havia morrido de todo. Era o que diziam os olhos muito abertos; era o que igualmente parecia dizer o sorriso leve que mal se denunciava nos lábios finos e sem cor. [...] Tranqüilo e ingênuo, o sorriso respondia que ele, menino, não devia ter medo, pois logo a luz e o calor voltariam, da mesma maneira como, após a chuva e a noite, o calor volta sempre. [...] Abertos e limpos, os olhos do menino morto pareciam maravilhados com o que somente eles viam, com o que queriam ver para sempre. (*Memórias* 206-07)

Vamos deixar essa imagem em suspensão, precisamente nesse Cemitério, a que voltaremos, para tentar continuar com "os fatos". Em função disso, algumas questões: O quê estava acontecendo? De quê "coisa" Guimarães Rosa estava se resguardando? Em que consistiu o chamado Bogotazo? De que maneira isso se relaciona com o "intelectualismo em grande apreço, e louváveis preocupações de cultura" que Rosa soube notar na gente colombiana?

## II. DE LAMA E SANGUE

Na primeira metade do século XX, particularmente a partir dos anos de transição da denominada Hegemonia Conservadora (1886-1930) à República Liberal (1930-1946), a Colômbia viveu profundas transformações econômicas e sociais. O processo de modernização e industrialização do campo e das cidades, se bem que precário, acarretou, já nos primórdios da década de 30, numerosos confrontos entre poderes nacionais ou regionais secularmente constituídos, assim como entre esses poderes e alguns setores da sociedade (Tirado Mejía, "Colombia" 107). Esses confrontos tiveram múltiplos cenários, tanto políticos, econômicos e ideológicos, como armados, tanto rurais quanto urbanos, e marcaram profundamente essa etapa da história colombiana —cuja principal decorrência seria a denominada Violência (1945-1965[28]). Não por acaso, houve um crescimento econômico inédito e um recrudescimento da violência política que com a Guerra

---

[28] As datas de início e fim da denominada Violência são uma questão controversa entre os autores dedicados ao seu estudo. Entretanto, aderimos à datação que Gonzalo Sánchez Gómez confere a esse fenômeno em seu período "clássico" (ver "La violencia").

dos Mil Dias (1899-1902) já havia marcado o século desde seu início com os traços de uma guerra civil ininterrupta.

O liberalismo econômico, entretanto, sustentava as transformações antes mencionadas e aproximava no plano ideológico os atores políticos em confronto, pois foi comum para ambos os partidos hegemônicos, o Liberal e o Conservador (Tirado Mejía"Colombia" 102-105). A monopolização, diversificação e penetração do capital estrangeiro –particularmente estadunidense–, que se incrementaram a partir da crise mundial de 29, tiveram como manifestação saliente a rejeição da intervenção estatal em assuntos de produção e comércio, o que também modificou radicalmente a qualidade da participação política de setores trabalhistas ou de movimentos sociais (ver Medina, "Bases urbanas"; Tirado Mejía, "Colombia"). Precisamente, as mais violentas manifestações operárias desses anos se originaram nos setores mais desenvolvidos da produção nacional, todos eles voltados à exportação: petróleo, café e bananas foram os mais politizados desses setores e, não raramente, as organizações provindas deles foram aquelas de mais alto conteúdo anti-imperialista (Tirado Mejía, "Colombia" 136). Se cada produtor estava em condições de legislar e regular as relações de produção, o papel das classes trabalhistas se reduzia a uma aceitação dessas condições e restava ao Estado o papel de tutor dos desempregados ou de repressor dos desobedientes. De outra parte, o Estado assumia a institucionalização e cooptação dos nascentes movimentos sindicais e operários, marginalizando até a ilegalidade toda manifestação desses setores que não se enquadrasse em interesses partidários preestabelecidos e alheios a reivindicações de classe –consideradas altamente subversivas ou, simplesmente, assimiladas ao delito comum (Tirado Mejía, "Colombia" 140, 171). O Massacre das Bananeiras (1928), perpetrado pelo exército em defesa dos interesses da *United Fruit Company*, que deixou um número indeterminado (porém enorme) de grevistas mortos, é um antecedente expressivo do período.

A economia "crescia", segundo os índices do estabelecimento.[29]

---

[29] "Entre 1945 y 1949 el producto interno bruto, el producto interno per cápita y el ingreso nacional bruto se incrementaron a una tasa anual de 5.9%, 3.6% y 7.5%, respectivamente. Entre 1945 y 1953 la industria creció a la tasa record anual del 9.2%. La agricultura vio

E o número de mortes violentas também: de 13.968 em 1947 a 43.557 em 1948, segundo os dados oficiais, e a 50.253 em 1950. O número total de mortos até esse ano se calcula em 126.297 (ver Oquist, *Violencia* 1978). Os grêmios econômicos e profissionais, os comerciantes, os capatazes, latifundiários, pecuaristas, os medianos proprietários e as antigas elites lucravam com a situação e faziam do confronto político uma ferramenta de expropriação da terra e dos meios de produção.³⁰ Dessa maneira, a economia camponesa deu lugar à terra-tenente: o campo transformou-se em uma terra sem homens e a cidade se povoou de homens sem terra (Kalmanovitz, "Desarrollo" 273). A concentração da propriedade fundiária incrementou-se exageradamente nesses anos, como uma das consequências de uma industrialização e crescimento da economia rural cujas expectativas não poderiam satisfazer o minifúndio ou a pequena propriedade.³¹ A violência econômica, assim, teve a violência armada como a sua principal coadjuvante (Medina, "Bases urbanas" 25).

ESPECTRO CULTURAL

O êxodo rural foi constante nessas décadas. Enormes massas de população se deslocavam do campo às grandes cidades, cujas fisionomias se modificaram radicalmente. Isso deu à sociedade e ao espaço urbano um semblante de justaposição, de amontoamento ou colagem, que José Luis Romero não duvida em denominar de "barroco" (*Latinoamérica* 336, 343). Anônimos, desempregados, exaustos da guerra e certamente marcados pela expropriação, milhares de camponeses exilados afluíram incessantemente a Bogotá, produzindo com a sua

---

aumentar el volumen de producción en un 77% para 1948 y en 113.8% para 1949". (Medina, "Bases urbanas" 22). Para uma descrição do crescimento econômico posterior a 9 de abril de 1948, ver Tirado Mejía, "Colombia" 171. Quanto ao período de 1930 a 1945, ver Kalmanovitz, "Desarrollo".

30 O estudo *La Violencia en Colombia* (Fals e outros 1962) foi pioneiro nessa interpretação, posteriormente retomada por autores como Gonzalo Sánchez Gómez ("La Violencia") e Eric Hobsbawm ("La anatomía").

31 A coexistência de uma economia agroexportadora e de uma agricultura de subsistência, configura, na opinião de Hobsbawm, um quadro comum às violências colombiana e brasileira do período que estamos a estudar (ver "La anatomía" 265-73).

chegada o assombro dos *capitalinos* e até mesmo o horror de quem não estava familiarizado com eles. Ser índio, ou negro, ou ostensivelmente pobre, ou ter um sotaque diferente, representava um problema e levou até mesmo à legislação sobre as indumentárias permitidas em espaços públicos (proibiu-se, por exemplo, o uso de *ruanas* e alpercatas nas dependências municipais[32]), ou à criação de motes como "*la ley es pa' los de ruana*". Uma boa *gabardina*, nesses anos, abria muitas portas, enquanto o poncho caracterizava a massa anônima, encobria uma multidão que parecia contaminar a paisagem. Aos olhos do homem de letras e diplomata Antonio Gómez Restrepo, essa multidão cercava, ameaçante, os habitantes "naturais" da cidade:

> Los bogotanos vamos siendo una colonia cada día más pequeña en nuestra tierra natal; pero esta misma superabundancia de gentes, si por una parte ha contribuido a la formación de los nuevos barrios residenciales y de otros, muy bien acondicionados, para empleados y modestos funcionarios, ha arrojado sobre los suburbios una masa confusa que ha buscado refugio en un conglomerado de habitaciones míseras, faltas de toda higiene. (em Romero, *Latinoamérica* 328)

A literatura em nada foi alheia a essas transformações. A seguinte asseveração de J.G. Cobo Borda a respeito da poesia colombiana do século XX define, nesse sentido, o espectro literário desses anos: "La poesía, como la violencia colombiana, son dos de nuestros rostros que aún no asumimos. Violencia y poesía: allí se origina nuestra imagen más significativa. Es el origen" (*Poesía colombiana* 13).

Numa crônica de 1924, intitulada "El auriga", Luis Tejada evidenciava a tensão existente entre a sociedade normalizada e a anômica, ao descrever as maneiras em que os seus respectivos membros "navegavam" pelas ruas da cidade:

> La calle es un pequeño mar bravío con sus tormentas y sus naufragios. Para navegar en él con fortuna, se requiere cierta habilidad especial que sólo poseen por completo los ciudadanos natales que han pasado y repasado toda su vida por allí, aprendiendo inconscientemente el arte

---

[32] Essa legislação, no caso bogotano, foi promovida pelo próprio Jorge Eliécer Gaitán, prefeito da cidade entre os anos 1936-1937 (Bracamonte, "Gaitán" 56).

*Do tamanho do mundo*

de escurrirse ilesos entre el laberinto de codos y de ruedas y la ciencia peligrosa e inexplicable de permanecer indiferentes cuando el tranvía va a pasar detrás de ellos, rozándolos apenas, pero sin atropellarlos. Un provinciano no sabrá hacer nunca ese cálculo matemático; siempre conservará los nervios demasiado sensibles a las bocinas de los vehículos; siempre irá dando empujones y trompicones y limpiando con las mangas la cal de las paredes. (*Gotas de tinta* 296)

Fosse a virada classicista, hispanófila, antimodernista (no sentido hispano-americano) e antivanguardista (a vanguarda era condenada como provinda de uma "tenebrosa subconsciência") de Rafael Maya; o conservadorismo e a rejeição do Modernismo de Gómez Restrepo; fosse o utopismo comunista de vanguarda de Luis Tejada, que elogiava os oprimidos, a tecnologia e a civilização moderna; o veemente *J'acusse* selvático de José Eustásio Rivera; o radicalismo erudito de Baldomero Sanín Cano (que, aliás, escreveria um prólogo para o ensaio "El donjuanismo político" de Jorge Eliecer Gaitán[33]); ou fosse o liberalismo econômico-crítico, cosmopolita (e também hispanófilo) de Joge Zalamea –nesses anos toda posição "estética" correspondia a uma "política" claramente enunciada, e se manifestava pela sua atitude para com a "massa" (ver Jiménez, *Historia*).

Ora, isso que já se evidenciava na geração chamada de *Los Nuevos*, alcançaria na subsequente, *Piedra y Cielo*, uma expressão específica, ao menos no que tange aos seus postulados estéticos e à posição assumida pelo grupo perante as transformações da sociedade. Essa "vanguarda" conservadora, que em palavras de Rafael Gutiérrez Girardot representava uma "Revolución en la tradición", pregava o retorno à herança poética espanhola –com ênfase especial na chamada Generación del 27– contra a tradição modernista e parnasiana de *Los Nuevos*,[34] assim como contra a virada "telúrica" de *La vorágine*

---

[33] Segundo Alejandro Vallejo em *Políticos en la intimidad* (22-23). Este livro foi conservado por Guimarães Rosa na sua biblioteca pessoal, e está hoje sob os cuidados do Instituto de Estudos Brasileiros da Universidade de São Paulo. [IEB-USP-GR923.2861V182p]. Em diante, os números catalográficos de todos os documentos citados de proveniência desse acervo –sempre precedidos pelas siglas IEB/USP– se indicarão entre colchetes.

[34] Os artigos "Bardolatría. La poesía de Guillermo Valencia"(1941) e "Guillermo Valencia ante la crítica moderna" (1941), assinados respectivamente por Eduardo Carranza e Tomás Vargas Osorio, dão conta dessa oposição.

(1924) e tomava o seu nome do título de um livro de Juan Ramón Jiménez[35] (Cobo Borda, "Poesía colombiana" 89-94; Charry Lara 87-92). Para Cobo Borda, "la palabra melancolía, una melancolía entre enternecedora y elástica, define muy bien dicho período, en el cual se mantiene la añoranza de un paraíso feliz y perpetuamente perdido" (92), o que faz com que essa geração de poetas opte por uma procura de temáticas "eternas", rejeitando o contingente e optando por formas clássicas. *Piedra y cielo*, em rigor, foi uma coletânea de sete *Cuadernos* publicados entre 1939 e 1940, que recolhiam, um a um, os poemas de Jorge Rojas (*La ciudad sumergida*), Carlos Martín (*Territorio amoroso*), Arturo Camacho Ramírez (*Presagio del amor*), Eduardo Carranza (*Seis elegias y um himno*), Tomás Vargas Osorio (*Regreso de la muerte*), Gerardo Valencia (*El ángel desalado*) e Darío Samper (*Habitante de su imagen*). Uma nota de 43, em que Carranza se refere ao afazer poético de Rojas, é eloquente quanto às orientações estéticas e políticas do grupo:

> la vigencia de los istmos, situada entre 1920 y 1935, ha quedado atrás; atrás han quedado, entonces, "los deleznables tópicos ultraístas, la denominada poesía social, a base de un falso internacional de lugares comunes; la utópica poesía pura con su pretencioso hermetismo. [...] Se buscaron de nuevo la claridad conceptual, la clásica ordenación, la métrica y los ritmos tradicionales y una prudente objetividad; se procuró —aun reaccionando contra la anécdota literaria y el poema argumental— dar a la poesía asideros mentales y sentimentales y reducir su misteriosa fluidez, su aroma volandero, a más lógicas y obvias fórmulas expresivas. [Os poemas] volvieron a los eternos asuntos con las eternas palabras: el amor terreno y el celeste amor, la angustia del tiempo, del espacio, de la muerte, la ausencia, la voluptuosidad, la nostalgia, la melancolía, la alegría o la pena de existir. Había pasado la tormenta, y el campo, el aire y el cielo de la poesía, eran de nuevo puros, azules, cristalinos. (em Cobo Borda, "Poesía colombiana" 92-93)

---

[35] O poeta chileno Pablo de Rokha, que visitara a cidade entre os anos 1945 e 1946, manifesta, no seu livro *Interpretación dialéctica de América: los cinco estilos del Pacífico* (1947), uma imensa surpresa perante o fato de que uma "vanguarda" possa adotar formas acadêmicas de versificação e que essa mesma vanguarda possa estar integrada por uma reação confrontada com aquela —*Los Nuevos*— que a precedera. Rokha se surpreende ainda, pela maneira em que "la actitud académica de *Piedra y cielo* aparece como revolucionária" (314).

*Do tamanho do mundo*

Essa pureza, é obvio, descambou nos casos do autor da nota (o falangista Eduardo Carranza) e do comentado nela (Jorge Rojas), num louvor ininterrupto de uma pátria hispano-católica com paisagens tropicais idealizadas, núbeis moças evanescentes e imagens aéreas que, cantadas numa sonoridade vibrante, em poucos anos se transformaram numa sorte de poesia oficial da evasão, com imenso sucesso entre uma população perante a qual o movimento, no entanto, declarava a sua absoluta autonomia.[36]

Não obstante essa atitude, é na reflexão crítica de Tomás Vargas Osorio –liberal e autor de um dos sete *Cuadernos* que integraram a publicação *piedracielista*– que podemos perceber de maneira premente as marcas da violência que, nesses anos, transformava a sociedade colombiana. Precisamente, num ensaio intitulado "Nuevo sentido de la Violencia", publicado no livro *Huella en el barro* de 1938, Vargas Osorio se questiona sobre a legitimidade da oposição civilidade-violência quando transposta do território da vida política ou administrativa para aquele da cultura. Diz Osorio:

> La civilidad es, ante todo, un estilo de moral política; pero es injusto –históricamente injusto– pretender que el espíritu y la cultura se estrechen dentro de un ámbito moral utilitario, dentro de un *ethos* de finalidades inmediatas. [...] La violencia sólo de una manera accidental se dirige hacia objetivos distintos de la cultura. La violencia que origina las guerras, los cesarismos políticos, las conquistas económicas, es una violencia desviada que se ha escapado a la naturaleza de sus funciones esencialmente espirituales y creadoras. [...] En el mundo espiritual ha ocurrido algo muy semejante a lo que ocurre en el mundo de los hechos políticos, dándole a esta última palabra su acepción total y prístina: las capas inferiores oprimidas se han levantado contra la casta aristocrática. El ascetismo a que el espíritu condenaba al hombre, hasta el punto de pretender disolverlo en una concepción abstracta, equivale al sistema capitalista contra el cual se yerguen ahora las masas en busca de una libertad que las sacie y que les resuelva la inhibición vital a que estuvieron sometidas ("Nuevo sentido" 118)

---

[36] Esta leitura orienta-se pela de Rafael Gutiérrez-Girardot em "El 'piedracielismo' colombiano" (79). Para uma compreensão do caráter público e evasivo de *Piedra y cielo* ver Cobo Borda, "Poesía colombiana" 94-95; Restrepo, "Literatura" 79.

Apesar de equiparar esse levantamento de massas com uma regressão infantil, perigosa e sem dúvida característica dos "grandes desfiles nazistas o fascistas", o poeta acaba concluindo: "tan sólo la violencia podrá reincorporarnos al mecanismo histórico: por medio de un gran salto, es decir, de una auténtica revolución en lo hondo y verdadero de nuestra humanidad apacible" (119). Opondo o mundo da utilidade ao mundo da violência "creadora", evidentemente, Vargas Osorio trazia ao território estético uma problemática política que traspassava o espectro social por esses dias. Essa oposição, no ensaio "Naturaleza y dirección de la poesía 'moderna'", também publicado no livro *Huella en el barro* de 1938, ainda se desenvolve numa concepção da poesia como expressão do "hombre de las cavernas" em contraposição à engenharia, à ciência ou à filosofia, características do "indivíduo civilizado" (113). Para fugir do domínio da utilidade, quer dizer, da língua comum do homem civilizado, o poeta, na reflexão de Vargas Osorio, optaria pela imagem. Essa seria a sua característica essencialmente "moderna": "una poesía escrita en imágenes, es decir, una poesía antipopular, y casi dijérase, antihumanista" (115). À procura de imagens, seria legítimo, sob a perspectiva do poeta *piedracielista*, procurar nos clássicos uma eterninade "no fija", "no legalizada", mas que atualize "antiguas experiencias: lo mismo la historia social y política que la historia literaria y estética " (117). Essa antiga experiência, a se atualizar através da imagem, é a do mistério —já vivido pelo primitivo—, quer dizer, é a experiência do desconhecido cuja presença sensível a poesia teria o papel de mostrar ao homem moderno. Dessa maneira, então, violência, imagem e poesia, se conjugariam em aberta pugna contra uma linguagem do uso, e à própria economia da utilidade, retornando, via estranhamento, e nunca sem um robusto atrelamento histórico, ao território primitivo da criação.

Assimetria social, anestesia urbana perante os próprios fundamentos da civilização e o apelo a uma violência desautomatizadora são temáticas recorrentes na produção literária das décadas de 30 e 40. Não por acaso, a obra de José Eustásio Rivera serve de preâmbulo a esse período, cujos interesses, por exemplo, aparecem tematicamente expressados nos primeiros romances de J.A. Osório Lizarazo e, de maneira mais aventurada, nos romances *Toá*

(1933), e *Mancha de aceite* (1935), em que César Uribe Piedrahita relata, da perspectiva de protagonistas citadinos e em tom de denúncia social, a exploração da borracha na Amazônia e do petróleo na Venezuela (ver Cobo Borda, "Notas"). No entanto, é em *4 años a bordo de mí mismo (Diario de los 5 sentidos)* (1934), de Eduardo Zalamea Borda, que essa desautomatização se traduz numa forma romanesca inusitada, voluntariamente estranha, que não rejeita recursos como o fluxo de consciência, a colagem, o uso de jargões matemáticos, científicos, regionais, etc. Considere-se o subtítulo –*Diario de los 5 sentidos*– e pense-se na importância dada à questão sensorial, impressão que se acresce quando confrontadas as descrições que o narrador faz da cidade com aquelas de La Guajira, o local longínquo a que parte à procura da experiência que Bogotá não lhe permite:

> Yo vivía en una ciudad estrecha, fría, desastrosamente construida, con pretensiones de urbe gigante. Pero en realidad no era sino un pueblucho de casas viejas, bajas y personas generalmente antipáticas, todas vestidas con trajes oscuros. [...] Y un día resolví irme. Sin saber para dónde. [...] Lo único necesario era salir de allí (*4 años* 19-20).
> Aquí [en Bogotá] está la civilización que ya no conozco. La civilización con sus mecánicos vuelos, con sus alas, con sus ruedas. Aquí está la vida hipócrita y cubierta y escondida tras la educación y los prejuicios. Bajo el *rouge* de los labios florece la perversidad y entre el vapor de los *cocktailes* pasan los fantasmas del asesinato. Aquí está la civilización, llena de números, de fechas, de marcas. Allá [em La Guajira] estaba la vida verdadera, dura y desnuda como una piedra. Allá estaban las mujeres desnudas, los hombres francos, los peligros simples y con los dientes descubiertos. Aquí está todo velado, escondido, falsificado. [...] ¡He oído, he gustado, he olido, he tocado, he visto, he sufrido, he llorado, he copulado, he amado, he reído, he odiado y he vivido...![...] –Sí, he vivido 4 años a bordo de mí mismo... (305-306)

No âmbito do ensaio, Germán Arciniegas (Ministro da Educação entre 42 e 46), em 1945, reclamava para o historiador a obrigação de "acercarse al hombre de la calle, a la criatura vulgar que forma parte de la caudalosa muchedumbre de las ciudades o al campesino que se pierde en la pampa o la montaña" (*América* 315). Isso levava, na obra mais célebre desse autor, a uma compreensão da mestiçagem como o valor específico de um continente exuberante e confrontado permanentemente à ambição imperialista. Foi *Biografía del Caribe* (1945) o livro com que Arciniegas, à sua maneira e desde a sua própria área de atuação, inseria o estrépito cultural de negros, índios e mestiços, na pacata sociedade dos anos 40, que não deixou de sentir essa apologia como um abalo dos seus próprios valores (Cobo Borda, "Poesía colombiana" 64) – representados, por exemplo, pela obra de Luis López de Mesa, que em *Cómo se ha formado la Nación colombiana* (1934), e em artigos posteriores, advertia sobre os perigos da mestiçagem, da alfabetização popular e pregava uma purificação da raça nacional. Segundo se pode inferir, a comoção provocada pelo seu livro foi tão grande, que com a chegada do conservador Mariano Ospina Pérez em 1946 à Presidência da República, e tendo a sua vida ameaçada, Arciniegas foi para o exílio.

A cisão entre o campo e a cidade, promovida por autores como López de Mesa e sentida como oposição entre o falsificado e "la vida verdadera, dura e desnuda" no romance de Zalamea Borda, era cada vez mais difícil de constatar e, romântica ou simplesmente xenofóbica, acabava servindo à sociedade normalizada para se iludir com a sua própria autonomia. Entretanto, a violência "creadora" já habitava o mundo da utilidade, e a poesia procurava alternativas: *Morada al sur* (1945), assim como o resto da dispersa produção poética de Aurelio Arturo –poeta e funcionário provinciano apropriado um tanto à força pelo grupo de *Piedra y cielo* (ver Torres Duque, "Recepción" 343-47)–, recolhe de maneira singular a temática do retorno à origem, ou seja, da transposição da voz poética de Bogotá ao território sulista de Nariño, aquele da infância e do paraíso perdidos, à procura do desconhecido. É precisamente a originalidade desse retorno, em que o presente urbano não aparece obliterado ou diminuído perante o passado da reminiscência, o que faz de Arturo um autor de imensa relevância.[37] O passado da nostalgia, apesar do seu peso, não é mais recuperável: o tempo está "marchito" ("Recepción" 37), os reis e rainhas das fábulas

---

[37] Arturo teve enorme ressonância continental, aparecendo poemas seus em múltiplas antologias latino-americanas ainda na década de 40. Uma amostra dessa recepção internacional pode ser a crônica "O mistério da poesia", publicada em fevereiro de 1949 em *O Globo*, em que Rubem Braga, cometendo um equívoco corriqueiro, confunde a nacionalidade colombiana com a boliviana, citava o poema "Rapsodia de Saulo" (ver *A traição* 9-10)

*Do tamanho do mundo*

arderam ou estão sepultos (35), as fadas "se pudren en los estanques" afundadas num silêncio que não perturba "el estrépito de las ciudades que se derrumban" (101). Os seres do campo, entretanto, habitam a voz do poeta, eles vivem mortos nas suas "canciones":

> Trajimos sin pensarlo en el habla los valles,
> los ríos, su resbalante rumor abriendo noches,
> un silencio que picotean los verdes paisajes,
> un silencio cruzado por un ave delgada como una hoja.
>
> Mas los que no volvieron viven más hondamente,
> los muertos viven en nuestras canciones. (65)

Essa voz habitada pelos mortos do Sul, que faz da reminiscência uma maneira de sobrevida do passado no presente, não se separa jamais da sua atualidade urbana (Torres Duque, "Recepción" 361). O poema já não só fala sobre a memória, senão que está marcado pela memória, é memória. Nem fuga, nem alienação, nem evasão, portanto: canta-se de um "umbral gastado" entre esses mundos, e a voz é apenas vento, "sólo un poco de viento" (43) –não o ressoar de uma floresta mas o tremer de uma folha só– que narra a intensa noite de um país fragmentado, um país que não é um só, e que não oculta mais o seu espanto entre as ruínas do que foi:

> Te hablo de la sangre que canta como una gota solitaria
> que cae eternamente en la sombra, encendida:
> [...] Te hablo también: entre maderas, entre resinas,
> entre millares de hojas inquietas, de una sola
> hoja:
> pequeña mancha verde, de lozanía, de gracia,
> hoja sola en que vibran los vientos que corrieron
> por los bellos países donde el verde es de todos los colores,
> los vientos que cantaron por los países de Colombia. (38)
>
> He escrito un viento, un soplo vivo
> del viento entre fragancias, entre hierbas
> mágicas; he narrado
> el viento; sólo un poco de viento.
> Noche, sombra hasta el fin, entre las secas
> ramas, entre follajes, nidos rotos entre años

> rebrillaban las lunas de cáscara de huevo,
> las grandes lunas llenas de silencio y de espanto. (43)

A noite, em Arturo, é sempre "mestiza" (35), habitada por esse verde de "todos los colores", e o sol associa-se ao mundo perdido (63). Dessa maneira, a noite é habitada pelas ruínas do primordial; como num instrumento, nela ressoam os mortos de outra noite "tácita", "de remotas tempestades", aquela "noche campesina" da origem que sopra como um vento sobre o presente e nele vibra:

> ***Amo la noche***
> [...] oh, no la noche campesina
> [...] yo amo la noche de las ciudades
> [...] y no es la noche sin cantares
> la que amo yo, la noche tácita
> que habla en los bosques en voz baja,
> o entra a las aldeas y mata.
> Yo amo la noche sin estrellas
> altas; la noche en que la brumosa
> ciudad cruzada de cordajes,
> me es una grande, dócil guitarra.
> [...] Yo amo la noche en el cansancio
> del bullicio, de las voces, de los chirridos,
> en pausa de remotas tempestades, en la dicha
> asordinada, a la luz de las lámparas
> que son como gavillas húmedas
> de estrellas o cálidos recuerdos,
> cuando todo el sol de los campos
> vibra su luz en las palabras
> y la vida vacila temblorosa y ávida
> y desgarra su rosa de llamas y lágrimas. (195-97)

Em Arturo, natureza é cultura, portanto história, e a civilização cansada e cheia do "estrépito de las ciudades que se derrumban", não vive sem a barbárie, não é um *rouge* ou uma falsificação, senão o instrumento em que vibram as vidas vacilantes das aldeias (ver Gutiérrez Girardot, "Historia" 437). A presença, assim, está atravessada por ausência, o íntimo pelo estranho, o interior pelo exterior, a civilidade pelo primitivo, e a vida pela morte (ver Torres Duque, "Recepción" 355-56).

Mistura, exílio, violência: evidentemente a massa –que na reflexão de Jacques Derrida, é também a horda, a turba, a comunidade impossível (ver *Espectros*)– é o fantasma ou, melhor, o espectro que assola a literatura dessas décadas.

Esse fantasma atravessa também as publicações culturais do momento, assim como as instituições educativas.

Em fevereiro de 1948, o jornal *El Siglo* denunciava o tipo de educação em vigência na Universidad Nacional de Colombia – instituição bandeira da "Revolución en Marcha" de López Pumarejo (renomado presidente da República Liberal), sob cujo governo se iniciou o ensino de sociologia, economia, antropologia e outras ciências sociais formalmente ausentes do ensino superior antes da década de 1930. No artigo de 16 de fevereiro, *El Siglo* exigia "sin miedo" uma educação de tipo confessional (em Restrepo, "Literatura" 69).

"Sin miedo" nenhum, em janeiro do mesmo ano, o partido conservador conseguia atingir outro dos símbolos da República Liberal: a Escuela Normal Superior, dedicada à formação de professoras para o ensino básico, é acusada por *El Siglo* de promover "la obra satánica de educar sin Dios" e de "indigestar" o pensamento das licenciadas com as filosofias de Kant e Marx, assim como com o pensamento de Freud (ver Restrepo, "Literatura" 69). As duas instituições, tanto a Universidad quanto a Escuela, passaram nesses anos por profundas transformações e, em torno de 1950, com o conservador Laureano Gómez acedendo à presidência, eram completamente confessionais, com reitores, decanos e programas designados pela igreja católica colombiana. Foram fechados alguns institutos dentro da Universidade, dentre os quais se destaca o de Filosofia, acusado por *El Siglo* em 1950 de estar tomado por "secuaces de Heidegger y Kierkegaard", motivo pelo qual o jornal exigia que fosse "barrido como si fuera una detestable alimaña" (em Restrepo, "Literatura" 69).

Muitos são os exemplos desse tipo de "purificação" no domínio cultural desses anos. Citaremos alguns poucos.

A *Revista de las Indias*, fundada em 1936 e dirigida a partir de 1939 por Germán Arciniegas,[38] foi substituída em 51 pela *Revista*

---

[38] Alguns dos colaboradores da *Revista de las Indias*: Aurelio Arturo, Luis Vidales, León de Greiff, Antonio García, Gerardo Molina.

*Bolívar* que, além da sugestiva mudança de nome, passou a estar sob a direção do conservador Rafael Maya. Com essa modificação de nome e diretor, ademais, se introduziam outras alterações: do interesse pelas culturas indígenas, pela literatura, pelas artes plásticas colombianas, pelas ciências sociais e pelo americanismo via Mariátegui, se passou em *Bolívar* —assim como em *Hojas de cultura popular colombiana* (1947)— a uma difusão de "nebulosa cultura general" em que se evitava qualquer controvérsia teórica ou política, se baniam os movimentos filosóficos e literários da atualidade europeia e estadunidense e se optava por uma "hispanidad" em que o popular era tratado "por la vía de un folklore fácil, mientras que los grandes problemas del pueblo colombiano, el analfabetismo, la carencia de tierra, las condiciones de salubridad, la violencia, brillan por su ausencia" (ver Restrepo, "Literatura" 83).

Nesse clima cultural, e havendo os seus integrantes crescido durante as décadas da Violência, surge a Revista *Mito* (1955-1962). O diretor dessa revista, referindo-se ao período, dizia num artigo de crítica cinematográfica de 1959:

> Yo tenía quince años en 1940. Durante los cinco años que siguieron fuimos lo que la guerra quiso. No alcanzamos a ponernos el uniforme, pero la propaganda modeló nuestra imagen del mundo [...] Quizá esto explique que nuestra primera reacción literaria fuera una poesía desengañada y melancólica y nuestra primera reacción política y social una desconfianza un poco lúgubre ante cualquier orden establecido. (em Cobo Borda, "Poesía colombiana" 114)

Essa desconfiança se traduziria em labor cultural, assim como a melancolia atravessaria o afazer poético do grupo reunido em torno de *Mito*. Dirigida por Jorge Gaitán Durán, a revista dedicou-se a uma abertura de que dão conta os nomes dos seus patrocinadores: Luis Cardoza y Aragón, Carlos Drummond de Andrade, León de Greiff, Octavio Paz e Alfonso Reyes. Com 42 números publicados, *Mito* dedicou-se a áreas da cultura que tinham sido banidas das publicações mais prestigiosas das décadas precedentes: cinema, sociologia, história, artes plásticas, teatro, filosofia, etc. se entrelaçam número a número. Entre os colaboradores da revista se contam nomes como Marta Traba, Alejandra Pizarnik, Luis Cernuda, Alejandro Obregón, Vicente

Aleixandre, Jorge Luis Borges, Carlos Fuentes, Alejo Carpentier, Juan Liscano, Julio Cortázar e Juan Goytisolo. O interesse pela cultura dita universal, para além da Espanha, evidencia-se nas traduções de Brecht, Genet, Benn, Heidegger, Sartre, Sade, Bataille, Perse, Dylan Thomas, Cassirer, Malraux, Nabokov, Beckett, Updike, etc. Gutiérrez Girardot e Danilo Cruz Vélez escreviam sobre as obras de Nietzsche, Heidegger, Husserl, e outros. Vários dos mais importantes romances sobre a Violência —tais como *El coronel no tiene quien le escriba* de García Márquez, ou *La casa grande* de Álvaro Cepeda Samudio— tiveram as suas primeiras edições na revista. A poesia escrita pelos integrantes de *Mito* não foi indiferente a essas contingencias: seja o violento erotismo, a economia geral e a leitura da história como ruína que movimenta a poesia de Gaitán Durán; seja a fantasmagoria urbana de Fernando Charry Lara; seja o cosmopolitismo enferrujado e crepuscular do Maqroll de Mutis —todos eles partilham uma origem e um conjunto de interesses que se evidenciam sintéticamente num testemunho deste último autor, referido aos fatos de 9 de abril de 1948:

> Nos descubrimos a nosotros mismos con 6.000 muertos en las calles de Bogotá y supimos que éramos otros. La ola proletaria, llena de llanto y de tristeza por la muerte de su líder: un caudillo de plaza pública. Las mujeres envueltas en pañolones, y los hombres de clase media y baja, los empleados públicos de tinto y lotería, iracundos y atontados bajo la lluvia. Ya nada sería igual a lo que había sido. (em Cobo Borda, "Poesía colombiana" 167)

A POLÍTICA DESPOLITIZADA

Como já se mencionou, a cidade era barroca, uma cidade vetusta, polida e rústica, sobrecarregada. Uma cidade moderna e colonial, rica, miserável, antiga, nova, mas também terrivelmente conservadora e tensionada pela violência política. Anos depois do Bogotazo, essa precária modernização impressionaria ao viajante William Burroughs que, em correspondência de 1953 ao amigo Allen Ginsberg, a descreveria —é claro, com o olhar do *junkie* provindo do país colonizador à procura do *yagé* como "uma cidade de aspecto melancólico e sombrio":

> Bogotá é alta, fria e chuvosa, um calafrio úmido que penetra como a fissura [*Pense-se no sentido dessa palavra em Burroughs*]. Não há calefação em lugar nenhum e nunca se fica aquecido. Em Bogotá, mais do que em qualquer outra cidade que vi na América Latina, sente-se o peso morto da Espanha, sombrio e opressivo. Tudo o que é oficial leva a etiqueta *"made in Spain"*. (*Cartas* 23-25)
> Se existe algo a dizer a favor dos conservadores, eu não ouvi. São uma minoria impopular de merdas asquerosos. (26)
> A população de Bogotá mora nos bares. Há montes deles e sempre cheios. A roupa padrão é um casaco de gabardine e, claro, terno e gravata. Uma bunda sul-americana pode estar saindo para fora das calças, mas mesmo assim estará de gravata. / Bogotá é essencialmente uma cidade pequena, todo mundo preocupado com a roupa e tentando fazer acreditar que seu trabalho é digno. [...] Uma noite, estava sentado num café liberal quando três pistoleiros civis do Partido Conservador entraram gritando: "*Viva los Conservadores!*"[sic], esperando provocar alguém para poderem dar uns tiros. [...] Todos pagaram e saíram, deixando o cara gritão berrando: "*Viva el Partido Conservador*" para uma casa vazia. (51-52)

O liberal Jorge Eliécer Gaitán, anos antes, foi um canalizador dessas contradições e, em ocasiões, até mesmo de violência. A interpelação ao povo, de fato, é uma das marcas características da retórica política de Gaitán, ao nível de ter sido alguma vez lido esse povo como uma invenção gaitanista (ver Caballero). Ainda, as frases mais famosas do *Caudillo del Pueblo*, precisamente, rezavam: "*Yo no soy un hombre, soy un pueblo*"; "*El pueblo es superior a sus dirigentes*" (Ospina, "La persistencia" 8; Alape, *El bogotazo* 33). Essas peculiaridades fizeram de Gaitán uma figura quase messiânica com fortes bases populares, o que levou ao candidato a certa marginalidade, mesmo dentro do partido político que representava, pois era visto como um inimigo das classes sociais privilegiadas e dos Estados Unidos; isso apesar de suas várias alianças conjunturais com o partido adversário, do seu reconhecimento das instituições e da sua manifesta rejeição de toda tentativa revolucionária armada.³⁹ Entretanto, foi visto como um subversivo, ao menos a partir da denúncia que em 1928 fizera perante o Congresso Nacional do Massacre das Bananeiras (Tirado Mejía 156).

Houve na década de 40 uma forte radicalização dos discursos e das práticas políticas. Essa polaridade, entretanto, correspondia a uma só lógica: "Quem não está comigo, está contra mim". Para Rafael Gutiérrez Girardot ("El 'piedracielismo'"), nessa situação se enfrentaram dois dogmas e não duas posições políticas substanciais ou rigorosamente racionalizadas com o que, após uma relativa modernização inicial, as elites acabaram adiando indefinidamente a sua experiência da modernidade⁴⁰ ao alentar a violência como um instrumento de continuidade no privilégio (ver Gómez e outros). Essa lógica configurou um quadro de sacralização da violência e de adesão automática a um dos polos postos em confronto; foi verdadeiramente, para usar uma fórmula de Gonzalo Sánchez Gómez, uma supressão da política (ver "La violencia"). A motivação de toda ação nesse quadro era o ódio coletivo, a construção grupal do inimigo – geralmente equiparado a uma cobra– determinava a conduta, o entusiasmo e o fanatismo, e matar não era exterminar, senão punir, lecionar através do terror.⁴¹ Assim, qualquer posição não ortodoxa, qualquer indiferença a respeito do confronto, até a mais mínima hesitação, estiveram caracteristicamente condenados. O enunciado paradigmático dessa condenação poderia ser aquele com que o líder conservador Laureano Gómez se manifestava no momento da violência política: "Nada peor que el indiferente" (Gómez García 31). Outro exemplo desse extremismo poderia ser aquele trecho, já antes

---

[39] Gutiérrez Girardot, após definir *Piedra y cielo* como uma vanguarda num país conservador, define a Colômbia como "un país civilista siempre en guerra" ("El 'piedracielismo'" 84) e, seguindo Tirado Mejía, o partido liberal como um "conservadorismo liberal" (96).

[40] De uma perspectiva só indiretamente vinculada com o fenômeno da violência, Absalón Machado chega a conclusões similares no que toca à reforma agrária e à propriedade da terra (cf. 1999 s/p).

[41] Gonzalo Sánchez Gómez, referindo-se ao período "clássico" da Violência, descreve uma série de constantes nas práticas de tortura que seriam inerentes à violência política como manifestações da sua estruturação profunda (2004, s/p). Eric Hobsbawm, por sua vez, se refere ao mesmo fenômeno, e o interpreta tanto sob uma ótica funcional quanto como *sintoma* de uma profunda desorganização social (ver "La anatomía" 270-271).

citado, em que o líder liberal Jorge Eliécer Gaitán, em entrevista a Joel Silveira, minimizava os fatos de um massacre de conservadores.[42] Essa negação de legitimidade política fora da contraposição binária e vulgar entre os partidos descambou em uma extensa aniquilação do povo pelo povo, tão vasta que, em 1968, o historiador Eric Hobsbawm não duvidava em qualificar a Violência de "probablemente la mayor movilización armada de campesinos [...] en la historia reciente del hemisferio occidental" (264). O extermínio partidário acontecido entre as décadas de 40 e 50 foi o cenário desse jogo, cujos supostos atores contrapostos asseguraram a continuidade no poder com a ditadura militar de Rojas Pinilla (1953-1957) e, posteriormente, com a chamada Frente Nacional (1958-1974) –que foi o "nosso" período ditatorial-civil: uma espécie de tratado de paz que, de fato, assegurara o revezamento dos dois partidos hegemônicos na presidência, cargos públicos e ministérios durante quatro governos (Gómez García).

Para a década de 40 pouco tinha mudado da antiga, quase mítica, disputa entre liberais e conservadores, isso sobretudo no plano das denominações, pois as propostas políticas e as posições ideológicas tinham se aproximado tanto que, em muitos casos, era verdadeira a diferenciação com que o narrador de *Cien años de soledad* caracterizava as facções em confronto: os conservadores iam à missa das sete, enquanto os liberais iam à missa das nove. Dessa maneira, a elite política colombiana conseguiu, entre outras coisas, eliminar do horizonte propostas não capturadas nessa polaridade e fez da guerra a base do seu sagrado direito à continuidade no poder. Vale a pena dizer que, nesse sentido, apesar de que nem toda posição liberal ou conservadora representava as mesmas coisas, aquilo que serviu para pescar no rio turbulento da violência foi, sobretudo, uma diferença nominal, não ancorada em outra coisa que não fosse a cor de uma bandeira ou a fidelidade secular a uma herança partidária. Para

---

[42] Vale a pena, entretanto, matizar essa afirmação: em 7 fevereiro de 1948 Gaitán liderou um multitudinário protesto pacífico, chamado *Marcha del silencio*, em que se repudiava a violência rural exercida por facções paramilitares (*Pájaros e Chulavitas*) a serviço do Partido Conservador contra liberais e com a conivência do governo de Ospina Pérez (Alape, "El 9 de abril" 92). Um dos mais famosos discursos de Gaitán –*"Oración por la paz"*–, pronunciado nessa ocasião perante o Palácio Presidencial, é expressivo a esse respeito (Gaitán s/p).

Gonzalo Sánchez Gómez, nesse quadro, há uma politização que acarreta a desarticulação de toda possível organização provinda de necessidades coletivamente definidas, assim como o barramento da constituição efetiva de sujeitos políticos. Tratava-se, assim, de uma *"política despolitizada"* (ver "La violencia").

Durante esse período a guerra se transformou num cenário de participação, uma fonte fundadora de direito. Ora, no que tange aos sujeitos e atores que chegaram a se constituir, a disputa cobrou as vidas de lideranças camponesas e operárias, assim como aniquilou ou capturou no bipartidarismo as incipientes organizações sociais e trabalhistas.[43] A Violência, como claramente se observa, não ameaçou verdadeiramente os partidos em confronto, cujas cabeças se mantiveram intatas nas grandes cidades colombianas (ver Gómez García).

A continuidade sempiterna do bipartidarismo foi o resultado mais claro da Violência, com a lógica eliminação de outras propostas políticas. Dentro do próprio liberalismo houve uma imensa discrepância entre facções atreladas às suas propostas originárias e uma tendência "progressista" que propunha integrar ao programa do partido um projeto socialista moderado, decorrente de considerações de luta de classes e da escandalosa assimetria social de um país com a quase totalidade da propriedade em pouquíssimas mãos. Essa tendência conformou os primeiros grupos de guerrilhas organizadas dentro do território colombiano no século XX, como uma forma de resistência ao terror, em muitos casos, através do próprio terror.[44] A concentração da terra e do poder que acompanharam esses anos, decorrentes da própria violência, produziram um exílio interno de proporções descomunais (Sánchez Gómez; Alape, "El 9 de abril" 92).

---

[43] Especificamente nas áreas rurais, esse processo se deu como uma combinação de proletarização e lumpenização da massa camponesa, segundo aponta Salomón Kalmanovitz (275).

[44] Para Hobsbawm, entretanto, a formação das guerrilhas não corresponde em todos os casos a uma expressão clara de luta de classes ou de aspirações sociais (268-269).

## Byron Oswaldo Vélez Escallón

O DIABO NA RUA

Na biblioteca pessoal de João Guimarães Rosa, conserva-se até hoje um livro intitulado *Políticos en la intimidad* (1936) de Alejandro Vallejo, que está sintomaticamente atravessado pelo clima que nessas décadas dominava o cenário político colombiano. Em elegante prosa, entre outros, Vallejo traça os perfis do liberal Jorge Eliécer Gaitán e do conservador Laureano Gómez. Este último é retratado com os traços que a sua alcunha, "El Monstruo", pareceria denotar: aristocrata odioso, perseguidor ressentido dos seus opositores, católico fanatizado, franquista, inquisidor violento, hispanófilo avesso à mestiçagem, negador da possibilidade de qualquer civilização num território como a Colômbia, etc. (ver 107-124). Gaitán, em contraposição, é retratado na experiência cosmopolita de um latino-americano um tanto rastaquera e picaresco, recém-chegado a Paris na década de 20, partilhando espaço com figuras como Josephine Baker, Picasso, Voronoff, Freud, Luis Vidales, etc. Uma anedota chama especialmente a atenção, pelo que evidencia da atitude diversa que Gaitán adotava perante a sua origem. Questionado em Paris pela sua proveniência, em reunião com gentes nórdicas, dada a sua mestiça fisionomia, Gaitán se apresentava como "el padre de los cocodrilos", sacerdote de uma religião selvagem, e respondia com evidente zombaria:

> Nosotros somos salvajes, señoras mías. Pertenecemos a la raza feroz. En nuestro país, en el centro de la América Meridional, vamos desnudos. Idolatramos a la luna bajo el nombre de la diosa Chía. Nosotros hemos sido mandados por nuestro pueblo a estudiar vuestra civilización y por eso nos hemos visto obligados a vestirnos con vuestros incómodos trajes, a hablar vuestras lenguas melifluas y afectadas y a observar vuestras complicadas costumbres. Pero no nos satisface nada de lo vuestro. Os encontramos divertidos, pero falsos y artificiales, lujuriosos, mezquinos y teatrales. Preferimos mil veces nuestra vida sencilla, pura, simple, casta, fresca de nuestra América. (Vallejo 13) [IEB-USP-GR923.2861V182p]

O contraste é nítido, nessa individualização em personagens paradigmáticos da polarização em curso: enquanto o líder conservador aparece com os traços de um eurocentrismo fascista, Gaitán é retratado em plena brincadeira, invertindo a contraposição entre civilizados e selvagens. Essa diferença entre as instantâneas dos opositores, como veremos, se correspondia com atitudes diversas para com as massas e teria outras consequências, certamente sensíveis para Guimarães Rosa.

Como antes se disse, os anos 40 foram o período de máxima urbanização da população, da economia e da cultura colombianas (ver Rueda Plata s/p). Isso que, referido ao intervalo entre 1940 e 1950, no cenário latino-americano, José Luis Romero explicou como "un crecimiento vertiginoso" ou uma "explosión social",[45] teve as causas específicas que antes tentamos esboçar. A cidade recebeu os seus novos habitantes com um gesto entre estupefato e horrorizado, os viu conformar guetos, bairros-miséria, habitar nos locais abandonados pelas velhas elites, ou os viu ocupar-se na nova indústria, no setor terciário, no comércio e na prestação de serviços, ou os viu vagar pelas suas ruas sem emprego e sem nome. Chamados simplesmente de "massa", como uma maneira de nomear essa multiplicidade tão heterogênea como numerosos eram os seus lugares e as suas culturas de origem, esses novos habitantes, sentidos como intrusos, deram um novo sentido ao conjunto, uma identidade cidadã inédita.

*Proa*, uma publicação arquitetônica da época, explicava o choque sentido pelos habitantes como uma consequência do próprio traçado das ruas, originariamente desenhadas para o tráfego de uma população significativamente menor: "el mal humor de los bogotanos lo causaba la estrechez de las calles, pues los transeúntes se estorbaban al andar" (em Niño 159). Dessa maneira, a própria inadequação da cidade à velocidade do seu crescimento favorecia a segregação sócio-espacial e levava as tensões a expressões quotidianas. Uma clara expressão política dessa segregação, assim como do autêntico horror

---

[45] "Cuatro capitales –Santiago, Lima, Bogotá y Caracas– tuvieron un crecimiento vertiginoso. Santiago se acercaba al millón en 1940 y llegó a 2.600.000 treinta años después; pero en el mismo plazo Lima pasó de 600.000 a 2.900.000, Bogotá de 360.000 a 2.540.000 y Caracas de 250.000 a 2.118.000. [...] Las migraciones arrinconaban a la sociedad tradicional de la capital, se filtraban en ella o acaso la cercaban" (Romero 328). Segundo cálculos de Elisa Mújica, na sua edição crítica das *Reminiscencias de Santafé y Bogotá*, em 1938, Bogotá tinha 336.312 habitantes, que passaram a ser 552.887 em 1948. Em 1957, de acordo com a mesma fonte, a população passava de 1.000.000 (1543). Carlos Niño, por sua vez, calcula que a cidade, entre 1938 e 1951, incrementou a sua população de 330.000 a 650.000 habitantes (158).

que a massa despertava nas classes dominantes desses anos, é a opinião sobre o sufrágio universal que Laureano Gómez publicara, em 1953, no editorial do seu jornal *El Siglo*:

> El sufragio universal inorgánico y generalizado interviniendo en toda la vida social para definir la dirección del Estado, contradice la naturaleza de la sociedad. El manejo del Estado es, por antonomasia, obra de la inteligencia. Una observación elemental demuestra que la inteligencia no está repartida en proporciones iguales entre los sujetos de la especie humana. Por este aspecto la sociedad semeja una pirámide cuyo vértice ocupa el genio, si existe en un país dado, o individuo de calidad destacadísima por sus condiciones intelectuales. Por debajo encuéntranse quienes, con menos capacidades, son más numerosos. Continúa así una especie de estratificación de capas sociales, más abundantes en proporción inversa al brillo de su inteligencia, hasta llegar a la base, la más amplia y nutrida, que soporta toda la pirámide y está integrada por el oscuro e inepto vulgo, donde la racionalidad apenas aparece para diferenciar los seres humanos de los brutos. (em Tirado Mejía 175-76)

Na década de 40, a afluência desses "provincianos" que mal conseguiam navegar pelas ruas cada vez mais repletas, deu ao conjunto traços dominantes. Essa nova identidade cidadã, no dizer de José Luis Romero, foi a *anomia*,[46] e foi precisamente o desejo da massa por se integrar à sociedade normalizada o que desencadeou as lutas políticas e sociais do período (*Latinoamérica* 322). É claro, esse desejo de integração não era propriamente um desejo revolucionário, pois não promovia uma profunda transformação das estruturas da sociedade, senão que perseguia, através da ascensão social especificamente, uma

---

[46] Gutiérrez Girardot, no ensaio "Estratificación social, cultura y violencia en Colombia"(2000), fornece algumas das características gerais do território "movediço y frágil" em que se movimentava a sociedade colombiana desses anos, e que ele não duvida em denominar de "anomia" –usando o conceito do sociólogo Holm P. Von Sternstein: "[anomia:] el rápido derrumbamiento de un sistema de normas y valores sociales y el estado de desorientación que grupos singulares experimentan o perciben en una situación tal y que los impulsa a acciones incalculables" ("Estratificación" 97). Leve-se em conta que para o desenvolvimento deste trabalho serão de vital importância as nuanças –já contidas na definição citada– que esse *a(n)nómos* pode comportar: ausência de regra ou de lei, ausência de nome, anarquia ou desorganização, afasia, etc.

definitiva familiarização com a estrutura existente, uma harmonização das tensões surgidas da urbanização.

Gaitán, como já se disse, foi um canalizador político desse desejo, chegou a se consolidar como um representante legítimo dessa massa anômica à procura da sua integração.[47] Há no discurso desse candidato, certamente, uma clara tendência à homogeneização que a explosão social perseguia: agora a massa ganhava o nome de "povo" e enfrentava uma oligarquia tão imprecisa e, no fundo, anômica, quanto ela (ver Gómez García, *Colombia*). Evidentemente, havia nessa cisão da sociedade um interesse partidário e o "povo" se identificava com o partido liberal, enquanto a "oligarquia" ganhava os traços do partido rival, o que fazia com que a oposição adquirisse, automática e um pouco contraditoriamente, as linhas do ódio bipartidarista.[48] Dominador absoluto da praça pública, dotado de um histrionismo até hoje relembrado, o candidato liberal usava um discurso incendiário e sacralizador que reclamava uma "purificação" da política pelo povo. O *slogan* gaitanista "Por la restauración moral del país ¡A la carga!", dá conta do caráter desse discurso (Alape, *El bogotazo* 9). A questão é que Gaitán conseguiu amplo apoio eleitoral da massa e que a massa se ressentiu gravemente da sua exclusão da IX Conferência Pan-americana, evento em que iriam se debater questões econômicas de profunda relevância para a Colômbia, como para toda a América Latina (Alape, "El 9 de abril" 92).

Pelo que se pode inferir da documentação, havia efetivamente um enorme descontentamento, manifestado pela facção progressista do Partido Liberal e pelos seus partidários, perante o fato de Gaitán não ter sido incluído entre os delegados da Colômbia à IX Conferência Pan-americana[49] (30 de março a 2 de maio de 1948),

---

[47] Essa massa estava integrada, também, por diversos setores produtivos, com manifestações urbanas e rurais de cunho popular, relativamente organizados (ou não), entre eles: o campesinato, a pequena burguesia, o proletariado e o lumpemproletariado (em Kalmanovitz, "Desarrollo")

[48] Para Rafael Gutiérrez Girardot, essa incorporação do anômico num determinado conjunto, precisamente, é um agravante da violência: "La anomia contiene violencia latente y, a diferencia de los que la crearon y aprovecharon para medrar y creen que se encubre y hasta remedia con la simulación, ésta precisamente agudiza la violencia latente" ("Estratificación" 98).

[49] Ver Bracamonte, "Gaitán" 57; Santos Molano, "El día" s/p.

fato que a imprensa de oposição da época interpretou como uma manobra do governo conservador –o partido político de Ospina Pérez e Laureano Gómez (então candidato e concorrente de Gaitán)– para tirar legitimidade do candidato à presidência tingindo-o com a mácula do "fantasma comunista" que assolava o mundo por esses dias.[50] De outra parte, o bilionário investimento do governo de verbas extra-orçamentárias para a recepção suntuosa das delegações das Américas,[51] além do desvio de grande parte desse dinheiro em esquemas de corrupção locais,[52] eram acinte para uma população afundada na miséria e catapulta política para a oposição representada por Gaitán. Com imensa desconfiança, a oposição criticava entre outras coisas o empréstimo de 500 milhões de dólares que o governo

---

[50] Não se esqueça que o general George C. Marshall compareceu à Conferência como Presidente da Delegação dos Estados Unidos; nem que o Secretário de Comércio desse país, Averell Harriman, acompanhava Marshall como seu secretário e conselheiro (ver Brigard Silva, *Informe* 25; Alape, "El 9 de abril" 92).

[51] A Comissão de organização da Conferência esteve presidida por Laureano Gómez, o concorrente de Gaitán à Presidência da República (Brigard Silva, *Informe* 4, 55). Gómez ganharia, após a morte de Gaitán, as eleições, sendo o máximo governante da Colômbia no período 1950-1951. Este presidente, de grande influência na extrema-direita latino-americana, teve enorme simpatia pelo nazismo e as suas relações políticas com o franquismo nunca foram um segredo. Também teve uma enorme influência na criação de grupos paramilitares de extermínio e fora o fundador dos jornais *El Siglo* e *La Unidad* (ver Kalmanovitz, Desarrollo" 288).

[52] Do *Informe que rinde al Señor Ministro de Relaciones Exteriores de Colombia, el Secretario General de la IX Conferencia Internacional Americana*, de autoria de Camilo de Brigard Silva (sobrinho do poeta José Asunción Silva), pode-se inferir o estado da cidade antes do evento, assim como o tamanho do investimento do governo colombiano na sua preparação. Além dessas obras, Brigard fala dos envios de pessoal local aos Estados Unidos para se instruir na preparação de eventos dessa magnitude, da compra de mecanismos de interpretação simultânea (à estadunidense International Business Machines), da completa adaptação e modernização do Capitólio Nacional (prédio sede da Conferência) com salas, auditórios, escadarias, bares, salões de beleza, terraços, escritórios, restaurantes, agências bancárias, escritórios de comunicações e turismo, enfermarias, etc. Além disso, foram construídos, alugados e acondicionados alojamentos para os 554 delegados (mais 150 familiares, 230 jornalistas estrangeiros e 68 funcionários também estrangeiros); foram comprados 100 automóveis e 15 ônibus para transportá-los; organizadas viagens semanais dos delegados às cidades mais importantes do país; e confeccionados luxuosos presentes comemorativos. Para os hóspedes mais "ilustres", fez-se uma reforma do Palácio San Carlos (ver Brigard Silva, *Informe*). Para se ter uma ideia da imagem da cidade que a União Pan-americana pretendia construir, assista-se o curta-metragem promocional *Bogota (Capital of Colombia)* (Judson).

*Do tamanho do mundo*

Truman, através do Banco de Importação e Exportação, fez aos governos latino-americanos às vésperas da Conferência —crítica que no caso colombiano esteve plenamente justificada, pois a parte que correspondeu ao país se juntaria posteriormente a uma dívida externa histórica, apesar de servir para cobrir os orçamentos de organização do evento. Para Gaitán, em entrevista concedida na manhã do dia 6 de abril ao grupo de jornalistas brasileiros de que participavam Callado e Silveira:

> —Os povos latinos-americanos não conseguirão nada de objetivo com essa IX Conferência, nem qualquer solução imediata e concreta para seus terríveis problemas sociais e econômicos. Trata-se de um conclave inócuo, dirigido pela batuta do general Marshall e conforme os interesses continentais e mesmo internacionais do presidente Truman. (Silveira, "Memórias" 198)

Gaitán não foi só excluído da IX Conferência. O seu ingresso aos mais suntuosos clubes sociais da cidade —o Jockey Club, por exemplo— estava categoricamente proibido. Nas altas esferas da sociedade era conhecido como "el índio" ou "el negro Gaitán" (Bracamonte, "Gaitán" 55; Vallejo, *Políticos* 19). Essas denominações e exclusões, entretanto, não se relacionavam exclusivamente com a cor da pele do candidato ou com a sua proveniência social. Como já se descreveu, havia uma forte polaridade partidária na sociedade e uma crescente desconfiança a respeito do estado e dos seus órgãos de controle. O próprio Gaitán —em célebre discurso— descrevia o país cindido em duas posições inconciliáveis: um país político contra um país nacional integrado por isso que ele denominava como "povo". O discurso de Gaitán tendia a homogeneizar a sociedade nesse "povo" para confrontá-la com uma oligarquia também um tanto difusa, o que o aproxima dos seus contendores conservadores, mas isso não impediu a sua marginalização dos espaços da alta sociedade. Ora, nessa homogeneização, de outra parte, se jogava também uma constante do próprio partido liberal, que no dizer de Álvaro Tirado Mejía, se apropriava de reivindicações populares e as vertia num jargão socializante —mas suas diretrizes fundamentais sempre tenderam à proclamação do caráter desnecessário de partidos políticos de esquerda de origem classista, cujas inquietudes o próprio liberalismo manifestava representar (ver "Colombia" 116).

A crônica "Bogotaço, cidade em chamas", de Nahum Sirotsky, recolhe uma cena da qual se pode inferir a atitude da "velha guarda" política para com Gaitán, assim como o clima político desses dias:

> Tínhamos um almoço na residência do embaixador do Brasil [João Neves da Fontoura] que nos iria apresentar a jornalistas conservadores e liberais. O almoço começou com as melhores entradas e vinhos, o embaixador era da velha guarda. Chegou um mordomo e soprou algo no ouvido dele que pediu licença e se ausentou por poucos minutos. "Não foi nada, não. É que assassinaram o tal do Gaytan". Os colegas imediatamente se levantaram, os dos jornais liberais logo insultaram as mães dos conservadores que numa primeira reação pediram asilo ao embaixador que insistia em continuar o almoço. Estava tudo normal, dizia. (Sirotsky s/p)

À uma e cinco minutos da tarde da sexta-feira 9 de abril de 1948, quando saía do seu escritório no edifício Agustín Nieto (Carrera 7 # 14-35) em companhia de vários amigos, Jorge Eliécer Gaitán Ayala foi morto a tiros. O assassino, segundo as versões oficiais, seria um desempregado de 26 anos, de nome Juan Roa Sierra, que teria comprado um revólver no mercado negro dois dias antes. Ao grito de "¡Mataron a Gaitán!" os transeuntes prenderam o suposto matador na farmácia Granada, onde tentava refugiar-se. Ele, que pedia para ser entregue à justiça, chegou a ser preso por dois policiais e várias pessoas tentaram proteger a sua integridade. No entanto, não conseguiram evitar o espancamento. Puxado para a rua pela multidão, Roa Sierra foi golpeado por porretes, por caixotes de engraxate, esfaqueado, chutado; as suas extremidades foram amarradas por gravatas e o seu corpo arrastado. A intenção da turba era levá-lo até o Palácio de la Carrera (hoje Palácio de Nariño), a casa presidencial, pois o governo conservador foi imediatamente responsabilizado. Nas grades do palácio houve uma tentativa de crucifixão da massa nua e ensanguentada que sobrou dos vários quarteirões de linchamento e que foi abandonada naquele local, após os disparos com que a guarda tentou dispersar a multidão —várias pessoas foram letalmente atingidas. O cadáver do sicário só pôde ser recolhido e sepultado dois dias depois do linchamento (Téllez, "El 9 de abril" 306). Até hoje as autoridades não determinaram os mandantes do magnicídio e até mesmo a sua autoria material é uma questão controversa (ver Alape, *El bogotazo*; "El 9 de abril").

O diabo andava solto na rua. Como um redemoinho infernal a massa vestida com *ruanas* e *gabardinas* passou pela cidade. Sem a mínima organização, sem objetivos claramente dirigidos, sem liderança nenhuma, sem cabeça, a revolta foi o caos total.[53] Para José Luis Romero, a multidão não tinha nada a perder ou a ganhar, pois Gaitán já estava morto: "no salió a defenderlo sino a vengarlo, y la cuota de violencia fue mucho mayor" (*Latinoamérica* 340). Houve, no entanto, uma certa lógica, uma certa ordem nos alvos primários da destruição, pois todos eles estavam vinculados ao governo, à Igreja Católica –tradicionalmente atrelada ao Partido Conservador– ou à Conferência. Dessa maneira, nas primeiras horas após o assassinato, a voragem entrou no Capitólio Nacional e no Palácio San Carlos, que sediavam a IX Conferência, e saqueou ou destruiu uma boa parte das suas luxuosas dependências. O tranvía (bonde) construído pela estadunidense *The Bogota City Railway Company*[54] ardia ao longo das linhas que cruzavam o Centro em todas as direções (há uma fotografia famosíssima, de autoria de Daniel Pradilla Holguín, em que aparece o bonde ardendo perante um Capitólio Nacional primorosamente adornado com as bandeiras dos países da União Pan-americana). Armada com *machetes*, pás, tochas, facas, enxadas, foices, armas de fogo, etc., ébria de *chicha* ou *aguardiente*, a multidão desafiou as forças armadas do estado, tomando vários dos seus baluartes: o Palácio dos Tribunais e a Prefeitura de Polícia foram incendiados junto com todos os arquivos que esses prédios resguardavam (quatro séculos de documentos judiciários e policiais). Também foram depredados os edifícios do Ministério do Governo, do Palácio da Justiça, da

---

[53] É a interpretação do poeta Luis Vidales (*La insurrección* 34,40). Também são as conclusões de Fidel Castro, em entrevista a Jaime Mejía Duque (ver "El bogotazo" 47). Essas impressões se repetem na entrevista ao líder cubano inserida na crônica de Joel Silveira. (ver *Memórias* 201-04).

[54] Segundo Andrés Samper Gnecco, os primeiros bondes elétricos, assim como "todos los demás tranvías que tuvo Bogotá, fueron *made in U.S.A.* por *J.G. Brill, of Philadelphia* (*Cuando Bogotá* 33).

Nunciatura Apostólica, do Ministério da Educação, do Ministério das Relações Exteriores, da Embaixada dos Estados Unidos, do Palácio Arquiepiscopal, dos Correios Nacionais, da sede do jornal *El Siglo*, do Hospício, da Procuradoria da Nação, do Ministério do Interior, a própria sede presidencial, várias instituições educativas ligadas à igreja católica, vários conventos e templos, vários quartéis. Mais tarde o turbilhão tomaria os comércios, os hotéis,[55] invadiu prédios públicos e privados; roubou, matou, estuprou; fez do centro todo uma fogueira de ao redor de 20 quarteirões, com 130 prédios destruídos (Niño, "Levantar" 157). Depois a revolta se estendeu por todo o território nacional, nas áreas rurais como nas urbanas se incrementou a violência até limites desconhecidos e não houve mais meios termos em matéria de política. Os informes oficiais falam de quinhentos mortos nos três primeiros dias do Bogotazo, mas há autores que fazem um cálculo que alcança os três mil (ver Alape, *El bogotazo* 519; Arias, "Los sucesos" 39). A Violência, em seu período "clássico", se estenderia até o ano 1965 —com um saldo aproximado de 200 a 300.000 mortos e de entre 900.000 e 1.200.000 deslocados (Kalmanovitz, Desarrollo" 299)— e teria consequências posteriores que, somadas com outros fenômenos, configurariam o conflito atual da Colômbia.

Após uma sangrenta repressão da revolta —em que, como relembra Arturo Alape, foram mobilizados franco-atiradores e tanques de guerra ("El 9 de abril" 96)—, em 14 de abril de 1948, a IX Conferência Pan-americana retomou as atividades suspensas no dia 9 e desenvolveu-se com normalidade e sucesso até o dia 2 de maio. Devido aos destroços do Capitólio Nacional e do Palácio San Carlos, o evento teve que ser trasladado ao aristocrático colégio Gimnasio Moderno, mas, após as devidas reparações, o pessoal das Delegações retornou a se reunir nesses edifícios a partir do dia 21 (Brigard Silva 1948 54). Do discurso pronunciado em Washington, o dia 24 de maio de 1948, por Alberto Lleras Camargo (presidente da Colômbia no período

---

[55] Segundo documentação achada no Archivo General de la Nación (Carrera 6 # 6-91, Bogotá D.C., Colômbia) —especificamente segundo um pedido de expedição de passaporte em nome do jornalista Adalberto Rocha— junto com o Hotel Regina foram queimadas obras de arte que várias delegações nacionais tinham levado à cidade para uma exposição interamericana organizada pelo diretor de cinema Alfonso Mejía Robledo. Não foi possível até o momento encontrar um inventário das obras expostas no *hall* do hotel.

1945-1946 e então presidente da União Pan-americana) podem-se inferir vários resultados imediatos da IX Conferência, assim como os objetivos que impulsionaram a sua organização:[56] massiva adesão ao "Pacto de Bogotá", que impunha a total submissão dos países do bloco aos lineamentos dos Estados Unidos em matérias econômicas,[57] sociais, educativas, culturais, administrativas, jurídicas, etc.;[58] alinhamento ideológico e político com esse país na posteriormente denominada Guerra Fria, e conseqüente perseguição continental dos "comunismos";[59] a consolidação definitiva do Tratado Interamericano

---

[56] Para uma ampliação desses resultados e propósitos, ver o livro de Arturo Alape, que cita extensamente as conclusões registradas em documentos da própria Conferência (*El bogotazo* 603 e seguintes). Essas conclusões coincidem, ponto por ponto, com as expostas por Lleras Camargo em 24 de maio de 48.

[57] Para se ter uma ideia dessa submissão econômica, basta confrontar os artigos e incisos desse "Pacto de Bogotá" que os Estados Unidos se negaram a subscrever (ver *Convenio Económico de Bogota* s/p).

[58] As recomendações da "Acta Final" da IX Conferência, incluída na *Carta cultural de América* (1953), são expressivíssimas nesse sentido. Um resumo dessas recomendações pode evidenciar a submissão acima mencionada: 1. Recomenda-se aos governos o desenvolvimento de programas de assistência pública e social; 2. o adestramento de mão-de-obra qualificada com conhecimentos técnicos, sob a figura de "educação superior"; 3. o cultivo, através dos sistemas educacionais, de sentimentos pacifistas e americanistas nas populações (40); 4. a criminalização do uso de menores de 14 anos (e dos maiores que continuem no sistema escolar) em qualquer classe de trabalho, salvo nos casos em que as "autoridades encarregadas" o autorizarem – para os menores de 16 anos se recomenda uma jornada de trabalho não maior de 36 horas semanais; 5. "En los países en donde exista *el problema de la población aborigen* se adoptarán las medidas necesarias para prestar al indio protección y asistencia, amparándole la vida, la libertad y la *propiedad*, defendiéndolo del *exterminio*, resguardándolo de la opresión y la explotación, protegiéndolo de la *miseria* y suministrándole la *adecuada* educación" [*destaques nossos*]; 6. o direito universal à educação gratuita, para uma digna sobrevivência, de acordo com os "dotes naturais, méritos e deseos" de cada um: "educación primaria, por lo menos" (41). Para além de qualquer ponderação sobre essas recomendações, valha a seguinte citação de Borges, do texto "Las alarmas del doctor Américo Castro" (publicado em 1941): "La palabra *problema* puede ser una insidiosa petición de principio. Hablar del *problema judío* es postular que los judíos son un problema; es vaticinar (y recomendar) las persecuciones, la expoliación, los balazos, el degüello, el estupro y la lectura de la prosa del doctor Rosenberg" (Borges, *Obras completas* 653).

[59] Em discurso pronunciado alguns dias após o Bogotazo, transmitido pela Radiodifusora Nacional, Laureano Gómez qualificaria assim a revolta: "Inmediatamente vi que se trataba de una revolución comunista del tipo exacto de las ocurridas en otras partes". (Laureano Gómez s/p). Arturo Alape relembra que Gómez defendeu essa opinião durante muito tempo e que com ela justificava a intervenção militar perante a insurreição civil ("El 9 de abril" 100-01).

de Assistência Recíproca (TIAR), que com a sua "doutrina da defesa hemisférica" abria a possibilidade de considerar qualquer manifestação adversa ao tratado como uma ameaça provinda de "agressores extra-continentales" e prescrevia a cooperação militar em tais casos, com o apoio de um "Comité Consultivo de Defensa" sediado em Washington; a criação da OEA (Organização de Estados Americanos), cujo primeiro secretário geral seria o próprio Lleras e cuja função essencial era preservar as relações antes descritas (Lleras 1948 1-9). A delegação colombiana acatou todas as imposições estadunidenses. Apesar das advertências de João Neves da Fontoura, no seu "discurso" de 30 de março, sobre a necessidade de evitar a "imposição de uma vontade [nacional] sobre as outras", a delegação brasileira assinou o "Pacto de Bogotá" sem nenhuma reserva (Fontoura, "Brasil" 18).

A história posterior da América Latina dispensa outros comentários sobre as decorrências da política internacional que se fortalecia em cenários como a IX Conferência Pan-americana,[60] mas

---

[60] O historiador Marco Palacios descrevia, em 1983, essa política internacional assim: "Entre la guerra fría y 1960, aproximadamente, la hegemonía norteamericana en el hemisferio se mantenía en buena medida conciliando los intereses económicos de las multinacionales (la ganancia y el control de mercados) y los intereses estratégicos de Washington (el dominio de Estados-clientes en su pugna global con la URSS). Esto se expresa en la pretensión norteamericana de dominar 'un hemisferio cerrado en un mundo abierto'. [...] En Colombia la concepción de la guerra fría se convirtió en un principio incuestionado de la política exterior, como quizá en ningún otro país latinoamericano, debido a un conjunto de circunstancias muy específicas. El mensaje ideológico de la guerra fría, con sus dos componentes, la contención al bloque soviético y el anticomunismo, penetró a toda una generación de dirigentes colombianos, conmocionados por la experiencia traumática del 9 de abril de 1948. Efectos de ésta fueron, en lo interno, un reforzamiento de los mecanismos del orden público con el consiguiente fortalecimiento del ejército, y, en el frente externo, una adhesión más firme a las políticas norteamericanas que muy rápidamente se traduciría en que Colombia resultó ser el único país de América Latina que envió tropas a la guerra de Corea, bajo el mando de las Naciones Unidas. [...] Cuando parecían debilitarse los efectos del trauma del 9 de abril y la crisis económica posibilitaba que los dirigentes colombianos desarrollaran en el campo *político* ciertos principios del *nacionalismo* económico, triunfa en Cuba la revolución, que rápidamente se radicaliza y reproduce y magnifica en América Latina las tensiones de la guerra fría. En Colombia, donde aún no se eliminaban del todo los reductos de la violencia desencadenada con mayor fuerza después del Bogotazo, hay una especie de sobreposición entre los ideales guerrilleros de la Sierra Maestra y la persistencia de focos guerrilleros y de bandoleros. Esto apuntalaba nuevamente la noción de orden público interno y la adhesión a esquemas norteamericanos de contra-insurgencia y a

*Do tamanho do mundo*

o que é um fato é que o Bogotazo serviu como exemplo do "caos comunista" que, segundo a União, ameaçava a região caso não se optasse pela homogeneização econômica e ideológica.[61] A revolta, que não teve objetivos claros, nem cabeça, ou seja, que não acabou em revolução, foi aproveitada pelo projeto capitalista em curso, foi capitalizada,[62] especulou-se com ela.[63] No caso colombiano legitimou a aniquilação sistemática de toda oposição política à hegemonia

---

un mayor acercamiento a los Estados Unidos. Como respuesta a la revolución cubana, los norteamericanos desarrollan dos programas de singular importancia para Colombia: La Alianza para el progreso y el Pacto Internacional del Café" (em Cobo Borda, *Poesía colombiana* 131-33).

[61] Em alocução nacional, acontecida no dia 2 de janeiro de 1949, o presidente Mariano Ospina Pérez afirmava: "El 9 de abril por su aspecto de crimen, de devastación, de saqueo... no tiene ni puede tener una inspiración colombiana. Es ajeno a nuestro carácter" (em Restrepo, "La sangre" 183). Dias depois do Bogotazo, a *Revista Semana* glosava algumas declarações do presidente estadunidense, e citava também algumas palabras do representante Donald Jackson: "El Presidente de los Estados Unidos, señor Truman, manifestó su pesar por los acontecimientos de Bogotá agregando que estaba muy satisfecho de que la Conferencia Panamericana continuara realizándose en dicha ciudad, y al ser interrogado sobre su opinión respecto de los posibles culpables de los sucesos, dijo que nada tenía que agregar a lo dicho por Mr. Marshall, quien acusó a los comunistas de inspirar los motines y el saqueo ocurridos en Bogotá después de la muerte del señor Gaitán. Por su parte el representante republicano Donald Jackson, declaró a su llegada procedente de Bogotá, que está listo a recomendar al congreso de los Estados Unidos, que se declare al comunismo fuera de la ley. 'Mi opinión, dijo es que si esta Nación y su congreso, no quieren ver la repetición de los acontecimientos de Bogotá en Nueva York o en San Francisco, deben tomar medidas inmediatas para destruir de raíz la capacidad de los comunistas de Estados Unidos'" (ver Alape, *El bogotazo* 603).

[62] Essa capitalização tem um gesto fundador: a identificação da revolta com uma revolução comunista. Ou seja, é a adjudicação de uma cabeça para algo que não necessariamente a teve, a nomeação da ação da massa anômica. Segundo depoimento de Gilberto Vieira, recolhido por Arturo Alape, o primeiro a dar à revolta o nome de comunista foi o próprio general Marshall (*El bogotazo* 305). Meses depois, num artigo de junho 27 de 1949 em que se justificava a violência partidária, Laureano Gómez fez uma célebre caracterização do partido liberal: "En Colombia se habla todavía del partido liberal para designar a una masa amorfa, informe y contradictoria... que solo puede compararse o calificarse como la creación imaginaria de épocas pretéritas: el basilisco. [...] Nuestro basilisco se mueve con pies de confusión y estupidez, sobre piernas de brutalidad y violencia que arrastraban su inmensa barriga oligárquica; con pecho de ira, brazos masónicos y una pequeña, diminuta cabeza comunista" (em Tirado Mejía, "Colombia" 174).

[63] Isso não só no plano da homogeneização ideológica da região, nem exclusivamente no que tange à distribuição dos poderes econômicos e políticos locais: a capitalização da revolta alcança inclusive a "reconstrução" da cidade, como relatada pelo arquiteto Carlos Niño (ver "Levantar" 157-61).

bipartidarista e foi o prólogo sangrento da guerra que até hoje se vive nesse país.

### III. Declaração de Bogotá (SUB ROSA)

> *Disto não darei parte; nem serei quem deixe de deixá-lo sub rosa.*
>
> Guimarães Rosa

Em mais de um sentido Rosa deu as costas à cidade que pegava fogo.[64] Participou nas reuniões antes referidas com Marshall, Laureano, Gorostiza, Neves da Fontoura, e com toda a classe política da região, que negociava por esses dias a soberania da América Latina. Foi um bom funcionário que só se interessava por literatura (no dizer de Silveira), que fez um burocrático discurso dedicado ao chefe Fontoura em que celebrava a sua "determinada e ativa decisão" na continuação da –quase malograda– IX Conferência (Rosa, "Discurso" 82). Esse é o Guimarães Rosa louvado por autores como Heloisa Vilhena de Araújo (*Guimarães Rosa: diplomata*), Roniere Menezes (*O traço, a letra e a honra*), Vilma Guimarães Rosa (*Relembramentos*) e Alaor Barbosa (*Sinfonia Minas Gerais*): um burocrata convicto e confiante na continuidade entre o Verbo & o Logos, que é a continuidade entre o bem, a razão e o Estado.[65]

No entanto, à vista da escritura de Rosa, não podemos confiar exclusivamente no que evidenciam os documentos e autores citados no início desta primeira parte. Se assim o fizéssemos, teríamos que

---

[64] Dessa maneira, ao menos, foi entendido por muitos. Veja-se a propósito esse comentário de Glauber Rocha em *Riverão Sussuarana*: "Vanguarda cósmica no Congresso: todo mundo falou e o maior escritor disse besteira. Os fofoqueiros o exculhambavam nos corredores e Restaurantes. 'Viu o que disse? Que não entendia de política'. Pois sim: no tal Bogotazo da Colombya, contou-me Antonio Callado, estava seu Rosa no Hotel curtindo um proustesinho enquanto o povo tocava fogo na cidade" (10).

[65] As leituras desse grupo de autores, tendem a fazer da diplomacia de Rosa uma continuação pragmática e sem fendas da sua produção literária. Em muito, é claro, essas aproximações se fundamentam na própria visão que do seu labor diplomático expressara Rosa na entrevista concedida a Lorenz ("Diálogo" XLVI). Leia-se, dessa perspectiva, o livro *Guimarães Rosa: diplomata*, de Heloisa Vilhena de Araújo (19-20).

concluir, simplesmente, que em Bogotá o escritor, tirando o labor burocrático, exclusivamente passou mal, releu Proust e teve conversas sobre "matérias paregóricas: paleontologia, filosofia, literatura", com o ministro Neves da Fontoura na sua luxuosa casa do bairro Chapinero. Desse ponto de vista, o escritor não teria falado com ninguém, nem lido nada da literatura indígena; nada de significativo teria lhe acontecido no pessoal nem no meramente diplomático enquanto esteve lá. Não viveu nenhuma *experiência*,[66] pensaríamos, porque já trazia na cabeça tudo que precisava para escrever. No entanto, se confiarmos exclusivamente nessas aproximações biográficas, se acreditarmos sem reservas na continuidade entre o logos e o verbo, talvez estejamos perdendo algo.

Numa folha manuscrita com a própria caligrafia de Rosa, há uma série de anotações que, conservadas no Fundo Aracy de Carvalho Guimarães Rosa (Instituto de Estudos Brasileiros da Universidade de São Paulo), pode sugerir um sentido para a reserva do escritor a respeito da complexa situação da Bogotá de abril de 1948. Baste com a citação dos primeiros pontos deste mini vade-mécum do diplomata:

### RELAÇÕES EXTERIORES

1) Combater a expressividade, em todas suas formas. De uma maneira geral, é preciso guardar silêncio.
2) Dominar todos os impulsos.
3) "Never explain, never complain!"
4) Não ser afirmativo (dogmático), nem demonstrativo (explicativo)
5) Não expressar nunca as nossas impressões [...] [IEB/USP-ACGR-2108]

Numa pasta rotulada com o nome "Poesia- Citações", que reúne materiais tão heterogêneos como citações de Jean Wahl, de Dante, de Newton, Gil Vicente, Macaulay, Plotino, Rushkin, Kant, Montegna, Byron, Queneau, Píndaro, Gide, Santo Agostinho, Tolstoi; sobre

---

[66] Vilhena de Araújo, por exemplo, não menciona em *Guimarães Rosa: diplomata* (2007), nada da cidade, nem da atuação do seu biografado nela, apesar do seu propósito de sondar exaustivamente esse "aspecto de sua atividade –a carreira de diplomata" (13). Já Suzi Sperber, no inventário da biblioteca do escritor que anexa ao seu livro *Caos e cosmos* (1976), opta por não incluir nomes da relevância de Porfírio Barba Jacob, Eduardo Carranza ou Rómulo Gallegos.

Horace Walpole e a sua *Serendipity*; inúmeras anotações de "Teoría y juego del duende" de Lorca; sobre a melancolia e o deus Saturno; anotações sobre Bogotá e registros memorialísticos de acontecimentos associados ao Bogotazo; se lê o seguinte:

> LAO TSÉ- O TAO (trad. del alemán. Revista de Occidente. Madrid, 1926)
> O que sabe nao fala
> %
> Um bom caminante nao deixa rastros (huellas) [IEB/USP-JGR-EO-07,02]

Também, na mesma pasta:

> PERSONALIDADE E VIDA DUPLA: "Todos los indivíduos auténticamente personales que He conocido tenían dos vidas —uma de ellas simples (sic) coraza de la outra" (Ortega y Gasset)
> DESGOSTO DA PROFISSAO: -el *odium professionis*

Há um trecho em *Grande Sertão: veredas* em que Riobaldo diz: "O senhor... Mire veja: o mais importante e bonito, do mundo, é isto: que as pessoas não estão sempre iguais, ainda não foram terminadas – mas que elas vão sempre mudando. Afinam ou desafinam. Verdade maior"(20-21). Talvez o diplomata, reprimido por necessidade profissional,[67] também seja um homem subterrâneo, ou um crocodilo cuja biografia deve ser sondada nos rios da sua escritura; alguém desconhecido, ansioso da experiência que ele próprio não declarou – para além do meramente burocrático[68] – ter vivido. Talvez a escritura seja um território de *mal-estar*.

---

[67] Na entrevista a Günter Lorenz, Guimarães Rosa se refere em várias ocasiões ao sigilo inerente ao labor diplomático (ver "Diálogo" XLIII).

[68] Há no livro *Inteligência brasileira: uma reflexão cartesiana* (1965) de Max Bense, um testemunho da cisão entre o Rosa-funcionário e o Rosa-literato. A cena que nos interessa vem após a narração de um jantar em que Bense, Rosa e Clarice Lispector têm animada conversação literária: "Ele [Rosa] nos mostrou ainda as salas do Itamaraty, o Ministério das Relações Exteriores. Notei o estilo burocrático. Ele estava um tanto diferente do que havia estado até há pouco. Substituíra o literato pelo funcionário, o escritor pelo homem de ação, e o 'sofrimento com razão', de que havia falado em seu livro, por uma 'astúcia da razão', que refletia o histórico na atualidade" (Bense, *Inteligência brasileira* 44).

*Do tamanho do mundo*

*MI OSCURA VOZ DE SILBOS CAUTELOSOS*

Muito tempo depois de publicada a sua última antologia, rompendo um silêncio poético de uma década,[69] o mexicano José Gorostiza, membro da delegação do seu país à IX Conferência Panamericana, escreveria desde o leito de enfermo em que se resguardava do Bogotazo, o seguinte poema:

> DECLARACIÓN DE BOGOTÁ
> Ha silbado una ráfaga de música.
> Desciende el aire
> de la negra montaña tempestuosa.
> Tropieza en la esbeltez de tu blancura
> como topa la luz, allá en la plaza,
> en la amarilla catedral de aceite
> que, lenta, se consume
> cediendo a los dominios de la estrella
> su estatua de llama endurecida.
> Te hace sonar el aire:
> eres su flauta.
> Te engrandece los ojos plenilunios.
> Imprime un ritmo pendular al brazo
> con que cortas la línea de tu marcha
> y en nobles giros de cristal te ajustas
> a frenos de pedales y sordinas.
> Te ahoga la sonrisa inescrutable
> en un sabor de té que se azucara
> poco a poco en la pulpa de tus labios
> y te erige, por fin, sonora estatua,
> en el rigor de un martinete insomne
> que bate en mis arterias
> y que habrá de batir —¡ay, hasta cuándo,
> mira el amor lo mucho que me duele!—

---

[69] "En cama, y con fiebre. Padecería, de seguro, la infección poética. La fiebre de la creación. Comenzaría, de seguro, a perfilar el poema que publicaría aquel mismo año y que titularía *Declaración de Bogotá*. [...] El poema posee una gracia singular, valiosa en sí misma. Tiene además el mérito, luego de su celebérrima *Muerte sin fin*, de 1938, de romper el silencio poético de Gorostiza un decenio después. [...] Finalmente, y con sutil ironía, el poema juega y se burla, desde el título mismo, de la prosa diplomática que Gorostiza se veía obligado a usar en su trajín como funcionario. Declara: no su fe americana sino su pasión amorosa" (Cobo Borda, "José Gorostiza" s/p).

> un delirio de alas prisioneras.
> Detrás de tu figura
> que la ventana intenta retener a veces,
> la entristecida Bogotá se arropa
> en un tenue plumaje de llovizna.
> He aquí los hechos.
> En la virtud de su mentira cierta,
> transido por el humo de su engaño,
> he aquí mi voz
> en medio de la ruina y los discursos,
> mi oscura voz de silbos cautelosos
> que vuelta toda claridad
> *Declara*:
> Me has herido en la flor de mi silencio.
> La que brota de él, sangre es del aire.
> ¡Tómala tú!
> ¡Ténla en tu ser de caña dúctil al sonido!
> Es un grumo, no más, de poesía
> para cantar el humo de tus bodas. (*Muerte sin fin* 100-01)

Depois da ruína, da fumaça e dos discursos, ferido na flor do seu silêncio, Guimarães Rosa ainda teria algo a dizer: o relato "Páramo" é a sua *declaração de Bogotá*.

Mas, antes de falar desse texto póstumo, vale a pena voltar um instante ao passado do escritor para fornecer algumas datações. Em 1942, Rosa já tinha escrito o livro de poesia intitulado *Magma* (que nunca quis publicar) e ganhado com ele, em 1937, o primeiro lugar do Prêmio da Academia Brasileira de Letras; também tinha concorrido em 1938 ao Prêmio Humberto de Campos −organizado pela editora José Olympio− com o livro *Contos* (assinado com o pseudônimo "Viator"), que obteve segundo lugar. Tratava-se, assim sendo, quando chegou em Bogotá, de um escritor de alguma experiência com dois livros premiados. Com exceção da carta ao primo Vicente, pelo que os registros citados dão para pensar e como já antes se mencionou, Rosa parece não ter escrito nada na capital colombiana, não conversou com ninguém que merecesse menções posteriores, nada viu ou leu que transcendesse na sua produção literária. Um depoimento de Marques Rebelo, em ocasião da morte do autor e diplomata, entretanto, evidencia a ponta de outra história. Incluído na "Sessão de saudade" que a Academia Brasileira de Letras dedicara à memória do autor em 23 de novembro de 1967, o discurso de Rebelo conta a primeira entrevista que teve com Rosa. Nessa entrevista, o escritor mineiro manifestava a Marques —que integrara o júri selecionado pela José Olympio junto com Graciliano Ramos[70] e Prudente de Morais— a sua decepção por não ter recebido o primeiro lugar no concurso com o seu livro *Contos*:

> Desconfiado, passou-me uma sabatina em regra sobre a leitura do livro, como se [eu] não o tivesse lido e defendido. Acalmado, pediu-me conselhos, a que respondi ser muito humilde para aconselhar um escritor que se revelava daquela maneira superlativa, mas, usando da minha modesta experiência no trato literário, sugeria que ele cortasse uns dois contos, e fizesse em outros uns apuros que achava necessários para a melhor compreensão de certos trechos um tanto embolados, digamos bizantinos ou gongóricos. Respondeu-me que era a sua intenção refazer o volume em Bogotá, onde iria servir, acreditava poder encontrar tempo para tanto labor. Partiu, refez o livro, voltou. [...] *Contos* fora batizado [e reduzido, pois de 500 páginas passou a 300]. E *Sagarana* foi um sucesso do qual todos estamos lembrados e orgulhosos. ("Sessão de saudade" 137)

Essa intenção de escritura[71] vê-se corroborada por uma relação das bagagens do autor na sua chegada à Colômbia: "duas malas e

---

[70] Graciliano publicou em junho de 1946, na revista *A Casa*, por ocasião da publicação de *Sagarana* (1946), uma crônica intitulada "Conversa de bastidores". Nessa crônica, o autor de *São Bernardo* justifica o seu voto pelo volume *Maria Perigosa* de Luis Jardim e as razões pelas quais —embora achando-o "trabalho sério em demasia"— não optou pelos *Contos* de "Viator". Essa decisão significou, no momento, uma violenta indisposição entre Ramos e Marques Rebelo que duraria dois anos (Ramos, "Conversa de bastidores").

[71] Devemos frisar aqui esse caráter de *intenção*, pois há documentos que impedem afirmar essa reescritura bogotana como um fato incontestável. Um deles é a carta de 1946 enviada ao escritor João Condé junto com a primeira edição de *Sagarana*, em que Guimarães Rosa esclarece algumas das condições de escrita desse, seu primeiro volume publicado de *estórias*: "O livro foi escrito [...] em sete meses [entre 1937 e 1938]; sete meses de exaltação e deslumbramento. (Depois repousou durante sete anos; e, em 1945 foi "retrabalhado", em cinco meses, cinco meses de reflexão e lucidez)" (Rosa, "Prezado João Condé" s/p). 1945: portanto um ano após o retorno da Colômbia. Mantenha-se o friso na *intenção* e pense-se na experiência vivida durante esses anos de "repouso".

uma máquina portátil de escrever".[72] Reescrever, então, e reler Proust —a cidade é um lugar para releitura e reescrita.

*Em busca do tempo perdido*, precisamente, poderia ser uma boa entrada ao texto que abordaremos aqui. Essa obra autobiográfica cujo objetivo, segundo Walter Benjamin,[73] não era "descrever uma vida como ela de fato foi, e sim uma vida lembrada por quem a viveu" (*Magia e técnica* 37), dá-nos ao menos um tom para a leitura de "Páramo" (sobretudo quando relacionadas as duas narrativas através do local urbano de leitura e escrita). Benjamin, que não duvidava em ler Proust nas condições de um empobrecimento da experiência, era também assertivo ao aproximar o esquecimento da proustiana *memória involuntária*. De fato, para Benjamin, experiência (*Erfahrung*) e experiência vivida (*Erlebniss*), são dois conceitos diferentes: o primeiro deles, *Erfahrung*, corresponde à experiência bruta, aquela na qual não há uma intervenção necessária da consciência e cujos acontecimentos não se fixam "com exatidão na lembrança", mas que age a partir do inconsciente sob a forma de "dados acumulados" que afluem à memória" pela ação de certos estímulos (a maioria deles sensoriais);

---

[72] Transcrevemos esse documento: "A embaixada do Brasil, em aditamento à nota n° 39 de 25 de agôsto último, tem a honra de dirigir-se ao Ministério das Relações Exteriores rogando o obséquio de providenciar junto às autoridades competentes a fim de que seja desembarcada com as facilidades e isenções de estilo a bagagem do Senhor Segundo Secretário João Guimarães Rosa./ A bagagem em apreço, a ser desembarcada do vapor 'Carl Gorthon', em Buenaventura, compõe-se de tres volumes, sendo duas malas e uma máquina portátil de escrever, trazendo cada volume a marca J.G.R., numerados de 1 a 3, tudo consignado a Roldan & Cia. Ltda., com destino à Embaixada./ Esta missão agradece antecipadamente a atenção que for dispensada ao presente pedido./ Bogotá, 18 de setembro de 1942". A carta se encontra no *Archivo General de la Nación* (Carrera 6 # 6-91, Bogotá D.C.), no acervo específico do Ministério das Relações Exteriores da Colômbia (secção 8- "*correspondencia diplomática y consular*"; pasta de correspondências entre os corpos diplomáticos brasileiros e o referido Ministério; fólio 94; página 44). Esse registro, apesar da sua aparente futilidade, evidencia uma intenção de escritura não-laboral, pois é claro que na embaixada sobravam as máquinas datilográficas.

[73] Susana Kampff Lages destaca o fato de Guimarães Rosa ter se interessado pelo pensamento de Walter Benjamin. A esse respeito, a autora cita um trecho da entrevista do escritor com Fernando Camacho: "Sim, mas na mesma hora que eu leio, tenho de fato paixão por aquilo, gosto imenso, de maneira que entra, deve ter entrado muita coisa. Mas ao mesmo tempo, pobre de mim, entra outra coisa, entra tanta coisa, ficando tudo misturado. [...] Júlio Dantas, Fernando Camacho, Walter Benjamin, Goethe, Rubem Braga, Magalhães Júnior, Machado de Assis, Eça de Queirós. Nada é alto demais. Nem baixo demais. Tudo é aproveitável. [...]" (em Lages, *Walter Benjamin* 126).

*Erlebniss*, entretanto, designa aqueles acontecimentos em cujo desenvolvimento há uma intervenção da consciência e cujo caráter de "fatos" faz com que essa mesma consciência os pretenda fixáveis em algum lugar. Diz Benjamin: "[Para Proust] só pode chegar a ser parte integrante da *mémoire involontaire* aquilo que não tenha sido vivido expressa e conscientemente, em suma, aquilo que não tenha sido uma 'experiência vivida' [*Erlebniss*]" (*A modernidade* 41-42). Dessa forma, Proust não estaria à procura do efetivamente vivido "pois [...] é finito, ou ao menos encerrado na esfera do vivido", senão da rememoração: uma urdidura do esquecimento em que o acaso de uma lembrança dá a sua textura à escrita, um "acontecimento sem limites, porque é apenas uma chave para tudo que veio antes e depois" (*Magia e técnica* 37).

É importante dizer que, na leitura de Benjamin, essa experiência e a sua escrita não são um monopólio do indivíduo —"a unidade do texto está apenas no *actus purus* da própria recordação, e não na pessoa do autor, e muito menos na ação" (*Magia e técnica* 37).[74] Isso quer dizer, ademais, que "onde há experiência no sentido próprio do termo, certos conteúdos do passado individual entram em conjunção na memória com elementos do passado coletivo", o que também faz com que *Erlebniss* e *Erfahrung* percam "a sua exclusividade recíproca" e se contaminem uma da outra (*A modernidade* 40-41). A experiência para Benjamin —Proust— pode ser definida sinteticamente como uma associação lacunar com tradições culturais coletivas, e como a vivência sensível de tudo aquilo que sobrevive no presente em função específica do esquecimento (Otte, "Rememoração" 216).

Ora, como já antes se mencionou, isso nos dá uma perspectiva de aproximação de "Páramo" —um tom de leitura. Há a vivência do indivíduo Guimarães Rosa e há a vivência da cidade —antes tentamos

---

[74] No arquivo de Guimarães Rosa, há a seguinte citação de *Les philosophes de l'existence* (Paris, 1954), de Jean Wahl, manuscrita: "'Plus je pense moins je suis, et plus je suis moins je pense' (Kierkegaard) 'Dans un période de sa vie antérieure à celle où sa pensée a eté continuée, Kierkegaard avait très fortement l'ideé que nous ne serions heureux que si nous pouvions retrouver tel quel moment du passé. C'est quelque chose d'analogue à l'ambition de Proust, dans *A la Recherche du Temps Perdu*: retrouver identique à lui-même um moment du passé, voilà ce que serait le bonheur'" [IEB/USP-JGR-EO-07,02].

descrevê-las uma após a outra, agora tentaremos ler o seu tecido no relato.

## Um lugarejo perdido na Cordilheira

"Páramo" está entre os textos que, à sua morte em novembro de 1967, o escritor mineiro deixara sem publicar. Esse texto, junto com relatos tão destacados como "Meu tio o Iauaretê" ou "Com o vaqueiro Mariano", foi publicado postumamente no livro *Estas estórias* de 1968, organizado por Paulo Rónai e Vilma Guimarães Rosa. Segundo a "Nota introdutória" de Rónai, "Páramo" consta nos esboços de índice que Rosa fizera para *Estas estórias*, chegou a ser datilografado e está entre os textos a que "só faltou uma última revisão do Autor" ("Nota introdutória" XI). Num estágio intermediário de trabalho entre a estruturação inicial e a forma definitiva, esse relato inconcluso narra uma extrema experiência de dessubjetivação, o exílio de um diplomata brasileiro perdido pelo *soroche* (mal de alturas) numa cidade andina, fria e hostil.

Para o crítico Fernando Py, "das estórias inéditas é 'Páramo' a mais próxima da demão final. Forma, juntamente com 'A estória do homem do pinguelo' e 'Meu tio o Iauaretê', na primeira linha das narrativas do volume" ("Estas estórias" 569). Alguns detalhes do texto nos dão uma ideia desse caráter "inacabado": há no seu clímax um espaço vazio para citação que Rosa não chegou a preencher, uma citação de um Livro –"O Livro"– importantíssimo para a estória; também há quatro anotações à margem do original datilografado que indicam possíveis substituições ou variações de palavras.

O relevante, para nós, no entanto, é que essas marcas, assim como a inclusão nos índices do livro que preparava nos meses prévios à sua morte, dão uma ideia da importância que este texto tinha para o autor, importância que se acrescenta quando considerados alguns indícios autobiográficos: o personagem-narrador é um diplomata, que sofre com a altura, numa cidade andina aonde é enviado no início dos anos 40. É um fato que o autor se identificava com esse narrador: numa das versões de índices preparatórios de *Estas estórias*, que está no arquivo pessoal de Guimarães Rosa, hoje sob os cuidados do IEB/ USP, se lê, ao lado do título "Bogotá", a seguinte anotação manuscrita pelo autor: "m% *Eu mesmo conto.* Nesta vida, às vezes, a gente..." [IEB/USP-JGR-EO-03,01, página 26] (*destaques nossos*) (Camargo, *Da montanha* 273). Existe, aliás, um documento em que *diplomacia, páramo e exílio* se encontram. É a dedicatória que, num exemplar da primeira edição de *Sagarana*, Guimarães Rosa escrevera para Carlos Alberto Moniz Gordilho, Embaixador do Brasil em Bogotá no período da primeira passagem do escritor pela cidade. Esse exemplar faz parte do acervo do Museu Casa Guimarães Rosa (Cordisburgo, Minas Gerais) e nele se lê:

> Ao Embaixador Gordilho —meu amigo e companheiro de exílio nos páramos andinos–, com um saudoso abraço do
> Guimarães Rosa
> Rio, 25/IV/1946

Lembre-se que Gordilho, em 1944, pouco tempo depois do primeiro retorno de Rosa, em carta de recomendação perante o corpo diplomático brasileiro, se referiria ao *soroche* sofrido pelo escritor. Nesse documento oficial, o Embaixador destacava: "com verdadeiro espírito de sacrifício, [Guimarães Rosa] nunca deixou que o seu estado de saúde que tanto se ressentia da grande altura de Bogotá, prejudicasse a sua atividade nesta Embaixada" (em Seixas Corrêa, "Guimarães Rosa" 38-39). Exílio, páramos andinos, *soroche*, diplomacia, são, portanto, significantes relacionados no plano biográfico, que ainda se desdobrarão nessa –outra– ficção intitulada "Páramo".

Ora, voltando a esse texto, é possível dizer que se trata de um relato atípico dentro do próprio corpus do autor, em que não abundam as temáticas urbanas, os frios andinos ou as passagens cosmopolitas de intelectuais ou diplomatas.[75] É claro, há na obra de Rosa outros contos, digamos, "diplomáticos", todos eles publicados em vida do escritor. Tais relatos são "O mau humor de Wotan", "A velha" e "A senhora dos

---

[75] De fato, e isso também pode ter contribuído ao engavetamento do relato, Rosa manifestamente rejeitava as narrativas suas com esse tipo de personagens (ver Lorenz, "Diálogo").

segredos",[76] todos eles reunidos no volume póstumo *Ave, palavra* (1970). "Páramo", apesar de partilhar com eles um certo viés autobiográfico, distancia-se ao marginalizar –sintomaticamente– do seu enredo toda anedota especificamente burocrática. É mais a experiência interior de alguém que, como uma característica a mais dentre outras, exerce esse tipo de função, do que um relato em que o burocrata adquira uma posição central. A personagem, então, é muito diferente da maior parte das criaturas rosianas, e o enredo urbano também é excepcional. Essa estranheza tem efeitos sobre a produção crítica dedicada a Guimarães Rosa e sua obra. O primeiro deles é uma quase absoluta indiferença da crítica, seja nacionalista ou regional-universalista, a respeito do relato; o segundo, uma indiferença correspondente para com a cidade em que acontece o seu enredo. Dentre os poucos críticos dedicados ocasionalmente a "Páramo", apenas Roniere Menezes (*O traço, a letra, a bossa*), Maria Luiza Scher ("O exílio em 'Páramo'") e Héctor Olea (*Intertexto de Rosa*) mencionam o nome da cidade, embora o façam, *pro forma*, sem atentar para as possibilidades de leitura que esse significante pode abrir. Isso é surpreendente, e até sintomático, sobretudo quando se considera o detalhe biográfico das duas passagens do autor pela

---

[76] "O mau humor de Wotan" foi publicado no *Correio da Manhã* em 29 de fevereiro de 1948; "A velha" em *O Globo* em 3 de junho de 1961; e, "A senhora dos segredos" no *Correio da Manhã* em 6 de dezembro de 1952. Jaime Ginzburg, no trabalho intitulado "Guimarães Rosa e o terror total", faz uma leitura desses três contos da perspectiva do testemunho ou como uma historiografia inconsciente, "em que a biografia se cruzaria com a ficção, e a história com a literatura". Segundo Ginzburg, esse testemunho tenderia à descontinuidade ou à fragmentação da forma e, baseado na teoria lacaniana, o seu próprio alvo, "o real", se manteria "em si traumático, e seu impacto, indizível". Essa indizibilidade, associada a "graus inaceitáveis de dor física, repressão e violência", marcaria os relatos com traços melancólicos, e seriam para Rosa "um espaço discursivo para elaborar o problema da limitação de sua capacidade de intervenção na violência da guerra [...] passado que atormenta e não conclui" (ver Ginzburg 2010). É clara a proximidade do presente trabalho com o supracitado. No entanto, é preciso dizer que se distanciam ao lidar de maneira diversa com os fatos concretos que configuram a experiência. Para Ginzburg, e certamente pelo caráter "testemunhal" que outorga aos textos, o conteúdo intencional do diplomata limitado na sua ação é uma sorte de positividade: a vontade de uma intervenção que não chega a se dar, mas que se mantém intata como consciência nas narrativas. Nós, entretanto, tentamos aqui lidar com uma experiência não necessariamente atrelada à consciência, assim como com uma concepção do acontecimento como algo que não chega a constituir cabalmente uma positividade. Estamos atrás de indícios, somente.

cidade: uma, prolongada por dois anos e num momento crucial da formação do escritor; outra, no marco de um evento internacional da proeminência da IX Conferência e de uma revolta fundamental para a história latino-americana do século XX.

Vejamos alguns exemplos. Fernando Py se refere a esse espaço literário como "uma cidade de grande altitude, nos Andes" ("Estas estórias" 569); Edson Santos de Oliveira diz que se trata de "um lugarejo perdido na Cordilheira dos Andes" ("Traços melancólicos" 72); Edna Tarabori Calobrezi menciona uma "cidade desconhecida, situada nos Andes", para depois afirmar: "pode-se duvidar da existência efetiva da cidade" (*Morte e alteridade* 104-105). Em outros textos chega a aparecer o nome "Bogotá", mas para imediatamente se incluir num conjunto geral como "Cidade Ideal" (Olea, *Intertexto de Rosa* 11), como "uma cidade dos Andes" (Scher Pereira, "O exílio" 11), ou como um "lugar inóspito" (Menezes, *O traço* 162). Silviano Santiago, numa leitura muito diferente das mencionadas, entende a Bogotá de "Páramo" como alegoria dos campos de concentração e de internamento nazistas (Guimarães Rosa foi recluso em Baden-Baden em 1938 após a ruptura de relações diplomáticas entre o Brasil e a Alemanha):

> [a narrativa] ficcionaliza a viagem do diplomata a Bogotá e os anos nela vividos. Traços dos cem dias de internamento do cônsul em Baden-Baden sobressaem na asfixia sofrida pelo personagem em virtude da rarefação do ar nas alturas dos Andes. Coação marcial e pressão atmosférica se somam e levam o prosador a dramatizar em ficção simbólica a angústia existencial por que ele passa e que toma conta do mundo em guerra. ("Soroche" s/p)

Para Roniere Menezes, "O texto foi escrito durante o período em que o escritor viveu em Bogotá" (*O traço* 162), e essa versão é a mais difundida. Algumas marcas do texto, assim como o caráter "inacabado" acima mencionado, entretanto, não nos permitem subscrevê-la. A menos relevante dessas marcas é a aparição da palavra, ou nome, "Evanira", comum em textos rosianos publicados após o ano 1961,[77]

---

[77] "Evanira" é uma sorte de palavra-chave, de passe de mágica, que não designa nenhuma personagem senão que aparece nesses textos referida a realidades inapreensíveis, amadas

especificamente nos relatos-poemas: "*Evanira!*", "Jardim fechado" e "A caça à lua"[78] (Rosa, *Ave, palavra*). Um outro indício: há uma citação do poema "A máquina do mundo" que Carlos Drummond de Andrade publicaria individualmente em 1949, e em 1951 como um dos poemas do livro *Claro enigma*. A escrita de "Páramo" portanto, pode ser anterior a 1949, mas não cessou até a morte de Rosa. Mais um indício, agora espacial, que nos ajuda a situar o tempo da ficção: o narrador se admira "desses grandes bondes daqui, que são belos e confortáveis, de um vermelho *sem tisne*, e com telhadilho prateado" (Rosa, *Estas estórias* 186) *(destaques nossos)*. Esse *tranvía* é de um vermelho "sem tisne" porque os fatos narrados em "Páramo" acontecem numa data, não mencionada no relato, porém anterior a 9 de abril de 1948 —dia em que grande parte dos bondes da *Empresa del Tranvía Municipal de Bogotá* fora queimada (ver Samper Gnecco, *Cuando Bogotá*; Niño, "Levantar" 165).[79] A menção de um médico "judeu, muito louro", estrangeiro que teve de deixar a sua pátria por causa da guerra —provavelmente a II Guerra— remete, também, a um tempo precedente à segunda passagem do escritor pela cidade (Rosa, *Estas estórias* 182). A ficção, então, é anterior ao Bogotazo; e a escrita posterior.[80]

---

evanescentes, esquecidas e lembradas, porém desconhecidas, amores e culpas que não estão na consciência dos narradores ou personagens, mas que de repente irrompem sob essa rubrica-imagem no texto. Mais adiante voltaremos sobre isto.

[78] Os três textos foram publicados no ano de 1961 no jornal *O Globo*: "Evanira!" em 26 de agosto de 1961, "A caça à lua" em 17 de junho, e "Jardim fechado" em 27 de maio.

[79] Segundo a versão do cronista Hernando Téllez, publicada pela *Revista Semana* em maio de 1948, o número total de bondes era sessenta e cinco, dos quais vinte e nove foram queimados ("El 9 de abril" 316). Carlos Niño descreve o processo até a substituição total do sistema de transporte: "El tranvía fue relegado a la periferia, congelaron sus tarifas y se le condenó a una muerte lenta hasta su eliminación total, mientras que se insistía con exageración en que el parque disponible de coches había sido destruido en los disturbios [del 9 de abril de 1948]" (Niño, "Levantar" 165).

[80] Apesar de em várias ocasiões reconhecer Bogotá na cidade de "Páramo", a decisão de Héctor Olea por lê-la essencialmente como uma "Cidade Ideal" (*Intertexto* 11) o leva a adjudicações forçadas, como o que, a respeito do bonde, se segue: "Trata-se daquele *streetcar* que funcionou, por ações (*bonds*) da Light no Brasil, como carro de passageiros fechado (*converted closed car*, 1927), conhecido sob o nome popular de 'camarão'. Contudo, JGR fará dele uma imagem icônica de inegável força poética. Este elemento emblemático, 'sem substância narrável', viria sugerir a figura alegórica do 2º Cavalo do Apocalipse [...] se torna necessária uma tradução; neste caso, por exemplo, a transferência dessa espada superior [que é a espada do cavaleiro apocalíptico] montada no veículo vermelho

Há, portanto, uma preocupação por ler nessa cidade prévia à revolta os traços do que virá acontecer, de ver a fuligem e a morte em potência, assim como uma procura por redenção, "por mal de pecados meus, antigos", do protagonista-narrador (181).

Quanto ao especificamente topográfico, é necessário dizer que o narrador não usa o nome da cidade –assim como ele próprio, aliás, não se nomeia– mas menciona alguns referentes que não podem ser desconsiderados. O rigor quase maníaco com que Guimarães Rosa tratava os nomes de lugares e os percorridos das suas personagens por eles são mais do que conhecidos,[81] assim como o cuidado extremo que dava aos seus originais e as incessantes revisões a que, edição após edição, submetia os seus textos. Levando isso em conta, pode se dizer que a cidade de "Páramo" não é meramente um "lugarejo", nem um ermo "inóspito"; que nem todas as "cidades andinas" são iguais, e que não pelo fato de ser uma cidade da ficção ou imaginária está restrita ao mundo das ideias –há inúmeras cidades literárias, que existem tanto na literatura quanto no espaço chamado "real" de maneira tão complexa que não é possível se levar muito longe essa distinção taxativa. Desdobremos o mapa: pelas ruas anda um povo de "milhares" (183) de "cimérios"[82] vestidos com "*ruanas*" (194), sombreiros[83] e "*pañolones*" (178), que usa bogotanismos como "chirriado" (184), "*uste*"[84] (194);

---

para a silhueta daqueles vergalhões metálicos que unem o bonde aos fios" (244-45). Ler na fuligem ainda ausente nesse bonde os traços de uma história posterior enriquece a leitura muito mais do que procurar referências ditas universais; isso pelo fato de obrigar o crítico a se deparar com o desconhecido, com o estranho, tirando-o da sua compulsão por estabelecer intertextos familiares. Eis a nossa tentativa.

[81] Ver Viggiano, *Itinerário*; Bolle, *Grandesertão.br*.

[82] Relativo ao indivíduo dos cimérios, povo de um país imaginário, frio e obscuro que, segundo Homero, se situava no Ocidente, perto da morada dos mortos.

[83] Mais um indício, que nos auxilia na tentativa de situar o tempo da ficção. O arquiteto Carlos Niño e o humorista-antropólogo Andrés Samper Gnecco registram o Bogotazo como um divisor de águas, não exclusivamente no que tange ao transporte público, mas até mesmo no relativo à indumentária padrão, que se modificou por esse tempo: "sin duda ese día la ciudad se quitó el sombrero", ou seja, passou do bonde ao ônibus e do chapéu e a *ruana* ao terno (Niño 161; ver Samper Gnecco). Nos materiais preparatórios de "Páramo", Guimarães Rosa registrou essa tendência da moda citadina com uma pequena anotação, provavelmente tomada da imprensa da época: "El sinsombrerismo" [IEB/USP-JGR-EO-01,02].

[84] "*chirriado*. Elegante. Maravilloso. Óptimo. [...] *uste, ústele*. Voz utilizada para demostrar sorpresa ante un evento o comentario inesperado" (Ospina, *Bogotalogo* 244).

ou palavras como "*paisano*" (184); ou que se expressa com variações fonéticas da norma culta, quer dizer, com um sotaque particular: "*allisito no más*", "*estrangeros*" (184). A cidade é "velha, colonial, de vetusta época, e triste, talvez a mais triste de todas,[85] sempre chuvosa e adversa, em hirtas alturas, numa altiplanície da cordilheira, próxima às nuvens, castigada pelo inverno, uma das capitais mais elevadas do mundo" (178);[86] está circundada por montanhas e, "nos dias de tempo mais claro, distinguem-se dois cimos vulcânicos" (179).[87] A arquitetura é caracteristicamente colonial,[88] como ainda hoje é visível no bairro La Candelaria, no centro da cidade:

> [...] calhes e vielas, de casas baixas, de um só pavimento, de telhados desiguais, com beirais sombrios, casas em negro e ocre, ou grandes solares, edifícios claustreados (*claustrados*), vivendas com varandal à frente, com adufas nas janelas, rexas, gradis de ferro, rótulas mouriscas,

---

[85] Numa crônica de 1922, intitulada "La raza triste", Luis Tejada contrapunha os temperamentos próprios dos povos andinos e urbanizados com aqueles dos habitantes dos planaltos e dos litorais: "Mi raza es una raza violenta y taciturna que no conoce la alegría espontánea. Solo los pueblos de las llanuras y de las costas son verdaderamente alegres [...] En cambio los pueblos de la montaña son, como la montaña, decididamente graves. [...] Mi raza está invadida de tristeza de selva, de melancolía de cañada, de angustia de monte virgen; no es apta para la exuberancia dionisiaca de los carnavales que sólo comprenden los pueblos luminosos de las llanuras" (*Gotas de tinta* 88-89).

[86] Bogotá tem uma altitude média de 2.630 metros sobre o nível do mar, está localizada na cordilheira oriental dos Andes, tem uma temperatura anual média de 15°C, duas temporadas de chuvas –de março a maio e de outubro a dezembro–, é a mais populosa das cidades andinas e a terceira capital mais elevada da América Latina. Possui o maior páramo do mundo, chamado Páramo de Sumapaz. Na pasta "Colômbia/Ásia" que contém as anotações preparatórias de "Páramo", Rosa destacou o páramo de Cruz Verde, além de várias das características da cidade apontadas [IEB/USP-JGR-EO-01,02].

[87] Trata-se de Monserrate e Guadalupe, de 3152 e 3317 metros de altitude sobre o nível do mar, e que albergam ermidas de 1620 e 1656, respectivamente. São as mais famosas das montanhas que circundam a cidade. Nas anotações preparatórias de "Páramo" há referências a essas montanhas: "y a las alturas de los cerros de Monserrate y Guadalupe que la dominan por la Calle Real [...] Santafe de Bogotá, capital de Colômbia, situada al pie de los *nevados* de Monserrate y Guadalupe" (7). Em outro lugar desses materiais preparatórios também se lê: "Colômbia: De Bogotá, quando o céu está limpo, e há visibilidade, distinguem-se dois cimos vulcânicos nevados: o Ruiz e o Tolima" (1). [IEB/USP-JGR-EO-01,02]

[88] A cidade teve a sua fundação colonial no ano de 1538, pelo conquistador Gonzalo Jiménez de Quesada, no local de repouso do *Zipa* (*cacique* muisca) chamado *Teusacá* e posteriormente *La Candelaria*.

Do tamanho do mundo

mirantes, balcões, e altos muros com portinholas, além dos quais se vislumbravam os pátios empedrados, ou, por lúgubres postigos, ou por alguma porta deixada aberta, entreviam-se corredores estreitos e escuros, crucifixos, móveis arcaicos. (178)

O protagonista entra numa igreja: "San Francisco ou San Diego, todas têm a mesma cor de pedra parda, só uma torre, assim o grande terremoto de há quase dois séculos as poupou" (183);[89] relembra a morte de um estudante que "passava despreocupadamente diante da catedral, por uma grande laje que se desprendeu e caiu" (183);[90] anda, atrás de um cortejo fúnebre, pela "Calle 14" e pela "Carrera 13" até a cena final no "Cemitério Central" (196).[91] Em certo ponto, o narrador esclarece: "Naquela cidade, as ruas se chamavam *carreras* ou *calles*" (194);[92] depois pressente "visões infra-reais [...] fantasmas [...] formas relíquias" que transitam por essa que chama "a capital

---

[89] A Igreja de San Diego está localizada entre as carreras 7ª e 10ª à altura da *calle* 26, foi construída a partir de 1606. A Igreja de San Francisco foi construída em 1550, está no lado noroeste do cruzamento da *Carrera* 7ª com a Avenida Jiménez (*calle* 13) e no terremoto de 12 de julho de 1785 perdeu uma das suas torres. Segundo a *Historia de Bogotá*, o desabamento dessa torre foi a primeira notícia impressa no período do Vice-reinado e, provavelmente, é a primeira notícia impressa na cidade (Puyo Vasco, *Historia de Bogotá II* 20). Os dois templos foram danificados durante o Bogotazo, e constam referências às torres nas anotações preparatórias da narrativa [IEB/USP-JGR-EO-01,02].

[90] A Catedral Primada de Colômbia (*carrera* 7ª- *calle* 11) teve a sua primeira construção em 1538. Era então apenas uma capela, que recebeu o nome de *Nuestra Señora de la Esperanza*. Teve sucessivas reconstruções e ampliações até 1678. Gravemente danificada pelo terremoto de 1785, foi parcialmente derrubada e iniciada a sua reconstrução em 1805. Essa reforma se estenderia até 1823 e daria à Catedral o seu aspecto dos anos 1940.

[91] O *Cementério Central* (*calle* 26 - *carrera* 20) foi aberto ao público a partir de 1836.

[92] Bogotá em 1876 adotou uma nomenclatura das ruas em *calles* e *carreras*, segundo numeração progressiva. É a única capital da América Latina que adotou esse sistema de coordenadas cartesianas para denominar e ordenar as suas ruas. Ángel Rama, em *La ciudad letrada*, explica o fenômeno assim: "[...] en la ciudad de Bogotá se ha impuesto un nomenclator numérico aún más preciso y rígido que el de Manhattan: las ubicaciones pueden hacerse exclusivamente con números fijando exactamente el lugar de la cuadra en que se encuentra la casa: 25# 3-70, 13# 69-31, 93# 13-A-10. [...] La explicación hay que ir a buscarla en la dominación que ejerce la *ciudad letrada* en cada una de las ciudades: es mucho más poderosa y mejor articulada en el ejemplo bogotano que en el caraqueño [pois *Caracas conserva os nomes históricos das suas esquinas*], cuya sociedad es sacudida por enérgicos movimientos democráticos y antijerárquicos que dificultan la acción racionalizadora de las élites intelectuales" (Rama, *La ciudad letrada* 36).

do Novo Reino, dos Ouvidores, dos Vice-Reis" (186).[93] À procura de indicações de direção é enviado, por engano, à "*Plaza de Toros*" (184).[94] Por prescrição médica o protagonista deve evitar sair da cidade à procura de lugares mais amenos, cuja descrição poderia ser justamente a da geografia entre Bogotá e Zipaquirá ou Nemocón:[95]

> Não mais longe daqui que três horas de automóvel, há lugares aprazíveis e quentes, tierra templada, onde é limpa a luz, um sol, os verdes, e a gente pode ter outra ilusão de vida. Desce-se a montanha por coleantes estradas, numa paisagem de estranhas belezas; o país é áspero e belo, em sua natureza, contam-no como no mundo o que possua mais maravilhosos colibris,[96] orquídeas e esmeraldas. E há minas de sal, salinas como absurdos alvos hipogeus. Não posso ir até lá [...] Mal me consentem chegar até à célebre cachoeira, tão alta, o salto:[97] com névoas sutis, azuis e brancas, e um íris; ali, muitas pessoas vão dispor bruscamente de seu desespero, pelo suicídio. (190)

*Soroche*- Ruína

Toda a anterior cartografia, embora arriscada, não responde exclusivamente ao intuito de satisfazer os referentes de quem escreve,

---

[93] Em 1549 a Corona espanhola instalou no território de *Santa Fé de Bogotá* uma *Real Audiencia*, com funções administrativas, militares e judiciárias sobre as províncias de *Santa Marta, San Juan, Popayán, Guayana, Cartagena de Indias, Caracas, Cumaná* e *Maracaibo*. Os *Oidores* eram os integrantes dessa *Real Audiencia*, assim como das chancelarias e colegiados que representavam o máximo órgão judiciário do *Império Español*. A instituição da *Real Audiencia de Santafé de Bogotá* deu à cidade o caráter de capital da entidade territorial então chamada de *Nuevo Reino de Granada* (1549-1718) e, posteriormente, do *Virreinato de Nueva Granada* (1718-1819), após a centralização nela da *Real Audiencia* de Quito e da *Capitania* de Venezuela.

[94] *Plaza de Toros de Santamaría*, construída em 1931.

[95] São outras cidades do planalto cundiboyacense. Em Zipaquirá encontra-se a Catedral de Sal, uma construção subterrânea com altares, estátuas religiosas e aposentos desse mineral, iniciado em 1950 sobre antigas galerias escavadas pelos muiscas.

[96] Em "Histórias de Fadas", publicado originalmente por Guimarães Rosa no *Correio da Manhã* de 20 de abril de 1947, se diz dos colibris: "Mas os da Colômbia são tão sortidos, e tão diversos, tantos, que acho que ali os inventaram e terão por lá a fábrica deles" (*Ave, palavra* 14).

[97] Trata-se do *Salto del Tequendama*, uma cachoeira natural descrita pelo naturalista Alexander Von Humboldt. (Descrição disponível em: http://www.banrepcultural.org/blaavirtual/historia/memov1/memov13a.htm)

antes procura mostrar de que maneira a cidade não é um significante a mais entre outros senão que reveste uma enorme importância para a leitura do relato. É precisamente nessa cidade, cuidadosamente descrita pelo narrador, e também denominada por ele de "*Cárcel de los Andes*",[98] que a personagem viverá uma experiência profunda de morte e renascimento, uma sorte de despertar que, não por acaso, também o vincula com Proust.[99] Esse despertar aparece como uma síntese entre a vigília e o sonho, entre a morte e a vida, entre a consciência e a inconsciência, e pode ser lido como uma tentativa de releitura ou reescrita do passado a partir de um lampejo de estranhamento. Os primeiros parágrafos da narrativa funcionam como um resumo axiomático do seu enredo:

> Sei, irmãos, que todos já existimos, antes, neste ou em diferentes lugares, e que o que cumprimos agora, entre o primeiro choro e o último suspiro, não seria mais que o equivalente de um dia comum, senão que ainda menos, ponto e instante efêmeros na cadeia movente: todo homem ressuscita ao primeiro dia. / Contudo, às vezes sucede que morremos, de algum modo, espécie diversa de morte, imperfeita e temporária, no próprio decurso desta vida. Morremos, morre-se, outra palavra não haverá que defina tal estado, essa estação crucial. É um obscuro finar-se, continuando, um trespassamento que não põe termo natural à existência, mas em que a gente se sente o campo de operação profunda e desmanchadora, de íntima transmutação precedida de certa parada; sempre com uma destruição prévia, um dolorido esvaziamento; nós mesmos, então, nos estranhamos. Cada criatura é um rascunho, a ser retocado sem cessar, até à hora da liberação pelo arcano, a além

---

[98] No *Diário de Minas*, em 25 de janeiro de 1953, Rosa publicou o texto curto intitulado "*Terrae vis*", em que há uma alusão a esse cárcere andino: "Em duas ocasiões, voando sobre os Andes, a uma altura entre 4 e 5 mil metros, não deixei de interceptar a torva soturna emissão daquelas lombadas cinéreas, desertas e imponentes. Juro que não se tratava de sugestão visual, mas de uma energia invariável, penetrante e direta, paralisadora de qualquer alegria. Por isso não me espantou ouvir, tempos depois, este slogan repetidíssimo: '*En la cárcel de los Andes...*'" (*Ave, palavra* 238-39).

[99] "Seria o despertar a síntese da tese da consciência onírica e da antítese da consciência desperta? Nesse caso, o momento do despertar seria idêntico ao 'agora da cognoscibilidade', no qual as coisas mostram o seu rosto verdadeiro –o surrealista. Assim, em Proust, é importante a mobilização da vida inteira em seu ponto de ruptura, dialético ao extremo: o despertar. Proust inicia com uma apresentação do espaço daquele que desperta" (Benjamin, *Passagens* 505-06).

do Lethes, o rio sem memória. Porém, todo verdadeiro grande passo adiante, no crescimento do espírito, exige o baque inteiro do ser, o apalpar imenso de perigos, um falecer no meio das trevas; a passagem. Mas, o que vem depois, é o renascido, um homem mais real e novo, segundo referem os antigos grimórios. Irmãos, acreditem-me. / Não a todos, talvez, assim aconteça. E, mesmo, somente a poucos; ou, quem sabe, só tenham noção disso os já mais velhos, os mais acordados. (Rosa, *Estas estórias* 177-78)

"*Quando escrevo, repito o que vivi antes*", disse Rosa, numa das poucas entrevistas que concedeu durante a sua vida (Lorenz, "Diálogo" XLI). Vida como rascunho, finar-se continuando, interrupção de uma pretendida continuidade, estranhamento, passagem –compõem um campo semântico que já desde o início do texto aparece prenunciado na epígrafe extraída do diálogo *Górgias*, de Platão: "*Não me surpreenderia, com efeito fosse verdade o que disse Eurípedes:*[100] Quem sabe a vida é uma morte e a morte uma vida?". Se a vida é uma morte e a morte uma vida, se estão apagados os limites entre essas dimensões, os signos que estão entre essa epígrafe e o título são um pouco mais compreensíveis: -Ω-.[101] Ômega é a vigésima quarta e última letra do alfabeto grego, e como nome pode ser a metáfora do "momento ou ponto em que se interrompe um fenômeno, um período ou uma ação"; é um fim, ou término, um final. As linhas que seguem e precedem esse ômega, travessões ou hífens, são traços convencionalmente usados "para unir os elementos de palavras compostas, separar sílabas em final de linha e marcar ligações enclíticas e mesoclíticas", ou para "indicar a

---

[100] Eurípedes é um exemplo clássico de poeta enfrentado à *pólis*. Não se esqueça que a partir da estreia de *Medeia* em 431 a.c., o autor foi alvo de múltiplos ataques das elites atenienses, nesse momento empenhadas numa guerra de dominação contra Esparta. Em 405, após ser exonerado num processo por traição, Eurípedes iria para o exílio em Macedônia.

[101] Esses signos foram omitidos a partir da 3ª edição de *Estas estórias*, da Nova Fronteira, e também foram excluídos da *Ficção completa* (2009) editada pela Nova Aguilar. Trata-se de um descaso comum nas edições da obra de Guimarães Rosa, que tentamos contornar usando a edição da José Olympio (1976). Nos estudos de Olea (*Intertexto*) e Calobrezi (*Morte e alteridade*) opta-se por ler esse ômega como um indício do "sentido criptográfico" do relato: "a palavra-chave característica do conhecido versículo que abre e fecha o Livro do Apocalipse" (*Intertexto* 103; *Morte e alteridade* 103). Nada se menciona, nesses dois estudos, das linhas que emolduram o ômega. Note-se que, se adotada uma leitura criptográfica, é preciso se considerar esses signos no seu contexto discursivo, a criação de uma convenção específica, só válida para "Páramo".

*Do tamanho do mundo*

mudança dos interlocutores num diálogo, separar título e subtítulo em uma mesma linha, substituir parênteses para efeito de ênfase, como sinal de subtração" (*Dicionário Eletrônico Houaiss* 2001 s/p). É também um desenho, para além –ou aquém– do seu significado convencional: uma linha que se transforma em semicírculo, para quase se fechar, e que logo continua (uma dobra, diríamos); ou um círculo aberto e cortado por linhas que se prolongam em direções opostas: uma vida que rompe a sua linearidade, para entrar num intervalo de crise e depois continuar. Um fim precedido e seguido por ligações é um "finar-se continuando", uma "morte imperfeita e temporária" que dá lugar a um renascimento, uma passagem para além da morte ou uma sobrevivência –"Páramo" é a escritura dessa travessia sincopada.

Em "Páramo" a linguagem é tão pouco corriqueira quanto os seus aspectos temáticos e topológicos. Vale a pena enunciar, de forma muito geral, algumas singularidades dessa língua literária, ao menos como descrita por Vilém Flusser ("Estilo de Guimarães Rosa") e Paulo Rónai ("Os vastos espaços"). Para estes autores, a escritura de Rosa se caracteriza por usos inusitados da pontuação, da adjetivação, dos advérbios, dos substantivos, etc., por uma subversão desses elementos em que um aparece assumindo as funções do outro com frequência, ou em que algo esperado está em falta, ou em que algo muito usual está trocado por outra coisa.[102] Essa tendência ao desvio da norma, ou à sua distorção irônica, dá conta de uma incessante experimentação, uma criação escrita em curso, em ato, em que o insólito das soluções tira o leitor da sua excessiva comodidade, do estado familiar e anestésico em que se mantém com seus hábitos linguísticos. Trata-se de uma língua menor, que obriga o seu leitor a criar e não mais a contemplar. O sotaque, ou *traço*, do narrador se faz sentir irrompendo incessantemente

---

[102] Bastem alguns exemplos extraídos de "Páramo": com frequência, um substantivo, ou mais, serve(m) de base para a criação de verbos: "Esse padre gritava: –*Y olé y olé! Fastasmagourava*" (Rosa, *Estas estórias* 187). Em outras ocorrências, o substantivo se transforma em adjetivo, e/ou os verbos assumem uma função adverbial, criando novas palavras: "Caminho com *sonambúlica* seqüência, assim vou, *inte, iente e eúnte*" (195). Há repetição, ou acumulação "excessiva", de advérbios: "E tudo parecia para sempre, *trans muito, atrás através*" (182). Comumente os gerúndios se acumulam, de encontro à norma culta: "*Indo andando* meu caminho, eu mais e mais ansiava, na asmância, a contados tresfôlegos" (193; *destaques nossos*).

no curso narrativo: os usos de palavras e expressões anacrônicas ou em outras línguas,[103] de símbolos puramente gráficos (i.e. não faláveis nem compreensíveis fora da inscrição e da sua leitura),[104] de neologismos,[105] sintaxe e ritmo entrecortados, articulações num parágrafo e até numa frase de tempos verbais diversos –isso tudo compõe um modo de designar singularíssimo. De fato, assim como para Benjamin a asma entrou na sintaxe de Proust como o "ritmo de suas crises de asfixia" (*Magia e técnica* 48), pode-se dizer que o *soroche* ritma as frases e episódios do relato:

> Foi na quarta manhã que Deus me aplicou o golpe-de-Job. Nessa manhã, acordei –asfixiava-me. Foi-me horror. Faltava-me o simples ar, um peso imenso oprimia-me o peito. Eu estava sozinho, a morte me atraíra até aqui – sem amor, sem amigos, sem o poder de um pensamento de fé que me amparasse. O ar me faltava, debatia-me em arquejos, queria ser eu, mal me conseguia perguntar, à amarga borda: há um centro de mim mesmo? Tudo era um pavor imenso de dissolver-me. [...] Era o *soroche*, apenas, o mal-das-alturas. [...] Não, eu não tinha nada grave, apenas o meu organismo necessitava de um período, mais ou menos longo, de adaptação à grande altitude. Nenhuma outra coisa estava em meu

---

[103] Quanto aos usos de palavras e expressões anacrônicas ou em outras línguas, alguns exemplos: "*Ivor*", "Olé", "*Manibus angelorum*", "*...Hear how a Lady of Spain did love an Englishman...*", "Cárcel de los Andes", "¡Qué chirriados son los extranjeros!", "Allisíto, no más, paisano...", "*in via*", "claustrados", "pañolones", "¿Y qué?...", "Lo que sea, señor...", "¿Lo ha sentido, Don...?", "Soroche", "Llanos", "Su Señoría Ilustrísima", "*in-pace*", "podridero", "hombría mala", "tierra templada", "zlavellinas, amapolas y azahares", "¡Uxte!", "carreras o calles", "¿Con que estás allá?", "¿Quién es? ¿Quién es?", "*in termino*", "*insalutato hospite*", "Señor, a usted se le ha perdido esto...", "Entonces... perdimos nuestro Pancho...", "Andará ya en el cielo...", "Quién sabe?..." (ver *Estas estórias*).

[104] A respeito da singularidade da escrita rosiana, como antes se mencionou, é paradigmático o uso de signos puramente gráficos. Como se viu, o relato se inicia, após o título e antes da epígrafe, com estes signos: -Ω-. A questão mais interessante é que, como uma leitura atenta deixa perceber, esses signos adquirem no texto rosiano significados diversos daqueles que a convenção tem lhes atribuído separadamente, tornando-os geralmente indícios da própria operação de escrita em que têm lugar. A mesma *refuncionalização* acontece, em muitos casos, com maiúsculas, minúsculas, itálicos, aspas, espaços em branco, sinais de pontuação e demais signos não fonéticos.

[105] No caso dos neologismos, alguns exemplos: "zunimensos", "lugubruivos", "gelinvérnicos", "estranhifício", "rixatríz", "cislúcido", "malque ente", "asmância", "fantasmagouraba", "consolabundo", "requiescer", "trastempo", "vociferoz", "desaver", "discordioso", "clã-destino", "passadidade", "três-fólegos", "mausoléia", "entreconsciente" (ver *Estas estórias*).

## Do tamanho do mundo

> poder fazer. E esse ia ser um tempo de perecimento e consumpção, de marasmo. Teria de viver em termos monótonos, totalidade de desgraça. Meus maiores inimigos, então, iriam ser a dispneia e a insônia. Sob a melancolia —uma águia negra, enorme pássaro. Digo, sua sombra; de que? Como se a minha alma devesse mudar de faces, como se meu espírito fosse um pobre ser crustáceo. Os remédios que me deram eram apenas para o corpo. E, mais, eu deveria obrigar-me, cada manhã, a caminhar a pé, pelo menos uma hora, esse era o exercício de que carecia, o preço para poder respirar um pouco melhor. Disseram-me, ainda, e logo o comprovei, que, nessas caminhadas, por vezes sobrevir-me-ia automático choro, ao qual não devia resistir, mas antes ativar-me a satisfazê-lo: era uma solução compensadora, mecanismo de escape. Um pranto imposto. (*Estas estórias* 181-82)

Em outro episódio, em que se narra uma dessas caminhadas interrompidas por choros, esse caráter sincopado do texto, ainda aumenta:

> [...] nesse dia, muito mais custoso era o meu trabalho de respirar, pesava-me a sufocação, e para minorá-la eu teria de caminhar mais depressa, e levar mais longe o forçoso passeio. Vazio de qualquer pensamento, pois assim me recusava à percepção do que se retrata em mim, cerrava-me um tanto à consciência de viver e não viver: que é a dos mortos. [...] Indo andando meu caminho, eu mais e mais ansiava, na asmância, a contados tresfôlegos. / E deu um momento em que pensei que não pudesse aguentar mais, estreitava-me em madeira e metal a dispnéia, chegava a asfixia, tudo era a necessidade de um fim e o medo e a mágoa, eu ia findar ali, no afastamento de todo amor, eu era um resto de coisa palpitante e errada, um alento de vontade de vida encerrado num animal pendurado da atmosfera, obrigado a absorver e expelir o ar, a cada instante, e efemeramente, o ar que era dor. O pior, o pior, era que o pior nunca chegava. Comprimiam-me o coração, num ponto negro. [...] Foram minutos que duraram, se sei: muitos, possivelmente, na terrível turpitude. Eu, já empurrado, compelido, ia ao mais fundo, ao mais negro, ao mais não haver. De repente. De repente, chorei. Comecei a chorar.[...] Dessa vez, porém, ele sobreviera demasiado cedo, antes que eu o previsse ou esperasse, expunha-me assim ao desar, em via pública central, todos iam me estranhar, eu assim num procedimento desatinado, a fazer irrisão. O escândalo, aquele pranto era movimentoso, entrecortado de soluços e ruidosos haustos, corrido a bagas, como punhos, num movimento e som, sem intermissão. (193-94)

Esse caráter sincopado, esse ritmo, a "mistura" de línguas e neologismos, os anacronismos, a própria fragmentação do texto (em nove partes de diversas extensões), fazem-nos pensar na concepção barroca da história que –para Walter Benjamin– era a da cena de uma catástrofe, um amontoamento de ruínas: "A fisionomia alegórica da natureza-história [...] só está verdadeiramente presente como ruína [...] O que jaz em ruínas, o fragmento significativo, o estilhaço: essa é a matéria mais nobre da criação barroca" (*A origem* 207-08). Dessa maneira, na interpretação do filósofo judeu-alemão, à fragmentação da escrita no *Trauerspiel* –cuja marca estilística fundamental é uma tendência irrestrita à visualidade (197)– corresponde uma visão de mundo essencialmente melancólica, em que a morte é a única significação final do existente, e em que a história é só a manifestação representativa dessa paisagem petrificada (ver 188).

Vida como morte, biografia, declínio e ruína, sofrimento –todos eles são temas de "Páramo", como já se mencionou. Ora, antes de precisar um pouco as questões relacionando as concepções da história e da sua redenção em Rosa e Benjamin, vale a pena relembrar que a melancolia é o "clima" do relato. Essa palavra, de fato, aparece uma vez, referida ao estado físico e espiritual do protagonista e da cidade, cobrindo com a sua sombra negra o ar, o tempo e o espaço: "Sob a melancolia –uma águia negra, enorme pássaro. Digo, a sua sombra, de quê?" (*Estas estórias* 182).

### SOB O SIGNO DE SATURNO

Além do ambiente, muitos são os temas melancólicos de "Páramo", como muitas são as referências e as citações de textos e imagens canonicamente vinculados a esse temperamento: Goya, Böcklin, Verlaine; o cadáver, o cão, o enforcado do tarô, o frio, o mineral, a terra, o dom profético, o Livro, a biblioteca, a viagem, Saturno, o duplo, o luto, etc. Antes de descrever essas imagens e de relacionar essas citações, vale a pena relembrar que Walter Benjamin outorgava um grande interesse à concepção da história que subjaz ao melancólico *Trauerspiel* alemão precisamente pela coincidência dessa concepção com a sua própria crítica do progresso. Em "Sobre o

*Do tamanho do mundo*

conceito de história" (1940), Benjamin adverte sobre a maneira em que uma concepção dogmática do progresso falseia os fatos históricos de que se apropria, colocando-os numa causalidade, ou perfectibilidade, infinita. Para Benjamin, o relato histórico construído sob essa ótica – que é sempre a ótica dos vencedores e dominadores– acaba outorgando um sentido unidirecional aos acontecimentos de que se apropria, quer dizer, acaba afundando-os na alienação ou no conformismo, pois se todos estão colocados na linearidade de um tempo homogêneo e vazio, se tudo pertence a um processo de "perfectibilidade infinita", então toda a barbárie inerente à civilização está justificada. Assim, a crítica do progresso deveria passar por uma crítica consequente "da ideia dessa marcha" num tempo "homogêneo e vazio" (*Magia e técnica* 229). A alternativa, para Benjamin, estaria na criação de um "verdadeiro estado de exceção" (226), isto é, na construção de uma história saturada de "agoras" (229) que não obliterasse o perigo de expor a sua contingência, em que a urgência do momento presente não cessasse de comparecer. Dessa maneira, a reflexão visaria à redenção do acontecimento singular, ou seja, à redenção da sua capacidade de despertar incessantemente ao sentido por exposição aberta –um acontecimento claramente atrelado ao momento de quem o reclama, assim como ao de sua produção, mas não assentado em absoluto. Em outras palavras, "o que adquire importância histórica é sempre função do presente imediato", segundo a premissa de Carl Einstein, retomada por Georges Didi-Huberman ("El punto de vista" 25). A alternativa a uma concepção dogmática da história estaria na sua compreensão enquanto *imagem*[106] –algo que não cessa de produzir sentido, não pode deixar de "tocar" o seu observador, saturando-se anacronicamente da sua origem quando percebido (*Magia e técnica* 224).

A imagem, assim compreendida como uma instância de produção de sentido, ao se inserir no mundo das coisas como algo a ser visto, tocado ou lido, tem um caráter dialético: nela se entrechocam

---

[106] O historiador da arte Georges Didi-Huberman, comentando a premissa benjaminiana de que "toda apresentação da história tem de começar pelo despertar e, ainda, não deve se ocupar com outra coisa" (Benjamin, *Passagens* 506), compreende essa articulação dialética, chamada por Benjamin de *imagem*, nos termos de uma desterritorialização generalizada (Didi-Huberman, *Ante el tiempo* 148-49).

o passado e o presente; nela os acontecimentos brilham ou faíscam como aquilo a que não pode ser atribuído um valor definitivo, porém provisório (segundo os reclama uma urgência específica); nela se conjugam e se cortam uma competência imemorial e a prática atual. Dessa maneira, aliás, pode dizer-se que na imagem dialética de Benjamin se abala profundamente a distinção entre o objeto e o sujeito, ela se *historiciza no devir* como uma pergunta ativa que não pode ser absolutamente preenchida para além daquilo que comove no plano da sensação: o sentido que reclama desde o "objeto" e desde o seu contato com o "sujeito", portanto, não mais o que esse sujeito já sabe e obriga a dizer aquilo que define a partir de pressupostos, dispensado da sua obrigação de tocar e de ser tocado. Sou lido pelo que leio, sou visto pelo que vejo.

Assim como o *Trauerspiel* construía a alegoria como uma ruína, ou fragmento, com um único conteúdo geral e intemporal: a morte; assim como essa alegoria só pode dizer uma coisa: a concepção da história como inevitável declínio ou catástrofe; a imagem dialética benjaminiana, expondo o agora da sua produção tanto quanto o outrora que reclama essa produção, evidenciando a sua própria materialidade, constitui uma sorte de *transcendência na experiência* e redime os fatos históricos: os mostra abertos ao sentido pela sua exposição —agora— como pedaços. Isso afasta radicalmente o pensamento de Benjamin da pretensão de uma "razão na história": não é mais o particular que se realiza como universal, senão o singular que se dissemina por toda a parte (Didi-Huberman, *Ante el tiempo* 154), ou que faz mundo, diríamos. Se a história (do capitalismo, da evolução ou do progresso) é um amontoamento de cacos esquecidos, se esses cacos fazem parte da natureza —cuja lei fundamental é a destruição—, uma possível redenção melancólica dos fatos históricos através da imagem/alegoria é a sua reinserção na natureza como coisas. Todas as coisas, só as coisas, terão uma apocatástase final, assim como os fatos, alienados sob o continuum homogêneo e vazio do progresso, só terão redenção se expostos pela ação do historiador como coisas: no espaço (como imagens dialéticas, como visualidades, como textos) e não mais exclusivamente num tempo incorpóreo; abertos à releitura e reescrita, tocáveis e não mais abstratos, porém como índices de pensamento. Se toda história do progresso é uma alienação e uma mentira, os fatos têm que se transformar em coisas (imagens, alegorias, escritas) para serem redimidos,[107] têm que ocupar o mundo e se fazer experienciáveis para não serem mais obliterados pela história dos vencedores.

Retornemos um instante ao relato que estudamos neste livro. O narrador de "Páramo" dota a cidade de um caráter eminentemente imaginário: *"Esta cidade eu já a avistara, já a tinha conhecido, de antigo, distante pesadelo"*; *"Esta cidade é uma hipótese imaginária"*. Passado e presente, experiência e rememoração, sonho e vigília se cruzam em "Páramo", nele a imagem dialética projeta a urgência do presente sobre o passado que se viveu como sonho.

O *tranvía* "de um vermelho sem tisne", acima mencionado, é a imagem dialética que permite a Guimarães Rosa se projetar sobre o passado —que viveu como se atravessasse um pesadelo— com a ciência do presente —esse em que ele sabe que o bonde acabará queimado. À urgência do presente, em que se sabe coadjuvante involuntário da barbárie civilizatória em curso nos anos 40, o autor responde se projetando sobre o passado à procura de uma certa redenção – caminhar por essas ruas, esse frio, passar por essa gente, talvez acompanhar um cortejo fúnebre e partilhar o luto–, de incluir o saber sensível dessa cidade na sua literatura. Guimarães Rosa *re-tratou* uma história de guerra e sofrimento, altamente significativa em seu declínio (a cidade da Violência), através de sua produção como imagem. Talvez nessa imagem haja uma tentativa de ir para além da história dos vencedores.

No primeiro prefácio de *Tutaméia* (1967), Rosa escreveu algo que remete indiretamente à concepção da História (observe-se a letra inicial em caixa alta) como algo a ser confrontado através de uma criação de linguagem –a estória–, que num lampejo de sentido leve a uma releitura da própria existência: "A estória não quer ser história. A

---

[107] Rafael Gutiérrez Girardot descreve essa "dialética na imobilidade" como uma tensão em marcha entre os arquétipos alegóricos e o fluir temporal da lembrança, recuperada aí como futuro. Para Gutiérrez, nessa dialética se adquire e se constitui a experiência do mundo como pluralidade (*Cuestiones* 191). Essa interpretação coincide em muito com a de Susan Sontag, que em *Sob o signo de Saturno*, faz coincidir a melancolia benjaminiana com a estudada por ele no barroco alemão (90).

estória, em rigor, deve ser contra a História. A estória, às vezes, quer-se um pouco parecida à anedota. [...] Uma anedota é como um fósforo: riscado, deflagrada, foi-se a serventia. [...] A vida também é para ser lida" (Rosa, *Tutaméia* 3,12).

A escritura, no caso, porta marcas da vida que alguma vez tocou nela. Rosa se manteve efetivamente afastado da revolta, e não manifestou muito interesse por ela, mas em "Páramo" ele tenta uma remontagem[108] dessa violência desatada. Sob negra sombra, o narrador compõe a complexa trama imaginária de materiais diversos, porém todos ligados ao mesmo temperamento: a sua composição é uma constelação melancólica.

*PATHOSFORMELN*

Dessa constelação dão conta as próprias anotações preparatórias do escritor. Entre inúmeras menções, o autor deixou nos seus papéis centenas de vezes escrito o nome "Bogotá", geralmente assinalando pequenos trechos redigidos ou inclusive palavras soltas que com posterioridade integrariam "Páramo" –precisamente a narrativa em que esse nome próprio é propositalmente elidido. Numa pasta intitulada "Religião (Citações e Cabala)", que está no arquivo de João Guimarães Rosa, atualmente sob os cuidados do Instituto de Estudos Brasileiros da USP, há muitos desses trechos e palavras. Além de anotações sobre os 22 arcanos do Tarô, de títulos de livros e de transcrições de textos alheios, a pasta está cheia dessas pequenas composições que Rosa juntava parcimoniosamente. Transcrevem-se a seguir trechos, originalmente manuscritos, da pasta acima mencionada:

---

[108] Para um cabal entendimento do que aqui denominamos *remontagem da história*, ver o livro *Cuando las imágenes toman posición*, em que Georges Didi-Huberman aproxima o pensamento de Benjamin de alguns dos trabalhos de Bertolt Brecht. Para Didi-Huberman a remontagem é um dos procedimentos poéticos por excelência (*Cuando las imágenes* 211-12).

*Do tamanho do mundo*

Recurrências:
1) O choro   Crescer?  Carecer?
2) <u>O desmedido passar de espaço e tempo: o inferno</u>.
3) O <u>Homem</u> *deu-me seu retrato*
Sem respiro = sem movimento

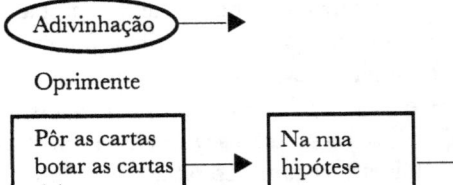

Oprimente

A gente vive é escrevendo alguma IGNOTA bobagem em morse?
O símbolo MÍNIMO: o ponto
O abalo do ser
achaque
a embaralhadora
[...]
alpendres
dragoneante
<u>gelosia</u>: grade cruzada ou perfurada, de madeira, que ocupa o vão de uma janela; rexa; reixa, rótula; janela de rótula
[...]
<u>almejar</u>: estar agonizante; próximo a dar a alma a deus.
círio acêso
..., questionadamente
Angelía: a notícia
pena de excomunhão maior
Justícia de ultratumba
el alcaide de la cárcel
ríspido
despótico
sombrío- tôrvo

---

sinistro —esquerdo, FUNESTO, de mau presságio
tardo
absurdas sombras
sob turno
grave
lutuoso

lastimoso
lívido= lívido; escuro
úmbria   [IEB/USP-JGR-EO-08,02]

Uma simples releitura de "Páramo" dá conta do uso que Rosa fez dessas anotações, que, sem dúvida, já nos materiais preparatórios configuravam um campo operatório, uma constelação em que a *"mestra* melancolia" era dominante. Evidentemente, montagem –"Pôr as cartas", *lançar os dados*– e melancolia são noções correlatas no caso da narrativa estudada. Como se mostrará a seguir, esse temperamento configura uma lei de montagem, rege na escolha e junção de fontes pictóricas e literárias, ou seja, no trabalho com a imagem.

Numa anotação, datada em 4 de abril de 1948, ou seja, cinco dias antes do *Bogotazo* (lembremos que em março, dia 19, o escritor viajou para Bogotá), Rosa mencionava Goya e Velázquez num contexto melancólico, de falta de ar e de uma feminilidade esvoaçante. Segundo se pode inferir, se trata de um recorte do diário pessoal:

> Numa pequena biblioteca silenciosa: cinco estantes, de 5 prateleiras, os livros encadernados em prêto: 1) A minha defesa, contra o doloroso impacto das reproduções coloridas de nús, que ferem minha latente saudade e tristeza, lembrando-me mais que qualquer coisa, as horas de amor. Os nús (Poder da arte) dão-me santa e transcendente sensação: destilo, em cruel intensidade, a santidade inevitável contida no amor físico Ticky [sic.]:
> Foi, precisamente, ao abrir o livro WORLD-FAMOUS PAINTINGS –na reprodução do VENUS AND CUPID de Velazquez. (já sentira o mesmo desencadear (pura sobressensud) de saudades, no Museu do Prado, ao ver a Maja desnuda). Recebi o choque, abafante, angustiei-me, e fechei o livro.
> Ao voltar a ele, uma hora depois, o encanto se evolara, o doloroso visual perfume, duramente evocativo -. Tive apenas a intensa admiração pela linha longa do corpo feminino, com estiramento sinuoso (?) prolongado, etc.

Esta anotação está dentro da pasta tombada com o código JGR-EO-18,03 do IEB/USP, na página 43A. Na mesma pasta, página 41A, há uma transcrição extensa de uma das *Reminiscencias de Santafé y Bogotá* que José María Cordovez Moure reunira em livro desde 1893 a partir

*Do tamanho do mundo*

das suas próprias lembranças entre 1835 e 1900, várias anotações em espanhol e uma anotação solta que transcrevemos pela assombrosa incorporação do motivo barroco do espelho, também presente no *Venus y Cupido* de Velázquez: "Os defeitos dos outros são espelhos" (página 24A da mesma pasta). Ora, a associação de erotismo e melancolia está longe de ser um acaso. A transcrição de Cordovez Moure, na página 41A da mesma pasta, é muito eloquente a esse respeito pela evocação indireta de outro quadro de Goya (Francisco Goya y Lucientes), o *San Francisco de Borja y el moribundo impenitente* (1788), precedente próximo de *La Maja desnuda* (1790-1800), e inspirado, para Folke Nördstrom, por *Le douleur et les regrets d'Andromaque sur le corps d'Hector* (1783) de David e por *Nightmare* (1781) de Henry Fuseli (Nördstrom, *Goya* 90-92). A reminiscência de Cordovez Moure tem por cenário a torre da Igreja de San Francisco –lembre-se que em "Páramo" o protagonista entra nesse templo, e que a igreja, como se vê na foto de Manuel H. que serve como capa deste livro (aquela em que se vê um bonde ardente), está situada a poucos metros do local do assassinato de Jorge Eliécer Gaitán:

> Al lego cocinero de los franciscanos, conocido con el apodo de *Sor Güela* se le derramó encima el contenido de una caldera en ebullición, accidente por el cual perdió el juicio. En un acceso de locura se arrojó de la torre; pero tuvo la buena suerte de quedarse engarzado de unos garfios de hierro que había en los balcones: venciendo mil dificultades se logró bajarlo sin mayor lesión, y, al verse en tierra, improvisó esta cuarteta:
> 'Un lego de San Francisco
> De la torre se arrojó.
> ¡Qué fortuna la del fraile,
> Que hasta el suelo no llegó!' [IEB/USP-JGR-EO-18,03]

O tema dessa reminiscência, intitulada "El crimen de Hatogrande" não poderia ser mais eloquente. Nela se narram inúmeros crimes, suicídios, assasinatos (um deles perpetrado por um tal de Hermógenes Maza) e fatos lutuosos vinculados com a guerra civil de 1860. Dentre esses acontecimentos funestos, a crônica narra com detalhe o brutal assassinato do avô de José Asunción Silva e o suicídio do próprio poeta. Mais adiante falaremos um pouco mais extensamente sobre Cordovez

Moure e sobre a sua importância em "Páramo". Por enquanto, baste dizer que o cenário paradigmático desses trágicos sucessos é a Igreja de San Francisco (uma espécie de lugar maldito, tal como o é a Bogotá de "Páramo"), que sobre a reminiscência pesa o mesmo "sino funesto" que pesa sobre a narrativa rosiana, e que a sua introdução parece uma antecipação do pensamento de Aby Warburg (pensamento essencial para a reflexão subsequente):

> Es un hecho admitido que sobre determinados sitios pesa algo que podríamos llamar sino funesto, donde se observa marcada tendencia a la repetición de sucesos trágicos, cuya influencia se extiende a varias generaciones, hasta que la acción del tiempo u otra causa neutraliza o cambia el horóscopo fatídico. / Entre los arcanos que encierra el misterio de la vida, se observan ciertos actos que debieron influir para fundar en las sociedades de la antigüedad la doctrina del Destino, que se trocaba en favorable, cuando era adverso, mediante determinadas prácticas consideradas como supersticiones por el mundo moderno; doctrina que, a pesar de todo, subsiste lo mismo que otras, en la mente de gran número de personas de diferentes clases sociales, acaso para dar una prueba real de que el paganismo vive aún atrincherado en las aberraciones humanas. (Cordovez Moure, *Reminiscencias* 159)

Diego Velázquez, *Venus del espejo (Venus y Cupido)* (1647-1651)

*Do tamanho do mundo*

Goya, *La Maja desnuda* (1790-1800)

Goya, *San Francisco de Borga y el moribundo impenitente* (1788)

Vistos em conjunto esses textos e pinturas, ou seja, essas imagens, percebe-se uma certa continuidade, uma série, que vincula vida e escrita, melancolia e destino, erotismo e morte. Êxtases irrompem desses documentos. Ora, de onde emanam esses sentidos? Claramente: dos gestos. É da afinidade entre gestos que Rosa se vale para montar a sua narrativa com materiais tão heterogêneos quanto esses que foram recém citados: "pôr as cartas" é também escrever de uma certa maneira, encriptar ou criptografar a experiência, mesmo que os seus sentidos permaneçam "ignotos".

Antes de descrever esse tecido de materiais, é preciso esclarecer um pouco o que aqui entendemos por imagem e a maneira de trabalharmos com elas.

Emanuele Coccia, em *A vida sensível* (2010) define a imagem (isto é, o semblante ou o significante; finalmente: o sensível, em qualquer um dos seus avatares sensoriais) como "a aparência da coisa fora de seu lugar" (22). Isso quer dizer que toda imagem, como toda escritura, está "para além do lugar em que se produziu" (69), e que o estatuto da experiência é a transmissibilidade e alienabilidade do sensível, assim como a sua apropriabilidade. Essa modalidade medial do ser, a imagem quando intencional, está para Coccia intimamente ligada à transmissão da experiência e do conhecimento. Por essa razão, o sensível é a maneira de sobrevida, ou de vida póstuma, de corpos extintos, uma vez que pode multiplicar-se em outros meios, em outros corpos (59).

Dado que trabalhamos com um arquivo muito específico de sintomas e fantasmas, e que é da sua articulação que esperamos a manifestação de certo *mal-estar*, e dado que substituímos o modelo epistemológico do *quadro* —da obra encerrada em si, própria e autossuficiente ou absoluta— por aquele da *mesa* —um lugar de trabalho com elementos heterogêneos— (ver Didi-Huberman, *Atlas*), teremos que pensar "Páramo" como um *campo operatório* em que se constelam elementos díspares —em que o sentido se aguarda não da autonomia de cada um desses elementos mas da articulação das suas diferenças, simultaneidades e similitudes—, em que é a própria montagem que fala. Os conceitos warburguianos de "vida póstuma" (*Nachleben*) e de "fórmula de *pathos*" (*Pathosformel*) serão fundamentais para analisar esse campo operatório.

*Do tamanho do mundo*

Warburg, que como historiador da arte se ocupou insistentemente com as sobrevivências da antiguidade pagã na arte renascentista, define a "fórmula de *pathos*" como a repetição convencional de um determinado gesto passional ao longo de representações pictóricas de épocas e origens diversas. Essa transmissão, para o autor de *Atlas Mnemosyne*, não se dá como uma progressão unívoca e não implica uma evolução necessária, mas manifesta profundos entrecruzamentos instintivos que ligam a experiência humana de uma maneira anacrônica ou não-linear, guardando algo da memória de uma psique coletiva afetada por um *pathos* específico (que, para o caso da cultura Ocidental, Warburg associa à esquizofrenia). Toda reaparição de determinado gesto patético sugere, pois, um retorno ou sobrevivência (*Nachleben*) do mal-estar, passado por uma sensibilidade singular que o atualiza de acordo com necessidades contingentes ou com empatias sugeridas pelo inconsciente. Obviamente, essa revivescência de fórmulas patéticas não pode surgir senão como efeito de montagem, como algo que emerge dos interstícios entre diversos materiais vistos juntos, da permanência neles de algumas marcas (ou engramas) só visíveis comparativamente (Warburg 3).

Gestos patéticos que se repetem convencionalmente em representações de épocas e origens diversas, migrações inusitadas de valores expressivos, crispações ou excitações intensas repetidas em momentos diferentes, conformam –além de ser revivescências de experiência sensível (que é transmissível, alienável, e apropriável, nos termos de Coccia)– para o caso de "Páramo", uma verdadeira constelação melancólica. Trabalharemos, pois, com os documentos convocados pelo texto estudado, procurando nos interstícios entre eles as manifestações do espectro: aquilo que impugna a unicidade do monstro, ou que faz aparecer as suas falhas, a loucura fundamental da sua razão.

Já vimos como o narrador, abrindo o seu relato com um resumo da narrativa nos fala de uma morte no "próprio decurso desta vida", uma experiência precedida "de certa parada" e com uma "destruição prévia". O que vem depois dessa morte "imperfeita e temporária" é "o renascido" –para dar fé desse renascimento o narrador se apoia numa referência medieval: "um homem mais real e novo, segundo referem os antigos grimórios. Irmãos, acreditem-me" (*Estas estórias* 177). Os grimórios, caros a Mallarmé, são um conjunto de livros, supostamente compostos a partir da alta Idade Media e condenados pela igreja, que contêm receitas diversas para produzir o bem ou o mal, para invocar demônios e anjos, para fabricar talismãs e amuletos, para atrair ou afastar a sorte, etc. Livros de bruxos, obscuros, crípticos, os grimórios, de outra parte, são obras absolutas, versões do universo que procuram conter em si todos os livros, todos os discursos, o próprio universo. Segundo a etimologia a palavra "grimório" provém do francés *grimoire*, que é uma modificação de *grammaire*, "gramática". O nome, portanto, faz referência à ciência dos elementos e processos que intervém na forma e na articulação de uma dada língua: o conjuro das palavras e das suas concatenações, seja para efeitos de significação, seja para efeitos de magia. Outras fontes relacionam *grimoire* com *grimace* –"gesto" ou "careta"– e com *galimatias* –"discurso ininteligível". Gesto e doação de sentido, indicação, enigma e intelecção, portanto, se articulam no vocábulo. No entanto, o adjetivo "antigo" que o qualifica no relato nos orienta na direção de um intertexto marcadamente melancólico. Trata-se dos *Poèmes saturniens* (1866) de Paul Verlaine, em cujo "*avant-prologue*" se lê:

> Or ceux-là qui sont nés sous le signe SATURNE,
> Fauve planète, chère aux nécromanciens,
> Ont entre tous, d'après les grimoires anciens,
> Bonne part de malheur et bonne part de bile.
> L'Imagination, inquiète et débile,
> Vient rendre nul en eux l'effort de la Raison.
> Dans leurs veines le sang, subtil comme un poison,
> Brûlant comme une lave, et rare, coule et roule
> En grésillant leur triste Idéal qui s'écroule.
> Tels les Saturniens doivent souffrir et tels
> Mourir, — en admettant que nous soyons mortels, —
> Leur plan de vie étant dessiné ligne à ligne
> Par la logique d'une Influence maligne. (em Klibansky e outros, *Saturno* 137)

Em língua portuguesa a palavra "soturno" –adjetivo derivado do nome planetário "Saturno"– possui acepções entre as que se encontram: "melancólico", "tristonho", "taciturno", "envolto em trevas", "lúgubre", "escuro". O narrador de "Páramo" caracteriza a cidade como "hostil e soturna" (*Estas estórias* 197), diz da cordilheira onde está essa cidade ser "lisa corcunda soturna" (180); os seus habitantes são "fantasmas, soturnos transeuntes" (186) ou são descritos como "toda uma pátina sombria. [...] homens abaçanados e agudos, em roupas escuras, soturnas fisionomias, e velhas de mantilhas negras" (178).[109] Sob o signo de Saturno, pouco surpreende que na sequência final em que o protagonista se soma à procissão fúnebre de uma criança, para esconder as lágrimas involuntárias que o assaltam como uma decorrência do *soroche*, ele compare esse cortejo com "um capricho de Goya" (194).[110]

Além da bílis negra, do destino linha a linha demarcado por maligna influência, da tristeza e do desmoronamento, o poema de Verlaine (acima citado), de clara inspiração baudelairiana, tem múltiplas referências a Goya, pintor saturnino e melancólico. De fato, a última parte do poema de Verlaine se intitula "Caprices" (caprichos),

---

[109] Esta descrição da cidade e dos seus habitantes coincide em muito com a que Eduardo Zalamea Borda fizera em *4 años a bordo de mí mismo (Diario de los 5 sentidos)* (1934): "con pretensiones de urbe gigante [...] [Bogotá era] un pueblucho de casas viejas, bajas y personas generalmente antipáticas, todas vestidas con trajes oscuros" (19). Como esclarece o crítico Juan Gustavo Cobo Borda, essa representação da cidade é recorrente no intervalo de 1930 a 1946, ou seja, no período de massificação que antes se tentou descrever, e se evidencia nas poesias de León de Greiff, Rafael Maya ou José Umaña Bernal; tanto quanto nos romances de Zalamea ou Osorio Lizarazo (ver *Poesía colombiana* 76, 88). O jovem García Márquez também habitou essa cidade na década de 40 e, na sua autobiografia *Vivir para contarla*, a descrição da cidade coincide em muito com as antes mencionadas: "Bogotá era entonces una ciudad remota y lúgubre donde estaba cayendo una llovizna insomne desde principios del siglo XVI. Me llamó la atención que había en la calle demasiados hombres deprisa, vestidos como yo desde mi llegada, de paño negro y sombreros duros. En cambio no se veía ni una mujer de consolación [...]. Fue un derrumbe moral. La casa donde pasé la noche era grande y confortable, pero me pareció fantasmal por su jardín sombrío de rosas oscuras y un frío que trituraba los huesos.[...] Me explicaron que así era la primera vez y que poco a poco me iría acostumbrando a las rarezas del clima. Lloré largas horas en silencio antes de lograr un sueño infeliz" (*Vivir* 221-22).

[110] Em depoimento para Arturo Alape, o poeta e delegado de Guatemala à IX Conferência Luis Cardoza y Aragón, falando do Bogotazo, também teve uma lembrança goyesca, dessa vez referida ao cadáver do assassino de Gaitán: "En el fondo de la plaza, vi pasar un muñeco que lo soltaban en el aire, me recordaba el tapiz de Goya del Pelele. Ese hombre era el asesino o el presunto asesino de Gaitán. Era un hombre que volaba por los aires, un linchado por la multitud" (Alape, *El bogotazo* 305).

e a terceira "*eaux-fortes*" (águas-fortes). Os versos "*L'Imagination, inquiète et débile,/ Vient rendre nul en eux l'effort de la Raison*" relembram o emblema que acompanha o *Capricho 43*: "*El sueño de la razón produce monstruos*".

Goya, *El sueño de la razón produce monstruos* (Capricho 43), 1799

Para o historiador da arte Folke Nordström (discípulo de Panofsky, Klibansky e Saxl e da sua leitura da *Melencolia I* de Dürer), a atmosfera melancólica em Goya provém tanto do seu contato com a Escola de Salamanca e com a tendência pré-romântica representada por autores como Jovellanos, Meléndez Valdés[111] ou José Cadalso (por sua vez

---

[111] Nordström, seguindo nisso a George Levitine, não duvida em filiar o emblema goyesco com o poema "A Jovino el melancólico", composto por Meléndez Valdés em 1797: "Todo, todo/ se trocó a un infeliz: mi triste musa /no sabe ya sino lanzar suspiros, /ni saben ya sino llorar mis ojos, /ni más que padecer mi tierno pecho. /En él su hórrido trono alzó la oscura /Melancolía, y su mansión hicieran /las penas veladoras, los gemidos, /la agonía, el pesar, la queja amarga, /y cuanto monstruo en su delirio infausto /la azorada razón abortar puede" (em Nordström, *Goya* 146). Em 1798 Goya retratou Jovellanos em ostensiva atitude melancólica (esse temperamento era um signo de gênio na época)–esse retrato, realizado entre os dois primeiros esboços do *Capricho 43* e a sua versão final, guarda estreitas semelhanças com a água-forte: Jovellanos também se senta à sua mesa de trabalho num ambiente de penumbra, também cruza as pernas, sustenta a cabeça com a mão, tem um ar taciturno, etc.

"tocados" pelos ingleses Edward Young, William Shakespeare, Burton, Addison, John Milton), quanto de uma vasta tradição iconográfica recolhida na pintura espanhola precedente (Valdés Leal, José Ribera, Mallea, Francisco Bayeu) e em algumas iconologias renascentistas (Ripa, Baudoin) (*Goya* 264-266). Nordström mostra como nessa tradição iconográfica a melancolia se manifesta convencionalmente através de índices e/ou signos tais como o abatimento, as pernas cruzadas, o olhar dirigido à terra, as mãos que sustentam a cabeça, os pássaros negros, noturnos ou morcegos, as rocas e árvores solitárias, a luz crepuscular ou morrente, o outono e o inverno, etc. (26-35).

Albrecht Dürer, *Melencolia I*, 1514
Cesare Ripa, "Malinconia", *Iconologia*, 1630
Goya, *El sueño de la razón produce monstruos* (*Capricho 43*- primeiro esboço), 1797
Goya, *El sueño de la razón produce monstruos* (*Capricho 43*- segundo esboço), 1797

É sabida a importância que Goya dava ao seu *Capricho 43*. De fato, essa água-forte tem sido frequentemente interpretada como um autorretrato do artista (note-se a semelhança dos rostos gritantes do

Goya, *Francisco Goya y Lucientes, Pintor* (*Capricho 1*), 1799
José Ribera, *El poeta*, 1630

primeiro esboço com o do *Capricho 1*). Esses traços pessoais desaparecem no segundo rascunho e já na versão definitiva só restam os pássaros e morcegos voando ameaçadoramente sobre a personagem de rosto oculto, assim como dois enormes felinos —gato preto e lince branco— deitados e à espreita atrás dele. Como uma paradoxal ocultação derradeira, Goya substituiu o *Capricho 43* pelo *1* como frontispício das 80 gravuras: uma imagem do artista orgulhoso, e não mais o melancólico. O traço autobiográfico da série inteira, posterior à etapa em que o artista precisou interromper o seus trabalhos "de encargo", e elaborada segundo Goya para "ocupar la imaginac.$^n$ mortificada en la considerac.$^n$ de mis males, y para resarcir en parte los grandes dispen[d]ios q.$^e$ me an ocasionado" (em Nordström, *Goya* 148), já é irreprimível. Para Nordström, os esboços do *43* guardam, para além do iconográfico, traços da doença que a partir de 1793 afetou o pintor e que o deixou surdo para o resto da sua vida (*Goya* 154). Não se deve descuidar a possível origem mineral desse mal. Valeriano Bozal, no seu *Goya, vida y obra* (2005), conjetura que o artista adoeceu por causa de uma excessiva exposição ao chumbo presente nas tintas que utilizara durante a sua juventude, em que trabalhou como pintor de cartões para a *Real Fábrica de Tapices de Madrid*. O envenenamento produzido por esse mineral se conhece como plumbismo ou *saturnismo*.

*Do tamanho do mundo*

Bernard de Montfaucon, "Saturne ou le temps", *Supplément au livre de l'Antiquité expliquée*, 1724
Cesare Ripa, "La historia", *Iconologia*, 1630
Goya, *La filosofía* (esboço de *La Verdad, el Tiempo y la Historia*), 1797
Goya, *Saturno devorando a un hijo*, 1820-1822

Segundo Folke Nordström, essa dominância melancólica se relacionaria com uma visão da história como natureza selvagem e destrutiva: Goya, o autor dos *Desastres de la guerra* (1810-20), faria de Saturno, devorador de homens (observe-se que a figura que devora no mural de 1820-22 tem formas de pessoa adulta), canibal, a imagem aterradora e paradigmática dessa concepção –não desligada dos períodos de terror político vivenciados pelo artista (Nordström, *Goya* 111, 231-40, 265-66).

Georges Didi-Huberman, no catálogo *Atlas* (2011), faz uma leitura semelhante do *Capricho 43* a partir, precisamente, dos índices convencionais acima referidos (abatimento, pernas cruzadas, olhar dirigido à terra, pássaros, etc.). Retomando o conceito de Aby Warburg, Didi-Huberman estuda esses índices como "Fórmulas de *pathos*" que apontariam na direção da própria compreensão que Goya tinha da imagem e do trabalho da imaginação: uma espécie de antropologia do ponto de vista da imagem que revelaria as potências –tanto astrais quanto monstruosas– do homem e da sua história. Dessa maneira, ainda explica Didi-Huberman, a imaginação seria uma sorte de arquivo de sintomas e fantasmas, *uma potência sem poder* que *porta o insuportável* à maneira do titã Atlas (um dos irmãos de Saturno) em cuja representação coincidem extremos antitéticos: a força descomunal (*astra*) e a punição (*monstra*) com o peso da abóbada celeste. Atlas, suportando o mundo, seria assim o emblema de um *saber trágico* à maneira de Nietzsche, um saber em que se conjugam de maneira irreprimível Apolo e Dioniso, em que se suturam coisas corriqueiramente compreendidas como opostas (a razão e os monstros, o fantástico e o real, o astral e o desastre, o poder e a prostração, etc.). Como veremos, esse saber trágico também se relaciona com Saturno e impregna de maneira surpreendente o relato assinado por Guimarães Rosa (que alguma vez fora comparado com Jano,[112] o rei de duas faces).

---

[112] Leve-se em consideração o fato desse rei ser associado ao deus Saturno em fontes antiquíssimas, como referidas por Klibansky, Panofsky e Saxl (*Saturno*). Também que, provavelmente devido a essa filiação, um dos satélites naturais do planeta Saturno recebeu o nome dessa figura de duas caras. De outra parte, não se esqueça o espanto de Max Bense perante a cisão entre o Rosa-funcionário e o Rosa-literato: *monstra* e *astra*, palavras fundamentais para este trabalho.

Benjamin, citando Warburg,[113] diz de Saturno-Cronos, que ocupava uma posição central nas crenças astrológicas, ser "o deus grego do tempo e o espírito romano das sementeiras" (*A origem do drama* 173). Klibansky, Panofsky e Saxl ainda mostram como as características do primitivo Saturno latino se amalgamaram com as de Kronos, filho de Urano destronado e castrado por Zeus, e com Crono, o deus grego do tempo (*Saturno* 144). A partir dessa fusão, esclarecem os historiadores, o titã teria ganho o seu aspecto dual: "este dualismo es tan marcado que bien podríamos decir que Kronos es el dios de los contrarios" (145). Essa dupla natureza, de deus propício ou de espírito devorador dos homens, combinou-se, segundo Benjamin, na Idade Média, na imagem da "morte ceifadora, com sua foice" (*A origem do drama* 173).[114] Túmulo ou sulco, nascimento ou morte, Saturno aponta sempre em direção à terra:

> Tudo que é saturnino remete às profundezas da terra, nisso evocando a natureza do velho deus das sementeiras. [...] O olhar voltado para o chão caracteriza o saturnino, que perfura o solo com seus olhos. [...]

---

[113] Na sua *Correspondência*... com o tradutor Meyer-Classon, advertindo sobre a necessidade de evitar todo lugar-comum, Guimarães Rosa cita uma frase atribuída a Aby Warburg: "*Meditar* cada frase. Cortar todo lugar-comum, impiedosamente. Exigir sempre uma 'segunda' solução, nem que seja só a título comparativo. A gente não pode ceder, nem um minuto, à inércia. 'Deus está no detalhe', um crítico disse, não sei mais quem foi. [...] Daí decorre um 'movimento e direção': para meditar-se a vida" (Rosa, *Correspondência* 237). Nessa meditação da frase, fora do lugar-comum e, em luta com a inércia para meditar-se a vida, há indícios saturninos. Lembre-se, por exemplo, que a frase de Warburg, como citada por Didi-Huberman é: "El buen dios (de la historia) habita en los detalles" (*Ante el tiempo* 172). Na *Iconologia* de Cesare Ripa a alegoria da história representa um anjo que olha para trás enquanto caminha sobre um campo ermo (um dos seus pés firmemente apoiados sobre um bloco sólido): Saturno, munido da sua foice e precedendo-a, oferece à História, a modo de escrivaninha, as suas costas. Sobre essa base, e sem olhar, o anjo da história apoia o seu livro e escreve (ver Norström, *Goya* 135-36). A respeito da atribuição da frase a Warburg, ver também Lévy-Leblond (*A velocidade* 97, 328).

[114] Klibansky, Saxl e Panofsky mostram como, na própria ferramenta do deus –ceifadora de cabeças tanto quanto de cereais–, há índices da sua bipolaridade: "Por una parte era el padre de los dioses y de los hombres, por otra era el devorador de niños, comedor de carne cruda, consumidor de todo, que se tragó a todos los dioses y exigía sacrificios humanos a los bárbaros; castró a su padre Urano con la misma hoz que, en mano de su hijo, le pagó en la misma moneda y hizo infecundo al procreador de todas las cosas: una hoz que, preparada por Gea, era a la vez instrumento de la más horrible afrenta e instrumento de la recolección" (*Saturno* 145-46).

> E como a bílis negra é em si mesma semelhante ao centro do mundo, ela obriga a investigar o centro de todas as coisas singulares e leva à compreensão das verdades mais profundas. (Benjamin, *A origem do drama* 175)

O narrador de "Páramo", de maneira obsessiva, tem o olhar cravado na terra:

> Por sobre a Cordilheira: muralhão de cinzas em eterno, terrível deserto soerguido. De lá, de tão em baixo, daquela lisa cacunda soturna, eu sentia subir no espaço um apelo de negação, maldição telúrica, uma irradiação de mal e despondência; que começava a destruir a minha alegria. Ali, em antros absconsos, na dureza da pedra, no peso de orgulho da terra, estarão situados os infernos –no "sono rancoroso dos minérios"? (Rosa, *Estas estórias* 180)

A citação de "A máquina do mundo", poema do livro *Claro enigma*, não é um acaso –o enredo do relato é uma ampliação em outras latitudes do elaborado por Drummond.[115] Não se deve esquecer que o título do livro é um oxímoro –nele os termos opostos se contaminam, longe de simplesmente se contradizer. O que é claro do enigma, no poema, é que é um enigma, ele se apresenta como coisa-significante, não fornecendo a sua interpretação mas se apresentando na claridade paradoxal da imagem. Terra, pedra, máquina: coisa clara na sua apresentação, evidente, porém resistente a significado ou apropriação. O relato e o poema partilham várias imagens: sinos, abismos, aves escuras que se diluem na escuridão provinda das montanhas, o

---

[115] "A máquina do mundo" é corriqueiramente associado ao poema-pedra "No meio do caminho", que o autor mineiro publicara em 1928 no N° 3 da *Revista de Antropofagia* (ver Achcar, *Carlos Drummond*; *Revista de Antropofagia* 33). Haroldo de Campos subscreve essa associação em chave demolidora: o poema de 1951 ("poesia metafísica" ou "teodicéia laica") pertenceria, para ele, a uma "estação neoclassicizante", ou seja, a uma temporada de "tédio alienante" em que o "arco miliário" da poesia de Drummond esteve suspenso ou alcançou seu afélio "em polida e castiça chave de ouro". O autor de *Galáxias* se reafirma ainda nessa opinião a partir da epígrafe do livro –provinda de Paul Valéry: "*Les événements m'ennuient*"– e a opõe a um *ur*-concretismo emblemático de "No meio do caminho" (Campos, *Metalinguagem* 51-2). Embora essa leitura tenha dado lugar a inúmeros debates, o que nos interessa aqui é destacar a associação comum entre "A máquina do mundo" e "No meio do caminho", assim como o caráter de passagem e a opção pela dureza significante da pedra nos dois poemas.

## Do tamanho do mundo

caminhar do protagonista no meio de trevas que obscurecem o sentido do mundo: "Não me achasse eu tão ofuscado pelas bulhas da vida, de engano a engano, entre passado e futuro –trevas e névoas– e o mundo, maquinal" (Rosa, *Estas estórias* 179). Para o caminhante do poema, que já antes tinha renunciado a penetrar no âmago das coisas e da existência, abre-se a "máquina do mundo". A maquinaria secreta se oferece para alguém com os sentidos gastos na vã tentativa de compreender "toda uma realidade que transcende / a própria imagem sua debuxada / no rosto do mistério, nos abismos". O que se abre ao caminhante pela estrada pedregosa de Minas é, nada mais e nada menos, que a visão da "natureza mítica das coisas", das obras e paixões humanas, da "memória dos deuses", de "tudo o que define o ser terrestre /ou se prolonga até nos animais /e chega às plantas para se embeber /no sono rancoroso dos minérios"; enfim: "a ciência sublime e formidável, mas hermética" da "total explicação da vida". O poema se encerra com um retorno do viandante à sua errância inicial, ao vagar pela estrada recusando a revelação que se lhe oferece nessa espécie de *Aleph* de relance. "Vagaroso", "de mãos pensas", "avaliando o que perdera", o caminhante de Drummond volta ao caminho pedregoso, ao enigma que resta como a única claridade evidente à voz poética (Drummond, *Claro enigma* 121-24). Esse ser transeunte que é o protagonista rosiano repete esse retorno ao elemento mineral, à dureza de pedra do mundo, no final do relato: "Eu voltava, para tudo. À cidade hostil, em sua pauta glacial. O mundo. Voltava, para o que nem sabia se era a vida ou se era a morte" (*Estas estórias* 198).

Recusando-se à visão de uma razão única no mundo, ou seja, de uma lógica para além da evidência do imanente, esses protagonistas-narradores se afirmam na sua medialidade vital, repetem o gesto barroco (acima descrito) cuja fidelidade essencial é para com as coisas terrestres: o sentido do caminho é caminhar, ou toda transcendência deve ser traduzida em termos de experiência. Esbarrando com pedra no meio do caminho da sua vida, como a voz poética do poema de Drummond, o narrador rosiano escolhe para si mesmo uma imagem representativa, que também pende em direção à terra: "Pinto aquele da 12ª lâmina do Taro: o homem enforcado – o sacrifício, voluntário, gerador de forças. Esse, é o que me representa" (Rosa, *Estas estórias*

187-88). De fato, esse caráter pendular do personagem quebrantado pelo *soroche* é uma constante, quase o ritmo cardíaco da narrativa: "eu era um resto de coisa palpitante e errada, um alento de vontade de vida encerrado num animal pendurado da atmosfera" (193); "meu coração se balançava, pequenino, se dependurava" (185).[116]

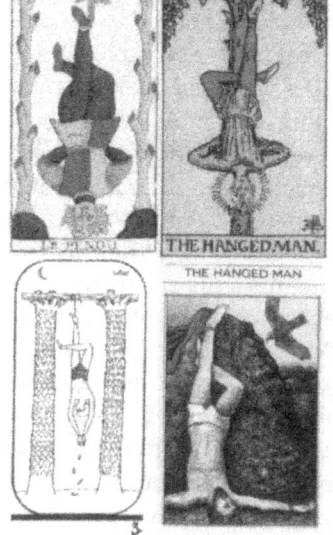

Nicolas Conver, "*Le pendu*" (*Tarot de Marseille*), 1761
Pamela Colman Smith, "*The hanged man*" (*Rider-Waite tarot deck*), 1909
Otto Wegener, "*Le sacrifice*" (*Les XXII lames hermétiques du tarot divinatoire*, R. Falconnier), 1896
Tricia Newell, "*The hanged man*" (*The Mythic Tarot*), 1988

As origens do Tarô são controversas, mas uma versão difundida data o seu ingresso na Europa Cristã no século XIV, através de jogos

---

[116] Lembre-se a associação que em Poe há entre a espera do condenado à morte, a pulsação do seu coração e a passagem do tempo marcada pelas oscilações do pêndulo. Dados curiosos: 1). Cordisburgo, a cidade de Rosa, deve seu nome –dado em 1890 pelo seu fundador: o padre João de Santo Antônio– à devoção pelo Sagrado Coração de Jesus (trata-se de um notável motivo barroco). 2).Um dos atos de clausura da Guerra dos Mil Dias foi a consagração, pela igreja católica da Colômbia, ao mesmo órgão do messias. A partir de 1902 o Sagrado Coração é o padroeiro do país, em cuja logomarca atual ainda aparece (junto ao *slogan:* "*Colombia es pasión*"). 3). Fernando Vallejo, num trecho em que vincula violência, catolicismo e política, adjudica a essa "cardiolatria" alguma responsabilidade na barbárie da historia colombiana: "Colombia es una puta de calibre menor: asesina, mezquina y mala. Allá el 24 de diciembre acuchillan a los marranos para comérselos chamuscados la víspera del nacimiento del Niño Dios. Y adoran al Corazón de Jesús. Son cardiólatras" (*La puta de Babilonia* 92).

Do tamanho do mundo

de cartas dos mamelucos provindos da Pérsia, da Turquia ou do Egito. O jogo de tarô mais antigo conservado data do século XV e foi pintado por Bonifacio Bempo para a família governante de Milão, os Visconti-Sforza. Embora se presuma que a utilização desse tipo de cartas com fins lúdicos seja mais antiga, é no século XVIII francês que o seu uso divinatório se populariza,[117] com a publicação do *Tarô de Marselha* em 1761,[118] e com as teorias de autores como Antoine Court de Gébelin (*Le Monde primitif, analysé et comparé avec le monde moderne*, 1781) e Etteilla (*Manière de se récréer avec le jeu de cartes nomées Tarots*, 1785). Tanto Gébelin como Etteilla difundiram que o Tarô havia se originado no Antigo Egito e que os ciganos o introduziram na Europa.[119] O nosso interesse é assinalar a maneira em que a imagem se encaixa entre as citadas ou construídas pelo narrador,[120] o recorte, a montagem e algumas constantes imagéticas, antes que os significados atribuídos às cartas pelos diversos criadores de tarôs. Alguns desses significados, entretanto, podem nos auxiliar na compreensão do sentido especular

---

[117] Em uma das notas preparatórias de *Paris, capital do século XIX*, Benjamin usa essa ambiguidade do uso originário do tarô para refletir sobre a montagem: "Seriam os baralhos das cartomantes anteriores àqueles com os quais se joga? Representaria o jogo de cartas uma deterioração da técnica divinatória? Afinal, saber o futuro é decisivo também no jogo de cartas" (*Passagens* 554).

[118] Ver Calobrezi (*Morte e alteridade* 127-28).

[119] No conto "Cartas na mesa", de Guimarães Rosa, o narrador subscreve essa versão: "[...] o Tarô –dito o livro revelador, de páginas soltas, que os ciganos trouxeram do Egito [...] Teoria? Court de Gébelin? Etteilla? Em que grimorio ou alfarrábio?" (Rosa, *Ave, palavra* 228-29). Também, segundo Élide Oliver: "Guimarães Rosa segue o que até há alguns anos se acreditava sobre a suposta origem egípcia e antiga do tarô. Na verdade, estudos recentes indicam que esse sistema de adivinhação e de jogo de cartas surgiu não antes do século XVI, e como sistema de adivinhação passou a ser usado apenas no século XVIII" ("Guimarães Rosa" 143).

[120] Nesse sentido há uma leitura cartomântica plausível, que o nosso desconhecimento do tarô impede desenvolver agora. É provável que o fragmento em que se localiza essa citação do arcano XII (trata-se do fragmento terceiro de "Páramo") esteja construído a partir de uma sequência de imagens que exigiria esse tipo de leitura e que, por enquanto, só podemos enumerar aqui, atribuindo um dos arcanos maiores a cada imagem: 4. Imperador ("capital do Novo Reino [...] dos Vice-Reis); 2. Sacerdotisa ("uma criatura [...] megeresca", ou, talvez: 7. O carro: "*tranvía*"); 16. A torre ("uma mocinha emparedada"); 5. O Papa ("Era um padre"); 12. O enforcado ("esse, é o que me representa"); 13. A morte ("homem com alguma coisa de cadáver"); 6. os enamorados ("duro hidalgo [...] bela mulher"); 9. O eremita ("um mendigo estranho", ou, talvez: 22.O louco: "carrega consigo um bastão e uma caveira") (ver Rosa, *Estas estórias* 186-88)

dado pelo narrador a essa lâmina. À figura do enforcado são associadas comumente noções de sacrifício voluntário (o que permite a sua associação com as figuras de Cristo, Ôdin e Prometeu[121] em alguns tarôs; lembre-se, também, que à personagem foi dado "dizer que não", recusar-se ao cargo, mas que ele decidiu voluntariamente ir à cidade), de iniciação ou êxtase (daí a auréola que em muitos casos orna a sua cabeça), submissão às circunstâncias à espera de uma renovação ou renascimento (por isso os doze galhos ascendentes cortados que em algumas cartas o circundam ou coroam, assim como as sementes que arroja ao chão), o abandono temporário do sonho em direção à realidade, a provação e a morte temporária que ela implica, uma mudança de consciência, etc.[122] Aliás, nos materiais preparatórios de Rosa, como se mencionou no início deste apartado, há uma lista dos 22 arcanos do Tarô com os seus respectivos significados, sendo "O homem enforcado" objeto de destaque e com o sentido de "sacrifício" destacado entre parênteses [Pasta "Religião (Citações e Cabala)"; tombada com o código IEB/USP-JGR-EO-08,02].

O mais importante é assinalar como todas essas noções —e isso se vê reforçado pela etimologia[123]— estão associadas a uma certa suspensão espacial ou temporal, e se ligam ao caráter melancólico e medial que estudamos aqui. Além dos índices iconográficos evidentes nessa figura de pernas cruzadas e cabeça dirigida à terra, essa *suspensão* se vincula à escolha do enforcado como imagem representativa do narrador à espera do renascimento:[124]

---

[121] Lembre-se o trecho em que o narrador de "Páramo" diz estar: "Sob a melancolia —uma águia negra, enorme pássaro" (Rosa, *Estas estórias* 182). Na mitologia grega Prometeu é punido por Zeus pela doação do fogo aos homens com uma tortura eterna, consistente no encadeamento a uma grande rocha e com o descenso de uma enorme águia que todos os dias vêm lhe comer o fígado. Na mitologia escandinava, os pássaros negros Huginn ("pensamento") e Muninn ("memória") voavam todo dia do mundo ao Valhalla para pousarem nos ombros de Odin a sussurrar-lhe o que lá viram e ouviram.

[122] Ver Riley, *Tarô dicionário*.

[123] "PENDER: lat. *pendèo, es, pependi, pensum, ére* 'pender, estar suspenso, estar pendurado, estar preso ou pegado; ter os olhos fixos em, estar absorto; estar suspenso, irresoluto, estar pendente, adiar; depender de, ser objeto de'; ver *pend-*; f.hist. sXIV *peda*, sXIV *peederás*" (*Dicionário Eletrônico Houaiss* s/p).

[124] Nas anotações preparatórias de "Juego y teoría del duende" (1933), Federico García Lorca, dentre os exemplos com que procurava ilustrar o gênio trágico da sua própria

## Do tamanho do mundo

> Cada criatura é um rascunho, a ser retocado sem cessar, até à hora da liberação pelo arcano, a além do Lethes, o rio sem memória. Porém, todo verdadeiro grande passo adiante, no crescimento do espírito, exige o baque inteiro do ser, o apalpar imenso de perigos, um falecer no meio das trevas; a passagem. Mas, o que vem depois, é o renascido, um homem mais real e novo, segundo referem os antigos grimórios. (Rosa, *Estas estórias* 177)

Lembre-se que a palavra "suspensão" também se associa a "expectativa", "suspense"; "estar pendente dos lábios de um narrador" (lat. *narrantis ab ore*); "gravidade". À espera, gravemente em pé, com o olhar cravado na roca, está outra das figuras evocadas no protagonista de "Páramo" pelo odor das árvores que se enfileiram nas ruas de Bogotá:

> E os arredores se povoavam, à guisa de ciprestes, de filas negras de eucaliptos, absurdos, com sua graveolência, com cheiro de sarcófago. [...] E o negrego dos eucaliptos, seu evocar de embalsamentos, as partículas desse cheiro perseguem-me, como que formam pouco a pouco diante de meus olhos o quadro de Boecklin, "A Ilha dos Mortos": o fantasmagórico e estranhamente doloroso maciço de ciprestes, entre falésias tumulares, verticais calcareamente, blocos quebrados, de fechantes rochedos, em sombra —para lá vai, lá aporta a canoa, com o obscuro remador assentado: mas, de costas, de pé, todo só o vulto, alto, envolto na túnica ou sudário branco —o que morreu, o que vai habitar a abstrusa mansão, para o nunca mais, neste mundo. Ah, penso que os mortos, todos eles, morrem porque quiseram morrer; ainda que sem razão mental, sem que o saibam. (178, 184)

Arnold Böcklin (1827-1901), pintor simbolista também célebre pelo seu auto-retrato de 1872 —em que aparece, pincel e paleta nas mãos, ouvindo um esqueleto que toca o violino próximo do seu ouvido— fez, entre 1880 e 1886, cinco versões de *A ilha dos mortos*, o seu

---

cultura ("donde todo tiene un último valor metálico de muerte"), mencionava essa carta, o enforcado, em contexto de imagens melancólicas: "Tal barranco evoca al despeñado, el árbol seco evoca al ahorcado, la campana evoca al ataúd (sic) y la tierra fresca al cuerpo aterido en la obscuridad" ("Juego" 101). Lembre-se que na sua tentativa de definição da "brasilidade", perante Günter Lorenz, Guimarães Rosa evocava a figura do *duende* (Lorenz, "Diálogo" LX).

Arnold Böcklin, *Die Toteninsel*, 1883

quadro mais conhecido. Segundo o *Bulletin* do MMA de Nova Iorque, que possui a segunda versão da pintura, trata-se de um trabalho encomendado a Böcklin por uma viúva que lhe pedira "*a landscape over which one could dream*" (Burroughs, "The Island" 146). Algumas versões sustentam que o modelo da rocha-construção em cujo centro se tem a presença funerária dos ciprestes, é o Cemitério Inglês de Florência, a cidade em que o pintor residia quando lhe foi encomendada a tela e onde, aliás, estava enterrada Maria, uma filha recentemente falecida (vários dos filhos do pintor teriam morrido ainda na infância). Outra versão, diz que a ilha foi inspirada pela ilha-cemitério de St. Juraj em Dubrovnik.[125] Esses detalhes, embora não completamente comprováveis, fornecem-nos índices de um viés autobiográfico na *Ilha dos mortos*. Cinco vezes pintado, o quadro mantém em quase todas as versões a assinatura do autor [AB] no mesmo lugar: as iniciais de Arnold Böcklin estão discretamente gravadas na pedra, justo acima de uma pequena soleira −local de entrada e de saída do túmulo escavado−, no lado direito da tela.

No mesmo fragmento em que lhe vem à cabeça *A ilha dos mortos*, após narrar a aquisição de um livro −O Livro− e a leitura de uma carta

---

[125] Para confrontar essas duas versões, ver o site do MMA: http://www.metmuseum.org/Collections/search-the-collections/110000116

da mulher amada —em que ela lhe escreve: "...tem horas, penso em você, como em alguém, muito querido, mas que já morreu..." (185) – o narrador volta a evocar Böcklin:

> De novo, é um quadro de Boecklin, que meus olhos relembram, sua mestra melancolia —o "Vita somnium breve"—: duas crianças nuas que brincam, assentadas na relva, à beira de uma sepultura. (Rosa, *Estas estórias* 186)

Arnold Böcklin, *Vita somnium breve*, 1988

Há nesses quadros de Böcklin, além do olhar saturnino invariavelmente dirigido à terra, vários índices iconográficos da melancolia. Com a ajuda de Nordström destacamos, entre outros motivos, a pedra (o morto) e a árvore (o vivo) que acompanham a alegoria da melancolia no manual *Iconologia* (1630), de Cesare Ripa (Nordström, *Goya* 28-29). Pedra e árvores, na *A origem do drama barroco alemão*, fazem parte do "inventário simbólico" da melancolia, descrita no *Filidor* como "uma mulher velha [...] sentada numa pedra debaixo de uma árvore seca, pousando a cabeça no regaço" (Benjamin, *A origem* 176-77). Voltemos à *Ilha dos mortos*: não se descuide a hibridação entre rocha natural e construção arquitetônica no quadro, pois essa pedra é dita de "abstrusa mansão" pelo narrador: a proximidade entre história (ruína) e natureza também se manifesta aí. Na mesma tela, também, destaca-se o motivo da viagem que, para Benjamin, se associa à distância entre Saturno e a Terra, assim como à longa duração da sua órbita ao redor do Sol[126] (*A origem* 171); viagem que não é senão a manifestação espacial da profunda atração entre a terra (o túmulo) e o coração do melancólico (177). Como deus confinado a um abismo inferior ao Tártaro, ou seja, como desterrado, Saturno também é o deus dos exilados e dos prisioneiros (Klibansky e outros, *Saturno* 143).

Chama a atenção, por outra parte, uma coincidência com o *Capricho 43* e com "Páramo": a figura central do quadro de Böcklin não expõe o seu rosto; alta, áurea, está de costas até para a figura obscura, anônima, que, à maneira de um barqueiro infernal, a guia sobre as águas sem memória em direção ao seu destino final. Obcecado com a certeza da morte, alienado do seu corpo pelo *soroche*, o protagonista de "Páramo" mal consegue ver as pessoas que estão ao seu redor —os habitantes da cidade, aqueles que o guiam em direção à cena final no Cemitério Central, se mantém insistentemente inominados, quase sem alma:

> Dessentia-me. Sentia-me incorpóreo, sem peso nem sexo; ultraexistía. Sentia o absoluto da soledade. [...] E tudo parecia para sempre, trans muito, atrás através. Sei que era a morte —a morte incoativa— um gênio imóvel e triste, com a tocha apagada voltada para baixo; e, na ampulheta, o vagaroso virar do tempo; e, eu, um menino triste que a noite acariciava. / Soledade. E de que poderiam aliviar-me, momento que fosse, qualquer um de entre os milhares de pessoas desta cidade, e, delas, as pouquíssimas com quem frequentarei, se não os sinto iguais a

---

[126] Klibansky, Panofsky e Saxl mostram também como, já na astrofísica e na astrologia antigas, essa grande distância entre o planeta e o Sol fizeram com que, além das longas viagens relacionadas com ele, se atribuíssem ao astro-deus e aos seus "filhos" melancólicos características de frieza, indolência e lentidão (ver *Saturno* 148-55).

## Do tamanho do mundo

mim, pelas vidraças das horas? Passo por eles, falo-lhes, ouço-os, e nem uma fímbria de nossas almas se roça; tenta-me crer que nem tenham alma; ou a não terei eu? Ou será de outra espécie. Estarão ainda mais mortos que eu mesmo, ou é a minha morte que é mais profunda? Ah, são seres concretos demais, carnais demais, mas quase pétreos, entes silicosos. (Rosa, *Estas estórias* 182-83)

Aqui, paradoxalmente, descobre-se uma intimidade secreta entre o narrador e esses entes "silicosos". O seu coração, fatalmente endereçado à tumba, é tão pétreo quanto essas figuras destituídas de nome pela própria força de atração da terra. Benjamin relaciona o motivo simbólico da pedra à "acedia, a inércia do coração" do melancólico, cuja certeza da morte o leva a uma reificação absoluta dos objetos do mundo, assim desatrelados da sua produção humana (*A origem do drama* 177-78). Mordido pela indiferença como por um cão, o saturnino é essencialmente um infiel, alguém tão obcecado que mal consegue se relacionar com outros: "à sua infidelidade aos seres humanos, corresponde uma fidelidade às coisas, que verdadeiramente o mergulha numa entrega contemplativa" (178). No entanto, é pela via dessa contemplação como as coisas acabam se resguardando, e com elas algo dos seres que as produziram ou que estão com elas, lado a lado, sobre o mundo.

Em "Sobre alguns temas de Baudelaire", para fazermos uma ideia dessa vida póstuma, Benjamin expõe como a multidão para o poeta francês, era apenas o "véu esvoaçante" através do qual via a cidade, um meio no qual ele se movia tão "naturalmente" que seria inútil procurar na sua obra uma descrição detalhada da massa. Ora, para o poeta, se o amor é possível, ele só pode "surgir da multidão" à maneira de um choque no trânsito quotidiano (*A modernidade* 48-49). Há, portanto, um movimento simultâneo de horror e atração pela massa anômica, a paradoxal constatação de que a única experiência possível se dá no meio de uma alienação dos outros e de si, e de que a própria experiência é a constatação dessa alienação, um despertar instantâneo, num lampejo de espanto: "Com espanto, o melancólico vê a terra caída no estado de nudez da natureza. Nenhum alento de pré-história a circunda. Nenhuma aura" (63). Voltando ao *Trauerspiel*, se tudo está destinado à catástrofe, se a única coisa por trás da alegoria é a morte, se a história é um amontoamento de ruínas; talvez essa coisificação traga implícita a recolocação desse significado final em posição significante. Acedia pura, insistente, coração de pedra, indiferença, olhar ausente e fixo, comportam a maneira como, junto com as coisas, os homens podem sair do túmulo, pois se tudo está destinado à morte, ela também pode morrer:

> ...nas visões induzidas pela embriaguez do aniquilamento, nas quais tudo que é terreno desaba em ruínas, o que se revela não é tanto o ideal da auto-absorção alegórica, como seu limite. A confusão desesperada da cidade das caveiras [...] como esquema das figuras alegóricas [...] não é apenas significada, representada alegoricamente, mas também significante, oferecendo-se como material a ser alegorizado: a alegoria da ressurreição. (Benjamin, *A origem do drama* 255)

## DE AR E DE PEDRA

Há, em *Memorial de Aires*, um registro do espanto ("9 de setembro, 1888"): o requintado e "inocente" Conselheiro Aires, no meio da rua, é olhado por um grupo de crianças que carregam cestas ou trouxas. Trata-se de um encontro com o real, um instante de iluminação terrível que ainda se prolongará no sonho do velho diplomata, uma ameaça à unidade de seu mundo, pretendido perfeito, sem fendas e naturalmente bom. O espanto é a constatação intempestiva do que já estava ali, daquilo que nos olha sempre antes que o olhemos.

Os habitantes da cidade de "Páramo" são tão invisíveis quanto essas crianças. Também são minerais ("pétreos, entes silicosos"), tanto quanto a terra produtora do *soroche*.[127] Embora invisíveis e pesados, eles orientarão o protagonista até o túmulo e o acompanharão de volta. Lembre-se que na carta que, em 1942, enviava ao seu primo

---

[127] Essa associação entre os andinos e o elemento mineral provém de Keyserling, que em suas *Meditações sul-americanas* diz que esses homens são geralmente tomados por indolência, inércia e melancolia, males emanados do próprio impulso telúrico (*Meditaciones* 22). Rosa conheceu esse livro, como se pode corroborar em "*Terrae vis*", antes citado, texto em que se fala da "*cárcel de lós Andes...*" (Rosa, *Ave, palavra* 238-39). Na segunda parte deste trabalho, voltaremos sobre a leitura que Guimarães Rosa fez desse livro e das apropriações modernistas do pensamento telúrico de Keyserling.

*Do tamanho do mundo*

Vicente Guimarães, Rosa desaconselhava "a vinda a essas regiões tão próximas do céu, que são paragens apropriadas para anjos e não para criaturas humanas" (Guimarães, *Joãozito* 166).[128] A terra, o frio, a altura, e a capacidade para suportá-los estão intimamente associados aos habitantes da cidade. E o frio, nessas alturas de ventos uivantes, é mordente como um cão: "Os páramos, de onde os ventos atravessam. Lá é um canil de ventos, nos zunimensos e lugubruivos. De lá o frio desce, umidíssimo, para esta gente, estas ruas, estas casas. De lá, da desolação paramuna, vir-me-ia a morte" (Rosa, *Estas estórias* 179). Assim, da mesma maneira que a terra, ou a pedra, afasta o narrador dessas personagens, acaba aproximando-o delas, pois o temperamento melancólico está indefectivelmente ligado à atração do elemento mineral. A sua infidelidade aos homens, produzida nele pela certeza absoluta da morte, num momento de angústia, se transforma em fidelidade. O cão que dorme aos pés do ser alado da *Melencolia I* de Dürer é um a mais entre os símbolos associados ao temperamento saturnino (Benjamin, *A origem do drama* 174). Anjo e cão partilham uma

---

[128] Como o evidencia o inventário da biblioteca do escritor à sua morte, levantado pela pesquisadora Suzi Frankl Sperber, Rosa era um leitor assíduo da poesia de Rilke (ver *Caos e cosmos*). Não se esqueça que para Heidegger, num importantíssimo ensaio intitulado "¿Y para qué poetas?"(1946) –ensaio em que se investe o poeta da enorme responsabilidade de inverter "la separación frente a lo abierto, rememorando su falta de salvación en el todo salvo y lo salvo en lo no salvador", ou seja, se investe ao poeta da *responsabilidade* ou *pré-ocupação* heideggeriana por excelência, que consiste em manter em ativo a pergunta pelo ser, não entificado, no meio das trevas de um mundo sem deuses (*Caminos* 286-89)– o anjo de Rilke consumaria "la trasformación de lo visible en invisible [...] ese ser que garantiza reconocer en lo invisible un rango más elevado de la realidad" (282). Essa invisível-visibilidade se relacionaria, para Heidegger, com a própria tarefa da poesia: comemorar o intato da esfera do ser, ou seja, da existência para além da essência que, no entanto, guarda as marcas dessa retirada. Também, lembre-se que na entrevista a Günter Lorenz de 1965, Guimarães Rosa citava Heidegger, precisamente em termos de responsabilidade ou *preocupação* [*unsorgen*]: "Meu lema é: a linguagem e a vida são uma coisa só. Quem não fizer do idioma o espelho da sua personalidade não vive; e como a vida é uma corrente contínua, a linguagem também deve evoluir constantemente. Isto significa que, como escritor, devo me prestar contas de cada palavra o tempo necessário até ela ser novamente vida. O idioma é a única porta para o infinito, mas infelizmente está oculto sob montanhas de cinzas. Daí resulta que tenha de limpá-lo, e como é a expressão da vida, sou eu o responsável por ele, pelo que devo constantemente *unsorgen*. Soa a Heidegger, não? Ele construiu toda uma filosofia muito estranha, baseado em sua sensibilidade para com a língua, mas teria feito melhor contentando-se com a língua" (Lorenz, "Diálogo" LI).

constante direcional; também ambos estão ligados à fidelidade. Há anjos da guarda e cachorros de guarda; o faro dos cães os leva até os cadáveres sepultos e as asas do anjo lhe permitem transitar entre mundos.

Do céu à terra, passando pela cidade, o protagonista segue o seu itinerário. Os fatos da *fábula* se abrem com uma viagem aérea –"Vim, viajei de avião" (Rosa, *Estas estórias* 180)–, se desenvolvem durante as caminhadas terapêuticas do personagem pelas ruas da cidade e se encerram com uma cena no cemitério, lugar que visita quando, numa dessas perambulações em que é assaltado por "choro automático" (193), segue um cortejo fúnebre de "gente pobre e simples" (194): "E vim, o mais atrás, após todos. Como um cachorro" (195).

Embora haja no narrador-protagonista uma obsessão com isso que chama "soledade", à maneira da figura do quadro de Böcklin, ele não vai em direção do túmulo sozinho. Uma multidão anônima o acompanha nessa "mal-entendida viagem *in via*" (179); são numerosos, embora obscuros, os "ajudantes" espalhados pela narrativa. Ainda antes de chegar à cidade hostil e soturna, numa das escalas aeroportuárias, um homem o acompanha nas horas precedentes ao vôo, talvez por "alarmes graves" ele tenta com a companhia "recalcar a possibilidade de dolorir íntimo". O narrador se pergunta: "Tudo aquilo não seria igual a uma despedida vazia, a um velório?"; e se responde: "o meu" (180). Numa segunda escala, um outro homem vem lhe oferecer idêntico consolo, e acontece um "mínimo terremoto", que intensifica o efeito de atração exercido pela "terra sepultadora" sobre a narrativa, assim como dá ao acompanhante um papel nessa travessia fúnebre: "Esse homem era alto empregado nas Aduanas [...] Recordo-me do trecho de um clássico em que se refere a um derradeiro ponto de passagem –pela que é a 'alfândega das almas'" (181). No momento em que, já no seu "destino indefinitivo" (180), o protagonista é assaltado pelo *soroche*, ele recebe ajuda de uma camareira: "Essa mulher sabia rir com outrem, ela podia ajudar-me a morrer" (182). Essa camareira chama um médico "judeu, muito louro", estrangeiro que teve de deixar a sua pátria por causa da guerra,[129] para viver entre "índios de escuros

---

[129] Pode haver aqui, de novo, um detalhe autobiográfico. Não se esqueça que Guimarães Rosa, e principalmente a sua segunda mulher, Aracy Moebius de Carvalho, tiveram

olhos" que o olham "tão afundadamente, tão misteriosamente" que "era como se o próprio sofrimento pudesse olhar-nos". Esse médico dá instruções para tratar a doença, e tem instantânea empatia com o protagonista: "Ao sair, apertamo-nos as mãos. Era uma maneira viril e digna de chorarmos, um e outro" (182). Numa das caminhadas sugeridas pelo médico judeu, o personagem entra num convento e se encontra com uma "freira de ar campesino" que lhe oferece doces "fabricados ali *manibus angelorum*" envoltos em papel de jornal em que ele quer ler "algo para mim importante". A monja o atalha, para lhe vedar a visão nesses papéis de "anúncios com figuras de mulheres, seduções da carne e do diabo": "eu não queria os doces, queria que ela me abençoasse, como se fosse minha irmã ou mãe, ensinasse-me por que estreitos umbrais poder sair do solar do inferno, e de onde vem a serenidade? –uma fábula que sobrevive" (184).

## UM MUNDO DE ÓDIO

A evocação de *Vita somnium breve* de Böcklin serve de umbral à passagem onírica que se abre com as palavras: "Há as horas medonhas da noite..." (186). Preso à soleira do túmulo, o protagonista, além das figuras tutelares da vigília, tem a assistência, ou o antagonismo, de algumas outras de sonho. Em estado liminar entre a vida e a morte, ou entre a consciência e a inconsciência, a cidade de "Páramo" se habita também de visões infra-reais:

> [...] ocorre-me, mais que mais, aquele outro estado, que não é de viva vigília, nem de dormir, nem mesmo o de transição comum –mas é como se meu espírito se soubesse a um tempo em diversos mundos, perpassando-se igualmente entre planos entre si apartadíssimos. É então que o querer se apaga, fico sendo somente pantalha branca sob lívida luz mortiça, em que o ódio e o mal vêm suscitar visões infra-reais. [...] São fantasmas, soturnos transeuntes [...] por extranatural mudança, eles se corporizam agora transportados a outra era, recuados tanto,

---

grande participação na emissão de vistos para judeus, entre os anos 1938 e 1944, da Embaixada brasileira em Hamburgo (ver Bonomo, "A correspondência").

antiquíssimos, na passadidade, formas relíquias. [...] Assombram-me. Trazem-me o ódio. (Rosa, *Estas estórias* 186)

Essas formas relíquias desfilam, à maneira de uma procissão de pesadelo, pelas ruas e vielas da cidade, sob o perfil sinistro dos campanários. Dentre esses fantasmas se contam um padre praticante de "goécia", um "confessor de lábios finos"; uma viúva feitora de malefícios, frades, recoletores de corpos, um farricoco, um ciumento, um ermitão que carrega a caveira de um homem que matara a pauladas, etc. (187-88). De especial interesse para este ensaio, nesse mundo de visões liminares se contam duas figuras, ambas femininas, que remetem de maneira surpreendente a marcos da cultura bogotana: o *tranvía* e a obra de José María Cordovéz Moure. A primeira delas, antes mencionada, está no centro de uma cena de violência:

> Baixei a um mundo de ódio. Quem me fez atentar nisso foi uma mulher, já velha, uma índia. Ela viajava, num banco adiante do meu, num desses grandes bondes daqui, que são belos e confortáveis, de um vermelho sem tisne, e com telhadilho prateado. [...] Sei que, de repente, ela se ofendeu, com qualquer observação do condutor, fosse a respeito do troco, fosse acerca de algo em suas maneiras, simples coisa em que só ela podia ver um agravo. A mulher ripostou, primeiro, rixatriz, imediatamente. Daí encolheu-se, toda tremia. Ela cheirava os volumes da afronta, mastigava-a. Vi-a vibrar os olhos, teve um rir hienino. Era uma criatura abaçanada, rugosa, megeresca, uma índia de olhos fundos. Daí, começou a bramar suas maldições e invectivas. Estava lívida de lógica, tinha em si a energia dos seres perversos, irremissiva. [...] ninguém ousava olhá-la, ela era a boca de um canal por onde mais ódio se introduzia no mundo. Doem-se os loucos, apavoram-se. [...] Aquela mulher estará eternamente bramindo. Doo-me. (186-87)

Essa índia de "olhos fundos" relembra os índios de olhar aprofundado com que convivera o médico judeu, naquele trecho (já citado) em que o narrador diz: "era como se o próprio sofrimento pudesse olhar-nos" (182). Nesse meio de transporte público, é claro, se manifestam profundas contradições sociais, raciais, econômicas, que tiveram as consequências que antes tentamos esboçar. A conjugação em presente do verbo final –"doo-me"– dá conta da relação entre o passado e a urgência do presente que o reclama. O que interessa, no

Do tamanho do mundo

momento, é dizer que essa cena no bonde (que acabará tisnado em abril de 1948) preludia uma outra anedota de ódio, desta vez tomada da tradição literária local e com profundas ligações com a guerra civil. A cena em "Páramo" é a seguinte:

> Aqui, faz muitos anos, sabe-se que uma mulher, por misteriosa maldade, conservou uma mocinha emparedada, na escuridão, em um cubículo de sua casa, depois de mutilá-la de muitas maneiras, vagarosa e atrozmente. Dava-lhe, por um postigo, migalhas de comida, que previamente emporcalhava, e, para beber, um mínimo de água, poluída. Não tivera motivo algum para isso. E, contudo, quando, ao cabo de meses, descobriram aquilo, por acaso, e libertaram a vítima —restos, apenas, do que fora uma criatura humana, retirados da treva, de um monturo de vermes e excrementos próprios—, o ódio da outra aumentara, ainda. (187)

Embora o narrador não forneça a sua fonte, essa cena é um resumo da crônica intitulada "Custódia o la emparedada", que faz parte das *Reminiscencias de Santafé y Bogotá* que José María Cordovez Moure reunira em livro desde 1893 a partir das suas próprias lembranças entre 1835 e 1900.[130] Essas *Reminiscencias*, de grande ressonância colombiana e latino-americana, embora lidas tradicionalmente no marco do Costumbrismo, adquiriram na reflexão do modernista Baldomero Sanín Cano[131] as feições do *sintoma*. No ensaio de 1912,

---

[130] Há na obra de Rosa um outro antecedente de emparedamento. Trata-se do conto "O mistério de Highmore Hall", publicado originalmente no jornal *O Cruzeiro*, em dezembro de 1929. Nesse conto, o primeiro publicado por Rosa, um marido traído enterra a sua mulher junto com o amante num subterrâneo do seu castelo. Após a rápida morte da mulher, o carcereiro cuida de manter vivo o rival atirando-lhe restos de comida através de um alçapão. Isso dura muitos anos. Quando, por fim, o amante consegue escavar um túnel, usando os ossos da amada, e fugir, procura o seu carcereiro para vingar-se: "Usando da mais torpe traição, conseguiste enterrar-nos vivos naquela tumba subterrânea. [...] Jogaste-me num inferno, pois é um demônio que sai agora de lá!" (*Antes das primeiras estórias* 29).

[131] Seu ensaio "Cordovez Moure" apareceu no n° 1 na revista *Hispania*, fundada e editada em Londres —cidade aonde Sanín Cano trabalhou como professor universitário entre 1909 e 1927— por Santiago Pérez. Rafael Maya definia Sanín Cano como um intelectual cosmopolita "más germánico que latino", dada a sua intimidade com a língua, a literatura e a cultura alemãs. Freud e Nietzsche, é óbvio, se contam entre as leituras de Sanín (Cobo Borda, "Prólogo" XXVIII). (Uma coincidência curiosa: Sanín Cano administrou o tranvía de tração animal durante alguns anos a partir de 1886) (Cobo Borda, "Notas" 345).

intitulado "Cordovéz Moure", Sanín lê a obra a contrapelo da crítica tradicional, optando, para além da procura de fidelidade documental a fatos específicos,[132] por ler as *Reminiscencias* como documento vestigial de um "mundo que yace bajo las ruínas". Com isso, essas lembranças deixariam de ser parte de um passado simplesmente morto ou concluído, estariam vivas, lançadas ao futuro: "El cronista del futuro [...] va a analizarlas minuciosamente en su carácter de sintoma. Ese mundo yace bajo las ruinas. Es algo así como Pompeya. El autor de las *Reminiscencias* [...] ha forjado las picas con que los exploradores de ese mundo van a empezar la obra de excavación" (Sanín Cano, *El oficio* 162).

As *Reminiscencias* foram publicadas originalmente em jornais a partir do ano de 1891 e não têm uma ordem linear quanto aos fatos que narram, senão que estão elaboradas segundo a memória de Cordovez Moure os traz à escritura. A primeira dessas lembranças escritas foi a execução pública de uma quadrilha de ladrões em 1852; a última, dedicada aos perfis de quatro loucos, foi publicada em 1º de Julho de 1918, alguns dias antes da morte do cronista. O conjunto, marcadamente autobiográfico, abarca o século XIX colombiano, que passou por dez grandes guerras civis, duas internacionais e três golpes de estado (Cobo Borda 1989 **XXXI**). *Reminiscencias* tem as suas primeiras compilações como livro apenas alguns anos antes da Guerra dos Mil Dias —guerra civil que confrontou os partidos Liberal e Conservador, se estendeu entre 1899 e 1902 e teve como

---

[132] Vale a pena dizer que essa crítica tradicionalmente "verista" tem prevalecido. Elisa Mújica, por exemplo, nas suas edições das *Reminiscencias* (1943, 1962), opta por uma organização linear das crônicas, de acordo com aquela dos fatos relatados. Essa ordem —alheia às crônicas, pois foram "caoticamente" publicadas nas suas primeiras edições, segundo a sequência da sua originária publicação em jornais e não a dos fatos relatados— além das notas que procuram "la ubicación de los personajes dentro del marco historico que les correspondió" (Mújica, "Prólogo" 19), dão conta dessa insistência. Carmen Elisa Acosta, por sua vez, em *Invocación del lector bogotano de finales del siglo XIX*, fundamentando o seu estudo na estética da recepção, além de acolher a ordem cronológica de Mújica pressupõe um "programa narrativo potencial" (*Invocación* 16), com o que a reminiscência acaba cedendo o seu lugar à estratégia retórica e o sintoma à representação. A possibilidade aberta por Sanín Cano, como é evidente, foi pouco explorada até hoje. Tire-se daí a importância de "Páramo" para a história de leitura da obra de Cordovez Moure.

consequências um saldo de entre 60 mil e 150 mil mortes, além da posterior separação do Panamá.

É evidente que a escavação como forma de leitura da obra,[133] essa sorte de vida póstuma do passado como imagem-sintoma, foi sugerida a Sanín Cano a partir desse marco temporal. Um sintoma comporta a realização de um ato (no caso, a escritura) sem uma plena consciência do seu verdadeiro objetivo. Embora significados não sejam atribuíveis de maneira certeira a partir de uma classificação universal dos sintomas, o caráter direcional deles lhes é indissociável: todo sintoma tem sentido (Freud, *Introducción* 269-87), a sua dimensão é que "*isso* fala" (Lacan, *Seminário* 23). Ler as obras do passado, como sintomas –demonstra Georges Didi-Huberman– implica uma crítica da representação tanto quanto uma crítica à noção cronológica do tempo; uma interrupção desses cursos pressupostos homogêneos por uma *aparição* que aponta na direção de um *inconsciente da história* (*Ante el tiempo* 42-51). Há nas *Reminiscencias*, assim lidas, anacronismo, ou seja, diferença enquanto as urgências presentes de quem relembra e quem lê, e repetição, no que toca à ruína partilhada por eles como mundo.

"Custódia o la emparedada", texto paradigmático das *Reminiscencias*, tem um endereçamento: o túmulo –o assunto da lembrança é precisamente a exumação de um cadáver ainda vivo dentre os cacos da sua tumba. A crônica está preludiada pela rememoração de acontecimentos violentos, da mesma forma que o está na sua citação em "Páramo" pela narração da cena do *tranvía*. Esses acontecimentos correspondem a uma das guerras civis do século XIX, a de 1851 a 1852:[134]

---

[133] Lembre-se que Benjamin pensou o trabalho da memória em termos de *escavação* ("Excavar y recordar" 350).

[134] Essa guerra civil enfrentou o governo liberal com uma coalizão integrada por terratenentes conservadores e por membros da Igreja Católica que não aceitavam algumas das reformas promulgadas pelo então Presidente da República, José Hilario López. Dentre essas reformas, a mais importante, e que gerou uma resistência maior dos conservadores, foi o decreto de 21 de maio de 1851 que proclamava a libertação universal dos escravos. Outras reformas que promoveram o levantamento escravista foram: a laicização do estado e da educação pública, o livre-cambismo, o sufrágio universal, a liberdade absoluta de imprensa e de palavra, a liberdade de ensino, a expulsão e expropriação dos jesuítas, a supressão da pena de morte e da prisão por dívidas (Vélez Ocampo, "Guerra" s/p; Tirado Mejía, "Colombia" 110-11).

Pasados los últimos movimientos políticos producidos por la revolución que conmovió el país hasta mediados del año de 1852, empezaron a llegar a Santafé los diversos batallones formados en el Norte de la República, con reclutas atrapados la mayor parte en la entonces provincia de Tunja, semillero inagotable de nuestros mejores soldados, quienes entonces, como ha sucedido siempre, y como indudablemente sucederá en lo futuro, se batieron con bravura y disciplina en los memorables y sangrientos campos de batalla de Garrapata, Buesaco y Anganoy, y en muchos otros *agarrones* más o menos importantes, en que se demostró, por la milésima vez, que los colombianos son valientes; pero sin otro resultado práctico que el dejar unas cuantas viudas, huérfanos y ancianas desvalidos, abandonados a su propia suerte, puesto que las guerras sólo han producido entre nosotros el imperio de la violencia y de la iniquidad en todas sus formas. Si la guerra compusiera algo, Colombia sería el país más perfecto del mundo, porque aquí la hemos hecho por habitual ejercicio. (Cordovez Moure, *Reminiscencias* [1962] 120)

Sob o império da violência e da iniquidade, dois desses soldados —não voluntários, mas recrutados à força, "útiles para ir a atajar balas con el cuerpo por cuenta ajena" (120)— pedem permissão ao comando, passada a guerra, para passear pela periferia bogotana. Concedida a licença, e enquanto perambulam, ouvem um rumor procedente do muro da parte posterior da casa rente à qual um deles satisfaz necessidades fisiológicas. É um ruído similar ao que fazem "los roedores al tratar de abrir tronera en los muros" (120). Já acompanhados por reforços militares e policiais, os homens examinam uma pequena cavidade na parede, através da qual distinguem "la mano de un muerto que hacía señas como invitando a que entraran" (121). Logo a comitiva decide entrar na casa, em cuja porta aparece uma mulher com aparência de "bruja" ou de "fiera", de nome Trinidad Forero, que declara não ter nada oculto e desconhecer a origem dos barulhos. Inicia-se uma inspeção que chega até a porta do quarto de Forero, quem se enfurece e, armada, tenta impedir a entrada dos militares. Neste ponto Cordovez Moure descreve a resistência irada da mulher em palavras que lembram aquelas com que Guimarães Rosa narrara a cena da "índia megeresca" do *tranvía*:

> Se abalanzaron sobre la dama y la sujetaron, no sin tenar antes que soportar rasguños y mordiscos de la que parecía endemoniada, amén del tropel de injurias y blasfemias inauditas que vociferaba, echando espumarajos de rabia y despecho, y dirigiendo miradas de espantoso odio hacia la cama de colgadura de muselina, arrimada a la pared. Allí debía encontrarse la solución del enigma. (122)

Após derrubar essa parede, os homens se encontram com uma visão espantosa, em que os vermes e excrementos do resumo de "Páramo" estão intatos:

> No bien se hubo derribado lo suficiente para observar lo que existiera en el fondo de aquella cavidad, vieron —¡qué horror!— una momia medio envuelta en asqueroso sudario, que yacía sobre un lecho de estiércol y entre millares de gusanos blancos que pululaban por todas partes. Lo más horrible de aquel repugnante espectáculo era, que *eso* que tenía alguna forma parecida a la especie humana, hacía débiles movimientos con las manos en actitud deprecatoria, implorando compasión y dirigiendo a todos miradas lastimosas y tiernas, con ojos apagados pero expresivos, de donde brotaban gruesas lágrimas. (122)

A crônica continua com a minuciosa narração dos motivos prévios ao emparedamento, se estende sobre as manifestações de ódio da "nueva Megera" para com a sua vítima —uma criança, agregada doméstica, chamada Custodia— (122), assim como sobre o ritual de torturas que lhe infringira: mutilação, desfiguração do rosto, extração de dentes, arrancamento dos cabelos, queimadura do corpo, mantimento da emparedada durante dois meses com um mínimo de água emporcalhada e alimento, indispensáveis para prolongar a sua agonia, etc. (124). O texto se encerra com essa frase: "¡Por altos juicios de Dios, [Custodia] sobrevivió algunos años a su cruel perseguidora!" (125).

Conjecturemos. Essa citação de Cordovez Moure funciona em "Páramo" à maneira da *reminiscencia intertextual* teorizada por Severo Sarduy para o barroco latino-americano. Para Sarduy essa *reminiscencia* é uma das espécies da proliferação barroca e consiste em:

> [*Reminiscencia*:] forma mediata de incorporación en que el texto extranjero se funde al primero, indistinguible, sin implantar sus marcas,

su autoridad de cuerpo extraño en la superficie, pero constituyendo los
estratos más profundos del texto receptor, tiñendo sus redes, modificando
con sus texturas su geología. (*Obra completa* 1396)

Como vários dos elementos centrais de "Páramo" (o espaço,
as personagens), essa citação está atravessada pela anomia: o relato
não fornece sua fonte, embora essa crônica de Cordovez Moure
esteja incorporada nele, e não por acaso, sob a forma da *reminiscência*,
teorizada por Sarduy: o texto estrangeiro é incorporado sem implantar
as suas marcas ou uma autoridade visível, embora constitua os estratos
mais profundos do texto receptor, tingindo as suas redes, modificando
com as suas texturas a sua geologia. "Custodia..." é uma das cifras
de "Páramo": do túmulo à superfície, a exumação do cadáver ainda
vivo das ruínas da sua tumba é precisamente o foco do relato.[135]
Voltaremos a tratar disso, quando discutirmos o procedimento elíptico
que predomina no relato de Rosa.

Guerra, violência, morte, tumba, cadáver, ruína, renascimento.
Reclamada por Guimarães Rosa na escrita de "Páramo", essa
sequência de imagens é aqui, na verdade, um operador temporal de
sobrevivências ou uma remontagem da história (Didi-Huberman,
*Atlas* e *Cuando las imágenes*). É isso, essa sequência, como sintoma, isto
é, como repetição em ato[136] da catástrofe e como diferenciação do

---

[135] Também não é por acaso que o nome de um importantíssimo romance publicado no México em 1955 –ou seja, no intervalo de escrita de "Páramo"– seja *Pedro Páramo*. Nesse romance de mortos-vivos, construído com os pedaços do que fora uma narração linear, uma mulher sepultada precipita o *desmoronamiento* de uma lei de pedra. O último acontecimento do relato, que se o leitor aceita organizá-los cronologicamente, é precisamente o levantamento do túmulo dessa mulher: de uma tumba vizinha, outros mortos-vivos escutam espantados o estilhaçar do caixão preto a que Susana San Juan parecia definitivamente condenada (ver Vélez, "Grande Sertão"). De fato, as narrativas de Rulfo e Rosa compartilham essa linha narrativa: um estrangeiro chega numa cidade fantasma e, após sufocação, se torna ele mesmo um morto-vivo. Não se esqueça que Antonio Candido, no mesmo texto em que postulava a sua teoria do super-regionalismo, incluía nessa categoria (junto com *Grande Sertão: Veredas*) o romance de Rulfo, cuja "sobriedade fantasmal" não impedia uma forte "presença da região" (Candido, "Literatura" 162).

[136] Em seu estudo de 1996, *O retorno do real*, Hal Foster retoma Lacan e Freud para explicar que a função da repetição sintomática é integrar o evento traumático à economia psíquica, repeti-lo até trazê-lo à ordem simbólica. Se o trauma, segundo Lacan, é um desencontro com o real (que não pode ser representado, e essa irrepresentabilidade talvez seja ela própria traumática), é a repetição que serve tanto para proteger do real

Do tamanho do mundo

momento em que é ativada. Não é história concluída, senão coisa viva, latente na atualidade do relato; não uma fixação de causos ou costumes, senão um lampejo que ilumina brevemente tanto o presente de uma escrita posterior ao Bogotazo quanto o tempo de guerra das *Reminiscencias*. Como essa criatura torturada, a história e as suas vítimas estão atrás da construção da cidade moderna; como esse muro que a encerra, o construído haverá de ser derrubado; o bonde arderá. Isso quer dizer que assim como as imagens, personagens e citações até aqui comentadas acompanham o protagonista rumo ao túmulo, elas podem conduzi-lo de volta ao mundo. A estória trabalha contra a História.

\*\*\*

Após visita aos arquivos de Guimarães Rosa, hoje sob os cuidados do Instituto de Estudos Brasileiros da Universidade de São Paulo, encontramos documentos que sustentam a aproximação inferida entre o Bogotazo e "Páramo". Na pasta rotulada com o nome "Colômbia/Ásia" [IEB/USP-JGR-EO-01,02], estão, entre muitos outros documentos, um recibo e um ingresso que, guardados juntos, colados sobre a mesma página pelo escritor, apontam na direção desses dois acontecimentos inseparáveis, o literário e o histórico. O recibo é um atestado de empréstimo do livro *Reminiscencias de Santa Fé y Bogotá*, de Moure, J.M., emitido em 22 de janeiro de 1958 pela biblioteca da Secretaria de Estado das Relações Exteriores em nome do Ministro Guimarães Rosa –uma anotação em caneta azul, do punho e letra do escritor, do lado esquerdo desse recibo, indica: "Custodia, la

---

quanto para apontar na sua direção. Apontando insistentemente em direção ao real, diz Foster falando das recorrentes imagens repetidas e ligeiramente diferenciadas por *pops* (manchas, coloração, falhas na reprodução fotográfica ou no registro, buracos, etc.) em Andy Warhol, o anteparo da repetição se romperia, atingindo diretamente o sujeito ("O retorno" 166). Aparecendo esses *pops* como *por acaso* na repetição, operariam, diz Foster, à maneira do *touché* lacaniano ou do *punctum* de Barthes: rompendo o anteparo ou proteção contra o trauma e trazendo de volta o desencontro com o real. Dado que esse desencontro traumático partilha com todo acontecimento o *acaso*, e que, como se verá mais adiante, a melancolia se relaciona com um não-acontecimento (acontecido) de perda, devemos pensar que a repetição de alguns gestos ou fórmulas patéticas nas imagens de "Páramo" funciona à maneira dos *pops* acima referidos: como proteção e ruptura da proteção, como um retorno do real.

emparedada 2° volume" [*sic*]. Junto a esse recibo, o escritor guardou um ingresso para a IX Conferência Internacional Americana, datado em 30 de março de 1948.

Morto-vivo

Antes de sair da tumba, entretanto, voltemos um pouco à suspensão melancólica.

No seu ensaio de 1917, intitulado "*Trauer und Melancholie*" ("Luto e melancolia"), Sigmund Freud descreve uma série de semelhanças e diferenças entre o afeto melancólico e o luto. O luto, para Freud, é uma reação à perda de um ser amado ou de uma abstração equivalente. A melancolia —caracterizada por uma cessação do interesse geral pelo mundo exterior, pela perda da capacidade de amar, pela acedia e pela diminuição do amor próprio, chegando até a autopunição e o desejo de morte— entretanto, carece de objetos de perda específicos: "Isso sugeriria que a melancolia está de alguma forma relacionada a uma perda objetal retirada da consciência, em contraposição ao luto, no qual nada existe de inconsciente a respeito da perda" (Freud, "Luto" 278). O melancólico se descreve a si próprio como indigno de toda estimação, desprezível, incapaz; compadece os outros por ter de suportá-lo; declara nunca ter sido melhor do que é. Para Freud, o conhecimento de si do melancólico geralmente é mais que certeiro e, nesse conhecimento de si mesmo, é absolutamente impudico: comunica a todo mundo os seus próprios defeitos como se nesse rebaixamento encontrasse alguma satisfação, embora não identifique especificamente as origens da culpa sentida.

O protagonista-narrador de "Páramo", ao longo da história, tem que lidar com um duplo, uma espécie de antagonista, ao qual denominará de maneiras diversas, ainda que todas elas com uma característica em comum: "*Homem com semelhança de cadáver*" (Rosa, *Estas estórias* 181); "*Homem com o aspecto de cadáver*" (183); "*Homem com o ar de cadáver*", "*Homem com fluidos de cadáver*" (184); "*Homem com presença de cadáver*"(184-85); "*Homem frio como um cadáver*" (185). A partir de certa cena em que compra um Livro, o Livro, para "esquecer, por um

*Do tamanho do mundo*

momento, daquele *Homem*", as denominações abandonam o itálico e esse "homem" aparece em diante sempre entre aspas: "Homem com alguma coisa de cadáver" (188); "Homem com o todo de cadáver" (189); "Homem que é um cadáver" (190), "Homem com o frio de cadáver" (191). Assim como o melancólico freudiano carece de um objeto perdido específico, o protagonista sofre com a presença desse Homem-cadáver, intuindo vagamente ser responsável pela sua presença ominosa, porém não conseguindo localizar os "pecados" que a motivaram. É um *karma*:

> Transido, despotenciado, prostrado por tudo, caí num estado tão deserto, como os corpos descem para o fundo chão. E tive de ficar conhecendo –oh, demais de perto! –o "homem com a semelhança de cadáver". Esse, por certo eu estava obrigado a defrontar, por mal de pecados meus antigos, a tanto o destino inflexível me obrigava. (181)
>
> E, de onde vem, que eu tenho de padecer, tão próximo, este *Homem*? Por pecados meus, meus. Tudo o que não é graça, é culpa. Sei –há grandes crimes esquecidos, em cada um de nós, mais que milenarmente, em nosso, de cada um, passado sem tempo. (185)
> Descontando-os, dia de dia, eu levava adiante, só em sofrimento, minha história interna, a experiência misteriosa, o passivo abstrair-me no ritmo de ser e re-ser. Não tive nenhum auxílio, nada podia. Um morto não pode nada, para o se-mesmo-ser. Em desconto de meus pecados. Nem uma imploração. (188)

As razões para essa falta de objeto ou de localização da falta, Freud as intui, precisamente, na escolha objetal narcisista, ou seja, no modelo de relação do indivíduo consigo mesmo. Todo objeto perdido representa ao seu agente de alguma maneira, permitindo-o se endereçar à unidade perdida através do desejo. Ora, na melancolia

> uma parte do ego se coloca contra a outra, julga-a criticamente e por assim dizer toma-a como seu objeto. [...] as auto-recriminações são recriminações feitas a um objeto amado, que foram deslocadas desse objeto para o ego do nosso paciente. [...] a perda objetal se transformou numa perda do ego, e o conflito entre o ego e a pessoa amada, numa separação entre a atividade crítica do ego e o ego alterado pela identificação. (Freud, "Luto" 280-82)

Embora desconhecido, esse objeto amado, segundo Freud, deve ter provocado no ego uma enérgica fixação, assim como uma escassez de resistência a essa carga. Isso faz com que o melancólico se mantenha na fase oral ou canibalística do desenvolvimento da libido, em que o ego procura devorar o seu objeto erótico. Daí que disfunções alimentares sejam características do indivíduo dominado por esse afeto, que passa da voracidade à rejeição incessantemente à medida que projeta o seu desejo sobre objetos diversos que jamais o satisfazem e que deve substituir incessantemente. Daí também que quando o amor por determinado objeto, amor que nunca depõe a sua carga apesar da permanente mudança de alvos, chega até a identificação narcisística, o ódio recai sobre esse objeto substitutivo, vertendo sobre ele todas as recriminações que o melancólico se faz. Assim como Saturno é o deus dos contrários, o melancólico sofre com um "conflito por ambivalência" em que amor e ódio se revezam incessantemente, levando-o da dor ao prazer e do sadismo ao masoquismo. *O melancólico, para Freud, se comporta como uma ferida aberta.* Incapaz de equilibrar ou diferenciar absolutamente as cargas do amor e do ódio, de moderar o excesso, rígido numa suspensão entre essas valências incomensuráveis, esse ego resiste o repouso: o melancólico é um insone:

> Há as horas medonhas da noite. Já disse que a *insônia me persegue*. Isto é, às vezes durmo. O mais, é um desaver, pausa pós pausa. A confirmação do meu traspasso, num gelo ermo, no pesadelo despovoado. Nele, em cuja insubstância, sinto e *apalpo apenas os meus ossos, que me hão de devorar*. As noites são cruelmente frias, mas o peso dos cobertores me oprime e sufoca. Só o mais profundo sopor é um bem, consegue defender-me de mim, de tudo. Mas ocorre-me, mais que mais, aquele outro estado, que *não é de viva vigília, nem de dormir*, nem mesmo o de transição comum –mas *é como se o meu espírito se soubesse a um tempo em diversos mundos, perpassando-se igualmente em planos entre si apartadíssimos*. É então que o *querer se apaga*, fico sendo somente pantalha branca sob lívida luz mortiça, em que o *ódio e o mal vêm suscitar suas visões infra-reais*. Exposto a remotos sortilégios, já aguardo o surgir, ante mim, de outras figuras, algumas delas entrevistas em meus passeios durante o dia, pelas ruas velhas da cidade. São *fantasmas, soturnos transeuntes*, vultos enxergados através dos balcões salientes sobre as calhes, desbotados e carcomidos. Como sempre por extranatural mudança, eles *se corporizam agora transportados a outra era*,

Do tamanho do mundo

recuados tanto, *antiquíssimos, na passadidade,* formas relíquias. (Rosa, *Estas estórias* 186; *destaques nossos*)

Lembre-se que, no seu "Discurso de posse", quando Rosa falava do Bogotazo, manifestava não esquecer "quando a multidão, mó milhares, estourou nas ruas sua alucinação, tanto o medonho esbregue de uma boiada brava" (Rosa, "Discurso" 82). Entre a vigília e o sonho, entre o amor e o ódio, ou quando o seu querer se apaga, afundado na insônia, o protagonista de "Páramo" —carcomido pelo *soroche* tanto quanto pela sua própria paixão, tanto pelo ego que julga quanto pelo ego julgado— vê o presente como passado e aos transeuntes como fantasmas. Já antes falamos sobre alguns desses fantasmas, particularmente sobre aqueles que suscitam ou manifestam ódio; agora vamos ao amor.

EVANIRA!

Da morte à vida e da vida à morte, uma procissão de amores da "vigília" se cruzam na viagem *in via* da personagem. Ele os pressente "falsos, tentando levar-nos por seus caminhos perdidos":

> Houve uma mulher, a francesa, ela se apiedou de mim, era viúva, amara imensamente seu marido, em anos de viuvez jamais o esquecera, fora-lhe entusiasmadamente fiel. E agora, queria dar-se a mim, sacrificar-me toda a sua fidelidade, de tantos anos. Tremi, por nós ambos. Insensatos pares, que se possuem, nas alcovas destas casas... Quem me defenderia de tudo, quem para deter-nos? E, também, a russa, tão bonita, de lisos cabelos pretos, de rosto e fino queixo, ela tinha a cabeça triangular de uma serpente [...] Por longos caminhos, que não eram o meu, eu teria de ir, levado por alguma daquelas duas mulheres. Salvou-me a lembrança, horrível, dele –do "Homem com o frio de cadáver", para isso serviu-me. Eu *não poderia* entregar-me a nenhuma presença de amor, enquanto persistisse unido a mim aquele ser, em meu fadário. (Rosa, *Estas estórias* 190-191; *destaques no original*)

"Salvo" pelo duplo Homem-cadáver, o protagonista opta pelo passado em detrimento do presente: lá, atrás da memória e do pensamento,[137] irá procurar o seu objeto perdido. O melancólico, preso à sua perda inconsciente, assim como à culpa remota que o assola, encontra pelas ruas outros objetos parciais de desejo que, no caso de "Páramo", pressente partilhar com ele próprio uma origem comum, *made in Spain*:

> Aqui, uma saudade sem memória, o carácter-mor de meus sonhos. A saudade que a gente nem sabe que tem. Sei, mesmo em mim, que houve uma anterioridade, e que a há, porvindoura. Sei que haverá o amor. Que já houve. A alegria proibida, a melodia expulsa. Só este é o grande suplício: ainda não ser. E sofro, aqui, morto entre os mortos, neste frio, neste não respirar, nesta cidade, em mim, ai, em mim; faz meses. [...] Andei. Tudo era um labirinto, na velha parte da cidade, nuvens tapavam a cimeira da torre, a grande igreja fechada, sonhava eu em meio à insônia? [...] Aqui, outrora, recolhiam-se as damas, à luz de lanternas conduzidas por criadas. Quem riu, riso tão belo, e de quem essa voz, bela e rouca voz de mulher, antes, muito tempo, como posso lembrar-me, como posso salvar a minha alma?! Numa era extinta, nos ciclos do tempo, ela dormirá, talvez, a essa hora, em seu solar, dos Leguía, dos Condemar ou mansão dos Izázaga, não descerrará a janela para escutar-me, não mais, por detrás das gelosias, das reixas de ferro do ventanal, como as de Córdoba ou Sevilha. E, todavia, não estivesse eu adormecido e morto, e poderia lembrar-me, no infinito, no passado, no futuro... Assim estremeço, no fundo da alma, recordando apenas uma canção, que algum dia ouvi:
> 
> "*...Hear how*
> *a Lady of Spain*
> *did love*
> *an Englishman...*"[138]

---

[137] Em 1939 Tomás Vargas Osório, publicou em Bogotá, nos *Cuadernos de Piedra y Cielo*, um livro de poesia intitulado *Regreso de la muerte*. Só a partir do título, *Regreso de la muerte*, notamos afinidade com o relato que estamos a estudar, cujos temas são a morte em vida e o renascimento. Num dos poemas, intitulado "La muerte es un país verde", se lê a seguinte estrofe: "Me parece haber habitado hace mucho tiempo / este país y esta suave pradera. / Pero ahora soy un hombre con corazón y memoria / y me acuerdo de todo, entre nieblas, como un desterrado / recuerda el aire de la patria vagamente" (Vargas Osório, *Regreso* 13). Retorno de quem morre ou retorno da própria morte?... Memória e esquecimento, exílio, morte, ressurreição, violência: muitas são as afinidades entre os textos de Rosa e Vargas Osório.

[138] Citação da balada inglesa "*The Spanish Lady's Love to an Englishman*", publicada por Arthur Quiller-Couch (1863-1944) em *The Oxford Book of Ballads* (1910). Segundo a *Bodleian*

*Do tamanho do mundo*

(*Estas estórias* 190-91)

Essa saudade sem memória, que pressente uma anterioridade porvindoura e que já se arrisca à localização geográfica, assim como à nomeação, acaba singularizando-se em um nome próprio: Doña Clara. Ela aparece com o seu "tamanho real", e a ela ele se dirige, em língua estrangeira:

> Pois quem?
> Pois quando?
> Ela, seu porte, indesconhecivelmente, seu tamanho real, todo donaire, toda marmor e ivor, a plenitude de seus cabelos. [...] Enrolo-me na capa. Minha alma soluçava, esperava-me o inferno; e eu disse:
> –Oh, Doña Clara, dádme vuestro adiós...[...]
> Eu olhava-a, minha alma, como se olhasse a verdadeira vida. Aquilo ia suceder mais tarde –no *tempo t*. por que a perdi? Eu pedira:
> –Oh, Doña Clara, dádme vuestro adiós...
> Ah, ai, mil vezes, de mim, ela se fora com outro, eu nem sabia que a amava, tanto, tanto, parecia-me antes odiá-la.[...]
> O mistério separou-nos. Por quanto tempo? E –existe mesmo o tempo?[...]
> –Adeus... –ela me disse.
> –A Deus!... –a ela respondi. (192)

O tempo é uma incógnita –*tempo t*–, é tão passado quanto porvindouro (a Deus se diz "adeus").[139] Entre o amor que não depõe

---

*Library*, da Universidade de Oxford, a versão mais antiga da balada foi composta por Thomas Deloney (1543-1600). A balada encena a separação ocorrida entre um capitão inglês e a sua cativa/amante espanhola. Depois do capitão receber a ordem de libertá-la, a espanhola declara não querer voltar ao seu país nem deixar de ser a sua prisioneira: "*Thou hast this present day my body free,/But my heart in prison still remains with thee*". O destino da mulher, segundo a balada, será o convento, onde irá fazer o luto do seu captor. Não se esqueça que na IX Conferência os descendentes dessas potências coloniais, outrora em disputa, negociavam as suas relações. Embora seja muito difícil conjeturar sobre a presença desse trecho, podemos inferir, não sem imensas ressalvas, que as línguas dos amantes assim como o conteúdo da balada –obviamente vistos da perspectiva *da citação*– podem remeter ao contexto que estamos a relacionar com "Páramo".

[139] Em *Kairós, apología del tiempo oportuno* (2008), Giacomo Marramao, no intuito de evidenciar o caráter não unitário ou universal do conceito de tempo, distingue cinco tipos de temporalidade, com as suas respectivas convenções e nomenclaturas. Dentre elas, destacamos a *Eotemporalidade*, cuja convenção física é *t*, e de que a seguir se cita

a sua carga e os objetos parciais com que se ocupa incessantemente, a suspensão é o tempo do melancólico:[140] "Para o indivíduo saturnino, o tempo é o meio da repressão, da inadequação, da repetição, mero cumprimento" (Sontag, *Sob o signo* 90). Como em "A máquina do mundo", do drummondiano *Claro enigma*, aqui o que é claro do enigma é que é um enigma: Doña Clara se apresenta como mistério, com claridade paradoxal de imagem, e parte em direção à (in)temporalidade do paraíso. Incapaz de moderar o excesso, rígido numa suspensão entre valências imensas, ferida aberta que não se fecha, o melancólico também se lança a uma eternidade estranha: a do mortovivo. De lá, do fundo do abismo, ele inventará um outro nome, que envia, de novo, do claro ao enigmático, do pleno ao evanescente:

> De nada me lembro, no profundo passado, estou morto, morto, morto. Durmo. Se algum dia eu ressuscitar, será outra vez por seu amor, para reparar a oportunidade perdida. Se não, será na eternidade: todas as vidas. Mas, do fundo do abismo, poderei ao menos soluçar, gemer uma

---

a definição fornecida pelo filósofo italiano, não por acaso coincidente com o espaço-tempo desenvolvido a partir das teorias de Albert Einstein: "*Eotemporalidad* o *t* de los físicos: representada como una flecha sin punta ni cola, reducida a una simple asta, a una línea [*um travessão*]. Es la realidad del universo astronómico de la materia dotada de masa o universo físico macroscópico; la forma más simple, en sentido auroral, de tiempo contínuo (Eos era la diosa griega del alba). Se trata de un tiempo sin dirección preferente (es decir, *bidireccional*), en el cual no hay presente, pasado ni futuro" (Marramao, *Kairós* 74).

[140] Um dos primeiros contos publicados por Guimarães Rosa, em 1930, se intitula "*Chronos Kai Anagke*" ("tempo e destino"). Nesse conto, o enxadrista Zviazline (nome que integra "vida", ou "via", e "linha") é distraido por Khronos com "visões fantasmagóricas", enquanto Anagke ganha um torneio mundial de xadrez – "único *tarot* absoluto"– sob a aparência do protagonista (*Antes das primeiras estórias* 64). Chama a atenção o fato de que essas visões fantasmagóricas se apresentam ao protagonista como num redemoinho ou ciclone em que, anacronicamente, se desenvolvem perante os seus olhos os acontecimentos de uma História que encena o jogo de xadrez entre o deus do tempo e a mefistotélica figura de Anagke. Temos já, então, nesse conto precoce, reunidas várias das temáticas e preocupações do autor. Veja-se a descrição de Khronos, quem está fora do tempo: "tinha cabelos e barbas cor de neve, mas a fisionomia austera e majestosa não era absolutamente a de um velho. Ele parecia acima das idades! Tinha uma ampulheta ao seu lado num canto da mesa" (*Antes das primeiras estórias* 63). Mais uma coincidência, desta vez concernente ao deus-destino: no mesmo ano da publicação deste conto, aparecia na Alemanha o livro *Das Unbehagen in der Kultur* em que Sigmund Freud, entre outras coisas, distinguia Eros (o amor) e Ananké (*Anagke*, a necessidade) como os pais da cultura humana (ver Freud, *El malestar* 46, 93).

Do tamanho do mundo

prece, uma que diga todas as forças do meu ser, desde sempre, desde menino, em saudação e apelo: *Evanira!...* (Rosa, *Estas estórias* 192)

"Evanira" é nome comum em textos rosianos publicados após o ano 1961, especificamente nos relatos-poemas: *"Evanira!"*, "Jardim fechado" e "A caça à lua". Jamais aparece definido nesses textos nem se refere a uma criatura específica (ver Rosa, *Ave, palavra*). Esse nome, de fato, intitula um poema inacabado e inédito, em que Rosa operou apagando os nomes próprios de três mulheres: Marilyn, Muriel e Anne Marguerite ([IEB/USP-JGR-M-19,74]). Também, para dar um exemplo da relação dessa denominação com os seus referentes, cabe relembrar que em "Jardim fechado" (*O Globo*, 27 de maio de 1961) se narra a aventura de um menino que, após seguir um caminho de vestígios "feito o pingado de pedrinhas na estória de Joãozinho e Maria", encontra um homenzinho, espécie de *duende* de muitos nomes, que declara: *"Não há lugares: há um só, eu venho dê tôda a parte. Venho das ab-origens"* (*Ave, palavra* 256). Entre outras coisas, o *duende* ensina à criança o nome do lugar do encontro —*"Este é o Jardim de Evanira"* (256)— e o adverte sobre a insistência em dar nome ao mascote, um gato rajado e enorme (tigre?, onça?), em que os nomes parecem não se aderir: *"Não lhe dê nome. Sem nome, você poderá sentir, sempre mais, quem ele é..."* (254).

*Evanira* é uma sorte de palavra-chave, de passe de mágica, que aparece geralmente referida a realidades inapreensíveis, amadas evanescentes, esquecidas e, no entanto, rememoradas, porém desconhecidas, amores e culpas que não estão na consciência dos narradores ou personagens, mas que de repente irrompem sob essa rubrica-imagem no texto: *Evanira*: Eva (a origem) + Ira (que é um pospositivo tupi de várias procedências, a saber: de *'mbïra*, red. de *ï'mbira* 'que tem fibra, que tem filamento'; de *'wera* 'que foi', red. de *'puera* 'que já foi') (*Dicionário Eletrônico Houaiss* s/p). *Evénément*: acontecimento, vir a ser do que não era. Evanira —pré e pós-história— é o fio da meada que se perde em direção à origem, *ab-origine*, uma origem evanescente.

Vir a ser e extinção, dessa maneira, se ritmam nesses objetos parciais cuja vinculação com uma origem —aqui compreendida como aquele ponto em que o singular e o recorrente se condicionam mutuamente— é inegável, embora evanescente.

Mas, qual é essa origem em cuja direção se perde o fio da meada? *Adeus a Deus!*

S/A, *Cadáveres del Bogotazo en el Cementerio Central*, 1948.[141]

Resto

Em *A crueldade melancólica* (1995), o psicanalista Jaques Hassoun caracteriza a melancolia como "a impossibilidade de realizar o luto de um objeto", o que assinalaria na direção de uma desintrincação pulsional[142] no princípio mesmo da afecção (*A crueldade* 14). Dado que –

---

[141] Fotografia tomada de Alape (*El bogotazo* 519). Na fonte não se explicita autoria.

[142] Lembre-se que, segundo a psicanálise freudiana, as pulsões antagônicas de Eros e Tânatos –a pulsão de morte propriamente dita– não agem de forma isolada, estão sempre trabalhando em conjunto segundo o princípio de conservação da vida. Qualquer segregação das pulsões tende a afetar essa função geral de conservação (ver Freud, *Tótem y tabú*; *El malestar*).

*Do tamanho do mundo*

diz Hassoun retomando o postulado de Freud– "não há representação da morte no inconsciente", a melancólica fixação no cadáver seria uma "doença do Ego, no lugar mesmo onde nele se inscreve a pulsão de morte" (17). A obsessão com a morte, portanto, representaria uma sorte de "regressão na história", precisamente na direção de um acontecimento de separação, ou extinção, não efetivamente acontecido numa fase em que era absolutamente necessário. Esse não-acontecimento na origem mesma do sujeito o mergulharia "na tristeza infinita de um luto impossível" (18) e se relacionaria com uma "falha no desmame" de que participariam tanto uma mãe ausente quanto um pai (uma Lei) ineficaz. Tendo que superar a separação do paraíso sozinho, sem o consolo de outro por não ser imortal, o *infans* não conseguiria se dar um contorno: sem um objeto definitivamente perdido e sem uma Lei a se incorporar como mediação com a separação, o Ego não chegaria a se definir sobre um fundo de perda (34). Assim, a pulsão de morte estaria inscrita no sujeito de uma maneira "deteriorada", o que o levaria a vertê-la sobre si próprio, contra o princípio de conservação da vida.

Hassoun explicita:

> O sujeito não sabe o que perdeu nem quem perdeu. É com esse impossível que ele é confrontado. Essa dupla constatação tende a anular a perda, que, faltando à série significante, nem por isso está menos tiranicamente presente. [...] não é a morte que o sujeito "viciado" almeja, mas a podridão, o dejeto, o resto no sentido lacaniano. [...] Lembremos aqui que o *resto*, o que Lacan nomeia de objeto *a*, entra na construção do nosso Ego ideal como parte separada e não especularizável, suscetível, como tal, de dar forma e contorno à imagem especular. (27-28)

Ora, esse resto parece singularmente ausente nos melancólicos, daí a necessidade de fazer advir esse resto no único registro ainda disponível: o real. Já antes mencionamos que o melancólico é incapaz de depor a tensão que lhe produzem os seus objetos de amor e de ódio. Para regular essas tensões e, assim, equilibrar as relações com o mundo exterior, o sujeito deveria poder isolar a Coisa (*das Ding*) a partir de uma origem de perda, isso deveria restar inassimilável, estranho, inapreensível, como uma referência. O objeto primordial, definitivamente perdido, será o modelo de tudo o que, através do desejo, se procura reencontrar. Todo objeto de satisfação, dessa maneira, será uma sorte de substituto dessa Coisa primordial, um artifício que a atrai e, ao mesmo tempo, a mantém à distância como garantia de todo prazer possível. O impossível do gozo desse objeto primordial perdido (gozar dele implicaria transpor a interdição do incesto), marca a passagem do *infans* ao falante, pois o simbólico (segundo a psicanálise lacaniana) é o assassinato da Coisa (29).

Dado que esse assassinato não se completou, que esse *resto*, ou objeto *a*, não chegou a se separar num acontecimento definitivo com intervenção de uma Lei, e dado que o melancólico não está atormentado por uma perda, mas pela falha de nomeação do perdido; finalmente, dado que ele próprio teve de ser o agente e o paciente dessa separação, a sua própria constituição de sujeito carece de alteridade: ele não tem um Outro modelar, os seus olhos soçobram perante o espelho:

> O do ódio –um mundo desconhecido. O mundo que você não pode conceber. Todos se castigam. É terrível estar morto, como às vezes sei que estou– de outra maneira. Com essa falta de alma. Respiro mal; o frio me desfaz. É como na prisão de um espelho. Num espelho em que meus olhos soçobraram. O espelho, tão cislúcido, somente. Um espelho abaixo de zero. (Rosa, *Estas estórias* 188)

Sem contorno, o melancólico vive numa opacidade permanente perante o mundo, e não consegue desatrelar-se dessa perda não completada: o seu ser é um ser de ausência, e a sua vida é a prolongação indefinida de um luto impossível. Faltando o limite no seu lugar e, finalmente, precisando de um outro para se representar, esse ser da ausência faz de si um modelo, um duplo-dejeto (Hassoun, *A crueldade* 48; ver Kristeva, *Sol negro* 19). Este é um homem-cadáver: fonte e alvo de todo ódio, de todo desejo, corpo que não existe fora da dor, que é uma ruína e na ruína se deleita. O melancólico se confunde com o seu próprio resto irrepresentável e projeta o seu caráter de ruína sobre toda alteridade, vista daí em diante sob a luz de uma putrefação que, primordialmente, atesta existência:

Do tamanho do mundo

Soledade. E de que poderiam aliviar-me, momento que fosse, qualquer um de entre os milhares de pessoas desta cidade, e, delas, as pouquíssimas com quem frequentarei, se não os sinto iguais a mim, pelas vidraças das horas? Passo por eles, falo-lhes, ouço-os, e nem uma fímbria de nossas almas se roça; tenta-me crer que nem tenham alma; ou não terei eu? Ou será de outra espécie. Estarão ainda mais mortos que eu mesmo, ou é a minha morte que é mais profunda? Ah, são seres concretos demais, carnais demais, mas quase pétreos, entes silicosos. Sobremodo, assusta-me, porque é da minha raça, o *Homem com o aspecto de cadáver*. Ele, é o mais morto. Sua presença, obrigatória, repugna-me, com o horror dos seres infaustos, como uma gelidez contagiante, como uma ameaça deletéria, espantosa. Tenho de sofrê-la, ai de mim, e é uma eternidade de torturas. (Rosa, *Estas estórias* 183)

O laço social, como se vê, está destruído a partir do momento em que o espanto se instala no lugar daquilo que comportaria alteridade.[143] Se não há um outro, se o outro só aparece sob os traços da putrefação ou da ferocidade que eu dirijo contra todos, a existência atestada pelo espanto se faz insuportável, asfixiante. *Soroche*: "O mundo do melancólico é aquele da sufocação asmática, do canto estrangulado, da música inoportuna, do olhar aberto sobre uma alucinação de ausência" (Hassoun, *A crueldade* 117).

Para Freud, essa tortura ininterrupta consiste na infinidade de combates isolados em redor do objeto (o objeto *a* de Lacan), combates em que amor e ódio se revezam e lutam –um, para desatrelar a libido do objeto, e o outro para evitar esse desligamento ("Luto" 293). Dado que o objeto deixou a sua marca na memória, não como perdido mas como ausente (daí a tirania da sua presença), dado que "luto" não conseguiu se inscrever como significante, que não está ausente ou recalcado mas foracluído), o melancólico precisa de objetos parciais como *equivalentes simbólicos* do que lhe falta, objetos que serão assassinados –enquanto precisamente simbólicos– como um supletivo do assassinato da Coisa (ver Hassoun, *A crueldade*; Kristeva, *Sol negro*). Em *Sol negro: depresión y melancolía* (1991), Julia Kristeva explica: "estos actos y relaciones con los objetos parciales preservan al sujeto y su

---

[143] Hassoun descreve nesses termos, sob profunda melancolia, toda sociedade aniquiladora do Outro (ver Hassoun, *A crueldade* 36-37).

objeto de una destrucción total y le procuran, a través de la homeóstasis narcisista, una vitalidad que contrarresta a Tánatos"(45). Preso a uma hiperatividade significante e, no entanto, sem expectativas de sucesso, o melancólico possui uma grande originalidade associativa que o leva a se aproximar das coisas para cadaverizá-las conservando-as, entretanto, como fragmentos ou restos de uma totalidade impossível: ele é um colecionador de ruínas (objetos-abjetos[144]) que se encadeiam infinitamente.

Apesar dos múltiplos indícios de lutos não consumados que até aqui temos acumulado, seria infrutífero –e até contraditório– deduzir deles um único não-acontecimento originário para "Páramo". O que temos no relato é uma série de paliativos, objetos parciais, que o protagonista adota, esgota e amontoa entre os restos do que não se pode completar. Já mencionamos alguns amores e ódios, agora falaremos de um luto de empréstimo e de um livro não lido, não citado e não perdido.

## *EXSPECTAMVS.RESVRRECTIONEM.MORTVORVM*

Para Freud, Hassoun e Kristeva, o melancólico precisa de objetos parciais de perda, como já se viu. A sequência final de "Páramo", composta por quatro fragmentos, narra dois desses lutos supletivos. O primeiro deles se dá quando o protagonista, assaltado pelo "choro automático" (Rosa, *Estas estórias* 193) produzido pelo *soroche*, no meio de uma das suas perambulações terapêuticas, e envergonhado por estar chorando no meio da rua sem um motivo claro, decide se juntar a uma procissão fúnebre:

---

[144] Hal Foster –seguindo ainda Kristeva– define o abjeto como "a condição na qual a subjetividade é perturbada" ("O retorno" 179). Essa perturbação, entretanto, segundo Foster, operaria em Kristeva como a transgressão bataillana o faz em relação ao tabu, quer dizer, não negando aquilo que perturba mas transcendendo-o e completando-o. Para o caso que nos interessa, leia-se a permanente operação de *abjetar* ou *cadaverizar* do protagonista, como uma tentativa de dar-se um contorno ou de definir-se sobre um fundo de perda.

*Do tamanho do mundo*

> Entreparei.
> Vinha de lá, um bando de gente, pelo meio da rua, gente do povo. Sucedeu neste comenos.
> Era um enterro.
> Valessem-me no meu desazo. [...] Gente pobre e simples, os homens com os sombreros de jipijapa, os escuros ponches ou ruanas protegiam-lhes à frente e às costas os bustos. As mulheres com trajes de lanilha preta ou cor-de-café, carmelita, ou curtas saias de indiana, com chapéus de palha também, ou de feltro preto, chapéus de homens. Vinham de algum bairro pobre.
> Sim, meu coração saudou-os. Passavam. Eram como num capricho de Goya. E nem soube bem como atinei com o bem-a-propósito: ato contínuo, avancei, bandeei-me a eles.
> Isto é, entrei a fazer parte do cortejo, vim também, bem pelo meio da rua, se bem que um pouquinho mais distanciado.
> Onde estaria melhor, mais adequado, que ali, pudesse pois chorar largamente, crise inconclusa, incorporado ao trânsito triste?
> E vim, o mais atrás, após todos. Como um cachorro. (*Estas estórias* 194-95)

O cortejo é um bem-a-propósito não só por dissimulação, não é só um simulacro. De repente o luto alheio, remarcado pelas evidentes diferenças entre o protagonista e os goyescos integrantes do cortejo, se transmuda em luto próprio. Embora distante, é luto por uma falta imemorial ou por uma separação não identificável, por um acontecimento não efetivamente vivido. Andar pelo meio da rua, incorporado ao trânsito triste de outros, é, de alguma maneira partilhar um destino, um endereçamento comum:

> O trecho todo, vou.
> Os legítimos acompanhantes não parecem ter-me notado, nem sabem de mim, vão com as frontes abaixadas. Compreenderiam meu embuste? Choro. Sigo.[...]
> Vamos pela Carrera 13, vamos para o cemitério. Livre para chorar, ilimitadamente, soluços e lágrimas que nem sei por que e para quem são. Caminho com sonambúlica sequência, assim vou, inte, iente e eúnte. Quem será o morto, que ajudo a levar?
> O caixão é pequeno, vi bem,[...] É um caixão claro. [...]
> Devo guardar certa distância, não posso misturar-me a eles, pode ser que me interroguem. Que direito tenho de me unir aos donos do luto? [...]

> Pasmem-se outros, que me vêem passar. Minhas roupas são diferentes, meu modo, meu aspecto, saberão que sou estrangeiro, de classe diversa, de outra situação social. Vou sem chapéu, e trago comigo um livro.
> Deu-me de vir, e claro, é apenas o que sei. E que, agora, choro por mim, por mim que estou morto, por todos os mortos e insepultos. Mas, pouco a pouco, choro também por este ou esta, desconhecido, por certo tão jovem, e *in termino*, e que a tão longo longe conduzimos. (195)

Como na crônica de Joel Silveira citada acima, o relato finaliza no cemitério, acompanhando o sepultamento de uma criança morta (o futuro truncado?). Não se esqueça que, nessa crônica, a criança era comparada com "um pequeno barco [...] surpreendido pela tempestade [...] boiando sobre as águas, sem afundar" (*Memórias* 207). *Vita somnium breve*: o caixão branco desse cadáver infantil transportado rumo ao túmulo, assim como o escuro grupo humano que o conduz, também relembram aquelas figuras da *Ilha dos mortos* de Böcklin antes mencionadas.

Ora, a procissão finalmente chega a um lugar muito específico: "Subitamente, porém, desperto, ou é como se despertasse: chegamos ao cemitério. Jamais viera eu até aqui. Estamos ante o Cemitério Central, seu portão calmo. Aqui se processa grave capítulo da experiência misteriosa" (Rosa, *Estas estórias* 196). O que há nesse local "calmo"? Esse acesso ao cemitério foi desenhado em 1904 pelo arquiteto Julián Lombana, tem 10 metros de altura e um arco emoldurado em pilastras, sobre o qual se lê a seguinte inscrição: "*EXSPECTAMVS. RESVRRECTIONEM.MORTVORVM*", ou seja, "AGUARDAMOS A RESSURREIÇÃO DOS MORTOS". Em cima dessa inscrição, munido da sua foice, com a cabeça e o braço direito reclinados sobre uma ampulheta, perante um planisfério, um ser alado e velho custodia o pórtico principal da necrópole.

Essa estátua de Colombo Ramelli representa Cronos-Saturno – deus da melancolia– e foi instalada em 1906. Estava lá, portanto, já na primeira visita de Guimarães Rosa à cidade e, com certeza, sob o arco que a sustenta passaram os milhares de cadáveres enterrados sem

*Do tamanho do mundo*

Colombo Ramelli, *Cronos*, 1906
Julián Lombana, *Pórtico del Cementerio Central de Bogotá*, 1904

identificação, em vala comum, nos dias de abril de 1948.[145] Partilha essa imagem, também inúmeros traços iconográficos com todas as alusões pictóricas –essas sim com nomes próprios– que há no relato e que pertencem à constelação melancólica: o olhar em direção à terra, a aparente suspensão do movimento ou da ação, a junção paradoxal do aéreo e do mineral, etc. Não é por acaso, portanto, que o narrador se concentra sobre o detalhe desse portão calmo: essa referência, completamente "externa" ao relato, se articula com as imagens de "Páramo" e reclama, a partir de um nome específico de lugar, uma confrontação. Digamos assim: exige um lugar. Voltaremos a isso, que para o caso do relato estudado não é exclusivo dessa estátua e que tange à autonomia literária erigida em valor supremo por certa tendência crítica.

"*EXSPECTAMVS.RESVRRECTIONEM.MORTVORVM*". Essa inscrição poderia nos servir como emblema da profunda relação que em "Páramo" há entre a suspensão e o renascimento. Como a menina emparedada na crônica de Cordovez Moure, esse morto-vivo que é o protagonista aguarda pelo retorno ao mundo. Como sair da cova? Como pode o melancólico fazer o caminho de volta do cemitério? Precisamente, como já nos dizia a psicanálise, realizando um luto, remarcando um acontecimento de separação de um objeto narcisístico ideal. Em "Páramo" temos a constituição, o sacrifício e o retorno de um objeto emblemático: o Livro. Esse Livro se associa ao Homem-cadáver, é uma sorte de outro duplo, uma coisa desprovida de qualquer significado para além da sua pura presença significante:

> Ah, penso que os mortos, todos eles, morrem porque quiseram morrer; ainda que sem razão mental, sem que o saibam. Mas o *Homem com a*

---

[145] O Cemitério Central foi um dos cenários-chave do Bogotazo, dado que os milhares de mortos desses dias foram levados até esse lugar, ali armazenados e enterrados sem identificação, em vala comum. Numa crônica intitulada "La noche quedó atrás – Biografía de una revolución", publicada em maio de 1948 pela *Revista Semana*, o ensaísta Hernando Téllez relata: "Fueron muchos quienes perecieron en la semana trágica. La cifra exacta no se conoce ni se conocerá jamás. En todo caso pasan de mil. Al Cementerio Central, la infantería de marina –llamada especialmente con ese objeto– condujo centenares de cadáveres que en la noche fueron roídos por las ratas. Los camiones con su fúnebre cargamento estuvieron viajando sin interrupción hasta fines de la semana pasada" (Téllez, "El 9 de abril" 316).

## Do tamanho do mundo

> *presença de cadáver* ignora isso: –"Eu não compreendo a vida do espírito. Sem corpo... Tudo filosofia mera..."– ainda ontem ele me disse. Ele é internamente horrendo, terrível como um canto de galo no oco da insônia; gelam-me os hálitos de sua alma. Algo nele quer passar-se para mim; como poderei defender-me? Ele é o mais morto, sei; o mais, de todos. É o meu companheiro, aqui, por decreto do destino. Sei: ele, em alguma vida anterior, foi o meu assassino, assim ligou-se a mim. E, porcerto, aspira, para nós ambos, a uma outra morte, que sempre há mais outra: mais funda, mais espessa, mais calcada, mais embebida de espaço e tempo. Para me esquecer, por um momento, daquele *Homem*, entrei numa casa, comprei um livro, um passar de matérias. Um livro, um só. Suponho seja de poesias. Será o *Livro*. Não posso ainda lê-lo. Se o lesse, seria uma traição, seria para mim como se aderisse mais a tudo o que há aqui, como se me esquecesse ainda mais de tudo o que houve, antes, quando eu pensava que fosse livre e feliz, em minha vida. Mas devo guardá-lo, bem, o Livro é um penhor, um refém. Nele estou prisioneiro. E se, para me libertar, livrar-me do estado de Job, eu o desse ao *Homem frio como um cadáver*? Ah, não. Tudo o que fosse, dar-lhe qualquer coisa, seria o perigo de contrair com ele novo laço; mesmo o Livro que *por enquanto ainda não deve ser lido*. O Livro que não posso ler, em puridade de verdade. (Rosa, *Estas estórias* 184-85; *destaques na fonte*)

Contra esse corpo absolutamente contornado (note-se que tem presença, é frio, tem fluidos, é o mais morto, etc.), o protagonista tenta opor outro corpo contundente: um livro, mas fechado na sua pura corporeidade como um penhor que não representa um valor, coisa entre as coisas, emblema de uma significação fechada voluntariamente. *Livro que não deve ser lido*, sob pena de cair na história –"embebido de espaço e tempo". Nomeando a perda, dando-lhe um *nómos*, ademais, o melancólico faz o papel da Lei que falhou como mediação com a separação originária. Indecifrável e fechado para os outros, o Livro é efetivamente uma reduplicação do protagonista e narrador e, enquanto tal, um objeto em que se investe o seu desejo. Para não esquecer a força desse desejo, para mantê-lo em tensão, ele quer guardar o Livro, apressar nas suas páginas enigmáticas aquele tempo fora do tempo de "antes, quando eu pensava que fosse livre e feliz, em minha vida". À maneira do portal do conto "Diante da Lei" de Kafka, esse livro é só para esse homem que, entretanto, não pode a ele aceder. Distendido para esse "passar de matérias" ou de poesias, que não deve ler para não sucumbir de novo à cadaverização com que contamina tudo o que investe de significação –quer dizer, renunciando a ele para manter essa carga ativa, para não transformar o objeto numa equivalência simbólica do não-perdido e assim entregá-lo ao Homem-cadáver que coleciona ruínas, esse homem que equivale a um terrível canto de galo, ou despertar, que desmente toda originariedade feliz e afunda tudo na história, ou seja, na morte–, o protagonista anda pelas ruas da cidade com o Livro sob o braço, retirando-o ainda da leitura de outros. Já o vimos assim, sem chapéu e carregando o Livro numa procissão fúnebre; vejamo-lo agora, saindo para uma das suas caminhadas terapêuticas:

> Trazia um livro, era o Livro de poemas, ainda não aberto, e que ainda não ia ler, tomara-o comigo apenas para que outros não o achassem, ninguém o percorresse, antes de mim, na minha ausência. Sobretudo, que "alguém", não viesse a avistá-lo sequer, o em quem não devo pensar, jamais. Animou-me a ideia, fugaz, de que esquecer-me desse alguém já me estava sendo, aos poucos, possível: com isso, começo a criar entre nós dois a eterna distância, a que aspiro. (192-93)

Possuir é cadaverizar, assim como não possuir (não penetrar) é perder. Não entregar o livro ao cadáver, assim, se torna uma maneira de distanciar-se dele, um artifício que, retirando o objeto de toda atribuição significante, retira-o também do presente, deixando-o na intimidade do *objeto a*, esse objeto que –no caso da melancolia– deixou a sua marca na memória, não como perdido, senão como ausente. Verbalizar essa marca mnêmica com um significante rotundo, sem sentido pré-existente ou transcendente, é de alguma maneira trazer o foracluído ao território do recusado e estabelecer com isso uma distância. Essa distância se denomina "luto", o assassinato consumado de uma Coisa, em diante elevada a modelo de tudo que, via desejo, se procura reencontrar. Não por acaso, a cena do cortejo fúnebre se entretece com aquela do sepultamento desse Livro, no próprio Cemitério Central. Já dentro daquele lugar, equiparado a um "labirinto", e havendo se isolado do grupo que leva o cadáver da criança, o protagonista se sente "tranquilo", estranhamente sossegado, quase fora do tempo:

*Do tamanho do mundo*

> Tudo ali perdera o sentido externo e humano [...] Sim, eu me recolhera a um asilo em sagrado, passava-se em mim um alívio, de nirvana, um gosto de fim.
> [...] Eu pensava. Ali, naquele lugar, apenas ali, eu poderia ler, imperturbado dos homens, dos mortos todos, o Livro: O que eu, talvez por um sério pressentimento, tão fielmente e bem trouxera comigo. Abri-lo, enfim, lê-lo, e render-me, e requiescer. Lembrei-me e ri: aquele livro, uma moça me vendera, custara-me setenta centavos. Tão longe agora de mim, a cidade hostil e soturna, ao curso dos dias, aos bronzes de altos sinos.
> Mas, não. O repentino medo me tolheu, em sinistra agouraria. Eu não ia ler, não poderia ler o Livro. Morresse eu ali, na paz traiçoeira, e tudo ficaria incompleto, sem sentido. Não tinha direito a ler aquele Livro; ainda não tinha. Amedrontavam-me, na morte, não o ter de perder o que eu possuía e era, ou fora, essas esfumaduras. Não pelo presente, ou o passado. O que eu temia era perder o meu futuro: o possível de coisas ainda por vir, no avante viver, o que talvez longe adiante me aguardava. A vida está toda no futuro. (196-97)

Fora da história, longe da cidade hostil e soturna, e perante a tentação de penetrar no enigma do Livro e *requiescer*, o protagonista sente o medo de não perder o objeto, de se afundar na sua temporalidade e não ter futuro. Daí que a sua decisão subsequente seja:

> Eu ia sair, logo, fugir também dali; mas, lá, deixaria o Livro. Abandoná-lo-ia, sacrificando-o, a não sei que Poderes, –a algum juiz irrecursivo, e era então como se deixasse algo de mim, que deveria ser entregue, pago, restituído. Naquele livro, haveria algo de resgatável. Pensei, e fiz. A um canto discreto, à sombra de um cipreste, e de uma lousa, larguei-o, sotoposto. (197)

Algo de "resgatável" deve haver nesse volume. No entanto, é como Coisa, e não como portador de uma significação, que esse livro (ou, melhor, a sua perda) promete algo ao protagonista. Dessa maneira, o Livro é o paradigma alegórico de "Páramo". Desprovido de uma essência, simples coisa perdida com o fim de doar um contorno a quem a perde, esse livro partilha algo com todas as imagens usadas no relato: é simplesmente um significante, um signo escrito sem origem, sem alma, sem outrora, como veremos mais adiante.

Antes de falar sobre o alegórico, ainda teremos que voltar, uma última vez, ao relato. O Livro se recusa a repousar enterrado, ele insiste em voltar. Depois de abandonar o Livro, o protagonista se dirige ao portão do cemitério, querendo sair. Nesse momento se aproxima dele um homem, um anônimo daqueles que acompanhavam o cortejo fúnebre da criança, de *ruana* e sombreiro. Esse homem, "do povo", estende em direção ao protagonista um objeto:

> –"Señor, a usted se le ha perdido esto".
> Disse. Sorria-me, um sorriso ingenuamente amistoso. E, o que ele me estendia, era um livro, o Livro. (197)

A seguir, os homens conversam sobre a criança enterrada. O primeiro a falar, revelando o nome do morto, é o homem (digamos) local:

> –"Entonces... perdimos nuestro Pancho..." [...]
> –"Andará ya en el cielo..." –eu disse. [...]
> Respondeu-me:
> –"Quien sabe?..." (198)

Chama a atenção o fato desse homem de *ruana* manifestar dúvidas quanto à transcendência da criança: esse "Quien sabe?" se liga ao "Quem sabe a vida é uma morte e a morte uma vida?" da epígrafe e, ainda, se espelhará nas palavras finais do narrador. A conclusão de "Páramo" entretece essa incerteza com um vazio muito importante para a nossa reflexão:

> Estávamos tão perto e tão longe um do outro, e eu não podia mais suportá-lo. Estouvada e ansiadamente, despedi-me.
> Voltava, a tardos passos. Agora, a despeito de tudo, eu tinha o livro. Abri-o, li, ao acaso:
>
> [*Nota do editor Paulo Rónai*: "Há no original um espaço, para citação, que o Autor não chegou a preencher"]
>
> Eu voltava, para tudo. À cidade hostil, em sua pauta glacial. O mundo. Voltava, para o que nem sabia se era a vida ou se era a morte. Ao

sofrimento, sempre. Até ao momento derradeiro, que não além dele, quem sabe? (198)

Perdido, desperdiçado ou gasto improdutivamente, embaralhado nalguma biblioteca secreta, o livro (ou o seu vazio) se torna modelo efetivo do significante ausente, um tornar-se do não-acontecimento em acontecimento. Engana-se quem acredita que só um sujeito escreve. O acaso também o faz. Assim como esse Livro que *ainda não deve ser lido*, "Páramo", à morte do seu autor, ficou inconcluso e sem publicar, sepultado, digamos assim, numa gaveta, como o projeto do *Livre* absoluto, o grimório inacabado de Mallarmé. Não incorporado esse trecho, não preenchido esse espaço com uma citação do Livro, não lido, portanto, ele se torna um enigma irreprimível; duro como pedra, tem a marca do Real –isso que "não para de não se escrever"[146] e que, no entanto, está sobre o limite de toda escritura. O claro desse enigma, para retomar algo já dito, é que é um enigma. Dessa maneira, o livro não lido se torna um emblema do próprio relato: como aquele, esse texto se recusa à significação, e faz de um contato próximo e distanciado o pressuposto, ou a exigência, da sua vida póstuma.

Esse "Quem sabe?", ligado à perda do livro no *nome* Livro e ao ressurgir de Custódia do seu túmulo, nos dá uma ideia do lugar do retorno: o mundo, lugar dos mortos-vivos, ou da história entendida como amontoado de ruínas. Não há transcendência possível, somente um presente petrificado, um presente objetual alheio a toda realização final e a toda origem diferente do vir a ser e da extinção. Apocatástase: todos os objetos, nomes e imagens estão salvos numa paisagem petrificada, agora, num excesso de mundo que nega todo além e se chama *texto*.[147] O excesso, a proliferação espacial, são aqui antitéticos

---

[146] "Na origem da experiência psicanalítica, o real se apresenta sob a forma daquilo que nele há de *inassimilável* –sob a forma do trauma, a determinar toda a sua sequência e impor-lhe uma origem em aparência acidental"(Lacan em Hassoun, *A crueldade* 55). Hassoun ainda explicita: "na representação lacaniana do Real, do Simbólico e do Imaginário, o Real é aquilo que faz obstáculo ao princípio de prazer. Ele está além do *automaton*, quer dizer, do retorno, da insistência dos signos. É aquilo que escapa à simbolização, e representaria mesmo aquilo que num primeiro tempo, pelo menos, se manifesta como impossível de simbolizar. [...] 'isso não para de não se escrever'" (55).

[147] A seguir, cita-se uma anotação de Guimarães Rosa, achada entre registros etnográficos sobre a Colômbia e sobre Bogotá: "apocatástase – doutrina herética segundo a qual, no

de toda acumulação, de todo caminho, de toda capitalização. Não há futuro, não há nada que acumular porque tudo foi salvo nesse presente de declínio. Nessa resistência da coisa-livro à significação está o seu caráter significante: é um emblema de sobrevida. O túmulo, o livro fechado sem remédio, o cadáver, são limites puros, aporias, começos de pensamento. Limiares, portanto.

Paraíso de pedra

Sem uma origem reconhecível, sem conteúdo, esse Livro pode ser pensado nos termos da alegoria barroca definida na *A origem do drama barroco alemão*, por Benjamin, como um significante em si vazio de significado, com uma alta dependência do contexto em que é colocado pelo gesto do alegorista. Retirado do seu contexto original, o objeto alegórico passa a ter exclusivamente a significação que lhe é assinalada pela configuração em que se insere:

> Se o objeto se torna alegórico sob o olhar da melancolia, ela o priva de sua vida, a coisa jaz como se estivesse morta, mas segura por toda a eternidade, entregue incondicionalmente ao alegorista, exposta a seu bel-prazer. Vale dizer, o objeto é incapaz, a partir desse momento, de ter uma significação, de irradiar um sentido; ele só dispõe de uma significação, a que lhe é atribuída pelo alegorista. (*A origem* 205)

Arrancado do seu contexto "natural" o objeto alegórico perde a sua autonomia, e qual um signo alfabético, ele adquire significação numa combinatória arbitrária e específica, nesta escritura é isto e não o que fora naquela outra: "o olhar profundo do alegorista transmuta de um só golpe coisas e obras numa escrita apaixonante" (198). Assim, virado um signo arbitrário entre outros, o alegórico remete mais ao conjunto em que aparece inserido do que a uma configuração pré-existente, e por essa razão ele é absolutamente dependente do momento histórico da recolocação e atribuição de um significado. Eis a dialética específica do alegórico: é tão convencional

---

fim dos tempos, serão admitidas ao paraíso todas as almas, inclusive a do diabo" [IEB/USP – JGR-E0- 08,02,12].

como expressivo. Dessa maneira se vincula, como pormenor, a uma atualidade, e com ela esmorece a sua vigência: "O 'instante' místico se converte no 'agora' atual; o simbólico se deforma no alegórico. O eterno é separado da história da Salvação, e o que sobra é uma imagem viva" (204).[148] Qualquer aproximação do objeto alegórico, assim, deverá renunciar a pensá-lo como provindo de uma totalidade, porque é fragmento, ou imagem, despojado de essência: "As *alegorias são* no *reino* dos pensamentos o que *são* as *ruínas* no *reino* das coisas"; "O emblemático não mostra a essência 'atrás da imagem'. Ele traz essa essência para a própria imagem, apresentando-a como escrita" (*A origem* 200, 207).

Não parece exagerado afirmar que isso não acontece exclusivamente em "Páramo" com o significante Livro. Assim como ele é retirado da livre circulação quando comprado por "setenta centavos", assim como se oculta dos olhares de outros na intimidade do seu duplo-cadáver, da mesma maneira que é enterrado e "resgatado" do túmulo para voltar a um mundo que é uma suspensão endereçada à terra; todas as outras imagens remetem umas às outras, transformando-se em alegorias do próprio relato (da sua temática, da sua direcionalidade, do seu espaço, do seu temperamento, do curso vital do seu protagonista, etc.). As imagens convocadas pelo narrador, com nomes próprios, se desligam da sua proveniência para, obsessivamente, apontar na mesma direção: seja o enforcado do Tarô que o narrador escolhe como o seu próprio emblema; seja a *Ilha dos mortos* de Arnold Böcklin evocada nele pelo cheiro da cidade; sejam os *Caprichos* de Goya com que são comparados os seus habitantes: todas as imagens, ou as suas figuras centrais, têm o olhar fixamente cravado na terra ou no túmulo. (Por uma estranhíssima inversão, no relato de barroco "pinturero" [adjetivo retomado de Lezama por Sarduy] essas imagens desnaturalizadas se misturam com referentes da cultura local que aparecem sem menções diretas, porém, como já se mostrou, constituindo estratos profundos do texto, tingindo suas

---

[148] Citaremos, ainda, a definição de Paul de Man: "Enquanto o símbolo postula a possibilidade de uma identidade ou identificação, a alegoria designa acima de tudo uma distância em relação à sua própria origem, e, renunciando à nostalgia e ao desejo de coincidência, fixa a sua linguagem no vazio desta diferença temporal" (*Blindness* 207).

redes). É a morte, lembremos, a história entendida como um acúmulo de ruínas (a cidade das caveiras), que volta com esses objetos ou signos escriturais. Assim, acabam sendo alegorias da destruição tanto quanto limiares ou umbrais, porquanto não só apontam em direção da terra senão que, enquanto fragmentos significantes, aguardam o cada vez da releitura e da reescrita como autênticos e contingentes acontecimentos de sobrevida: exigem o lugar e tempo da sua montagem tanto quanto aqueles próprios do olhar que indaga nessa articulação. Algo do leitor-observador reclama essas imagens, ao tempo que elas, a partir da sua montagem significante, indagam o olhar que as contempla: o que olhamos nos olha.

O livro-Livro, portanto, recolhe em si o jogo nome-anomia que rege no relato e nos dá algum indício do seu funcionamento. Enquanto esses nomes de obras da cultura universal designam objetos arrancados dos seus lugares de origem para servir como alegorias, alguns referentes anômicos da cultura local constituem os estratos mais profundos do texto receptor, modificando suas redes, suas texturas, sua geologia. Poderíamos caracterizar como elíptico o procedimento específico pelo qual esses referentes não nomeados são precisamente contornados por uma proliferação significante. Como veremos a seguir, essa elipse, também, é um jogo caracteristicamente melancólico.

O livro dentro do livro, além de um recorrente motivo barroco, tem o teor da artificiosidade extrema do texto estudado. Para voltar um instante à psicanálise, pode-se dizer que o objeto artístico, nesse caso um Livro que está aí como emblema da Literatura, é aquilo que, trazendo a marca do real, permite ao melancólico uma possibilidade de sublimação. Segundo Kristeva, o melancólico compõe com a alegoria um *hiper-signo*, que consiste na apoteose do que já não é, algo que adquire uma significação maior porquanto é capaz de refazer o nada ou de se incorporar o nada como centro: "en lugar de la muerte, y para no morir la muerte del otro, produzco –o al menos así lo creo– un artificio, un ideal, un 'más allá' que mi psique produce para situarse fuera de si: ex-*tasis*" (*Sol negro* 86). Enorme paradoxo esse do nada como centro; êxtase, ser do que já não é mais, um para além da estase do original, ou *imagem*. Kristeva: "si toda escritura es amorosa, toda imaginación es, abierta o secretamente, melancólica"

(11). Sem um objeto perdido, sem um significante retirado e modelar que sustente toda cadeia significante, o melancólico é essencialmente um *infans* falante, um criador incessante de palavras completamente vertidas sobre o seu caráter material e distanciadas do seu fundo, um "habitante do imaginário" (56). Em completa exterioridade a respeito do seu artífice, o significante-imagem não é mais um símbolo em que se reúnem a intenção e o sentido pré-existente, nele essa intenção e esse sentido se mostram abertamente dissociados, evidencia uma diferença abismal entre *physis* e significação. Essa translação, do vazio ao significante, adquire na reflexão de Kristeva traços específicos, alguns dos quais já antes mencionamos e que correspondem à

> alegoría [:] es una tensión de significaciones entre su depresión/ depreciación y su exaltación significante [...]. Confiere un placer significante al significante perdido, un júbilo que resucita hasta la piedra y el cadáver, al afirmarse como coextensiva a la experiencia subjetiva de una melancolía nombrada: el goce melancólico. (89)

O júbilo da melancolia nomeadora, dessa maneira, traslada o nada do sentido do mundo ao algo da própria disposição significante —jogo de signos cujo sentido último é o jogo—, proliferação de palavras-coisa cuja única realidade é a máscara mas que não ocultam rosto nenhum. O desdobrar-se da melancolia que nomeia é aquele do significante que se carrega pela vizinhança de outros significantes enquanto "se cosifica en la nada" (88).

A melancolia, apresentando como num painel os objetos que ela própria fabrica enquanto representantes do nada, pendentes em direção ao chão, nega esse mesmo nada ao voltar-se insistentemente sobre a própria configuração.[149] O painel que se endereça ao nada não é mais nada, a sua lei não é mais o desgaste mas o excesso, êxtase do

---

[149] Isso pode ser explicitado através de uma citação de Benjamin: "A transitoriedade não é apenas significada, representada alegoricamente, como também significante, oferecendo-se como material a ser alegorizado: a alegoria da ressurreição. [...] É justamente essa a essência da imersão alegórica: os últimos objetos em que ela acreditava apropriar-se com mais segurança do rejeitado, se transformam em alegorias, e essas alegorias preenchem e negam o Nada em que eles se representam, assim como a intenção, em vez de manter-se fiel até o fim à contemplação das ossadas, refugia-se, deslealmente, na Ressurreição" (*A origem do drama* 255).

vazio. A psicanálise mostra com fartura a maneira em que o melancólico nomeador, *infans* falante ou escrevente que fabrica e coleciona ruínas, se compraz na criação de uma língua secreta, própria, com a que não designa nada ou designa apenas parcialmente a não-ausência que o tortura com a sua falta de luto. Assim, por uma alquimia sutil, esse sujeito se recria com a "musicalización de significantes, polifonia de lexemas, desarticulación de unidades lexicales, sintácticas, narrativas" (Kristeva, *Sol negro* 88); é um formador de neologismos, ou de uma língua "suscetível de exprimir essa saturação que arruína" (Hassoun, *A crueldade* 119). Na sua remissão incessantemente excêntrica, de um lugar do painel a outro do mesmo painel, esse jogo melancólico monta uma série infinita, cadeia significante e excessiva cuja única economia é a proliferação, um abraçamento do sentido morto por palavras, imagens, coisas...

## Sol negro

Repetição, reenvio: *sintoma*. O objeto central se apaga incessantemente e é à organização da carência, não à sua resolução, que o relato se dedica. Essa proliferação intimida, espanta. Alguns críticos têm optado por ver nessa remissão do "Quem sabe?" ao "Quién sabe?" uma prova de qualidade literária menor, sem perceber que aí onde se exige autonomia operam protocolos de leitura cujo fundamento é o horror ao vazio.

Um exemplo dessa exigência pode ser a interpretação do crítico Mario René Rodríguez Torres, que lê "Páramo" como "un cuento malogrado de un gran escritor" ("La Bogotá" 1748). Para Rodríguez Torres, a narrativa não estaria "tan acabada como otras del autor minero (*Gran sertón: veredas* o "La tercera orilla del río")", isso, entre outras coisas, pela eleição do espaço da ficção, e pela não realização plena do renascimento prometido pelo narrador. Segundo uma hipótese dominante nessa proposta de leitura, essa qualidade menor teria levado Guimarães Rosa a não finalizar o conto e a não publicá-lo, omissões que seriam também expressivas da falha na tentativa transculturadora de sintetizar o local e o moderno:

Do tamanho do mundo

Pues si bien nuestra narrativa se modernizó, eso no significó el fin de las desigualdades y de los desequilibrios, materiales y simbólicos. Para parafrasear a Roberto Schwarz, hoy tenemos que admitir que si una literatura latinoamericana se formó, lo mismo no ocurrió con las naciones de América Latina. Es decir, tenemos que admitir que organicidad literaria y organicidad social no son equivalentes (1754).

É claro que ali onde Rodríguez equipara a formação latino-americana com a *realização* final da personagem, onde vê a falha de uma como o decurso representacional da outra, opera uma problematização de "projetos" literários grupais elaborados por determinados protocolos de leitura (a *transculturação narrativa*, por exemplo), mas esses protocolos não são questionados na mesma medida. Analisa-se o texto de uma perspectiva que, de antes se sabe, ele não irá satisfazer, para deduzir falhas no texto e não na perspectiva. Essa contradição, no estudo comentado, é evidente quando se aceita a inclusão da obra de Rosa dentro do *boom*, lado a lado com García Márquez e Carlos Fuentes, ao mesmo tempo que se atenta nela à falha de uma universalização da região que, evidentemente, o relato estudado está longe de procurar. Essa exigência, que precisamente se vincula com uma exigência de "organicidad" (leia-se *autonomia*), leva à comparação com *Grande Sertão: veredas* e "A terceira margem do rio", mas nunca leva em consideração a própria historicidade da orientação teórica reitora. Assim lido, é obvio, "Páramo" se manterá como "menor", "malogrado", de valor estético inferior, etc. Ora, isso –além de desconsiderar o grau de exposição em que o relato autobiográfico coloca ao diplomata liberal Guimarães Rosa, *o mal-estar* que estamos tentando contornar neste trabalho, assim como o mesmo termo da vida que é o termo de toda escrita– não leva em conta o fato de que se aplicássemos como provas de valor os critérios de acabamento e vontade de divulgação de uma maneira universal, teríamos também que retirar a obra de Kafka (para dar um exemplo) de todos os cânones em que figura.

Note-se, o pressuposto de uma qualidade menor, decorrente da, também pressuposta, falha numa tentativa modernizadora ou formadora do nacional, justifica as omissões quanto aos referentes de que já antes falamos. Isso, de outra parte, não permite à crítica lidar com *artifícios* do texto tais como a substituição, a condensação e a proliferação de significantes, assim como com certas intra e intertextualidade, que são para Severo Sarduy característicos do (neo) barroco latino-americano (*Obra completa*), e como veremos, do texto estudado. Lembremos que para Sarduy, nos seus ensaios de 1972 e 1974 sobre o barroco e o (neo)barroco, o espaço dessas escrituras é aquele da superabundância e o desperdício, que esse espaço constituiria uma sorte de giro copernicano nas letras de América Latina (*Obra completa* 1401). Não esqueçamos, aliás, que, precisamente, *Grande Sertão: veredas* (obra de "exuberância barroca"), se conta entre aquelas experiências convocadas pelo teórico cubano para exemplificar esse giro, nem o que ele comporta de "impugnación de la entidad logocéntrica que [...] nos estructuraba desde su lejanía y autoridad", quer dizer, da história entendida como uma homogeneidade progressiva que sempre se impôs ao ocidente moderno como fundamento epistêmico incontrovertível (1404). Isso que se almejava numa multiplicidade de textos da atualidade de Sarduy, tem em "Páramo" uma expressão contundente, não por acaso constituída em torno de ausências. Esse abraçamento do que não está aí, para o autor de *La simulación*, definiria o barroco:

> Contrariamente al lenguaje comunicativo, económico, austero, reducido a su funcionalidad –servir de vehículo a una información– el lenguaje barroco se complace en el suplemento, en la demasía y la pérdida parcial de su objeto. O mejor: en la búsqueda, por definición frustrada, del *objeto parcial*. El "objeto" del barroco puede precisarse: es ese que Freud pero sobre todo Abraham, llaman el *objeto parcial*: seno materno, excremento [...], mirada, voz, cosa para siempre extranjera a todo lo que el hombre puede comprender, asimilar (se) del otro y de sí mismo, residuo que podríamos definir como la (a)lteridad, para marcar en el concepto el aporte de Lacan, que llama a ese objeto precisamente (a). (1401-1402)

Centrado no resto, sem expectativas de totalidade, o barroco seria caracteristicamente elíptico:

> El objeto (a) en tanto que cantidad residual, pero también en tanto que caída, pérdida o desajuste entre la realidad (la obra barroca visible)

*Do tamanho do mundo*

y su imagen fantasmática (la saturación sin límites, la proliferación ahogante, el *horror vacui*) preside el espacio barroco. El suplemento [...] interviene como constatación de un fracaso: el que significa la presencia de un objeto no representable, que se resiste a franquear la línea de la Alteridad (A: correlación biunívoca de (a)), (*a*)*licia* que irrita a *Alicia* porque esta última no logra hacerla pasar del otro lado del espejo. (1402)

Saturado de palavras, palavras, palavras, que remetem umas às outras, comprazido no pormenor, o objeto barroco seria também uma impugnação do mundo do trabalho e da sua lógica. Trata-se de um artefato mais próximo do brinquedo do que do instrumento:

La constatación del fracaso no implica la modificación del proyecto, sino al contrario, la repetición del suplemento; esta repetición obsesiva de una cosa inútil (puesto que no tiene acceso a la entidad ideal de la obra) es lo que determina el barroco en tanto que *juego*, en oposición a la determinación de la obra clásica en tanto que trabajo. (1402)

Como funciona esse objeto, esse jogo? Já antes tentamos uma descrição de alguns dos procedimentos de "Páramo", que poderíamos agora caracterizar como "relato elisivo", dada a insistente obliteração de certos significantes que, no entanto, são inequivocamente circunscritos pelo aparato-texto. Poderíamos, com a ajuda de Sarduy, distinguir três mecanismos de artificialização textual, todos eles desdobramentos da elipse retórica do barroco dito "histórico".[150] Esses mecanismos são: a

---

[150] "El apogeo de la elipsis en el espacio simbólico de la retórica, su exaltación gongorina, coincide con la imposición de su doble geométrico, la elipse, en el discurso astronómico: la teoría kepleriana. En la figura retórica, en la economía de su potencia significante, se privilegia, en un proceso de doble focalización, uno de los focos en detrimento de otro. *La elipsis, en sus dos versiones, aparece dibujada alrededor de dos centros: uno visible (el significante marcado /el Sol), que esplende en la frase barroca; otro obturado (el significante oculto/ el centro virtual de la elipse de los planetas), elidido, excluido, el oscuro*" (Sarduy, *Obras completa* 1232). Vale a pena aqui relembrar que para Aby Warburg, na sua conferência sobre Franz Boll de 1925, a elipse kepleriana era a figura em que melhor se representava a bipolaridade da cultura ocidental —sempre presa à tensão entre o caos da excitação patética produzida pelos objetos (o polo dionisíaco) e o distanciamento desses objetos reclamado pela razão (o polo apolíneo) (*Atlas* 171). Essa bipolaridade trágica, que na reflexão de Warburg tem como fonte a teoria nietzscheana da tragédia, coincide em muito com aquela de Saturno, que aqui foi caracterizada como suspensão entre o aéreo e o mineral, entre a vida e a morte, entre o amor e o ódio, etc.

substituição, a condensação e a proliferação.

Vejamos alguns exemplos desses artifícios em "Páramo", precedidos pelas suas respectivas definições:

1. *Condensação*: união de dois ou mais significantes para formar "un tercer término [às vezes um neologismo] que resume semánticamente los dos primeros" (Sarduy, *Obra completa* 1391): "zunimensos", "lugubruivos", "gelinvérnicos", "estranhifício", "rixatríz", "cislúcido", "asmância", "fantasmagouraba", "consolabundo", "requiescer", "trastempo", "vociferoz", "desaver", "discordioso", "clã-destino", "passadidade", "três-fólegos", "mausoléia", "entreconsciente" (ver Rosa, *Estas estórias*).

2. *Substituição*: um significante nuclear é trocado por outros:

Snte. Bogotá - - - - - - - - → "cidade andina", ou "cidade soturna" ou "cidade hostil", ou "cidade colonial", ou
Sdo. "*Cárcere dos Andes*"

3. *Proliferação*: consiste na obliteração de um significante e na sua substituição por uma cadeia de significantes que metonimicamente acaba circunscrevendo-o (ao significante ausente) de uma maneira tal que é impossível não inferi-lo: em "Páramo" não aparecem nomes próprios muito específicos mas, ao redor dessas ausências se constituem perífrases que acabam apontando inequivocamente na sua direção (*Obra completa* 1387-91). A seguir se ilustra, retomando um esquema de Sarduy e alguns dos exemplos antes usados, esse mecanismo:

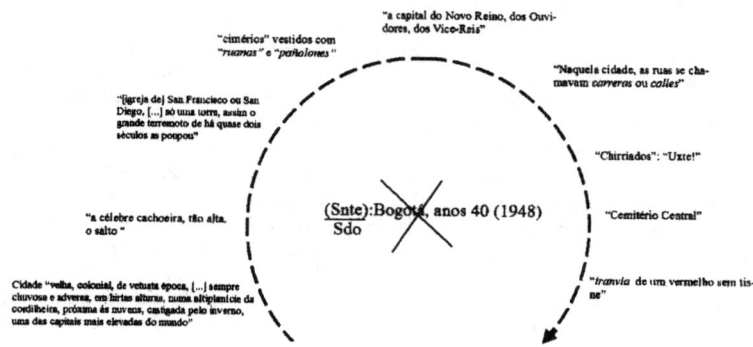

## Do tamanho do mundo

À medida que essa propagação significante se identifica com uma organização da carência −que para Sarduy "constituye nuestro fundamento epistêmico [de nós, latino-americanos, entenda-se]" (1403)−, e que ela opera adiando indefinidamente determinados objetos que, não obstante, retornam com a mesma insistência com que são obliterados, devemos pensar no relato −*está demonstrado*− como portador de sintomas. Assim como "Custódia", ele aponta numa direção. Ora, qual é essa direção? Evidentemente se trata de uma série de coordenadas, e não necessariamente de *Alicia* em carne e osso, indícios que emolduram um intervalo temporal, um espaço e um sujeito.

Temos, então, séries de elisões encadeadas: do sujeito, do espaço-tempo, de hipotextos e do acontecimento. Isso, além de induzir uma certa espectralização dos referentes, favorece uma proliferação significante que se desdobra em citações ou alusões, em motivos associados ao temperamento melancólico dominante no barroco, no uso e abuso de símbolos puramente gráficos, em neologismos, na incorporação de palavras anacrônicas ou de outras línguas, numa sintaxe e ritmo entrecortados, etc. Essa superabundância corresponde a uma opção pelo suplemento em detrimento da simples função comunicativa da linguagem, e acaba por criar uma imagem fantasmática da cidade, do tempo e do sujeito que, se percebida como unidade paradoxal, se constitui como objeto parcial, isto é, para sempre exilado ou ausente de toda atribuição de um significado absoluto, tanto quanto de toda apropriação a partir desse significado.

*O bom deus está nos detalhes*: hoje em dia muitos dos referentes de "Páramo", antes apostilados (roupas, ruas, prédios, usos linguísticos, etc.), estão prestes a desaparecer ou o fizeram tempos atrás. (Não se esqueça que um dos deleites do melancólico é a criação de línguas secretas, herméticas, cravejadas de pormenores pouco conhecidos). Longe de oferecer-se com a transparência do símbolo, essas coordenadas exigem uma pesquisa apurada e um conhecimento que permitam compreender a montagem ao menos no que têm de especificamente atrelado a uma história e a um espaço. Quase perdidos, esses pormenores, entretanto, entretecidos como o estão (numa configuração quase secreta), nos demonstram que "Páramo" é provavelmente um dos textos mais complexos e exigentes de Guimarães Rosa e validariam para o caso da crítica literária algo que Benjamin exigia da filosofia face às formas barrocas:

> Sem ao menos uma compreensão intuitiva da vida do detalhe através da estrutura, a inclinação pelo belo é um devaneio vazio. A estrutura e o detalhe em última análise estão sempre carregados de história. O objeto da crítica filosófica é mostrar que a função da forma artística é converter em conteúdos de verdade, de caráter filosófico, os conteúdos factuais, de caráter histórico, que estão na raiz de todas as obras significativas. Essa transformação do conteúdo factual em conteúdo de verdade faz do declínio da efetividade de uma obra de arte, pela qual, década após década, seus atrativos iniciais vão se embotando, o ponto de partida para um renascimento, no qual toda beleza efêmera desaparece, e a obra se afirma enquanto ruína. (*A origem do drama* 204)

Ora, como transformar conteúdos factuais em conteúdos de verdade, as ruínas em índices vitais? A crítica literária só poderá fazer isso se assumir a sua tarefa como uma arqueologia, que assuma que "todo enunciado lido no arquivo é, literalmente, uma transposição, uma tradução, o vestígio de um corpo ausente que *tocou* essa matéria" (Antelo, "O arquivo" 44). Sabemos com Benjamin que o trabalho da memória comporta uma tal escavação e que ela não se deve dedicar simplesmente à procura de conteúdos ou achados positivos, mas também deixar à mostra as camadas que os ocultavam da visão ("Excavar y recordar" 350). No caso que nos ocupa, é a compreensão da história literária como um processo arborescente de desenvolvimento, que faz os galhos das literaturas nacionais surgirem indefectivelmente do tronco principal das literaturas ditas universais; é essa compreensão com a sua consequente compreensão da literatura nacional como uma manifestação (ou entificação) superestrutural de uma essência autônoma, o que faz com que os referentes de um país periférico pareçam descartáveis. Esses corpos, entretanto, tocaram essa matéria escrita, deixaram marcas que o tempo tende a apagar mas que a crítica, se ainda se pretende rigorosa, não pode deixar de considerar ou, ao menos, de mencionar.

Não se esqueça que esse apagamento corresponde a protocolos de leitura que fazem de uma pressuposta autonomia ficcional signo de emancipação e, consequentemente, garantia de valor.[151] Uma outra atitude, é claro, depende da adoção de outros protocolos, de maneiras de ler que, ao invés de mobilizar a ideia de que a literatura nos fala sobre a vida, nos mostrem que a literatura está na vida ou é vida e que ela, além de falar do mundo, faz mundo. Não é outra, acreditamos, a tentativa de Severo Sarduy quando dá à literatura latino-americana que ele denomina barroca ou (neo)barroca, a tarefa de mostrar em si a carência como fundamento de conhecimento, ou seja, de expor no seu próprio corpo significante/erótico os pedaços do que fora um saber (*o logos*) pressupostamente homogêneo e fechado sobre si (*Obra completa* 1403). Assim, é à derivação e não à autogeração ou autosustentação que Sarduy confia o valor, o que faz com que o mundo seja também o mundo dos livros, o arquivo sempre aberto a novas configurações:

> [...] solo en la medida en que una obra del barroco latinoamericano sea la desfiguración de una obra anterior que haya que *leer en filigrana* para gustar totalmente de ella, ésta pertenecería a un género mayor; afirmación que será cada día más valedera, puesto que más vastas serán las referencias y nuestro conocimiento de ellas, más numerosas las obras en filigrana, ellas mismas desfiguración de otras obras. (Sarduy, *Obra completa* 1393-94)

Um documento, ou obra, lidos no arquivo, todo passado reclamado pela anamnese, implicam também uma atualização do que se lerá nessas fontes —cujos sentidos simbólicos originalmente atribuídos jazem esquecidos. A operação de seleção pressupõe uma expectativa de leitura, ou seja, uma prolepse. Quanto mais ciente esteja a crítica literária daquilo que procura nos textos, tão mais

---

[151] A esse respeito Haroldo de Campos no seu ensaio *O sequestro do barroco na formação da literatura brasileira* (1987-88), em que caracteriza a historiografia literária brasileira como um episódio da derridiana "metafísica da presença", enumera algumas das constantes do barroco (ou gongorismo, ou culteranismo, ou churriguerismo) que, de uma perspectiva evolucionista e enciclopédica, fariam dele uma expressão menor ou de mau gosto: amaneiramento, excesso de referências cultas, rebuscamento, introdução de palavras novas (não raramente formadas a partir de línguas estrangeiras), alusões recônditas e de árdua identificação, falta de simplicidade, etc. Do ponto de vista de Haroldo, esse "episódio da metafísica" estaria marcado pela sua adoção dessa valoração negativa das constantes mencionadas, o que o teria levado a "obliterar" o barroco como acontecimento originário da formação literária brasileira (ver *O sequestro* 53-5).

avisada estará daquilo que com eles haverá de retornar, desse real que não pode ser apaziguado nem representado e que, no entanto, dá o seu contorno a toda leitura.

O que volta com "Páramo"?

A resposta a essa pergunta só pode ser muito parcial (quer dizer, tão insuficiente quanto subordinada à perspectiva de leitura adotada): volta o elidido. O que está elidido? Evidentemente, no caso da crítica, todos os referentes extensamente listados na primeira parte deste ensaio. Ora, nesse sentido essa crítica terá seguido o jogo, ou caído na inevitável armadilha de "Páramo", posto que esse jogo se alimenta da dialética *nome-anomia*[152] antes descrita e que, como vimos, também era característica da sociedade em processo de massificação das primeiras décadas do século XX. Isso que para José Luis Romero constituiu uma heterogeneidade barroca, que esteve definida pela invasão pela massa dos espaços outrora próprios de uma sociedade normalizada (ou seja, com *nómos*), deu ao novo conjunto o seu cariz moderno, daí em diante singularizado nas nuances da sua própria anomia. Em "Páramo", como já se mostrou, faltam muitos nomes próprios –da cidade, do protagonista-narrador, dos seus "ajudantes", do livro, de algumas fontes, etc. A anomia é uma característica do relato, como o era da sociedade massificada que queimou o centro da cidade (local, aliás, da totalidade das ações narradas em "Páramo"), ela invade todos os espaços e batiza todas as personagens (com as exceções paradoxais de Doña Clara e de Evanira, *revenants* sem corpo que as sustente). No entanto, anomia não é falta de singularidade mas de nome. O conjunto da cidade, a turba ou a massa, não têm um nome próprio e não têm modos homogêneos, mas as características da sua habitação e do seu deslocamento são específicas. O conjunto é evanescente, porém pontual (*punctual*, poderíamos dizer) e a escrita o contorna com insistência. Para Sarduy esse desajuste entre um objeto de desejo e a sua procura através da linguagem, dá conta de uma assimilação

---

[152] Trata-se de uma dialética aberta, ou irresolúvel. Digamos, melhor, que se trata de uma *diaporética* em que, como vimos, não há resolução final, mas a permanente suspensão em um território de indecidibilidade ("-Ω- Quem sabe? [...] Quem sabe?"). Os pares nome-anomia, morte-vida, corporeidade-evanescência, amor-ódio, visibilidade-invisibilidade, aéreo-mineral, etc., constituem séries de oposições excepcionalmente interditas pelo relato.

Do tamanho do mundo

ou compreensibilidade impossíveis, e "preside el espacio barroco" – entendido como a proliferação de uma escrita que só pode se pensar como suplemento ou resíduo, apenas a imagem fantasmática de um real inapreensível (*Obra completa* 1402).

## A(N)NÓMOS

Como bem o ensinava o *duende ab-origem* no *Jardim de Evanira*, anomia não é falta de singularidade: "*Não lhe dê nome. Sem nome, você poderá sentir, sempre mais, quem ele é...*" (Rosa, *Ave, palavra* 254).

Numa famosa frase (inscrita também num monumento próximo à sua tumba em Portbou), Walter Benjamin dizia: "*It is more arduous to honour the memory of the nameless than that of the renowned. Historical construction is devoted to the memory of the nameless*" (em Taussig, *Walter Benjamin's Grave* 16). Isso que o filósofo alemão indicava como devoção da história parece especialmente adequado ao que "Páramo" –uma estória lida como propomos– reclama, pois o arduamente elidido coincide em muito com essa coletividade anômica. Digamos que o que não está é filamento nos fios que compõem o texto –um tecido ectoplásmico. Essa construção, como já se viu, constela insistentemente significantes em torno de ausências que reclamam os seus lugares, que insistem por vir a uma superfície textual que, no entanto, as adia com a mesma insistência. Está-se sob a espreita inquietante de "algo". Para convocar brevemente Derrida, podemos chamar essa presença ausente de *espectro* e defini-lo como: "la *frecuencia* de cierta visibilidad. Pero la visibilidad de lo invisible. Y la visibilidad, por esencia, no se ve, por eso permanece [...] más allá del fenómeno o del ente" (*Espectros* 148). Essa frequência, não se esqueça, permaneceria para Derrida como um reclamo ininterrupto de justiça –entendida essa justiça como doação e abertura temporal indesconstrutíveis. Se o espectro pertence à esfera da aparição, então ele partilha algo com o acontecimento: ele é intempestivo, não se sabe se vem do passado ou do futuro: "El espectro primero *nos ve* [...] nos mira antes incluso de que *le* veamos o de que veamos sin más" (148). Dito de outra maneira: o espectro é sempre um reaparecido, um sobrevivente, mas o seu tempo é o porvir. Como porvir da justiça o espectro é também comunidade futura, pluralidade que resiste à unificação ou à capitalização, quer dizer, ao *nómos*: uma espera messiânica sem messianismo, uma hospitalidade oferecida à justiça por vir e tão alheia a qualquer tipo de fechamento ou absoluto como intratável com aquilo que obstrui o que não vem. Horda é outro nome para espectro assim como, por que não, legião. O espectro é insurreto, ou, para retomar o neologismo derridiano "reinsurrecional" (59), pois o seu assédio atualiza anacronicamente –fora da conjuntura: *out of joint*– a indignação do passado na atualidade. Portanto: não se apresenta exclusivamente como temática, quer dizer, não representa o plural e excessivo da indignação, mas o expõe sensivelmente[153] na própria construção que vemos ou lemos. "Páramo" tem espectro, tanto quanto o elide; esse algo está tão fora desse corpo de letras quanto dentro dele, *dentrofora*: "No hay *Dasein* del espectro, pero tampoco hay *Dasein* sin la inquietante extrañeza, sin la extraña familiaridad (*Unheimlichkeit*) de algún espectro" (148). A memória dos sem nome é presença escrita do ausente, toque hoje da catástrofe de outrora, vida póstuma como gesto tendido em direção àquilo que resiste a jazer.

Um fantasma só pode evidenciar, com a sua resistência, os efeitos ruinosos do monstro sobre o mundo. Dessa maneira, pode dizer-se que os significantes são operadores temporais de sobrevivência e que implicam uma remontagem da história (Didi-Huberman, *Atlas* 119; *Cuando las imágenes*). O são como repetições em ato da catástrofe geral e como diferenciações dos momentos em que se ativa a sua lembrança, o que distancia esse relato do mesmo monstro contra o qual lutavam Heidegger e Benjamin, cada um a sua maneira e com decorrências muito diferentes: a saber, o monstro da hegeliana razão da história. Para este relato, como para esses pensadores, o singular não é nem o particular que se realiza como universal, nem o passado algo concluído. Singularidade e passado se disseminam infinitamente: não há fatos completamente consumados, mas fragmentos ou ruínas abertos ao sentido, expostos em sobrevida na atualidade do relato. Contra o total e unívoco desse monstro, o relato se faz da proliferação

---

[153] Para uma compreensão do que aqui se entende por *espectralidade* em relação com o estético ou sensível ver Antelo ("O poema moderno" 31).

## Do tamanho do mundo

desses pedaços que, longe de outorgar uma razão aos acontecimentos ou de corresponder necessariamente às suas formas ou estruturas, estão marcados pela comoção do que está ausente e que, como tal, insiste irrepresentado. O real é aquilo que passou por aí e cujo contato não pôde deixar de não se escrever. A origem, então é uma marca do nada em que a coisa originada está suspensa, e retorna sempre de maneira diferente, como num redemoinho.

Assim lido, "Páramo" pode lançar alguma luz, mesmo que seja escura, sobre as circunstâncias do seu inacabamento e não-publicação e até mesmo sobre o resto da produção rosiana. Se a IX Conferência representava um modelo de modernização caracteristicamente especulativo, que procurava acumular o excedente de riqueza num centro determinado, seria lícito pensar o acefálico Bogotazo como uma espécie de gasto improdutivo? Pode pensar-se a revolta como um desafio da massa anômica que queima os seus excedentes perante um sistema mesquinho, confrontando ao mundo do cálculo com a sua própria imagem como produtor de ruína? Se for assim, pode-se dizer que o relato opõe à economia restrita do pan-americanismo de pós-guerra, a essa mesma economia que se apropriou da revolta e a fez servir aos seus propósitos de acumulação de capital (a capitalização do que não teve cabeça), uma economia geral, em que o excesso se apresenta como um desafio, como a pulverização de um saber pretendido unívoco e de uma razão da história entendida como progressão homogênea. Ao invés de cair na armação em que caiu o Georges Bataille de *A parte maldita* (1949), e que o levou a fazer uma prudente apologia do Plano Marshall (ver *La parte maldita*), cuja decorrência continental seria o pan-americanismo de pós-guerra, Guimarães Rosa, ou (melhor) o texto aqui abordado, opta por uma repotencialização da revolta dos sem nome e sem objetivo, por dar-lhes um lugar central, embora elíptico, na cadeia significante —e isso, evidentemente, compromete em muito ao diplomata que, perante Silveira e Callado, se mostrara tão indiferente e preocupado pela má educação da massa. "Páramo" pode ser lido como uma impugnação do logocentrismo que operava em espaços como a IX Conferência Pan-americana. Caso essa leitura fosse possível, a estória trabalharia contra a História, e mesmo contra a imagem pública do seu inscriptor.

As operações da crítica nacionalista, ou regional-universalista, são caracteristicamente restritas: usam o conjunto de textos assinados por Guimarães Rosa como moeda de troca num mercado internacional da literatura. Isso, com as nuanças devidas, ocorre com o *super-regionalismo* de Antonio Candido ou com a *transculturação narrativa* de Ángel Rama:[154] nesses protocolos de leitura, claramente, não cabe um texto como "Páramo" posto que ele, longe de permitir uma leitura autônoma, afirma o seu valor pela contaminação de outros textos, eventos e culturas "periféricos" a respeito dos quais exige uma leitura *em filigrana*. Se acatados os protocolos de leitura antes referidos, sem dúvida, o texto se manterá marginal, menor, sem muito interesse crítico. A economia geral, o dom, a hospitalidade, etc. que este trabalho propõe como fundamentais à lógica operativa da escritura rosiana, entretanto, questionam, abalam, ou comovem a centralidade da cultura de referência sem excluí-la do jogo, promovendo uma relação entre periféricos que teremos de continuar repensando. Talvez o próprio não seja possível sem a intimidade do estranho que, não raro, mora bem ao nosso lado, no êxtase que é a morte e que pode ser um limiar aberto; talvez o próprio, o identitário, o *ipse*, sejam na escritura de Guimarães Rosa, como veremos na segunda parte deste livro, apenas semblantes desse êxtase em devir.

---

[154] Veja-se, a propósito, "Una crítica acéfala para la modernidad latinoamericana (Antelo 134).

*Segunda parte*

*Do tamanho do mundo*

> Amazônia
> Iniitiisterra: *só uma maneira de abordagem*
> *nos comunica com o imenso: a miúda.*
> Guimarães Rosa

> *...En aquel Imperio, el Arte de la Cartografía logró tal Perfección que el mapa de una sola Provincia ocupaba toda una Ciudad, y el mapa del imperio, toda una Provincia. Con el tiempo, esos Mapas Desmesurados no satisfacieron y los colegios de Cartógrafos levantaron un Mapa del Imperio, que tenía el tamaño del Imperio y coincidía puntualmente con él. Menos adictas al Estudio de la Cartografía, las Generaciones Siguientes entendieron que ese dilatado Mapa era inútil y no sin Impiedad lo entregaron a las Inclemencias del Sol y de los Inviernos. En los desiertos del Oeste perduran despedazadas Ruinas del Mapa, habitadas por Animales y por Mendigos; en todo el País no hay otra reliquia de las Disciplinas Geográficas.*
> Suárez Miranda, *Viajes de varones prudentes*
> Libro cuarto, cap. XLV, Lérida, 1658
> Jorge Luis Borges, "Del rigor en la ciencia"

## I. ALEPH

A primeira parte deste trabalho se dedica amplamente a algo que poderia denominar-se, usando uma expressão comum, a "caixa-preta" de "Páramo". Revirando o arquivo, reconstruindo a partir de fontes e vestígios um fragmento de história —ou seja: construindo sua imagem—, chegamos a inferir contatos, a propor intertextualidades, impressões e comoções. Achados alguns antecedentes, talvez conscientemente elididos, em cada um desses textos e acontecimentos está em potência isso que chamamos "a lógica operativa" da escritura de Rosa, em grau maior ou menor; mas se Rosa não tivesse escrito "Páramo", provavelmente não a perceberíamos. Isto é, tanto essa lógica quanto às ligações entrevistas se produzem como efeitos de leitura. "Custodia, o la emparedada" prenuncia algo de "Páramo", por exemplo, que por sua vez modifica, e afina, a leitura da narrativa de Cordovez Moure. Também tem o poder de modificar a nossa compreensão da posição do escritor-diplomata a respeito do Bogotazo. A contaminação é geral; e o fato é que cada escritura *cria* os seus precursores, assim como a sua circunstância. Cria-os quando lida e, de alguma maneira, os justifica.

No entanto, como pensar essa contaminação? Estará restrita aos artifícios descritos na primeira parte deste trabalho? Pode pensar-se exclusivamente em relação a um texto e aos seus antecessores? Haverá a possibilidade de ler outros textos, narrativas não encenadas nessa cidade do *soroche*, a partir dessas comoções?

Silviano Santiago, no artigo "Soroche, o mal das alturas", vê em "Páramo" uma espécie de cosmopolitismo situado, isto é, não capturado na pretensão universalista de falar ao mesmo tempo desde nenhum lugar e desde todos. A narrativa, pelo contrário, sugeriria uma abordagem diferente, uma opção, achada pelo narrador Guimarães Rosa, para se defrontar com o mundo a partir da singularidade de uma posição. Para ilustrar isso, Santiago se vale de uma figura borgiana, da qual nos apropriamos para caracterizar a tentativa desta segunda parte: "Bogotá é seu 'Aleph'" (*Aos sábados* 132). O *aleph* é um ponto ou orifício muito pequeno, através do qual se veem todos os pontos do vasto universo, todos os tempos do tempo, todos os mundos do mundo, mas ele está no décimo nono degrau do porão da casa de um homem chamado Carlos Argentino Daneri, uma casa localizada na *calle* Garay de Buenos Aires, e é entrevisto numa noite de 1941 por um narrador, Borges, que tenta descrever a experiência do seu próprio ponto de vista. Toda leitura de um *corpus* está determinada tanto pelos protocolos que a orientam quanto por um lugar de entrada no próprio *corpus*; ou seja, depende do texto de que se focaliza e do próprio enfoque. Na segunda parte deste livro, esta segunda parte, tentaremos evidenciar a maneira em que um texto rosiano muito mais canônico que "Páramo" –porém afim com ele pela constelação de temáticas, interesses e procedimentos que convoca, além da proximidade temporal de sua escrita–, partilha com ele o *estilo vestigial* de que se falou longamente na primeira parte. Melhor dizendo, "Meu tio o Iauaretê", que será o "objeto" desta continuação, pode ser lido também vestigialmente, a partir de "Páramo".

Esse *aleph* nos dá um tom de leitura, é o nosso lugar de entrada no *corpus* estudado. Ora, isso em nada era estranho para Guimarães Rosa, cujo sertão literário era vastíssimo, "do tamanho do mundo", em palavras do Riobaldo de *Grande Sertão: veredas*, porém focalizado.[155] Por isso, entre outras coisas, Rosa fazia nascer Goethe, Flaubert e Dostoievski às margens do São Francisco, veredeiros num espaço existencial imenso. Zola, entretanto, proviria apenas de São Paulo.[156] Uma das acepções da palavra "páramo" é deserto, que como região agreste, afastada dos núcleos urbanos e das terras cultivadas, coincide em sentido com "sertão". Se esse espaço, como dizia Guimarães Rosa, é o lugar em que "o interior e o exterior não podem ser separados", então nele texto e contexto também não podem sê-lo, como realidade e ficção, ou literatura e vida, ou como espaço e tempo. *Hinterland* e metrópole, nacional e estrangeiro, civilização e barbárie, como veremos, conformam tecidos também inextricáveis: o deserto urbano de lá pode continuar na floresta de cá. Na medida em que sejamos capazes de compreender isso, sem descuidar a singularidade de cada lugar, ou seja, de cada texto, poderemos também pensar no sentido como uma proliferação de vistas, ou de mundos, que nos obriga a atentar para tudo o que não foi aprisionado por determinações ontológicas. Dessa maneira, talvez, o páramo possa adquirir as dimensões do sertão.

Mapa sem sentidos predeterminados, marcado pelo excesso *ab origine*, o texto rosiano abala a autonomia literária erigida em valor absoluto e confronta noções que lhe são correlatas: como fronteira, precedência, limite, sistema, forma, nação. Cada vez, entretanto, de maneira distinta. Nas páginas a seguir abordaremos miúda, marginal e talvez tangencialmente, "Meu tio o Iauaretê", segundo procedimentos e teorias afins aos usados anteriormente. Por essa razão, esta segunda

---

[155] "Para a Europa, é sem dúvida um mundo muito grande, para nós, apenas um mundo pequeno, medido segundo nossos conceitos geográficos. E este pequeno mundo do sertão, este mundo original e cheio de contrastes, é para mim o símbolo, diria mesmo o modelo de meu universo" (Rosa em Lorenz, "Diálogo" XXXV).

[156] "Goethe nasceu no sertão, assim como Dostoievski, Tolstoi, Flaubert, Balzac; ele era, como os outros que eu admiro, um moralista, um homem que vivia com a língua e pensava no infinito. Acho que Goethe foi, em resumo, o único grande poeta da literatura mundial que não escrevia para o dia, mas para o infinito. Era um sertanejo. Zola, para tomar arbitrariamente um exemplo contrário, provinha apenas de São Paulo. [...] não do ponto de vista filológico e sim do metafísico, no sertão fala-se a língua de Goethe, Dostoievski e Flaubert, porque o sertão é o terreno da eternidade, da solidão, onde *Inneres und Ausseres sind nicht mehr zu trennen* ["O interior e o exterior já não podem ser separados"]" (em Lorenz, "Diálogo" LIII-LIV).

parte se dedica às ressonâncias entre os textos estudados sem estabelecer uma continuidade obrigatória entre eles. Aguçar o ouvido, acreditar nos sinais, nos instrumentos, nas estrelas, pode servir-nos para pensar numa abordagem do literário, do cultural e do identitário em aberto confronto com os modelos sistemáticos mencionados, mas também nos obriga a atentar para as diferenças.

Antes, todavia, de errar nessa selva, retornemos brevemente aos protocolos dominantes na crítica rosiana, para ver algumas das suas decorrências recentes e contrastá-las com aquelas perspectivas que nos orientam. Como se pode coligir, em primeira instância nos referimos ao super-regionalismo de Antonio Candido e à transculturação narrativa de Ángel Rama, mencionados no fim da seção anterior. Esses protocolos de leitura do latino-americano, e especificamente da obra estudada, postulam, *grosso modo*, uma literatura que ficcionalmente interpretaria realidades particulares introduzindo-as, posteriormente, no âmbito internacional, universal, das representações simbólicas do nacional. Isso, além de tender a uma certa neutralização de fortes antagonismos vitais, de colocar o estado ou a nação como centro e alvo de toda reflexão, coincide com um regime autonomista de leitura que entende o ficcional como reflexo superestrutural de um dado complexo histórico-social (ver Antelo, "Uma crítica acéfala"). Além disso, reporta toda validação, toda legitimidade, a um mediador absoluto, geralmente situado nos grandes centros da cultura ocidental. A universalidade simbólica, de outra parte, exige um contrapeso: apesar da constante reivindicação da autonomia do texto literário, esses protocolos dependem em grande medida da coincidência entre os espaços representados e os lugares de origem dos autores; é tão necessária essa coincidência para esses protocolos que, inclusive, erigiram o epíteto "provinciano" como distintivo de valor em si mesmo. Dessa maneira, o valor do latino-americano estaria em atingir esses centros, através da representação da singularidade local em vias de modernização; ainda mais, o valor estaria em transformar esses centros, enriquecendo o patrimônio universal, comum, da humanidade.

Muitas reinterpretações e adaptações posteriores desses protocolos têm atualizado a discussão e tentado propor alternativas aos problemas apontados. Dentre essas limitações, por exemplo, foi assinalada a maneira em que essas leituras, que não conseguiam operar sem um centro metropolitano como legitimador das produções culturais periféricas, entendiam essas produções como referidas a realidades locais mortas ou quase agonizantes em vista do próprio processo modernizador. Cenário de algumas manifestações críticas do atraso, à escritura literária caberia apenas o papel de um arquivo póstumo e toda análise deveria atestar ou registrar a morte do representado.[157] Em grande medida, essa morte, produzida mais que constatada, se traduziria posteriormente por uma desconfiança a respeito do "universal" ou do "cosmopolita" que, em tempos de globalização, parece reabrir a disjuntiva.

Um texto mais recente de Roberto Schwarz nos permite repensar as relações entre cosmopolitismo e nacionalismo no quadro das últimas décadas. Isso, todavia, em chave autonomista. No ensaio "Leituras em competição" (2006), dedicado à crítica da obra de Machado de Assis (e a uma crônica do mestre que tensiona ao máximo o descompasso entre periferia e centro), Schwarz parece reabrir o que os protocolos de Rama e Candido procuravam sintetizar. O autor de *Um mestre na periferia do capitalismo*, no ensaio mencionado, adverte sobre um universalismo que tenderia a neutralizar a história nacional formalizada pela obra literária em nome de valores tão abstratos quanto o próprio marco global —o mercado— de que se enunciam. Em contraposição, uma leitura nacional atenta para as peculiaridades da formação brasileira (patriarcalismo, escravidão e clientelismo, liberalismo fora de lugar, etc.), teria maior ímpeto modernizador, devido à potência crítica decorrente de conhecimento concreto do contexto e do abandono deliberado dos valores universalistas abstratos que regem a leitura cosmopolita (entre esses valores, o ensaísta insere o que denomina "franquias intelectuais": desconstrução, pós-modernismo, *cultural studies*). Embora reconheça a fluidez entre esses polos, e inclusive reconheça as próprias dívidas com algumas abordagens estrangeiras, Schwarz acaba dando verdade ao impasse em nome da "falta de

---

[157] Não se esqueça, por exemplo, que para Candido, a obra de Rulfo seria de uma "sobriedade fantasmal" ("Literatura" 162), ou que *Memórias de um sargento de milícias* seria a "anatomia espectral" do "Brasil joanino" ("Dialética" 54).

articulação interna, de trânsito intelectual entre história nacional e história contemporânea" (68).

Isso, é claro, acaba desarticulando muito mais do que enuncia. Apesar de usar proveitosamente a leitura de Machado para demonstrar o equívoco dessa polarização, a balança de Schwarz acaba pesando mais do lado nacional, enquanto o internacional, ou cosmopolita, ou "não-nacional" (64), paira em alturas sem história, sem autoconsciência e sem contexto. Recusando uma abstração que certamente se dá no quadro internacional (por exemplo, a leitura neutralizadoramente cervantina que Carlos Fuentes fez de Machado em 2001), acaba optando-se por uma naturalidade muito problemática quando doadora imediata de valor —visto como está que, embora aja em escala menor, a leitura nacional também opera por violentas reduções e abstrações. Por outra parte, em decorrência dessa naturalidade, o sentido acaba confiando-se à autoridade da obra, do autor e de um contexto fechado, desconhecendo a historicidade de leituras não-nacionais e da adoção e adaptação transculturadora das ferramentas teóricas metropolitanas.

Aceitemos, só de maneira sinóptica e momentânea, a polaridade para, em seguida, contrastar-lhe uma alternativa contemporânea.

Se o polo cosmopolita opera por uma subtração do nacional, o polo nacional o faz pela hipertrofia de um autóctone particular e abstrato; se o primeiro eleva a universais os valores provenientes das mais internacionalistas classes sociais metropolitanas, o segundo acata a própria noção, também elitista, de nação, um dos pilares fundamentais desses valores metropolitanos. A diferença entre nacional e cosmopolita, assim postulada, seria relativa ao reconhecimento, ou não, dos lugares de enunciação: enquanto o cosmopolitismo declarar-se-ia global e interessado por valores eternos ou comuns de toda a humanidade, valores esses que, apesar de não declarados, têm um lugar, uma língua, um complexo cultural de proveniência, isto é, uma história contingente; o nacionalismo, por sua vez, declara o seu lugar de enunciação e reclama a sua legitimidade a partir dele, mas ao não questionar o seu próprio cerne conceitual —a nação—, ao fazer desse fundamento algo dado, isto é, sem nuances importantes dentro das fronteiras de um território imenso, tende a fazer desse "nacional" algo homogêneo, um universal-local que, finalmente, se irradia desde os grandes centros metropolitanos. São Paulo, por exemplo, poderia ser o lugar de definição do nacional-brasileiro, de lá se irradiaria sem gradações ou considerações das diferenças de todas as regiões circunscritas pelo território. O Acre, ou a Amazônia, seriam tão nacionais quanto o Rio de Janeiro, malgrado as suas próprias singularidades e até o caráter nômade e transnacional de grande parte dos seus habitantes. Apesar das línguas nativas desses territórios serem mais numerosas que as línguas do continente africano, e sendo esses territórios tão ricos quanto a África em conhecimentos e mundos culturais, a sua medida e modelo seriam as grandes urbes coloniais.

Cosmopolitismo e nacionalismo, portanto, não se excluem, mas operam com a mesma lógica centro-periferia em escalas distintas. Não são polos opostos porque, ambos, são pensamentos centrados, cefálicos digamos, que só diferem pela enunciação ou não enunciação dos seus respectivos centros. Não são uma tese e uma antítese, da mesma maneira que as opções transculturadoras e super-regionalistas, apesar de se postular como sínteses da contradição ou *impasse* criados entre esses polos, não podem operar sem uma mediação absoluta. São complementares, isto é, diferindo nas escalas de suas abstrações, coincidem no fundamental: a mediação absoluta de um centro. Confluência problemática, porque se o interpretante entre as chamadas culturas periféricas é um centro longínquo, se todo reconhecimento entre elas deve sempre passar por essa mediação, as representações resultantes serão por demais abstratas.

Cabe a um pensamento situado oferecer uma alternativa.

Silviano Santiago, ao menos desde *O cosmopolitismo do pobre* (2004), e nos últimos anos em *Ora (direis) puxar conversa!* (2006) e *Aos sábados, pela manhã* (2013), tem pensado uma alternativa para esse impasse, algo que poderíamos denominar um *cosmopolitismo situado* e que parte de reflexão sobre a participação cultural de massas de migrantes, geralmente exilados do neoliberalismo, nos grandes centros da economia global:

> Os pobres [hoje] são anacrônicos de outra forma, agora no contraste com o espetáculo grandiloquente do pós-moderno, que os convocou nas suas terras para o trabalho manual e os abriga em bairros lastimáveis das metrópoles. Esse novo expediente do capital transnacional junto

aos países periféricos ancora o camponês em terras estrangeiras, onde seus descendentes pouco a pouco perderão o peso e a força da tradição original. (*O cosmopolitismo* 51)

Nesse quadro, uma leitura nacional dos fenômenos culturais é insuficiente, já que a razão econômica que convoca os novos pobres para a metrópole pós-moderna é transnacional e, na maioria dos casos, também é clandestina. Numa era globalizada, o cosmopolitismo do pobre, longe de alienar o universal numa nuvem de valores eternos e inamovíveis, tende a comovê-lo pela intrusão de outros conhecimentos, outros modos de vida, outras línguas, demasiado singulares, tanto que sua mera assimilação resulta impossível.[158] Intrusão necessária, pois se a comunicação com os seus valores sociais autóctones dá aos novos retirantes a possibilidade de sobreviver num meio que lhes é hostil, esse meio os incorpora como força laboral imprescindível. Entretanto, nem o lugar de origem, nem os lugares de chegada passam sem uma íntima comoção, cuja fórmula sintética é fornecida por Santiago no artigo "Cosmopolitismo e diversidade cultural": "universalidade mais diferença" (*Aos sábados* 253). Os imigrantes, sem se *aculturar* completamente, nem ser admitidos ou naturalizados pelas metrópoles, não deixam de contaminar com suas singularidades as culturas erigidas pela globalização como referências a se espalhar universalmente. É o pobre modificando o quadro global, e sendo modificado por ele; mas não se trata mais de domínios estanques nem de um movimento unidirecional, não é mais o global normalizando a cultura de um periférico passivo. Dessa maneira, o universal se apresenta atravessado por uma exortação ética —a de abraçar o amplo leque da diversidade humana— que ganha corpo com um nacionalismo não restritivo, que se entende como incompleto e inserido numa complexa rede diferencial. Dessa complementariedade se depreendem os seguintes imperativos, identificados por Silviano no cosmopolitismo contemporâneo do filósofo Kwane Anthony Appiah: "1) Não necessitamos de um governo mundial único. 2. Devemos preocupar-nos pela sorte de todos os seres

---

[158] Seguimos aqui, de maneira evidente, o pensamento de Jean-Luc Nancy (ver *El intruso* 11-13).

humanos, tanto os da nossa sociedade como os das outras. 3. Temos muito a ganhar nas conversações que atravessam as diferenças" (252).

Se há um multiculturalismo inerente a todo etnocentrismo, pois o etnocentrismo precisa reconhecer a diversidade cultural para postular a própria cultura como referência absoluta, a exortação ética mencionada como decorrência de um cosmopolitismo situado deve traduzir-se numa nova forma de multiculturalismo, uma em que não seja a voz impessoal (e, no entanto, intimamente sexuada, etnizada, classificada) do estado-nação que se imponha, mas que dê um papel de imensa relevância à conversação: "A conversação não visa à conversão absoluta de um ou do outro falante; seu propósito [...] é o aprendizado, além do ensino, é a escuta, além da fala" (*Aos sábados* 253).

Escutar é sempre deixar um outro falar, ouvir e interessar-se por uma história da qual não se é o protagonista. Isso para concordar ou não, pois um pensamento da diferença não exclui os confrontos, mas os supõe. Se a *pax* era uma imposição do estado-nação, se ele precisou de um multiculturalismo etnocêntrico para constituir-se, apagando de vez as singularidades das que se alimentava, cabe a um outro multiculturalismo, reconfigurado por uma visada cosmopolita, trocar de modelos, instrumentos e objetivos. Do internacionalismo burguês, ou branco, homogeneizado e abstrato, passaríamos ao influxo intruso do pobre, situado e heterogêneo; da língua padrão elevada a moeda universal de troca, ao plurilinguismo dos sotaques, das cores e dos sexos; do significado nacional impartido e discernido pelas elites, ao significante errático e contingente dos encontros.[159]

É claro que onde operavam protocolos que privilegiavam a naturalidade, Santiago insere outro que dá à afinidade a maior relevância. Onde se privilegiavam autor, obra e contexto, se articulam o leitor, o texto e o acontecimento.

É necessário pensar que a universalização da região, que os protocolos de leitura super-regionalistas ou transculturadores erigiram como o objetivo primeiro da literatura, acabou não se dando pelas

---

[159] Remetemos ao livro *Ciencia, cyborgs y mujeres* (1995), particularmente aos capítulos 6 e 7, em que Donna Haraway elabora noções relativas à localização e situação de todo conhecimento, privilegiando a perspectiva parcial ou encarnada como forma de objetividade.

vias da "alta" cultura nem pela lógica reflexiva da representação. As massas imensas de trabalhadores do mundo, que são expulsas pelas próprias condições subalternas dos seus lugares de origem, acabam se encontrando nas metrópoles longínquas com pessoas que, provindas de outras latitudes, estão em situação similar: "Os desempregados do mundo se unem em Paris, Londres, Roma, Nova Iorque e São Paulo" (Santiago, *O cosmopolitismo* 52). Dado o encontro, e vista a afinidade, esses migrantes constroem uma sociabilidade em que opera isso que Silviano diz ser "universalidade mais diferença" posto que, não sendo bem recebidos pela metrópole, nem exercendo entre afins a violência simbólica que se exerce de cima contra eles (imposição da língua, de códigos culturais, de ofícios, de práticas, de indumentárias, discriminação, etc.), ou ao menos não a exercendo no seu grau máximo, se tecem relações de colaboração e intimidade entre pessoas provindas de latitudes diversas (e provavelmente usando como língua de referência a língua do lugar de encontro). Reunidos ao redor de gostos, de práticas comuns, de trabalhos similarmente remunerados e valorizados, mas que não pretendem impor-se entre eles as suas particularidades restritivas nem aceitam a homogeneização que de cima a metrópole lhes impõe, os "cosmopolitas pobres" oferecem um modelo de resistência global que modifica as relações unidirecionais entre o que antes se chamou primeiro mundo/terceiro mundo, centro/periferia, metrópole/colônia (Lopes, "Por una crítica" 29). Por isso não pode mais ser subjulgado o seu papel de transformação das culturas. Embora branda e não necessariamente atrelada a projetos conscientemente concebidos, a subversão operada pela simples existência desses "intrusos", pelo diálogo entre culturas afins que outrora se desconheciam mutuamente, é altamente fecunda.

Como muito bem o sabiam Rulfo ou Guimarães Rosa, a universalidade do regional nunca se deu através da representação. Se possível, esse universalismo se deu em termos de experiência. Dado que ler é uma forma de experiência, ou a própria maneira da experiência, a leitura pode incorporar a afinidade como uma estratégia comparatista. No caso do presente trabalho essa estratégia se aplica ao acervo teórico utilizado, assim como aos textos ficcionais e aos materiais de arquivo convocados. Protocolos que tentaremos aproximar da escritura rosiana, diferentemente dos antes mencionados, não se ocupam exclusivamente com o que existe e está prestes a desaparecer, ou com o já irremediavelmente perdido, mas com o que ainda sobrevive, talvez postumamente, naquilo existente —singularidades que iluminam profanamente o presente, sem direito nem permissões, e que trazem mais mundos ao mundo, que o abrem ao porvir a partir de lampejos, de outras possibilidades de existência que, ainda brilhando instantaneamente como pirilampos, impugnam a totalidade e a sua pretendida pureza.

Compreendido tal cosmopolitismo como imperativo ético contemporâneo e como estratégia comparatista que não abandona o singular num quadro global, vale a pena ainda refletir um pouco sobre o segundo termo da denominação proposta: situação. Para tal efeito, é de imensa importância o livro *Algaravia: discursos de nação* (1998), em que Raúl Antelo opera um deslocamento do conceito de nação, há tempos enredado tanto num esquema determinista quanto no *impasse*, acima mencionado como nem tão categórico, com o cosmopolitismo. Após uma deriva numa rede discursiva imensa, disseminada, de traduções do nacional, Antelo propõe o conceito de *nação eventural*, isto é, recoloca a nação numa posição significante, excêntrica —artifício aberto à atribuição de novos sentidos para além do dado, do naturalizado, do formalizado. Essa *nação eventural* comporta uma compreensão do nacional como virtualidade atualizada em situações espaço-temporais diversas, da identidade como *différance* tanto criada quanto criadora, tanto coletiva quanto contingente, e da representação como elemento estruturante (não só estruturado) do social. *Lei do gênero*, a nação, assim entendida não comporta necesáriamente pertencimento, mas se pauta por participações, retóricas, imaginárias, simbólicas, no real:

> Concebida como poética plural do moderno, a nação eventural não se rege pelo constitutivo ou essencial mas pelo contingente e condicional; seu critério não é temático mas remático e seu modo, enfim, o da dicção – uma prosa não ficcional à qual a leitura coletiva tende a dar estatuto monumental. A dicção de algaravia desses discursos de nação condiciona, assim, o território e a desterritorialização [...] o próprio e o alheio, o *Heimlich* e o *Unheimlich*, a Casa e o Mundo. (*Algararia* 111)

Assim entendida, a nação não exclui o alienígena, nem se fecha sobre si própria como um imperativo de legitimidade. Ao mesmo tempo, tal a monolíngua derridiana (*El monolinguismo*)[160] ou o *duende* de García Lorca ("Juego y teoría"),[161] postula sua inevitabilidade e o seu caráter não restritivo,[162] a sua razão e os seus monstros para além de toda efusão celebratória. Significante ou semblante aberto a novas atribuições, a origem, mais uma vez, remonta a um excesso de ser e não à sua falta, é originária e não fatalmente original, incompleta e inacabada, vir-a-ser e extinção, vida e morte, *espanto*. Uma identidade assim entendida, junto ao apelo ético de multiplicar as singularidades, orientam a presente tentativa.

Uma leitura situada, ou marginal, finalmente, e como se evidenciará adiante, suscita ligações, ou intertextualidades diversas das costumeiras e, mesmo em materiais muitas vezes vistos e estudados, ilumina regiões invisibilizadas por leituras centrais ou frontais. Aguçamos o ouvido de uma situação singular, de uma margem intitulada "Páramo": universalidade mais diferença, localidade mais contato, anautonomia, cosmopolitismo situado e eventual, esta

---

[160] Para Derrida o monolinguismo sempre é imposto pelo outro ou imposto ao outro; é um fantasma não raramente caracterizado pelos traços ameaçantes da hegemonia colonial. O *ipse* é impensável sem o *hostis* e sem o *hospes*, assim como sem o *unheimlich* de uma língua que lhe é familiarmente estranha. É a "lei" –antinomia– da língua: 1. Não se tem mais que uma língua materna que, entretanto, não se possui; 2. É impossível não se ter mais que uma língua, ela nunca é única porque está feita de contaminações, contatos e diferenças com outras línguas. Essa "fatalidade" ritma a experiência do próprio, fazendo dessa experiência algo atravessado pela transcendência ou pelo êxtase, uma abertura para além dos limites impostos pela grei, pelo estado ou pela família: uma abertura ao impossível como possibilidade. Para além do intercâmbio restrito e regrado de bens culturais, a língua se endereça para essa *anamnese* do outro, ou de Babel, que para Derrida é o destino de toda escritura (*El monolinguismo* 102). Por isso, entre outras muitas "definições", "desconstrução" significa para Derrida "mais de uma língua".

[161] O *duende* lorquiano surge no clímax vital que aproxima dançantes, *cantaores*, poetas, toureadores, músicos, etc. da morte. Prazer e sofrimento, é um paroxismo existencial que, à maneira da tragédia nietzscheana, beira a dissolução tanto quanto abre novas existências. Por isso, para Lorca "el duende ama el borde de la herida" (*Juego y teoría* 104). Lembre-se que na sua tentativa de definição da "brasilidade", perante Günter Lorenz, Guimarães Rosa evocava a figura do *duende* (Lorenz, "Diálogo" LX).

[162] Precisamente Silviano Santiago em "Uma literatura anfíbia" (2004) postula esses dois movimentos –sintetizados na fórmula "universalidade mais diferença" – como alternativa ao impasse criado entre o nacional e o cosmopolita (*O cosmopolitismo* 71).

leitura, que procura afinidades entre "periféricos", toma essa narrativa –lida na perspectiva do contato entre seu autor e uma Bogotá prestes a explodir, e de uma ilha chamada Desterro– como seu *aleph* e, desse entre-lugar latino-americano, se adentra, nesta segunda parte, na floresta.

## CARIBE

> m%- "barro de América no conquistado aún [...] barro fundamental"
> Borges, "Sentirse en muerte", 1928

Antes da floresta, contudo, precisamos passar por outros territórios selvagens.

Na página 2 da pasta chamada "Colômbia/Ásia" [IEB-USP/JGR-EO-01,02], que inclui os estudos de composição de "Páramo", hoje sob os cuidados do Instituto de Estudos Brasileiros da Universidade de São Paulo, estão as seguintes anotações:

> BOGOTÁ
> Cartagena = a "pérola das Índias"
> o vice-rei
> freebooters= flibusteiros

A conjugação do epíteto de Cartagena com o título "vice-rei" e com a denominação dos memoráveis saqueadores do mar Caribe indicam, quase certeiramente, na direção de uma fonte mencionada na primeira parte deste trabalho: *Biografia del Caribe* (1945), do historiador Germán Arciniegas. Nesse misto literário –romance, tratado historiográfico, livro de história–, Arciniegas reclamava para o continente americano um lugar de destaque na história da eclosão das inéditas concepções científicas e culturais que, após o chamado descobrimento, estremeceram o mundo ocidental. Do ponto de vista desse autor, os séculos de ouro da Espanha, França, Inglaterra; a passagem da geometria plana à geometria do espaço; o próprio Renascimento; tinham uma dívida imensa com o continente expropriado. Por essa razão, Arciniegas reclamava como fundamento da própria *praxis* histórica a obrigação de se aproximar do homem "de la calle", aquele que forma parte da massa anônima, rural ou urbana, e que tem em si a memória de um processo de conquista às avessas, em que o negro, o índio, o branco, miscigenados, exercem na cultura ocidental um "trabalho de contaminação" (para usar expressões de Silviano Santiago) que destrói, ou faz com que percam um contorno exato, as próprias noções de unidade e pureza (ver *América*; *Biografia*). Por isso, entre outras coisas, Arciniegas terminava *Biografia del Caribe* com um "Prólogo de la vida", em que América é o próprio prelúdio de uma nova existência e a mestiçagem o seu valor específico –um valor insurreto em si mesmo, bárbaro, antropofágico; uma potência imensa para resistir à ambição colonialista desde os próprios valores, conhecimentos e práticas culturais marginalizados pelos conquistadores.

É claro, na biografia do continente o *caribe* tem um lugar de destaque:

> Estos caribes tienen sus ideas. En las guerras, enemigo que cae, hombre que se descuartiza, se adoba y se lleva al asador. Cuelgan de las chozas las piernas como jamones ahumados. [...] En las fiestas, se adornan la cabeza de plumas, y pintan el cuerpo de rojo, con achiote. Usan collares de huesos, dientes, uñas de bestias salvajes, caracoles. Comen gusanos, otras porquerías. Son libres y indecentes. / "Caribe" es como decir "indio bravo". Es una palabra de guerra que cubre la floresta americana como el veneno de que se unta el aguijón de las flechas. (*Biografia* 17-18)

Obviamente, mestiçagem, multilinguismo, conquista às avessas, têm que se testar em americanos miscigenados, cujo paradigma está na descrição que Arciniegas elabora de *bucaneros y filibusteros* (ver *Biografia* 188-90). Esses semisselvagens, impuros e não-unitários *lobos de mar*, impregnados de índio, também canibais às vezes, que falam uma língua muito misturada (indígena, digamos, com traços de francês, de inglês, de espanhol, de holandês, etc.), que não possuem hierarquias estanques ou absolutas nem fazem mais a guerra à maneira europeia, talvez sejam os *freebooters* ou flibusteiros que interessaram Rosa, pelo menos ao ponto de trazê-los para integrar o seu estudo de composição de "Páramo": "La historia es de ellos. [...] Quienes viven más en el mar que en el monte, se llaman filibusteros. En inglés, a los corsarios se les llama "freebooters". Esta palabra, mezclada con un poco de ron de las Antillas, llega a trastocarse con el tiempo en 'filibusteros'" (Arciniegas, *Biografía* 189).

Como já se disse na primeira parte deste trabalho, essa apologia do impuro e misturado se fazia no meio de um debate imenso da época, especificamente contra a eugenia promovida na Colômbia por intelectuais como Luis López de Mesa e Laureano Gómez (pouco estranha, nesse sentido, que Arciniegas faça modelos "universais", como Robinson Crusoe ou Long John Silver, descender desses *freebooters*). Ora, a inversão de valorações sobre o mundo indígena, tem os seus antecedentes na própria literatura colombiana: o pensamento de Luis Tejada, uma espécie de antropólogo cultural que, aliás, é um dos fundadores do Partido Comunista Colombiano. Apesar de sutis diferenças com Arciniegas (que era um liberal e pan-americanista), Tejada entendia também não ser do intelectual que provinham as forças transformadoras da sociedade, mas que era da experiência profunda da rua e do campo que o intelectual deveria extrair a sua própria legitimidade, a potência de suas ideias. Para ele, a própria diversidade cultural e étnica era uma garantia de modernidade e —nunca sem uma dose de humor— não hesitava em adjudicar-lhe um papel central nos mais destacados avanços da humanidade. Na crônica "Antropofagia" de 1924, que se inicia com um relato de devoração, Tejada faz uma apologia da prática selvagem, sem esquecer sua sobrevivência no próprio desenvolvimento da ciência:

> [...] en las llanuras semicivilizadas de Bolívar, los indios se comieron a dos comerciantes. Es decir, un caso de antropofagia con todos sus caracteres primitivos, como ya casi no se produce en el mundo. [...] no podría haber nada más lógico, más natural y hasta más conveniente que la antropofagia; [...]¡He ahí el alimento completo, perfecto, integral! [...] Es indudable que la ciencia moderna va derivando fatalmente hacia ese concepto terapéutico, el más lógico y el más eficaz de todos; ya existe una cantidad considerable de elementos medicinales que no son sino extractos orgánicos que irán a robustecer las partes similares deterioradas o fatigadas de nuestro cuerpo. Y se está propagando la creencia científica de que ciertas glándulas humanas asimiladas en alguna forma por el organismo, lo rejuvenecen y hasta lo resucitan; el jugo de las glándulas adrenales inyectado sobre el corazón revive a

los asfixiados y resucita realmente a los niños que nacen muertos.[163] Esas no son sino maneras científicas e indirectas de comerse uno a sus semejantes. Ese viejo precepto latino de *similia similibus curantur* es una verdadera insinuación de antropofagia./ Desgraciadamente, desde hace tiempos, los prejuicios éticos y sociales, y no sé qué invertido concepto de caridad, han colocado la carne del hombre civilizado bajo la protección de la ley, en una forma absoluta. Está establecido que todos los animales se pueden comer, menos uno. Y esta excepción como todas las excepciones impuestas violentamente, es algo absurdo, algo contra que tendrán que reaccionar al fin los mismos hombres.[...] ¡Ah, yo confío en que, para bien de la humanidad, llegará pronto el día de la libertad de antropofagia! (*Gotas de tinta* 266-67)

Não seria concebível uma cultura moderna sem antropofagia, e isso nos dá um tom de leitura para a obra do médico e diplomata João Guimarães Rosa, lida a partir de "Páramo". (Talvez não seja demais lembrar que uma das hipóteses deste trabalho é a de que toda leitura de um *corpus* está determinada tanto por um protocolo de leitura quanto por um lugar de entrada no próprio *corpus*; ou seja, depende do texto a partir do qual se focaliza e do próprio enfoque). *Lobisomens, lobos de mar, freebooters*: evidentemente, como se tentará mostrar, Rosa era sensível a essa antropofagia em que, no manifesto de 1928, Oswald de Andrade via um poderoso instrumento identitário: "Só a Antropofagia nos une. Socialmente. Economicamente. Filosoficamente. [...] Tupy, *or not tupy that is the question*" (*Revista de Antropofagia* 19). Melhor dizendo: há traços antropofágicos em "Páramo", e em textos que lhe são próximos por composição e leitura do "específico" cultural, principalmente em "Meu tio o Iauaretê".

Antes de entrar um pouco mais profundamente nessa narrativa, entretanto, é conveniente voltar um pouco para considerar dois textos, recortados e guardados cuidadosamente por Guimarães

---

[163] Sem dúvida, aquí Tejada insere uma referência ao cirurgião russo-francês Serge Abrahamovitch Voronoff (1866-1951), que tinha desenvolvido uma teoria de rejuvenescimento a partir de injeções e transplantes glandulares. Lembremos que, junto com Henry James, esse cirurgião se associa ao emblema antropofágico da "transfiguração do Tabu em totem" (sobre o qual voltaremos mais adiante) e que, em livro da propriedade de Guimarães Rosa [IEB-USP-GR923.2861V182p], Alejandro Vallejo relatava o encontro parisiense de Jorge Eliécer Gaitán, Freud e Voronoff (Vallejo, *Políticos* 10-12).

Rosa em seu arquivo pessoal. São dois artigos escritos pelo próprio Germán Arciniegas com exclusividade para *O Globo* e publicados respectivamente em 1 de abril e 27 de novembro de 1961: "A Beltraneja, Rainha de Castela" [IEB/USP-JGR-RT-08,03] e "Em meio à pompa da Basílica, passou uma família humilde" [IEB/USP-JGR-RT-12a,05]. Além das múltiplas semelhanças entre os escritores (panamericanistas, diplomatas, ambos traduzidos ao inglês por Harriet de Onís[164]), o que há de mais interessante nesses textos, da perspectiva deste ensaio, é que coincidem em muito com o universo de interesses e sentidos que a obra de Rosa explorava nesse momento, e com o fato de que essa gravitação teria ressonâncias nas palações posteriores do escritor: *Primeiras estórias, Tutaméia, Ave, palavra* e *Estas estórias*. Leve-se em consideração que já em 1961, Rosa estava preparando e publicando vários dos textos que depois integrariam esses volumes; que 61 também foi o ano de publicação dos contos-poemas "*Evanira!*", "Jardim fechado" e "A caça à lua" (publicados também n'*O Globo* em 26 de agosto, 27 de maio e 17 de junho, respectivamente) que partilham com "Páramo" o enigmático e fundamental significante "Evanira"; da quase totalidade dos textos de *Primeiras estórias* no jornal *O Globo*; e que 1961 também foi o ano de publicação de "Meu tio o Iauaretê", texto essencial se os há para pensar numa antropofagia rosiana.

As opções temáticas e estilísticas desses anos significariam para Rosa um intenso desencontro com uma porção da crítica, desencontro que marcou opções posteriores do escritor e que podemos ler tanto da entrevista concedida a Lorenz quanto do artigo "O mundo em perspectiva: Guimarães Rosa" de Luiz Costa Lima, publicado em janeiro de 1963[165] (ver Costa Lima, "O mundo").

Nesse artigo, Costa Lima identificava em *Primeiras estórias* (1962) duas vertentes em Guimarães Rosa: "dois resultados distintos e opostos. Um positivo e outro negativo". O primeiro resultado, o positivo, estaria para Costa Lima caracterizado por um "fazer ver"

---

[164] Disso dá conta a carta de Harriet de Onís a Guimarães Rosa, datada em 10 de março de 1965 e tombada no IEB/USP com o código JGR-CT-06,105.
[165] Rosa conheceu esse artigo e também o recortou e guardou em seu arquivo. Hoje o recorte está no Fundo João Guimarães Rosa sob os cuidados do IEB/USP, tombado com o código de referência JGR-R07,005.

uma realidade cambiante e de múltiplas perspectivas, ocultas, porém radicalmente racionalizáveis: "a realidade brasileira está mudando muito depressa, o que torna mais necessário conservarem os criadores os seus olhos bem abertos para o seu mundo". O outro resultado, o negativo, se caracterizaria por um "barroquismo", que para Costa Lima decorreria plausivelmente da "absorção por Guimarães Rosa da prática dos poetas concretistas" e que explicaria o fascínio, comum a pintores como Velásquez e Goya,[166] por "os dementes, os cegos, os anões, os mil injustiçados pela natureza". Segundo o crítico, esse fascínio se justificaria caso ajudasse a fazer mais visíveis os "desvios da normalidade" e a "crueldade depositada nas coisas", mas seria "defeito grave" e enredaria Rosa "na mesma encruzilhada em que se colocou Clarice Lispector", na contingência de não ser "instrumento para uma apreensão ordenada do real". Uma "linguagem deslastrada do real", que faria do escritor um "mero contador de estórias", perdida a sua "força de transfiguração". Por essa razão, o crítico se arroja a responsabilidade de prevenir o escritor contra essa "trilha fantasista": "apontar o declive perigoso pelo qual, numas poucas vezes desliza o autor, [...] alertar o escritor e artista contra certos riscos que possam vir a prejudicar sua *apreensão estética da realidade*". Para Costa Lima, aliás, o barroco seria uma espécie de aleijado estético, inevitavelmente atrelado a "propósitos contrarreformistas", "estacionário", de constantes formais "relacionadas a uma estrutura mental caracterizada pelo seu baixo grau de integração" (CCXX-CCXXI; *grifos no original*).

Em artigo publicado em 4 de fevereiro de 1968,[167] Costa Lima recuaria um pouco dessa leitura do barroco. Nessa apresentação de *Metalinguagem* (1967) de Haroldo de Campos, o crítico precisamente daria destaque à interpretação haroldiana de "Meu tio o Iauaretê", por mostrar "como nesta estória Guimarães Rosa alcança o realismo por via não tradicional, através de uma estratégia exclusivamente de linguagem". Depois de relacionar, agora positivamente, Rosa

---

[166] Lembre-se que numa anotação, datada em 4 de abril de 1948, ou seja, cinco dias antes do Bogotazo, Rosa mencionava Goya e Velázquez num contexto melancólico, de falta de ar e de uma feminilidade esvoaçante. Esta anotação está dentro da pasta tombada com o código JGR-EO-18,03 do IEB/USP, na página 43A. Ver a primeira parte deste livro, especificamente o apartado intitulado *Pathosformeln*.
[167] Tombado no IEB/USP com o código JGR-Rdc10-021.

*Do tamanho do mundo*

e Velázquez, Lima passa a elogiar o "uso de tupiniquismos" que metamorfoseia o onceiro-narrador em onça: "metamorfose e ambivalência —ambivalência e não digo ambiguidade— aparecem como elementos entranhados no perfil estrutural da obra do escritor morto" ("A linguagem" s/p). Esse recuo obriga a uma asseveração: nesse caso, não era o crítico a assinalar o caminho ao escritor, a crítica andava um pouco atrás da ficção. Afinal, é sobre ficções que a crítica se pronuncia.

Na entrevista concedida a Günter Lorenz em 1965, ou seja alguns anos após a publicação do ensaio de Costa Lima (não esqueçamos que o escritor-vivo o recortou e guardou no seu arquivo pessoal), Rosa declarava não ter opinião muito favorável sobre uma parte da crítica, se queixava com palavras muito fortes de críticos que chamavam seu estilo de "exaltado", "barroco", "irreal". Além disso, o escritor pedia da crítica um labor produtivo e co-produtivo do texto, uma espécie de metaliteratura:

> A crítica literária, que deveria ser uma parte da literatura, [...] Uma crítica tal como eu a desejo deixaria de ser crítica no sentido próprio [...] mesmo no ataque e até no aniquilamento. [...] O mau crítico, irresponsável ou estúpido, neste caso é a mesma coisa, é um demolidor de escombros, dedicado a embrutecer, a falsificar as palavras e a obscurecer a verdade, pois acha que deve servir a uma verdade só conhecida por ele, ou então ao que se poderia chamar seus interesses. O escritor, naturalmente só o bom escritor, é um descobridor; o mau crítico é seu inimigo, pois é inimigo dos descobridores, dos que procuram mundos desconhecidos. Colombo deve ter sido sempre ilógico, ou então não teria descoberto a América. O escritor deve ser um Colombo. Mas o crítico malévolo e insuficientemente instruído pertence àquela camarilha que queria impedir a partida por ser contrária à sua sacrossanta lógica. O bom crítico, ao contrário, sobe a bordo da nave como timoneiro. É assim que penso. ("Diálogo" XLIII-XLIV)

Em poucas palavras, Rosa reivindicava uma crítica que fosse literatura tanto quanto uma literatura que fosse atrás da vida: "o que chamam barroco é apenas a vida que toma forma na linguagem" (Lorenz, "Diálogo" LXIII).[168] Essa precedência do vivo

---

[168] Citam-se a seguir, dois trechos da entrevista em que Rosa insiste nessa inextricabilidade

e do desconhecido é uma marca impactante de *Primeiras estórias* e se evidencia de maneira saliente num conto que pelo seu título —"A benfazeja"— relembra a resenha de Germán Arciniegas, referida acima, "A Beltraneja". (Algo mais aproxima os dois autores: Colombo como metáfora de procura do desconhecido). Apesar da ordem de publicação dos textos em *O Globo* (o de Arciniegas é de 1 de abril de 1961; o de Rosa apareceu no dia 5 de agosto), falaremos, em primeira instância, sobre o conto.

"A benfazeja" é a abominada Mula-Marmela de "lobunos cabelos" e "selvagem compostura" (Rosa, *Primeiras estórias* 125), assassina do marido Mumbugo e guia do enteado cego conhecido como Retrupé. Pai e filho são temidos brutamontes do lugarejo em que se desenvolve a estória, criminosos que matam e ferem por prazer, que esfaqueiam "só pelo ancho de ver a vítima caretear"; são "o punir de Deus, o avultado demo —o cão" (127). A Mula-Marmela é completamente afim ao seu marido, o ama "como os pobres precisam uns dos outros" (128), e por esse motivo o assassinato é completamente misterioso para os habitantes do lugar, bem que lhes seja benéfico: "sem que se saiba clara e externa a razão, todos aqui respiraram, e bendisseram a Deus. Agora a gente podia viver o sossego, o mal se vazara" (128). Híbrida, antes que mestiça, a Mula-Marmela não tem filhos próprios. Escarnecida pelo assassinato, passa a cuidar do enteado quando é cegado por alguém da comunidade através de "pós", "leites", "plantas", "venenos", para todos, "bons moradores do lugar", ficarem "defendidos, a cobro de suas infrenes celeradezas" (130). Comparado recorrentemente pelo narrador com um cachorro —cão: tão diabo quanto animal vira-latas— o Retrupé é guiado pela madrasta: "êle a segue, caninamente" (130). Mas a relação entre eles está longe de ser harmoniosa; "lôba contra cão", eles andam juntos

---

entre literatura e vida: "A vida deve fazer justiça à obra, e a obra à vida. Um escritor que não se atém a esta regra não vale nada, nem como homem nem como escritor. Ele está face a face com o infinito e é responsável perante o homem e perante a si mesmo. Para ele não existe uma instância superior" (em Lorenz, "Diálogo" XLII). "Legítima literatura deve ser vida. Não há nada mais terrível que uma literatura de papel, pois acredito que a literatura só pode nascer da vida, que ela tem de ser a voz daquilo que eu chamo 'compromisso do coração'. A literatura tem de ser vida! O escritor deve ser o que ele escreve" (LII).

porém sempre em "ojeriza e osga" se odeiam intimamente (129-30). Ela o controla e cuida, não o deixa beber; ele a detesta e projeta novos crimes, mas obedece: "tinha a marca da coleira" (127).[169] Um dia o ódio do cego deflagra e tenta assassinar a Mula-Marmela, mas ela o vence silenciosamente; acabada a explosão, ele a chama de "minha mãe" e chora. Ela também, com lágrimas nos olhos, o reconhece como filho e acaba com seu sofrimento, esganando-o. Finalmente, a benfazeja parte para o exílio perante os olhos dos habitantes do lugarejo, ninguém faz nada para impedi-la ou ajudá-la, e numa impactante cena final ela encontra um cachorro morto na ponta-da-rua, apodrecido, e o leva às costas, não se sabe se "para livrar o logradouro e lugar da sua pestilência perigosa, se para piedade de dar-lhe cova em terra, se para com ele ter com quem ou o quê se abraçar, na hora de sua grande morte solitária" (134).

Até aqui, o conto pareceria em verdade produto da fascinação pelos "injustiçados pela natureza" que Costa Lima impugnava, e poderia integrar um livro como *Pelo sertão* (1898) de Afonso Arinos. Há nesse volume um conto, intitulado "A esteireira" de que "A benfazeja" parece efetivamente uma reescritura. Convém ir nele um instante. Assim como a protagonista do segundo é conhecida pela alcunha "Mula-Marmela", "Esteireira" é o nome com que é conhecida a *mulata* Ana, cujo caráter mestiço se destaca já no primeiro parágrafo da narrativa de Arinos: "As linhas do rosto, corretas que eram, representavam no conjunto de seu corpo o cunho da raça caucasiana. Esse conjunto aliava à graça da europeia a sensual indolência das filhas d'África" (Arinos, *Pelo sertão* 72). Bestializada a partir dessa caracterização híbrida, a mulata sertaneja antecipa em muito o *Hércules-Quasimodo* de *Os Sertões* (1902) de Euclides da Cunha. Assim, a exuberância física da mulher passa a ser contrastada com epítetos de animais selvagens: caititu, marrã, canela ruiva, canguçu. O namorado da Esteireira, mestiço de nome Filipinho, é tão temido no seu lugarejo quanto o Retrupé e o Mumbugo no deles; ele também é

---

[169] Esse antagonismo também se relaciona com as personagens da fábula "*Le loup et le chien*" de La Fontaine, que está em livro lido e anotado por Guimarães Rosa (*Fables*. Paris: Théodore Lèfebre, 1915)[IEB/USP- 84145 L111f]. No final dessa fábula, na página 6 da edição de 1915, Rosa fez uma anotação a lápis: "m%-a marca da coleira".

"tigre", "endemoinhado mulato" e parece ter "trato com o *Sujo*" (73). A cópula dos dois mestiços é a de dois bichos: "O noivado dos dois rebentos opulentíssimos da exuberância tropical se havia celebrado como o do jaguar, no meio das matas, à voz melancólica dos jaós, à sombra densa de uma imburana" (77). Um dia, por ciúme, ela mata uma rival como uma onça mataria uma presa: "não querendo que na estrada houvesse grande marca de sangue, encostou os lábios ao lugar de onde irrompia aos cachões, e, carnívora esfaimada, chupou, chupou por muito tempo" (76). Fugidios após o assassinato, Ana e Filipinho são caçados pelas forças da ordem e eles se defendem "rangendo os dentes" rugindo, com "os dedos recurvados como garras" (77). Ora, o que justifica a caçada? Para o narrador de "A esteireira" o móvel passional do crime estaria explicado por características frenológicas: "eram infundados seus receios. [...] começou a banzar, [...] E no cérebro encandecido da mulata principiou a crepitar uma labareda de ideias ferozes, filhas do seu sangue e da sua educação. A tenra e voluptuosa mulatinha cedera o passo à urucuiana selvagem" (75).

Essa animalização, aliás, se manifesta também na atitude do narrador perante a fala desses mestiços. Ele usa dois códigos para evidenciar o desvio: para escrever as próprias palavras, ele usa a norma culta; para transliterar a fala dos sertanejos, ele usa a mesma norma mais uma variante regional, crivada de usos locais, coloquiais, interjeições, ditados, etc.[170] Da primeira forma de notação são exemplares as citações acima transcritas; da segunda maneira, esse trecho de diálogo entre Ana e Filipinho:

> –Mas você passou no Gorgulho e esteve em casa de Sinh'Ana, tanto que quis cinzar a Valu, porque você bem sabia que ela vinha me contar quem lá esteve a brincar com a Candinha.

---

[170] Em conferência pronunciada em 1972, Antonio Candido descreve uma dualidade estilística ainda mais marcada em *Sertão*, de Coelho Neto, livro apenas um ano anterior a *Pelo sertão* (1898). Remetemos à reflexão de Candido por ser de enorme ajuda para compreender essas operações de escritura no quadro dos dispositivos ideológicos do chamado Regionalismo (ver "A literatura"). Em *Transculturación narrativa en América Latina*, Ángel Rama retoma essa crítica no contexto da sua própria reflexão sobre o contraste entre as literaturas costumbristas, regionalistas ou indigenistas e as operações transculturadoras de autores como Guimarães Rosa, Rulfo ou José María Arguedas (ver *Transcultruación* 47 e seguintes).

## Do tamanho do mundo

–Eia, eia, eia! Já a Ana começa? Olhe! Quer saber de uma coisa? Diga à Valu que venha sustentar isso à minha vista: ela há de saber "para que é que tatu cava". Se você pega com essas bobagens, eu me vou embora, e já. (Arinos, *Pelo sertão* 75)

Vistas as similitudes –animalização, brutalidade dos crimes–, note-se, o elemento diferencial entre as narrativas de Rosa e Arinos é a atitude do narrador para com os fatos, personagens e linguagens que narra. Isso já é evidente no próprio estilo da narrativa, que incorpora sem hierarquias as variantes culta e regional, num compósito clara, e tipicamente, rosiano, em que também não pesa pouco a invenção (ver Candido, "Literatura"; "O homem"). Enquanto o narrador de Arinos se identifica de início com a objetividade do turista –"Conheci-a no sertão" (*Pelo sertão* 72)– e disso se vale para assinalar os desvios daquilo que considera a normalidade, o narrador rosiano se vale da mesma identificação para se distanciar da *doxa* do lugar: "indaguei. Sou de fora" (Rosa, *Primeiras estórias* 127). Fundamentado nessa indagação, o narrador recrimina aos habitantes, que são seu auditório, o fato de culpar exclusivamente quem suja as mãos com o sangue desejado por todos. *Homo homini lupus*: o móvel dos crimes não seria a mistura racial ou a precária educação dos protagonistas –móveis lombrosianos, aliás, do assassinato narrado em "A esteireira" de Arinos– mas a própria licantropia social. O contrato social não impede que o homem seja o lobo do homem, pelo contrário, está fundamentado na aniquilação:

> Do que ouvi, a vocês mesmos, entendo que, por aquilo, todos lhe estariam em grande dívida, se bem que de tanto não tomando tento, nem essa gratidão externassem. Por que, então, invocar, contra as mãos de alguém, as sombras de outroras coisas? [...] só ela mesma poderia ser a executora –da obra altíssima, que todos nem ousavam conceber, mas que, em seus escondidos corações, imploravam. [...] Dizem-na maldita: será; é? Porém, isto, nunca mais repitam, não me digam: **do lobo, a pele; e olhe lá!** Há sobrepesos que se levam, outros, e são a vida. (Rosa, *Primeiras estórias* 126-29; *destaques no original*)

Carregando esse peso, como saiu do lugarejo carregando um cachorro morto, ou carregava os familiares-cães, a Mula-Marmela é um caráter de tragédia (gr. *trágos* 'bode' + gr. *oidé* 'ode, canção').

Anônima, pois sob o apodo os lugareiros não lhe sabem "ao menos o nome" (125), a sua é uma "grande morte solitária":

> E ela ia se indo, amarga, sem ter de se despedir de ninguém, tropeçante e cansada. Sem lhe oferecer ao menos qualquer espontânea esmola, vocês a viram partir: o que figurava a expedição do bode –seu expiar. Feia, furtiva, lupina, tão magra. Vocês, de seus decretantes corações, a expulsavam. Agora não vão sair a procurar-lhe o corpo morto, para, contritos, enterrá-lo, em festa e pranto, em preito? (133)

A Benfazeja, assim, não é só uma reencarnação da Maria Mutema de *Grande Sertão: veredas* (lá alcunhada de "onça monstra"), uma reescritura de "A esteireira" ou uma antecipação do guia de cego que introduz o leitor no universo de errância de *Tutaméia*: ela também está na vanguarda da coletividade, suja as mãos por ela, faz o que todos desejam ou precisam, mas ninguém ousa. Como o bode expiatório que, em antigos rituais do povo de Israel, no Yom Kippur, era apedrejado, insultado e abandonado no deserto como oferenda ao anjo Azazel, a personagem purga em si as culpas e necessidades de todos. Por essa razão, o narrador lhe reivindica "festa e pranto", "preito", quer dizer, veneração póstuma do coletivo. A comunidade está para a Mula-Marmela como o protagonista de "Páramo" estava para com o cortejo fúnebre de "gente pobre e simples" que acompanha rumo ao Cementerio Central de Bogotá: "o mais atrás [...] Como um cachorro" (*Estas estórias* 194-95).

Assim como Rosa coloca essa mulher soturna na vanguarda da sua estória, em "A Beltraneja" e "Em meio à pompa da Basílica...", Germán Arciniegas colocava figuras semelhantes no seu pentear "a contrapelo" da história.

"A Beltraneja, Rainha de Castela" [IEB/USP-JGR-RT-08,03], publicada quatro meses antes da narrativa de Guimarães Rosa (e não se esqueça: recortada e guardada pelo escritor mineiro no seu arquivo pessoal de interesses), é uma resenha da tradução francesa do livro *Un pleito sucesório: Enrique IV, Isabel de Castilla y la Beltraneja*, que Orestes Ferrara escrevera sobre a coroação da Rainha Isabel em 1945. O que Arciniegas destaca no livro desse autor ítalo-cubano – coronel "mambi" da Guerra de Independência cubana da Espanha

*Do tamanho do mundo*

(a última gesta independentista do continente), também diplomata– é a movimentação presente no âmbito espanhol de duas esquecidas "sombras trágicas" dos idos da "descoberta da América": a Beltraneja e Joana a Louca: "A vida de qualquer destas duas soberanas que não puderam reinar poderia servir para o drama que Shakespeare deixou de escrever". Capturada a Louca na "torva melancolia" de que se serviram "goiescamente os dramaturgos, romancistas e historiadores", o seu caso, entretanto, por se tratar de "desgraça patológica", empalideceria em dramatismo perante o da Beltraneja. Execrada como a Benfazeja e capturada como ela num "apodo irrisório", ela também seria um bode expiatório:

> Há criaturas humanas nascidas para o sacrifício. Joana foi, certamente, uma delas. Nós chamamos-lhe a 'Beltraneja' por uma espécie de concessão verbal diante de uma falsificação histórica que, não tendo conseguido mudar os fatos, pelo menos imprimiu um nome.

Vítima de "venenosa calúnia", como fora o Retrupé cegado por pós venenosos, Joana a "Beltraneja" ganhou o seu apelido quando as más línguas a declararam filha, não do Rei João, mas sim de Beltran de la Cueva, o formoso. Como "filha do pecado" (lembre-se que a luta pelos direitos civis dos chamados "filhos naturais" foi uma causa histórica do Partido Liberal Colombiano, ao qual pertencia Arciniegas), a Beltraneja, "legítima herdeira do trono, a rainha que não pôde ser", assistiu da prisão, como uma sombra remota, aos grandes acontecimentos dos reis católicos, "com heroica dignidade, emudecida à força, reduzida a ser apenas o remorso que não conseguiu perturbar a memória de sua tia, a usurpadora" Isabel a Católica. Por essa razão, tanto à alienada quanto à injustamente presa, Arciniegas reconhece um papel nessa história de bárbara civilização:

> Se no trono de Castela tivesse ficado a rainha legítima, Deus sabe se Colombo teria achado em Castela a ajuda que lhe deu Isabel. Deus sabe se se teria adiado a conquista de Granada, Deus sabe se os judeus teriam sido expulsos. Isabel fez as coisas boas e más que colocaram a Espanha no mapa do século XVI. Descobrir a cruel trama da sua subida ao trono, as friezas e as ambições, as rudezas e as paixões do seu ânimo, diminuiria, é certo, a sua aureola lendária, mas destacaria com

relevos mais profundos os seus rasgos quase viris de formidável criadora da nacionalidade espanhola.

Por seu lado, a reivindicação de Joana, a destronada, deixará reduzida a uma pálida imagem de maldade cortesã, a calculada e cruel invenção da Beltraneja, mas começará a mover-se no âmbito do nosso mundo espanhol a sombra trágica que tínhamos esquecido.

Note-se, todo documento de cultura é também um documento de barbárie, a história oficial é dos vencedores, mas ainda lhes pode ser arrancada se desconstruída como narração rumo à imagem, mesmo se essa imagem resulta sombria.[171] Toda essa loucura e violência, toda essa tragédia, estão para Arciniegas na vanguarda da história, e não primordialmente um elemento épico, nenhuma "aureola lendária". Isso evidencia-se também no outro texto do historiador colombiano, também guardado por Guimarães Rosa, intitulado "Em meio à pompa da Basílica, passou uma família humilde" [IEB/USP-JGR-RT-12a,05] (*O Globo*, 27 de novembro de 1961). Neste caso, a crítica de Arciniegas se encobre sob um procedimento retórico que depois retomaria García Márquez em textos como "Los funerales de la Mama Grande" ou *Cien años de soledad*, e que consiste na enumeração "inchada" de adjetivos de elementos de âmbitos contrastantes. Esse contraste barroco –simétrico daquele que, com a "cruel invenção da Beltraneja" como pano de fundo, "destacaria com relevos mais profundos" os traços da cruel Rainha Isabel– está já anunciado no título: um cortejo humilde no contexto de uma comemoração espetaculosa.

Não é a primeira vez que um cortejo se equipara à própria história, mas talvez o diferencial seja, como no confronto entre "A esteireira" e "A benfazeja", a atitude que o narrador toma perante os acontecimentos que narra. No "Em meio à pompa da Basílica...", Arciniegas começa com uma exuberante descrição da Basílica de São

---

[171] Walter Benjamin, nas anotações preparatórias das suas teses "Sobre o conceito da história" se apropria de uma premissa anti-historicista de Marx: é preciso assumir a eliminação do elemento épico, isto é, a ideia de que a história é algo que se deixa narrar. Abandonando o *"épos"*, junto com a pretensão de uma história universal e recusando toda empatia pelos vencedores, o materialista dialético tomaria para si a tarefa de honrar a memória dos sem nome, optando por uma concepção alternativa do tempo e por uma construção da história como imagem-lampejo, que se apropria da reminiscência a partir da emergência singular de um perigo. (Benjamin, *Tesis* MS-BA 447 e 1094)

*Do tamanho do mundo*

Pedro em Roma, especialmente condicionada para a comemoração conjunta do terceiro ano de pontificado e do aniversário do Papa João XXIII. "Pirâmides de fiéis", "altas hierarquias", Cardeais, "delegações de sessenta e oito países", com "trajes de grande colorido", "pomposos uniformes europeus bordados a ouro e esmalte por condecorações", se misturam na missa comemorativa como "nunca antes, em vinte séculos de história". A "pompa não podia ter sido mais esplendorosa": sedas, mármores, alabastros, ouros, monumentos, estátuas colossais, a "guarda suíça em traje medieval", príncipes paramentados com "condecorações de diamantes que brilhavam sobre veludo negro" e portando armas ornamentais de "punho reluzente", e os grandes dignatários eclesiásticos aparecem perante o cronista "como os pintaram, há quatro ou cinco séculos, em estampas de fabulosa imaginação, tantos pintores deslumbrados pelo maravilhoso teatro da igreja", quando...

> Quando passou pelo meio de semelhante grandeza, com o andar a um tempo rude e humilde, uma família de camponeses, daquelas pessoas simples que vão do campo ao mercado da aldeia, sem outra joia sobre a fronte que não sejam as rugas, sem outro ouro nas mãos que não sejam os calos, vestidos com aquêles simples fatos negros que se usam uma vez por ano quando há alguma festa grande na igreja da paróquia. [...] Eram dessas pessoas a quem, sem muita imaginação, vemos levando às costas a carga, apanhar couves na horta, deitar milho às galinhas, acamar o peixe nas canastras [...] Noutras palavras: a Família Roncalli, os irmãos do Papa, os que ficaram trabalhando na terra e no mar, enquanto êle, por vocação, foi estudar para padre no seminário.

Sem se maravilhar pelo esplendor da comemoração, nem se espantar com o fato de um deles ser o máximo pontífice – "desta vez, o milagre aconteceu em sua casa"–, os camponeses saúdam João XXIII e voltam à aldeia. O cronista conclui:

> E no meio da pompa formidável era refrescante e são este eco da província, esta fortaleza humana de gente humilde que resiste melhor que a mais alta, a dos esplendores, das densas folhagens douradas das grandes representações da terra.

Sem muito esforço, pode-se notar uma continuidade entre os retratos dos flibusteiros de 1945 e os dos camponeses e "filhas do pecado" de 1961. Os *Caribes* são as figuras paradigmáticas a partir das quais Arciniegas elabora sua argumentação, fazendo os "índios bravos" precederem às rainhas e sumos pontífices. Como os camponeses Roncalli, parece dizer este conjunto de textos, eles resistem melhor às inclemências do tempo. Isso poderia sintetizar-se assim: a antropofagia é o grau zero da civilização, principalmente no seu avatar moderno. Dado que todo canibalismo pressupõe a existência de semelhantes da mesma espécie para serem devorados, poder-se-ia dizer também que o *Caribe*, além de palavra de guerra, é o veneno que cobre as duas pontas de uma flecha sem direcionalidade nem *télos*: o *phármakon* que cobre a cabeça repetida de uma anfisbena,[172] ou a flecha com que os físicos representam o *tempo t*,[173] que se poderia exprimir com uma fórmula borgesiana: "surge Adán y ostenta un ombligo, aunque ningún cordón umbilical lo ha atado a una madre" (Borges, *Obras completas* 651).

No caso de "Páramo", lembre-se, o *caribe*, mal coberto com *ruana y sombrero*, conformava o cortejo, e o *homem vestido* o seguia: "o mais atrás [...] Como um cachorro" (*Estas estórias* 194-95). Isso que no caso de Arciniegas foi o procedimento retórico privilegiado de um escritor americanista, e que para Luis Tejada se insinuava no preceito terapêutico *similia similibus curantur*, configura em Guimarães Rosa uma verdadeira sintomatologia e tem efeitos sobre sua produção literária. Repetimos: assim como em Arciniegas são os excluídos da história a provocá-la, em Rosa, como notava com preocupação Costa Lima, cada vez mais, são os aleijados, loucos, pobres, raros ou híbridos, a fazer a estória. E essa estória deve ser a contrapelo da história, daí a sua crescente raridade —daí que, como se explicará na parte final deste

---

[172] "[...] la anfisbena es el propio silogismo bicornuto. No es un simple emblema o letra de la duplicidad (el veneno o aquello que avanza). Es ambas cosas, y, siéndolas, muestra la inviabilidad de remitir, platónicamente, una historia a su fábula o una forma a su fondo. [...] Actúa, como argumentaría Frazer, según la ley de simpatía, exhibiendo el vínculo entre las ficciones y lo sagrado, entre el arte narrativo y la magia. Pero con su estructura ambivalente imponiéndonos el eterno retorno, que nunca es regreso de lo uno, la anfisbena narra la propia historia de la modernidad" (Antelo, "Zoologías" 32-33).

[173] Ver o fragmento "Evanira!", na primeira parte deste trabalho.

*Do tamanho do mundo*

livro, o centro da escritura rosiana esteja constituído por elementos excêntricos, frequentemente excluídos de uma obra "acabada".

José Augusto de Macedo Soares, na nota necrológica inédita intitulada "Guimarães Rosa: o homem e o infinito", refere que Rosa descrevia o acabamento dos seus textos como uma ação específica: "Emplumar o índio" [Datiloscrito; IEB/USP-ACGR-1262]. Já acima vimos os índios emplumados de Arciniegas, cobertos de achiote e com dentes e unhas como colares, indo para a festa ou para a guerra; já os vimos contaminando as línguas e usos dos flibusteiros; já os sentimos irrompendo nas pompas da história. No entanto, ainda é preciso dar mais uma volta ao parafuso e dizer: se é o elemento híbrido que reina, nem a festa, nem o jogo, nem a guerra, podem acabar. Ou seja, o hibridismo –que em essência é movimento, isto é, sem essência– tem que ser levado até as últimas consequências, sob pena de, se detido ou estabilizado, acabar com o jogo: a Mula Marmela, no imenso deserto desse mundo, caminha ou morre.

Entremos nesse labirinto pela Rua da Glória, no Rio de Janeiro, junto com a criação de Machado de Assis: as crianças que carregam trouxas ou cestas às cabeças estão na vanguarda da história protagonizada por gentes como o Conselheiro Aires. Estamos de novo no dia 9 de setembro de 1888. As crianças olham primeiro a personagem e uma luz infernal se infiltra através da fenda que esses olhares abrem num mundo pretendido puro e unitário. Essa constatação seria insuficiente, caso se pretendesse superar o espanto trazendo essas criaturas ínferas à posição do diplomata. O céu de Aires, habitado por seres aéreos (Aguiar, Dona Carmo, Tristão, Fidélia), não é um modelo a seguir; não é o oposto do pesadelo, mas o seu *habitat* apropriado e o seu fundamento. Por isso é no meio da sesta, antes do jantar, que "todas as crianças do mundo, com carga ou sem carga" vêm dançar em volta do Conselheiro, perturbando-o ao menos um pouco, fazendo-o rir, trazendo-lhe a fome, movendo-o à escrita. Esse elemento impuro é o motor da escritura, e se ele é banido, ou detido, ela, que é dança, guerra e jogo, não pôde ser. O espaço literário é o deserto, ou seja, o *páramo*.

Ainda podemos nos valer de um exemplo machadiano para compreender qual é o papel que o elemento selvagem ocupa neste trabalho. "A criança é o pai do homem": no interior da casa paterna, o menino Brás Cubas monta no seu escravinho Prudêncio como se fosse um cavalo. Cordel nos queixos, o negro recebe vergalhadas e é obrigado a andar montado pelo seu amo. Quando se queixa de dor –"ai, nhonhô!"–, recebe uma única resposta, temperada com mais chicotadas: "Cala a boca, besta!" (Assis, *Memórias póstumas* 33-34). Muitos anos depois, já alforriado o escravo, o jovem Brás se reencontra com ele numa cena que parece um *déjà-vu*: agora Prudêncio é dono de um escravo, "bêbado muito grande", e está punindo-o a vergalhadas em praça pública. Quando o escravo se queixa de dor, recebe uma única réplica, temperada com mais chicotadas: "Cala a boca, besta!". Perante o espetáculo de crueldade, Cubas intervém, pedindo ao antigo servente parar com a tortura. A resposta de Prudêncio não poderia ser mais eloquente quanto ao "miolo gaiato" da cena machadiana: "Pois não, nhonhô. Nhonhô manda, não pede" (118-19). O que essa resposta permite entrever é que o abjeto da cena não está, como se poderia pensar, na passagem da tortura do privado para o público, mas na perpetuação da hierarquia que a faz possível.

O papel do selvagem é fazer-nos compreender que "ser contra" a história ou penteá-la *a contrapelo* não é simplesmente colocar os excluídos na vanguarda ou transformar os vencedores em figurantes, mas, precisamente, eliminar o elemento épico implica tirar toda legitimidade a qualquer precedência e compreender que, num cenário trágico, todo mundo é segundo. Não se pode tratar de um revanchismo simplório. O *caribe* é um Adão impuro, que surge ostentando um umbigo, por isso pode dizer: "Só me interessa o que não é meu. Lei do homem. Lei do antropófago" (Oswald de Andrade, *Do Pau-Brasil* 13).

Para Silviano Santiago é precisamente esse "lugar na segunda fila" um dos mais poderosos elementos da destruição dos conceitos de *pureza* e *unidade* efetuada por escrituras latino-americanas:

> O texto segundo se organiza a partir de uma meditação silenciosa e traiçoeira sobre o primeiro texto, e o leitor, transformado em autor, tenta surpreender o modelo original nas suas limitações, nas suas fraquezas, nas suas lacunas, desarticula-o e o rearticula de acordo com as suas intenções, segundo sua própria direção ideológica, sua visão do tema apresentado de início pelo original. (*Uma literatura* 20)

Do tamanho do mundo

"Emplumar o índio", portanto, não é obliterar ou submeter o outro, mas abrir um jogo diferencial sutilíssimo, ao qual nos dedicaremos mais adiante, no caso específico de "Meu tio o Iauaretê". Antes disso, todavia, precisamos passar por outra floresta.

## II. No meio do caminho tinha uma selva

A selva é um labirinto, como labiríntico é o deserto; deserto é sinônimo de páramo. De um homem que se perdeu na selva, se diz que foi devorado por ela. "Devoração" partilha étimo com voragem (do lat. *vòro, as, ávi, átum, áre*), cuja definição é: "sorvedouro, abismo; golfo, o que devora, o que engole". *La vorágine* (1924) narra a história de Arturo Cova, um homem cujo coração foi tomado pela Violência (assim, escrita com o "V" maiúsculo) e que, no meio do caminho da sua vida, atraído fatidicamente pela terra, acaba devorado pela floresta escura, um "abismo antropófago" (Rivera, *La vorágine* [1946] 240). No meio do caminho, entre o território que denominamos Brasil e esse outro, a Colômbia, há um lugar que torna complexa a demarcação de fronteiras. Ninguém se surpreenda: os limites nacionais se indefinem na Amazônia.

Como "Páramo", *La vorágine* mistura vida e ficção, de uma maneira tão intrincada que as fronteiras entre esses campos resultam indecidíveis.[174] Como a selva de concreto, a Amazônia é "un cementerio enorme" (Rivera, *La vorágine* [1946] 78), uma "catedral de la pesadumbre" e uma "cárcel verde" (121-22); inclusive, sua trama tem sido comparada com "un viaje al país de los muertos" (Loveluck, Prólogo XXX). O romance também foi acusado de barroquismo anacrônico, "verdadero manchón goyesco", e de apelar demasiado a "lo desfigurado y montruoso" na voz de um narrador erudito, melancólico e verboso (XXXIV). As *pirañas* ou *caribes* são uma presença viva da devoração selvática. Além dessas coincidências, ainda podem enumerar-se outras: como *Grande Sertão: veredas*, *La vorágine* narra essencialmente uma travessia de vingança através de um espaço

---

[174] A esse respeito ver Loveluck.

infinito, um deserto excessivo e alheio à taxativa separação entre bem e mal; tanto Arturo Cova como Riobaldo se sentem irresistivelmente atraídos por Satanás, sob cuja influência esperam obter a vitória final, aniquilar o mal com o mal; o aliado Fidel Franco, como Medeiro Vaz, queima a própria fazenda antes de sair em aventura vingativa; como em "O recado do morro", há no romance de Rivera um naturalista europeu, chamado pela corruptela *mosiú*,[175] guiado por um velho por um espaço farto, inclusive de miséria e brutalidade, que recebe as marcas da obsessão do *baquiano*.

Está claro, portanto, que esse livro exuberante, escrito por outro "doutor", o advogado da Comisión Colombiana de Fronteras José Eustasio Rivera,[176] a partir das anotações que fizera de suas próprias desastradas travessias pelo *"infierno verde"* entre 1921 e 1924, foi uma referência de imensa importância para o autor de *Grande Sertão: veredas*. Dessa relevância dão conta algumas passagens de um caderno, descrito assim por uma anotação manuscrita pela esposa do escritor: "Com este caderno meu Joãozinho passou as últimas horas da sua vida, aqui. Novembro 19-11-1967" [IEB/USP-ACGR2256].

Ora, essa data não deve nos confundir: a caderneta contém anotações que abarcam, ao menos, vinte anos, de finais da década de 1940 a 1967, e se o escritor a repassava no momento da morte era, talvez, porque revia materiais para a preparação definitiva do volume *Estas estórias*, em que estão incluídos "Páramo" e "Meu tio o Iauaretê".

Dentre os inúmeros comentários, transcrições e pequenos estudos que contém esse caderno, transcrevem-se a seguir essas poucas anotações:

Guainía: "en el Río Negro, río sugestivo que los naturales llaman

---

[175] Lembre-se que esses naturalistas, Seo Alquiste ou Olquiste e o *monsieur* Robuchon, têm como ilustre antepassado o *Mochú* Meyer de *Inocência*, romance publicado em 1872 pelo Visconde Alfredo d'Escragnolle Taunay.

[176] Desde 1956 João Guimarães Rosa ocupou a chefia do Departamento de Fronteiras do Ministério das Relações Exteriores do Brasil, participando, aliás, das reuniões diplomáticas prévias à assinatura do Tratado de Cooperação Amazônica (1978). No livro *Guimarães Rosa: diplomata* (2007) se transcreve na íntegra a intervenção do escritor na reunião dos embaixadores brasileiros em Manaus, em 1967 (Araújo, *Guimarães Rosa* 38 e seguintes).

Guainía." ("LA VORÁGINE") [p. 307]
"La lengua yeral" (a língua-geral) ["LA VORÁGINE"]

Os materiais preparatórios de uma narrativa inédita, intitulada "Amazônia" [IEB/USP-JGR-M-20,63], permitem relacionar, de novo, Rosa e Rivera. Trata-se de mais um *thesaurus*, com alguns fragmentos poéticos, palavras e ideias soltas:

> "Faz faz.
> Os Rios lavam
> a alma
> da gente.
> E até em meu
> dicionariozinho
> de saudades"
> "Imenso= só uma abordagem ____:
> desterrar-se humildade. Intimidade"
>
> Initiisterra        Puja o mundo
>
> "Não é o mundo da "forma" keyserlingiana.
> Mas do estilo
> "Língua geral
> O índio não gostava do negro"

Dentre as variadas conexões passíveis de serem deduzidas dessas anotações, cabe destacar: 1) a referência ao desterro e a sua humildade; 2) o interesse na língua "geral" ou "yeral", também chamada de "*ñe'engatú*" "*nhengatú*" ou "*nyengatú*", que é uma língua baseada no tupinambá ainda hoje falada na região amazônica, particularmente ao longo do Rio Negro (ou *Guainía*, segundo a denominação indígena) no Brasil, na Colômbia e na Venezuela, com inúmeras menções em *La vorágine*; 3) a ligação entre essa língua yeral e a frase "O índio não gostava do negro"; 4) a opção pelo estilo em detrimento da "forma" keyserlingiana.

O povoado de Iauaretê, do município brasileiro de São Gabriel da Cachoeira, no estado de Amazonas, está localizado no ponto exato onde o Rio Uaupés adentra o território brasileiro após percorrer uma extensa zona desde suas nascentes na Colômbia e delimitar por largo trecho a fronteira entre os dois países. Na outra margem, como num espelho, está Yavaraté, pequena cidade do departamento colombiano de Vaupés. *Vaupés* é Uaupés; e Iauaretê equivale a *Yavaraté*, portanto. Segundo os mapas linguísticos de Queixalós e Renault-Lescure, tanto em Iauaretê como em Yavaraté habitam Tarianos, da família Aruák, e Tucanos.[177] Esse rio, Uaupés ou Vaupés, desemboca no Rio Negro, ou Guainía, no município brasileiro de São Joaquim. Nas bacias desses rios, principalmente entre índios das famílias Aruák, Tucano e Tupi-guarani, sobreviveu por centúrias a *Lenda de Jurupari* ou *Yuruparý*, que no final do século XIX foi transcrita em língua *ñe'engatú* (transliterada em caracteres latinos) pelo índio Maximiano José Roberto e posteriormente traduzida ao italiano pelo célebre explorador Ermanno Stradelli, cuja versão apareceu no Volume II do *Bollettino della Società Geografica Italiana* (1891).[178] Para Hector H. Orjuela esse mito provém dos Tariana ("Yurupary" 118), a mesma comunidade que habita Iauaretê-Yavaraté. Essa fronteira, em que ainda hoje sobrevivem os rituais e leis associados ao mito, tem uma importância imensa para as literaturas brasileira e colombiana.[179]

[Guimarães Rosa teve uma experiência labiríntica com os Tariana.[180] Na crônica "Uns índios (sua fala)", publicada em *A Manhã* em 25 de maio de 1954, relata o seu encontro, no estado de Mato Grosso, com "Terenos, povo meridional dos Aruaks". Rosa, principalmente, narra a sua expedição a um "arranchamento de 'dissidentes'" à procura de alguns segredos da surpreendente língua tariana, transcreve em caracteres alfabéticos algumas palavras —entre

---

[177] <http://www.cartographie.ird.fr/linguas.html>.

[178] Uma das narrativas transcritas e traduzidas por Stradelli, uma em que especificamente se vinculam a bacia do Uaupés, os Tarianos, a aldeia de Jaguareté e os rituais de Yuruparý, foi traduzida para o português apenas em 1993. O título dessa narrativa é "A Lenda dos Taria" (1993), o seu tradutor é Oswaldo M. Ravagnani.

[179] Baste mencionar para evidenciar isso a *Lenda de Yuruparý* —traduzida ao espanhol por Pastor Restrepo Lince e Américo Carnicelli, e divulgada por Javier Arango Ferrer em *Raíz y Desarrollo de la Literatura Colombiana* (1965)– e *Macunaíma* (1928), que Mário de Andrade baseara, entre muitos outros mitos precolombianos e modernos, na lenda de Jurupari.

[180] Os tarianos, segundo alguns deles próprios relatam no documentário Iauaretê, *Cachoeira das Onças* (Vincent Carelli, 2005), descendem de Ahkomi, metamorfo rebelde da gente-onça, que sobrevive após ter sido sacrificado pelo seu povo.

elas *Sí-i-ní* (onça)–, descreve brevemente a "indigência, o aciganamento sonso" em que encontra a pequena aldeia semi-nômade, e finaliza declarando o seu fracasso na tentativa de achar a lógica dessa fala. Esse fracasso, colige-se da crônica, responde ao afã do escritor por querer "saber exato o sentido" da língua, à própria necessidade de catalogar o mundo numa caderneta:

> Tôda língua são rastros de velho mistério. [...] Nenhum –diziam-me– significava mais coisa nenhuma, fugida pelos fundos da lógica. Zero nada, zero. Eu não podia deixar lá minha cabeça, sòzinha, especulando. *Na-kó i-kó*? [Ou seja: 'Como é que vamos?' ou 'Como é que Você se sair desta?']. Uma tristeza. (Rosa, *Ave, palavra* 88-90)

Note-se: não é a língua que não funciona, é o homem civilizado que falha na tentativa de sistematizá-la. Se ela aparece como "ríspida", ou ilógica, ou labiríntica, é por conta dessa intervenção. O selvagem pode ser uma produção; não algo que está simplesmente dado na natureza, mas que se fabrica do ponto de vista da cabeça civilizada que não consegue domesticá-lo.

Apontado isso, retomemos o fio da meada.]

Em *La vorágine* a Cachoeira de Iauaretê, ou *raudal del Yavaraté*, que se forma no ponto exato em que essas transliterações do mesmo nome se diferenciam, tem uma importância imensa, por ser o lugar da sepultura de uma criança. Grande parte da travessia narrada se faz em direção a esse lugar em que estão enterrados os restos mortais do filho de Clemente Silva. Este homem, que para muitos é o herói do romance de José Eustasio Rivera (Ramos, *Clemente Silva* 72), vem da longínqua fronteira colombo-equatoriana e percorre a Amazônia, submetido à escravidão e penosas torturas e doenças, à procura do seu filho Luciano. Experiente nômade, Silva apreende os caminhos e rios, orienta-se melhor que todos no imenso labirinto verde, e por essa razão ganha o apelido de *Brújulo*. Por onde passa, o baquiano deixa uma inscrição nos troncos da seringa: *"Aquí estuvo Clemente Silva en busca de su querido hijo Luciano"* (*La vorágine* [1946] 188). Quando finalmente encontra o filho é muito tarde: está enterrado em Yavaraté e os despojos só serão entregues ao pai depois de três anos de trabalhos forçados nos seringais. Apesar dos esforços, Silva não consegue voltar à terra natal com o seu "cajoncito lleno de huesos" pois os restos lhe são arrebatados e jogados no rio. Rompido esse objetivo, só resta ao ancião usar as suas habilidades para levar o manuscrito de Cova, em que se narram as suas aventuras pessoais e se denuncia o regime escravocrata constituído na região, até o consulado colombiano em Manaus. No fim, só Silva sobrevive –quase como um morto-vivo, flagelado por doenças e parasitas– destinado a errar tragicamente pela selva à procura de Arturo Cova e seus companheiros, que nunca reaparecem: "Los devoró la selva" (325). Como a Mula-Marmela, *El Brújulo* vive "a expedição do bode –seu expiar".[181]

A sepultura do Yavaraté, e os restos infantis que guarda constituem imagem fundamental em *La vorágine*. Além dessa imagem, a estória da *Mapiripana* é a meta-narrativa mais saliente do romance,[182] uma *mise en abyme*: a *indiecita* Mapiripana é uma espécie de espírito tutelar da floresta, sereia formadora das vertentes de água e protetora dos animais, que anda deixando no chão "la huella de un solo pie, con el talón hacia adelante, como si caminara retrocediendo" (154); um missionário, bêbado e estuprador de meninas índias que tem como objetivo "derrotar la superstición", a persegue, e ela o seduz, conduzindo-o até uma caverna (Cova é o nome do protagonista do romance) onde, transformada num ser híbrido de rosto peludo, o castiga sugando-lhe o sangue. Da cópula dos dois nessa cova, nascem dois filhos monstruosos, vampiro e coruja, que perseguem o padre quando ele empreende a fuga. Depois de várias peripécias, que incluem a criação de várias cascatas e o desvio de cursos de água por parte da Mapiripana, o missionário é obrigado a retornar à caverna, ainda guiado e torturado pelos seus filhos. O inevitável retorno parece prefigurado pela singular maneira de andar da sereia selvática. Ao voltar e pedir para a *indiecita* que o defenda da sua progênie, o homem civilizado recebe uma resposta enigmática: "¿Quién puede librar al hombre de sus propios remordimientos?" (156).

---

[181] Lembre-se que um dos primeiros trabalhos em prosa de José Eustasio Rivera, publicado em 1911, se intitulava "La emoción trágica en el Teatro".

[182] Fábio Gómez elaborou uma detalhada leitura da meta-narrativa "*Mapiripana*" (*Emergencia* 243-51).

*El sueño de la razón produce monstruos.* É a civilização, ou a sua guerra expansionista contra o que considera selvagem, o que produz a barbárie. A pureza, ou a sua imposição violenta, coagula o monstro. Nada do que entra na selva consegue sair, pois ela é um "abismo antropófago" (240) cujo ciclo vital exige que a vida se alimente da morte e que a morte se alimente da vida. Nesse mundo indômito, quem sabe se a vida é uma morte, ou se a morte é vida?

> la tierra cumple las renovaciones sucesivas: al pie del coloso que se derrumba, el germen que brota; en medio de los miasmas, el polen que vuela; y por todas partes el hálito del fermento, los vapores calientes de la penumbra, el sopor de la muerte, el marasmo de la procreación. [...] ¡Pobre fantasía de los poetas que sólo conocen las soledades domesticadas! ¡Nada de ruiseñores enamorados, nada de jardín versallesco, nada de panoramas sentimentales! [...] /Aquí, de noche, voces desconocidas, luces fantasmagóricas, silencios fúnebres. Es la muerte, que pasa dando la vida. (Rivera, *La vorágine* [1946] 228-29)

Apesar das interpretações animistas ou românticas[183] que, via de regra, são dadas à selva de *La vorágine*, o narrador não hesita em dar à voragem uma interpretação de tipo histórico, como a que segue:

> No obstante, es el hombre civilizado el paladín de la destrucción. Hay un valor magnífico en la epopeya de estos piratas que esclavizan a sus peones, explotan al indio y se debaten contra la selva. Atropellados por la desdicha, desde el anonimato de las ciudades se lanzaron a los desiertos buscándole un fin cualquiera a su vida estéril. [...] Por fin, un día, en la peña de cualquier río, alzan una choza y se llaman "amos de la empresa". Teniendo a la selva por enemigo, no saben a quién combatir, y se arremeten unos contra otros y se matan y se sojuzgan en los intervalos de su denuedo contra el bosque. Y es de verse en algunos lugares cómo sus huellas son semejantes a los aludes: los caucheros que hay en Colombia destruyen anualmente millones de árboles. En los territorios de Venezuela el *balatá* desapareció. De esta suerte ejercen el fraude contra las generaciones del porvenir. (229-30)

---

[183] "Rivera absorbió de los poetas románticos muchas de sus actitudes frente a la vida y frente al arte..." (Franco, "Imagen" 135).

Talvez não seja ocioso relembrar que o primeiro livro publicado por José Eustasio Rivera se intitulou *Tierra de promisión* (1921). A luta do homem contra o homem é, em *La vorágine*, o motor da catástrofe, e não o ciclo natural de vida e morte. Todos contra todos, inclusive os governantes e militares —a destruição da floresta é uma consequência da expansão da civilização. Chamem-se Funes ou Cayeno, Cova ou Barrera, Zoraida ou Alícia, todos os "civilizados" do romance vivem em algo similar ao "estado de natureza" hobbesiano. Como a comunidade de "A benfazeja", essa sociedade se fundamenta numa licantropia generalizada que não se opõe ao Estado como sua contrária, mas que o fundamenta ou é o seu resultado plausível. Povoada por esses *piratas*, a Amazônia é no romance um território de exploração e exceção, um lugar de excluídos, fujões, desertores ou réus —uma rememoração da própria conquista e colonização do continente, ao menos como narrada por Germán Arciniegas (ver *Biografia*). Assim, a própria devastação da selva não seria um processo desencadeado por uma alma natural terrível ou castigadora, mas uma consequência da própria voragem civilizatória[184] que, à maneira dos poetas da citação acima, ou do missionário da Mapiripana, impõe domesticação a tudo que não conhece através de tudo que exclui: a produção do lobisomem —ou seja: da guerra civil– é o dispositivo específico de domesticação da floresta. E domesticação é escravidão.

A guerra civil, ou o estado de natureza, é em *La vorágine* —como, aliás, em "A benfazeja"–, o verdadeiro fundamento positivo do contrato social e não o seu avesso —como aparecia na conhecida formulação de Thomas Hobbes.

Não são os índios, negros, mestiços ou brancos os destruidores da selva, mas os homens expropriados e escravizados. Lançados à mais atroz das submissões, destarte, é a rivalidade dos dominados em razão de sua raça o mais abjeto dos exemplos de luta do homem contra o homem. Trata-se de uma luta abjeta porque, para além da dominação física, a submissão opera levantando, via preconceito, os submetidos um contra o outro numa concorrência por pequenas vantagens ou

---

[184] Para uma reflexão sobre as estreitas relações entre os hobbesianos *Leviatã* e *homo homini lupus* com a "lógica" de destruição das florestas, remeto ao trabalho de Alexandre Nodari ("O extra-terrestre").

## Do tamanho do mundo

prestígios, que só acaba com a eliminação dos adversários e que em muito beneficia o próprio empreendimento seringueiro. Tanto a empresa capitalista de extração quanto a lógica "branca" que a mobiliza ficam com o lucro. A inimizade do mulato Antonio Correa e do mestiço Pepe Morillo Nieto, alcunhado de *Pipa*, é, em *La vorágine*, o paradigma dessa destruição provocada pela própria civilização.

Antonio Correa é fornido e ambicioso, partilha valores religiosos e costumes com os que ele chama de "blancos"; é completamente submisso a Arturo Cova e Fidel Franco, secundando-os na sua *vendetta* com fidelidade de cão (*Correa*-coleira). O *Pipa* faz a sua entrada no romance de *ruana* e *sombrero*; ladino elogia Cova e Alicia, ganha sua confiança e foge roubando-lhes o cavalo. Enquanto o primeiro viveu a infância e a puberdade nas fazendas do *llano*, o segundo, também nascido no *llano*, mas salvo pelos índios da pena de morte a ele imposta por um fazendeiro, viveu a adolescência como instrutor militar de "las grandes tribus". Tigreiro, *baquiano* e *boga*, fluente em todas as línguas amazônicas (inclusive na língua *yeral* ou *ñe'engatú*) que interpreta para os civilizados, pirata, incendiário, guerreiro que usa do mimetismo à maneira dos animais selvagens e que prefere a nudez do *guayuco*, conhecedor de feitiços, o índio inspira horror e ódio a Correa, que o acusa de querer lançar-lhe um malefício. Esses sentimentos são correspondidos, recíprocos. Depois de recrutado por Cova e passadas as primeiras rixas, o *Pipa* ameaça estraçalhar o seu oponente mulato com dentes e garras: "¡Algún día lo rasguño, y quedamos en paz!" (128-29). Em transe de *yagé*, o *Pipa* escuta as vozes da floresta e profetiza a sua vitória final na guerra contra a cidade (142); só parece ser fiel à selva ou aos índios e não duvida em trapacear, extraviar ou roubar os expedicionários. Entre a sujeição (correa) e a liberdade (pipa), um vazio (cova): no meio dos subordinados, cabe a Cova o papel de pai ou árbitro, tomando parte geralmente do lado do guarda-costas, mais domesticado que o *baquiano*: o *Pipa* é azotado, expulso, insultado, mutilado e finalmente morto na travessia demencial de *La vorágine*. Como sabemos, Correa também acaba devorado pela selva.

É claro que "*Pipa*" não é só a palavra espanhola equivalente de "cachimbo", ou um bicho anfíbio da floresta amazônica. Devorado por Guimarães Rosa,[185] ele é aquele índio "que não gostava do negro" e se associava à língua *yeral* ou *ñe'engatú* nas anotações do escritor transcritas no começo desta seção.[186] Esse é um tema fundamental de "Meu tio o Iauaretê" e disso dá conta a correspondência trocada entre Haroldo de Campos e Guimarães Rosa. Em "A linguagem do Iauaretê", se reproduz um trecho da resposta de Rosa perante a dúvida que o concretista manifestara sobre a procedência de uma palavra misteriosa. Vejamos o trecho no contexto da citação de Campos:

> [...] o termo *Macuncozo*, que à primeira vista poderia se tomar também por um vocábulo de fatura tupi, carreia na realidade um novo estrato significativo ao relato. Não o tendo podido identificar em léxicos tupis que consultei, recorri, intrigado, ao autor. Guimarães Rosa, através de carta (26-IV-63), forneceu-me uma preciosa elucidação, que me permito transcrever, pela importante chave de técnica da composição que nela se contém: "... o *macuncozo* é uma nota africana, respigada ali no fim. Uma contranota. Como tentativa de identificação (conscientemente, por ingênua, primitiva astúcia? Inconscientemente, por culminação de um sentimento de remorso?) com os pretos assassinados; fingindo não ser índio (onça) ou lutando para não ser onça (índio), numa contradição perpassante, apenas, na desordem, dele, final, o sobrinho-do-iaguaretê emite aquele apelo negro, nigrífico, pseudo-nigrificante, solto e só, perdido na correnteza de estertor de suas últimas exclamações". Cabe aqui observar que as vítimas prediletas da onça, na estória, eram, todas elas, pretos. Tentando dizer-se preto, o homem–onça recorre a um último expediente para tranqüilizar o seu interlocutor e, assim, ver se escapa à morte. ("A linguagem" CCXLI)

Vamos deixar em estado de suspensão esta imagem de luta triste entre três raças para adicionar antecedentes a esse Sobrinho-do-Iauaretê.

---

[185] "O Rosa é como uma ostra, projeta o estômago para fora, pega tudo que tem a pegar de todas as formas possíveis, reintrojeta de novo aquele estômago, mastiga tudo aquilo e produz o texto" (Haroldo de Campos, "Haroldo de Campos" 55).

[186] Ora, na crônica "El crimen de Hatogrande", mencionada na primeira parte deste trabalho como uma das fontes colombianas de "Páramo" (com um trecho transcrito por Rosa na página 41A da pasta IEB/USP-JGR-EO-18,03), há uma personagem que prefigura o *Pipa* de *La vorágine* e cuja descrição partilha em muito os preconceitos racistas de "A esteireira" de Arinos. No entanto, o componente frenológico e a bestialização do índio são ainda mais explícitos em Cordovéz Moure que em *Pelo sertão* (ver Cordovez Moure, "Reminiscencias" 164-65).

*Do tamanho do mundo* ෬

## MYTHOS SIVE NATURA

Nas suas *Meditaciones suramericanas* (1933) o Conde de Keyserling caracterizava esta parte do mundo como o continente do *terceiro dia da criação*, em que as águas e a terra ainda lutariam por estabelecer os seus limites e em que o elemento vulcânico ainda não teria assumido a sua forma final. Essa teoria seguia, na reflexão de Keyserling, uma sequência similar à adotada por este livro e em muito orientou, sem dúvida de maneira negativa, a leitura rosiana do latino-americano: do *soroche*, ou "puna", experimentado nas regiões andinas, à "sangre fria" própria das florestas,[187] o Conde construía a imagem de um continente quase inteiramente corpóreo, em contraste com um temperamento europeu "condicionado y traspasado por el espíritu" (*Meditaciones* 41).

Desse espírito, quase de um ponto de vista divino,[188] o Conde se colocava, no prólogo escrito exclusivamente para a edição espanhola, na posição de "partero", isto é, de alguém que poderia "determinar las causas del crecimiento defectuoso o indicar los caminos de la curación" a um continente promissor, que só deixaria de assumir a vanguarda da história se vencido por "la posible pereza y el posible indiferentismo de los españoles y los hispanoamericanos" (Keyserling, *Meditaciones* 10-11). Esse *"periodista trotamundos"* de *"boca tan germánica y erudita"*,[189] que dá ao espírito ou *"Sinn"* um papel de amo na criação do universo, pensa uma Sul-américa ainda no terceiro dia da criação bíblica, num estrato

---

[187] Das alturas à selva, do páramo à floresta, o roteiro de Keyserling deve muito às descrições que, com atitude completamente diversa, fizera Alexander von Humboldt no século XIX. Também, sem dúvida, ao póstumo *À margem da história* (1909), em que Euclides da Cunha descreve a ocupação da Amazônia segundo um percurso semelhante (*À margem* 66-67). Rosa, sem dúvida, conheceu essas descrições. A seguir, se reproduz uma anotação do livro *Viajes a las regiones ecuatoriales* (Ediciones del Ministerio de Educación, Dirección de Cultura y Bellas Artes. Caracas, 1956), manuscrita do punho do escritor mineiro sobre papel do Ministério das Relações Exteriores do Brasil: "En el monte. Se distingue a los indios nacidos en las misiones de aquellos que han nacido en los bosques. La palabra monte significa en las colonias, más a menudo, bosque que montaña y está circunstancia ha dado lugar a graves errores en nuestros mapas en los que aparecen cadenas de montañas (sierras) allí donde no hay más que selvas tupidas (monte espeso)" [IEB/USP-JGR-EXT-002, página 241].

[188] Ver Kurz, "El pensamiento" s/p.

[189] Esses epítetos são respectivamente de Carlos Astrada (*El mito gaucho*, 1948) e Jorge Luis Borges ("Tareas y destino de Buenos Aires" [Discurso], 1936).

em que "no hay libertad, sino tan sólo ligazón absoluta" com a mãe terra (19). Unido a essa terra como por um cordão umbilical, o Conde sente à altura da cordilheira a sua própria mineralidade expressa na *"puna"* ou *"enfermedad de montaña"*, que transforma os homens andinos em melancólicos e indolentes desde tempos imemoriais, que inclusive os faz alheios à História (22). Domesticado pela *llama*, sustentado alimentaria e, inclusive, sexualmente por ela, o sul-americano seria um homem-corporal radicalmente diverso do europeu: "En nuestro mundo fué, en el principio, el Verbo. En Suramérica fue la carne la primera materialización" (25). O passo à selva se dá reptando através de imagens cada vez mais difusas: serpente, camaleão, enguia, larva e, finalmente, basilisco (26-27). Tão mole e indeciso quanto esses animais, tão imaginário, o continente provoca em Keyserling a conclusão de que o "Mal" não é outra coisa que a "Vida Primordial", e a luz da consciência não poderia alumiar esse mundo "abisal [...] esencialmente tenebroso", por isso beleza e feiúra seriam ali indistintas, e absurdo o ideal de pureza (27-31).

A seguir, para ilustrar esse horror do terceiro dia da criação, o Conde usa a mesma citação de *La vorágine* que antes usamos –a primeira das duas longas citações acima, aquela em que há uma descrição do ciclo vida-morte-vida (Rivera, *La vorágine* [1946] 228-29)– e ainda acrescenta outras em que um emaranhado de seres luta por uma sobrevivência efêmera e selvagem. A vida em seus estratos mais baixos, uma selva *"sádica y virgen"* fora da história, só isso lê o turista aprendiz no livro de José Eustasio Rivera. Disso dá conta a calculada supressão que Keyserling faz, na sua longa citação, do trecho em que o narrador de Rivera dá ao homem "civilizado" o papel de "paladín de la destrucción" nessa voragem generalizada (ver a segunda longa citação, páginas acima, de *La vorágine*). Precisamente, ao omitir esse componente na sua extensa transcrição do romance, ao obliterar o papel do homem "civilizado" como agente da voragem selvática, o Conde faz da floresta um dispositivo que metonimicamente confina o continente numa forma: "*La vorágine*, obra que, cualquiera que sea su valor estético, constituye la más grandiosa epopeya que de la selva virgen homicida se ha escrito hasta ahora" (Keyserling, *Meditaciones* 31).

## Do tamanho do mundo  ⁕

Sob a plena luz da epopeia, ou seja, de novo, fora ou antes da história,[190] Keyserling apresenta um continente sul-americano não só anterior ao parto, uma "levadura de la creación" (35), mas inclusive habitado por seres homogeneamente animalizados, sensuais todos (sejam brasileiros, venezuelanos, argentinos, etc.), taciturnos, de intelectualidade passiva, répteis, de frenético e inocente apetite sexual, etc. *Post coitum animal triste*, o sul-americano seria, da perspectiva deste *globe-trotter* alemão, carne pronta à fecundação pelo espírito ou terra à espera de sementes. Daí que as "formas" típicas que encontra no continente sejam a "mujer primitiva [que] no reconoce en el fondo más que una sola y única prueba de amor: la violación" e o rastaquera, uma espécie de Carlitos tropical de exagerada afetação que, manifestando tal inadequação de fundo à sua forma exterior, inclusive dá a impressão "de no hallarse sino a medias creado, de ser aún matéria prima o un mero esbozo de la naturaleza" (39-40). Essas asseverações fizeram do Conde um alvo fácil para autores como Borges ("La personalidad" 145), Alfonso Reyes ou Baldomero Sanín Cano (*El oficio* 256). No entanto o que mais nos interessa é a recusa de Guimarães Rosa, já citada no início desta seção:

---

[190] A epopéia é gênero essencialmente inventarial –lembrem-se, por exemplo, os catálogos de naves ou a descrição do escudo de Aquiles em *A Ilíada*–, e a sua temporalidade se situa antes da história. Para Hegel a epopéia é um gênero que aspira à totalidade, porquanto representa ações e atos de fundação em que se visa instituir o conjunto dos valores e a visão de mundo de um povo. Assim, o gênero, enquanto totalizador, exclui a possibilidade de existência de elementos não discerníveis ou não interligados com o tipo de concepção de mundo que sustenta. Daí que o mundo da epopéia tenha sido chamado muitas vezes de "mundo fechado e perfeito" (Hegel, *Curso de estética* 488; Lukács, *A teoria* 30-31; Bakhtin, *Questões* 410). Para Erich Auerbach, em *Mímese* (1942), a visão totalizadora da epopéia traduz-se na "modelação sensível dos fenômenos" decorrente da "necessidade de não deixar nada a meio fazer ou na penumbra" (*Mimesis* 11), o que faz da figuração uma "plena luz" sob a qual aparecem completamente definidos os elementos nas suas relações temporais e espaciais; "nada deve ficar oculto ou calado" (12). Segundo Mikhail Bakhtin, o passado épico "está isolado pela fronteira absoluta de todas as épocas futuras e, antes de tudo, daquele tempo no qual se encontram o cantor e seus ouvintes. Esta fronteira, por conseguinte, é imanente à própria forma da epopéia e percebe-se que ela ressoa em cada sua palavra" (*Questões* 407). Note-se, a atribuição genérica do Conde de Keyserling está atravessada tanto pela "lógica" do inventário quanto pela exclusão da história daquilo inventariado, operações inerentes ao olhar do colonizador.

Initiisterra        Puja o mundo

"Não é o mundo da "forma" keyserlingiana.
Mas do estilo
"Língua geral
O índio não gostava do negro" [IEB/USP-JGR-M-20,63]

Ainda, em outra versão dos rascunhos da narrativa "Amazônia", nunca publicada nem, segundo parece, terminada por Rosa, lemos:

> <u>Initiisterra</u>: só uma maneira de abordagem nos comunica com o imenso: a miúda. Axi: sete dias de entrevinda, à "mais vasta região terrestre", sem o pinçar de minúcia. Onde puja o mundo, conforme o visível.

No verso da mesma folha em que estão essas poucas palavras, ainda há uma anotação manuscrita:

> No giro da criação artística, já por si em boa parte subliminar ou supraconsciente, equivalendo às vezes quase a reza. [IEB/USP-JGR-M-20,61]

Palavras que, por sua vez, se desdobram a partir de uma anotação solta e não datada:

> "Respondendo à pergunta de seu amigo Janouch: – '<u>Então a literatura conduz à Religião?</u>', Kafka declarou: '<u>Não, eu não diria isso, mas certamente conduz à prece...</u>'" [MCGR 009/0164]

Em *Tutaméia*, especificamente no fragmento VI, em que se explica a literatura rosiana como uma variedade de casos de *Serendipity* (a faculdade de "topar, sem busca, pessoas, coisas e informações urgentemente necessárias" ou de "fazer por acaso afortunadas e inesperadas 'descobertas'" [*Tutaméia* 157]), essas anotações se transformariam em:

> *No plano da arte e criação –já de si em boa parte subliminar ou supraconsciente, entremeando-se nos bojos do mistério e equivalente às vezes quase à reza* – decerto se propõem mais essas manifestações. Talvez seja correto eu confessar como tem sido que

as estórias que apanho diferem entre si no modo de surgir. À *Buriti* (*NOITES DO SERTÃO*), por exemplo, quase inteira, "assisti", em 1948, num sonho duas noites repetido. *Conversa de Bois* (*SAGARANA*), recebi-a, em amanhecer de sábado [...]. *A Terceira Margem do Rio* (*PRIMEIRAS ESTÓRIAS*) veio-me, na rua, em inspiração pronta e brusca, tão "**de fora**", que instintivamente levantei as mãos para "**pegá-la**", como se fosse uma bola vinda ao gol e eu o goleiro. Campo Geral (*MANUELZÃO E MIGUILIM*) foi caindo já feita no papel, quando eu brincava com a máquina [...]. Quanto ao *GRANDE SERTÃO VEREDAS*, forte coisa e comprida demais seria tentar fazer crer como foi ditado, sustentado e protegido – por forças ou correntes muito estranhas. (157-58, destaques em negrito nossos, itálicos no original)

O que essa bela citação kafkiana, e suas posteriores reescrituras em "Amazônia" e *Tutaméia*, nos permitem inferir é que para o nosso autor a literatura não é necessariamente um sistema decorrente de um fundamento, mas certamente conduz a uma elocução íntima, a uma reza impensável fora de uma série convencional. Ou seja: a literatura conduz à literatura. Não por acaso, essa prece se liga, em "Páramo", ao nome *Evanira*[191] –fio da meada que se perde em direção a uma origem evanescente. Kafka cria os seus precursores: o produto, a reza, precede o seu fundamento.[192]

A escritura rosiana, assim, não decorre de uma injeção espiritual, nem vem de dentro ou da consciência, mas está lá fora, no mundo, na rua, no meio do redemoinho dos livros, dos sentidos, do significante, e é preciso pegá-la com as mãos. Rosa, nos seus materiais preparatórios de *Tutaméia*, reescreveria essa concepção assim: "m% 'O fingimento é criador. A imitação é inicial arrimo'" [IEB/USP-JGR-CADERNO-22,

---

[191] Eva (a origem) + Ira (que é um pospositivo tupi de várias procedências, a saber: de '*mbïra*, red. de *i'mbira* 'que tem fibra, que tem filamento'; de '*wera* 'que foi', red. de '*puera* 'que já foi'') (*Diccionário Electrônico Houaiss* s/p). *Evenement*: "Mas, do fundo do abismo, poderei ao menos soluçar, gemer uma prece, uma que diga todas as forças do meu ser, desde sempre, desde menino, em saudação e apelo: *Evanira!..*" (Rosa, *Estas estórias* 192).

[192] Em "Franz Kafka. A propósito do décimo aniversário da sua morte" (1934) Walter Benjamin relaciona essa recusa kafkiana da religião com o exílio de um homem que se sabe, desde sempre, no palco do mundo, encenando uma vida cujo sentido lhe escapa. Sem fundamento, resta a série, isto é, a errância: "Kafka também compunha parábolas, mas não fundou nenhuma religião. [...] O país de exílio –o seu exílio– apoderou-se dele. É o ar dessa aldeia que sopra no mundo de Kafka, e é por isso que ele nunca cedeu à tentação de fundar uma religião" (*Magia e técnica* 151-52).

página 66]. Isso, na sua versão definitiva do prefácio "Sobre a escova e a dúvida" se transformaria em: "*Tudo se finge*, primeiro; germina *autêntico é depois*" (*Tutaméia* 149).

Essas palavras, assim como os trechos acima citados, nos dão uma ideia da inserção da escritura de Guimarães Rosa no "sistema" da literatura brasileira. Vejamos.

Para o autor, é claro, a floresta é uma invenção da cidade, algo que nasceu fingido e germinou autêntico depois. Além disso, a imagem da germinação –do fingimento como semente à autenticidade como planta– parece ter como alvo um modelo arborescente da cultura, em que os galhos são entendidos como secundários em relação com um tronco principal. Portanto, a recusa do mundo da "forma" keyserlinguiana é a recusa dos seus avatares mais salientes dentro da cultura brasileira: o modernismo de Mário de Andrade e, por extensão, de um dos seus brotos: a *Formação da literatura brasileira* (1957) de Antônio Candido.

Telê Porto Ancona Lopez, em minucioso estudo, mostra a maneira em que um livro anterior às *Meditações...*, *Le monde qui nait* (1927) auxiliou Mário de Andrade na sua particular conceituação do "homem brasileiro em seu destino" (1972 51). De fato, esclarece ainda Lopez, Mário usou do conceito de "Sinn" keyserlinguiano[193] para caracterizar o seu *herói sem nenhum caráter* no segundo prefácio –inédito– de *Macunaíma*.[194] Isso, é claro, via Marx, em Mário pouco tem da simples contraposição espírito/corpo do Keyserling das *Meditaciones*, mas se alimenta em grande parte do primitivismo geográfico proposto pelo pensador alemão (Lopez, *Mario de Andrade* 110-118). Assim, Mário de Andrade, precisamente, fazia o seu "herói sem nenhum caráter", fruto mestiço das três raças tristes de Bilac, nascer "no fundo

---

[193] Ver a definição de "Sinn", ou "sentido", em Ferrater-Mora (*Diccionario de filosofía* 1055-56).
[194] Eis o trecho keyserlinguiano desse prefácio inédito, segundo a transcrição de Telê Ancona: "É o herói desta brincadeira, isso sim, e os valores nacionais que o animam são apenas o jeito dele possuir aquele paralogismo / o "Sein" de Keyserling (sic) a significar, imprescindível a meu ver, que desperta empatia. Uma significação não precisa ser total pra ser / mais / profunda. É por meio do "Sein" [...] que a arte pode ser aceita dentro da vida. Ele é que / estabelece / faz da arte e da vida um sistema de vasos comunicantes, equilibrando o líquido que agora não turtuveio em chamar de lágrima" (Lopez, *Mário de Andrade* 112).

do mato-virgem" (Mário de Andrade, *Macunaíma* 5); falava do Brasil como um "monstro ainda mole e indeciso"; de Machado de Assis e do Aleijadinho como expressões de uma mestiçagem ainda não nacional, etc.[195] Para sintetizá-lo de maneira um pouco grosseira, dir-se-ia que um tanto do modernismo mariandradiano se orienta teleologicamente à formação de algo que ainda não é,[196] de algo "*a medias creado*", para retomar a forma-informe do rastaquera keyserlinguiano.

Não por coincidência, o protagonista do trecho acima citado de "Sobre a escova e a dúvida" se chamava Tio Cândido, um "pequeno fazendeiro", que tem "fé –e uma mangueira" (Rosa, *Tutaméia* 148). Herdeiro de alguma maneira do pensamento de Mário de Andrade, o livro *Formação da literatura brasileira* (1957), de Antônio Candido, se apropriava da metáfora arborescente para caracterizar o seu objeto. Assim, no prefácio da primeira edição desse livro clássico, Candido afirmava: "A nossa literatura é galho secundário da portuguesa, por sua vez arbusto de segunda ordem no jardim das Musas" (*Formação* 9). E mais adiante, a caracterização ia até o fundo chão para explicitar o processo formativo a partir do informe ou selvagem: "os homens do passado, no fundo de uma terra inculta, em meio a uma aclimação penosa da cultura europeia, procuravam estilizar para nós, seus descendentes, os sentimentos que experimentavam, as observações que faziam –dos quais se formaram os nossos" (10).

---

[195] Isso em diálogo com noções do primitivo, da consciência e da identidade que, já de antes, Mário desenvolvera na sua obra e correspondência. ver Vélez ("Da carroça ao bonde").

[196] Valha, como exemplo disso, o seguinte trecho extraído de uma carta dirigida por Mário a Carlos Drummond de Andrade em 1924. Nela Mário manifesta ter sacrificado a sua obra à transitoriedade, visando a revelação da sua nação: "Nós temos que dar ao Brasil o que ele não tem e que por isso até agora não viveu, nós temos que dar uma alma ao Brasil e para isso todo sacrifício é grandioso, é sublime. E nos dá felicidade. Toda a minha obra é transitória e caduca, eu sei. E eu quero que ela seja transitória. Com a inteligência não pequena que Deus me deu e com os meus estudos, tenho a certeza de que eu poderia fazer uma obra mais ou menos duradoura. Mas que me importam a eternidade entre os homens da Terra e a celebridade? Mando-as à merda. [...]. A minha vaidade hoje é de ser transitório. Estraçalho a minha obra. Escrevo língua imbecil, penso ingênuo, só para chamar a atenção dos mais fortes do que eu pra este monstro mole e indeciso ainda que é o Brasil. Os gênios nacionais não são de geração espontânea. Eles nascem porque um amontoado de sacrifícios humanos anteriores lhes preparou a altitude necessária de onde podem descortinar e revelar uma nação.[...] Trata-se de ser. E vocês por enquanto ainda não são" (Andrade em Scramim, "Andrade, Darío" 110).

Tanto os prefácios quanto a introdução crítico-teórica da *Formação*... abundam em imagens do campo semântico biológico ou simplesmente agropecuário, reforçando a imagem da germinação: sistema, orgânico, nascer, encorpar, processo formativo, tópico, organismo, café, cacau, borracha, ramo, seara, moinho, etc. De longe, com muitas nuances que não cabe a este estudo singularizar, mas de forma premente, o espírito keyserlinguiano assedia a *Formação*...: "[As obras] Lidas com discernimento, revivem na nossa experiência, dando em compensação a inteligência e o sentimento das aventuras do espírito. Neste caso, o espírito do Ocidente, procurando uma nova morada nesta parte do mundo" (10).

Quando no segundo fragmento dos sete que compõem o prefácio "Sobre a escova e a dúvida", quarto dos prefácios de *Tutaméia* (1967), Guimarães Rosa elabora a sua conhecida paródia dessa *Formação*..., ele o faz recorrendo à alegoria. Com efeito, o que era terra inculta ou jardim das Musas se transforma em lavoura de "meio acre, sozinha ela lá, vistosa" (*Tutaméia* 148); Antônio Candido no "Tio Cândido": "pequeno fazendeiro, suave trabalhador, capiau comum, aninhado em meios-termos, acocorado", ou "curtido homem, trans-urucuiano, de palavras descontadas" (148-49); o tronco se transforma em "mangueira" aprisionada "num cercado de varas" (148). A intenção paródica se intensifica no produto da árvore: do tronco da mangueira rosiana não saem só galhos secundários; de fato dos galhos saem... mangas! Ou seja, sementes: "qualquer manga em si traz, em caroço, o maquinismo de outra, mangueira igualzinha, do obrigado tamanho e formato. Milhões, bis, tris, lá sei, haja números para o Infinito" (149). O Tio Cândido, impressionado, angustiado qual se visse a Esfinge, encarrega o sobrinho Guimarães Rosa da seguinte incumbência, que relembra a incumbência que o Cara-de-bronze encarregara ao Grivo de *Corpo de baile*: "Tem-se de redigir um abreviado de tudo" (149).

Questionar a "forma" é questionar conceitos que lhe são correlatos, como obra, original, sistema, autonomia, fronteira.[197] Nem

---

[197] Em "Formação e integração" (2013), Silviano Santiago faz uma reflexão sobre os usos que o vocábulo "formação" rendeu em diversas epistemes históricas e identitárias brasileiras (Candido, Nabuco, Furtado, Prado Junior), chegando a postular a exaustão

a obra está completa ao reenviar os seus significantes, de uma maneira tautológica, a si própria; nem a identidade é um conceito fechado ou fixo; nem o valor do literário está dado pela sua articulação num organismo exclusivamente nacional; nem o universal está conformado pela somatória de particularidades nacionais hierarquizadas ao redor de valores idênticos em todos os seus avatares. Mangas produzem mangueiras e as mangueiras, mangas, que podem produzir milhões, trilhões, infinitas árvores, etc. De fato, a epígrafe do fragmento citado é bastante eloquente a respeito do sentido dessa proliferação infinita: "A matemática não pôde progredir, até que os hindus inventassem o zero. O DOMADOR DE BALEIAS" (148). Isso quer dizer, se relacionamos o trecho com a reflexão *oriental* sobre a série numérica do Severo Sarduy de *La Simulación* (1982),[198] que na origem não há uma presença, mas um vazio, e que toda presença é já sempre secundária. O derivado não é inferior ao original, "*o livro pode valer pelo muito que nele não deveu caber*", "*tudo se finge, primeiro; germina autêntico é depois*" (Rosa, *Tutaméia* 12, 149).

Distanciando-se da proeminência da formação, como vimos na anotação acima transcrita, Rosa opta pelo "estilo": "Não é o mundo da 'forma' keyserlingiana. Mas do estilo". Ora, o próprio arquivo do escritor nos fornece indícios da procedência dessa opção. Para Rosa, *estilo* não era um conceito beletrista, nem tentava através dele repor

---

contemporânea desse tipo de discurso e a necessária adoção de um outro paradigma, cosmopolita e situado, que ele denomina *integração*.

[198] Esse livro, fundamentado em grande parte nas teorias do mimetismo de Roger Caillois (que serão abordadas mais adiante), é uma continuação, uma complexificação, das reflexões de Sarduy sobre o barroco latino-americano. A seguir, citam-se os trechos acima referidos (leiam-se em diálogo com a epígrafe rosiana): "En Oriente se diría que el saber en sí mismo es un estado del cuerpo, es decir, un ser compuesto, una simulación de ser –de ser *ese* saber–, que no hace más que recordar el carácter de simulación de todo ser –al manifestarse como *ese* ser. [...] Reverso del saber que se posee [...] en Oriente encontramos, en el centro de las grandes teogonías –budismo, taoísmo–, no una presencia plena, dios, hombre, logos, sino *una vacuidad germinadora cuya metáfora y simulación es la realidad visible*, y cuya vivencia y comprensión verdaderas son la liberación./ Es el vacío, o el cero inicial, el que en su mímesis y simulacro de forma proyecta un uno del cual partirá toda la serie de los números y de las cosas, estallido inicial no de un átomo de hipermateria –como los postulan las teorías cosmológicas actuales– sino de una pura no-presencia que se trasviste en pura energía, engendrando lo visible con su simulacro" (Sarduy, *Obra completa* 1271-72, *destaques no original*).

a autoridade do gênio romântico. Recorria a ele para designar algo que guarda vestígios da contemporaneidade da escritura, para além da representação, dos temas, dos assuntos, dos conteúdos. *Estilo*, assim entendido, seria um arquivo de *pathos* de espaço-tempos singulares, para além do conscientemente tencionado pelo escrevente, uma entrada no *corpus* do ambiente na sua interação com o sujeito que escreve. Em *Ecce Homo* (1888), Friedrich Nietzsche, autor vastamente conhecido por Rosa, pensava o estilo dessa maneira:

> Direi ao mesmo tempo uma palavra geral sobre a minha *arte do estilo. Comunicar* um estado, uma tensão interna de *pathos* por meio de signos, incluído o tempo desses signos —eis o sentido de todo estilo; e considerando que a multiplicidade de estados interiores é em mim extraordinária, há em mim muitas possibilidades de estilo —a mais multifária arte do estilo de que um homem já dispôs. Bom é todo estilo que realmente comunica um estado interior, que não se equivoca nos signos, no *tempo* dos signos, nos *gestos* —todas as leis do período são arte dos gestos... Bom estilo em si —pura estupidez, mero idealismo, algo assim como o belo em si, como o bom em si, como a coisa em si. (*Ecce Homo* 57, *destaques no original*)

Desenvolvimentos posteriores dessa noção, contemporâneos de Rosa, podem servir para compreender a apropriação que o autor fez da reflexão nietzschiana. Muito possivelmente essa apropriação se faz em diálogo com o pensamento de Roger Caillois e com a seita de pensadores reunidos nas revistas *Acéphale* (1936-1938), *Minoutaure* (1933-1939) e no Colégio de Sociologia Sagrada, fundado em 1937. Entre os recortes de jornal do escritor, hoje sob os cuidados do IEB/USP, está um artigo intitulado "Liberdade" com que Caillois contribuía, em 26 de outubro de 1947, com o *Diário de notícias* do Rio de Janeiro. Segundo Raúl Antelo, em "La des-obra como *ready-made*" de 2008, da colaboração de Caillois com o *Diário* saíram vários dos fragmentos de *Babel* e do *Vocabulário estético*, ainda antes da sua publicação em francês.[199] Havendo morado em Buenos Aires entre 1939 e 1945, e

---

[199] Rosa possuía de Caillois o livro *Babel. Orgueil, confusion et ruine de la littérature* (1948). Duas cartas dão conta do valor que o pensador francês dava à obra do autor mineiro. Transcreve-se, a seguir, a carta de 22 de novembro de 1965, remetida a Guimarães Rosa por Antônio Candido: "Meu caro Embaixador: Ontem, conversando com o crítico

tendo colaborado com a revista *Sur*, Caillois representa uma forte alternativa ao pensamento de Hermann Keyserling, como relembra o ensaísta Gonzalo Aguilar, quando explica como essa oposição não se deve exclusivamente ao interesse amoroso dos dois pensadores pela escritora Victoria Ocampo:[200] "las figuras intelectuales de Keyserling y Caillois se oponen: mientras aquel habla desde el ego hiperbólico, éste lo hace desde el ego decapitado" (ver "La piedra" 56).

No artigo "Liberdade", recortado por Rosa, Caillois, valendo-se da dialética do amo e do escravo que aprendeu nos seminários que o filósofo russo-francês Alexandre Kojève ditara na Paris da década de 30, se opõe à concepção da escritura como produto de um automatismo irrestrito (seguramente surrealista, o movimento de que Caillois era diletante). Para o autor de *O mito e o homem* (1939), a liberdade do escritor não estaria numa absoluta confiança na natureza ou na inspiração mas, antes disso, na criação de "uma escravidão", na "invenção das regras às quais o escritor resolveu obedecer" e que lhe permitem dominar a matéria de seu próprio pensamento, que lhe escapa naturalmente. É inevitável perceber nesse texto algumas ressonâncias do *Ecce homo* nietzschiano (acima citado). Particularmente, Rosa se interessou pelo seguinte parágrafo, que ele riscou no seu recorte com caneta azul:

> Há mais liberdade num texto em que o autor tudo cuidou e do qual submeteu cada palavra a várias servidões do que na página que, por assim dizer lhe escapou, tanto deixou correr a pena, e que foi escrita livre de todo cuidado e da sua própria consciência, como em transe.

---

uruguaio Monegal, ouvi dele que considera você o maior escritor em prosa da América Latina. Achei pouco. Mais tarde, conversando com o Ungaretti, disse-me ele que o Caillois considera você o maior escritor em prosa do mundo, neste momento. Como vê, a verdade progride. Mas eu lhe peço lembrar que o primeiro a dizê-lo foi este seu criado... Antônio Candido" [IEB/USP-Cx12, 1044/145-01]. Em outra carta, endereçada a Rosa pelo seu tradutor alemão Curt Meyer-Classon, em 22 de abril de 1965, há uma referência similar ao autor de *O mito e o homem*: "Em Hamburgo, conversei com Roger Caillois. Ele disse: '*Moi du moins, je défendrai Rosa* (no prêmio 'Formentor'), *et Ledig (Rowohlt) aussi. Nous allons voir...*'" (em Rosa, *Correspondência* 284).

[200] Esse trabalho de Aguilar (ver 2007) é de especial interesse pela abordagem do pensamento de Caillois, e da sua deriva latino-americana (especialmente entre os anos 1939 e 1945), em diálogo com Victoria Ocampo, Jorge Luis Borges, e o grupo de intelectuais de *Sur* (1931-1992).

Apenas contém no final de contas escórias, manias, modas, preconceitos e mecanismos, outros tantos estilhaços que um pouco de atenção teriam filtrado. [IEB/USP-JGR-RT-07,05]

"Acho que para o artista, toda limitação é estimulante", disse Guimarães Rosa numa entrevista à televisão alemã, em 1962.[201] Em contraste com o telurismo keyserlinguiano, cujo *"Sinn"* formador é algo essencialmente intuitivo, surgido da terra e representado sem mediações importantes pelos aparatos culturais, o Caillois que interessou Rosa propõe uma servidão voluntária, em que é o próprio escritor a inventar os limites com os quais participa de uma realidade cujos pressupostos foram previamente criados. Dessa maneira, o fingimento seria inicial, criador, e o estilo seria a torção singular com que a escritura evitaria cair nos lugares-comuns que, sem cessar, a ameaçam. Esse recorte, e esse destaque com caneta azul, se transformariam, na correspondência de Guimarães Rosa com o tradutor Meyer-Classon, num imperativo que incluiria a mais famosa frase atribuída a Aby Warburg:

> *Meditar* cada frase. Cortar todo lugar-comum, impiedosamente. Exigir sempre uma 'segunda' solução, nem que seja só a título comparativo. A gente não pode ceder, nem um minuto, à inércia. 'Deus está no detalhe', um crítico disse, não sei mais quem foi. [...] Daí decorre um 'movimento e direção': para meditar-se a vida. (Rosa, *Correspondência* 237)

Antes da vida, portanto, a ficção, a criação de um estilo; do artificial decorre uma orientação existencial. Na *initiisterra* amazônica, o lugar onde puja o mundo, ou seja, em que os limites a ele impostos são excedidos, só uma maneira de abordagem, um estilo, comunica com o imenso: a miúda.[202]

Essa constatação da liberdade soberana no seio de uma escravidão construída remete a um diálogo anterior ao artigo de Caillois, como

---

[201] Ver o minuto 5:47 dessa entrevista, disponível em "Guimarães Rosa - Entrevista RARA em Berlim (1962)".

[202] Lembremos as definições de *Tutaméia*, enumeradas em "Sobre a escova e a dúvida": "nonada, baga, ninha, inânias, ossos-de-borboleta, quiquiriqui, tuta-e-meia, mexinflório, chorumela, nica, quase-nada; *mea omnia*" (*Tutaméia* 166).

relembra Raúl Antelo nos estudos "Genealogía del mimetismo" (2000) e "Zoologías imaginarias y biopolíticas modernas" (1999). Em 1933 Jaques Lacan publicava em *Minotaure* os artigos "*Le problème du style et la conception psychiatrique des formes paranoïaques de l'expérience*" e "*Motifs du crime paranoïaque: le double crime des sœurs Papin*". Nesses textos, Lacan abandonava uma explicação fisiológica dos fenômenos psíquicos para adotar uma perspectiva trágica, em que tanto a paranoia quanto o estilo de escritura comportam estruturações muito precisas de afetos em sintaxes significantes que manifestam simbolicamente os sujeitos. Para evidenciar isso, o analista aproximava as criações escritas de sujeitos paranoicos da poesia e do folclore mítico, no tocante a algumas das suas características salientes: simbolização, estratégias retóricas, temáticas, tensões em concordância com aquelas correspondentes à atualidade histórica da produção, etc. Essas saliências são nessas escrituras tão próximas, que Lacan afirma não serem qualitativamente assimétricas no tocante ao seu valor de realidade ("Le problème" 69). Daí que as manifestações criminais da paranoia excitem a simpatia trágica da comunidade, ao ponto de fazer com que, da perspectiva do coletivo, a questão da humanidade, ou não humanidade, do "culpado" seja indecidível. Assim, Lacan concluía que tanto a experiência paranoica quanto a concepção de mundo engendrada por ela são uma "sintaxe original" que, se compreendida enquanto tal, levaria a uma afirmação da comunidade humana em detrimento do realismo ingênuo dos objetos e contra a corriqueira aposta por um "tudo ou nada" da invalidação mental.

Dessa maneira, sob uma concepção "dinâmica das tensões sociais", o analista entende o delírio paranoico, a sua manifestação agressiva e a sua punição dentro da complexa rede dos motivos e exigências sociais integradas pelo sujeito. Tanto o conteúdo pulsional quanto as consequências que acarreta são completamente relativos à sociedade em que o paranoico age e a "doença" de um é sempre a manifestação do mal-estar da outra ("Motifs" 27). A paranoia, poderíamos dizer, assim como a escritura literária do ponto de vista do seu "estilo", traz o ambiente para dentro do sujeito. Não por acaso, a postulação lacaniana do estádio do espelho se nutria, além das reflexões sobre a paranoia como sintaxe desses anos, da postulação de um mimetismo heteromórfico por parte de Roger Caillois (ver Antelo, "Genealogía" 376).

Com efeito, na sua conferência "O estádio do espelho como formador da função do [eu] tal como nos é revelada na experiência psicanalítica" (apresentada publicamente em 1936 e publicada em Zurique em 1949) ("O estádio"), Lacan retomava a reflexão sobre o mimetismo desenvolvida por Caillois na década de 30. A teoria do espelho lacaniana, constituída sobre a ideia do caráter ilusório de toda percepção e, consequentemente, sobre a ficcionalidade (leia-se: *ur*-significância) do inconsciente, retomava de Caillois o postulado da *psicastênia lendária* que, inevitavelmente, comportava também a problemática da identidade.

Para Lacan, a assunção de uma imagem especular, constituinte mais que constituída, precipita o *infans* numa forma primordial prévia à identificação do outro e à linguagem que, mesmo nessa fase inicial, corresponde a um "eu ideal" que se situa numa "linha de ficção" ainda antes de sua determinação social. Dessa situação se prefigura a duplicidade do "eu", tão alienante quanto imprescindível, e se deduzem os seus efeitos formadores sobre o próprio organismo. "Eu" é sempre um semblante, por isso Lacan enuncia a insuficiência da natureza, ou seja, a absoluta necessidade da imagem e da ficção na própria conformação do organismo e da sua correlação com a realidade. Dado que através dela se articulam o dentro e o fora do corpo, o próprio e o *alter*, toda totalização da imagem é apenas ortopédica, alienante, e faz com que o limite entre sujeito e objetos seja extremamente lábil (ver "O estádio").

Tanto a identificação homeomórfica (do próprio corpo com corpos semelhantes) quanto a heteromórfica (do organismo vivo com o espaço circundante), são para Lacan fundamentais na sua postulação dessa *imago* constituinte ("O estádio" 99). Por essa razão lança mão do *mimetismo* estudado por Roger Caillois nos seus artigos de 1934, "O louva-a-deus religioso" e "Mimetismo e psicastênia lendária", trabalhos em que o autor de *O mito e o homem*, por sua vez, retomava as reflexões propostas por Lacan nos seus artigos minotáuricos de 33 sobre a paranoia.[203]

---

[203] "Alejándose de la vía organicista (la paranoia está en el cuerpo), Lacan intuye otro camino,

Basicamente, o mimetismo proposto por Caillois —a partir do estudo de vários insetos que não estão simplesmente no meio como organismos isolados dele, mas que capitulam perante o circundante recebendo-o em si mesmos por uma espécie de topografia recíproca— consiste na indistinção entre o dentro e o fora, entre o "fundo" e a forma. Essa obsessão do espaço, de efeito desrealizante e chamada de *psicastênia lendária*, não afeta simplesmente à percepção retiniana do entomólogo nem se dirige exclusivamente à sua abstração de funções ou explicações, mas inclusive confunde os próprios indivíduos de algumas espécies que, mimetizados, por exemplo, com as plantas de que se alimentam, chegam a devorar-se uns aos outros. Trata-se de simulações *hipertélicas*, que vão para além dos seus próprios fins. Semelhanças impressionantes de cor, de forma, de textura, de relevo, de cheiro, são dispêndios sem finalidade discernível e inclusive: "[se trata de] un lujo peligroso [...]: la simulación [...] resultaría una *provocación* al canibalismo, en esta suerte de festín totémico" (*El mito* 132). Portanto, o mimetismo é uma permanente transformação do Tabu em totem e não pode ser reduzido a explicações evolucionistas, mecânicas ou funcionalistas. Colhidos na própria armação, os animais miméticos viveriam numa sorte de ponto culminante de magia, em que ficaram presos ao assimilar no corpo o meio ambiente, tentados por ele até o limite de mal reconhecer-se a si próprios como diferenciados (134). Dessa maneira, o orgânico perderia os seus privilégios como origem de todas as coordenadas, cedendo à atração do espaço. Em vista desse fenômeno, Caillois lança mão do termo *psicastênia*, provindo da psicologia, e que se define como uma perturbação do sentimento de diferenciação entre sujeito e espaço que tende a minar a percepção do próprio corpo como uma unidade, produzindo, particularmente em esquizofrênicos, a sensação de serem devorados pelo ambiente (138).

Entretanto, nos casos dos animais estudados pelo entomólogo-pensador, não se deve pensar numa invasão passiva, de novo estamos

---

psicogénico, que le permite rescatar al hombre degradado, al que se le niega condición humana y se lo animaliza hasta convertirlo en Minotauro para lanzarlo, indefenso, al fondo del laberinto. Si en el fenómeno paranoico Lacan supo observar la regresión de lo humano en lo animal, es comprensible el interés con que acompaña los ensayos de Caillois sobre mimetismo, ya que en ellos se argumenta algo semejante, la regresión de lo animal hacia lo inanimado" (Antelo, "Roger Caillois" 17).

perante uma servidão voluntária: se os animais miméticos são atraídos pelo espaço e pelo inorgânico, isso não acontece sem uma porção de vontade, sem uma sorte de atração do inerte, de nostalgia da morte ou desejo de apagamento do "eu". Quem, ou o que, projeta a primeira imagem formadora? A questão é indecidível, trata-se, mais uma vez, de uma opção de estilo, de uma ficção originária: o próprio espaço cederia a essa tentação e transformaria o seu semblante de acordo com seus habitantes. Não é, pois, a plena luz que caracteriza a epopeia, e que deixa à vista a totalidade dos seres claramente diferenciados, mas a *oscura raíz del grito* da tragédia, que envolve o mundo em trevas das quais o homem não pode se distinguir, uma sorte de quarta dimensão,[204] ou uma espacialidade profunda que não está simplesmente fora dos corpos (139). Enquanto indistinção entre orgânico e inorgânico, no êxtase que faz da vida no seu paroxismo algo muito similar à morte, o mimetismo remete diretamente à freudiana "pulsão de morte" em Caillois (ver *El mito* 95 e seguintes) mas, principalmente, envia ao *duende* lorquiano ou à sua fonte: o espírito dionisíaco teorizado por Nietzsche em seu *O nascimento da tragédia* (63). Mais adiante voltaremos sobre esse espírito trágico.

Diminuindo o sentimento da individualidade, esclarece Caillois, a vida não progride do menos ao mais diferenciado ou do inorgânico ao orgânico, ao contrário: *"la vida retrocede en un grado"* (*El mito* 141). Apagadas as diferenças aparentes entre o contorno do corpo animal e o meio vegetal ou mineral, como entre o animado e o inanimado, não é possível afirmar-se uma relação de continência unívoca entre eles, pois tanto um está no outro como o outro no um.

Assim, é a autonomia o que cai com esta indistinção, e o mimetismo é uma categoria conceitual que transgride a margem

---

[204] Poderíamos dizer que *mimetismo* é o que faz o protagonista de "O espelho" (ver Vélez, "JGR-4D"). Não por acaso, na análise da *"despersonalización por asimilación al espacio"*, Caillois se vale das análises de Minkowski e Riemann-Christoffer (*El mito* 138-40), reconhecidos teóricos da quarta dimensão e do hiper-espaço que, entre outros teóricos, como Howard Hinton e Claude Bragdon, possibilitariam a criação dos modelos do espaço-tempo citados nessa narrativa de Guimarães Rosa (*Primeiras estórias* 62). Na última parte deste livro nos referiremos a P.D. Ouspensky, herdeiro dos autores mencionados e criador de uma teoria da quarta dimensão que, além de fascinar Jorge Luis Borges, o coloca entre os autores usados nos materiais preparatórios de "Páramo" [IEB/USP-JGR-EO-01,02; IEB/USP-JGR-EO-08,02].

entre sujeito e objetos, ou entre mimado e mímico, entre o orgânico e o suntuário. Por isso, esclarece ainda Antelo, a reflexão de Caillois sobre esse conceito ultrapassa os limites da biologia rumo à estética, precisamente em contraste com a América Latina modernista que o autor francês conhecera entre 1939 e 1945,[205] intensamente tomada pela "tarefa" da formação do nacional através da arte e da literatura ("Roger Caillois" 26).

Isso estimado, deve-se considerar que a ultrapassagem de limites entre o biológico e o estético não é uma exclusividade da "literatura"; Caillois ainda encontra o mimetismo no discurso científico moderno (progressivamente mais impessoal), nos temas panteístas da dissolução no tudo e, ainda, na nostalgia pré-natal teorizada pela psicanálise (149 e seguintes). Um exemplo dessa ultrapassagem pode se encontrar na reflexão sobre os "mitos primitivos" que está no ensaio sobre "O louva-a-deus religioso" (um ser absolutamente híbrido: divindade fasta e nefasta, carne, imagem, mito, máquina, vegetal, mineral, etc.). Para Caillois não há um limite muito claro entre narrativa e ato, isto é, entre natureza e cultura, como não o havia em Lacan entre o imaginário, o simbólico e o real. *Mitar não é imitar, é ser*: "Nada autónomo, nada aislable, nada gratuito, sin causa ni fin: el mito mismo es el equivalente de un acto" (Caillois, *El mito* 105).

O contraste com Keyserling não poderia ser mais pronunciado e, nesse sentido se compreende melhor o apontado por Gonzalo Aguilar: se Keyserling é um ego hiperbólico, o é porque coloca um espírito absolutamente cultural, europeu e humano como conteúdo de um continente absolutamente natural; Caillois é um ego decapitado porque pensa uma natureza soberana, com vontade e produtora de si a partir do artifício. Enquanto o primeiro acredita numa natureza passiva e passível de formação pela implantação de um espírito; o segundo acredita que a diferença entre mito e natureza é puramente mítica e que, portanto, toda corporeidade foi, desde sempre, espiritual. A forma keyserlinguiana é o comando de uma cabeça; o estilo caillois-

---

[205] Para uma ampliação sobre a experiência latino-americana de Roger Caillois e as relações do seu pensamento com o modernismo brasileiro, e principalmente com o antropófago Flávio de Carvalho, remetemos ao trabalho de Larissa Costa da Mata, particularmente na sua segunda parte, intitulada "Dança e mimetismo" (ver *Genealogia*).

lacaniano é uma vontade acefálica indiscernível do ambiente. Não há povos sem história, nem terra virgem na terra.

*Mythos sive natura*, portanto. Enquanto a mimese consistiria na separação entre obra e realidade e, ao mesmo tempo, no reenvio estrutural de uma à outra, ou seja, na autonomia de um sistema literário a respeito de outro não-literário;[206] o mimetismo consiste numa *produção natural do fictício*, na *fabricação* de mecanismos que incorporariam o ambiente de maneira tal que as fronteiras entre sujeito e objeto, fora e dentro do texto, resultariam seriamente abaladas. Da obra ao texto, o estilo, portanto, não é *representação*, mas *mimetismo*.

(Ora, sabemos o quanto Rosa assimilou o mimetismo: a Mula-Mármela veste a lupinidade do seu vilarejo, Diadorim é uma donzela disfarçada de jagunço, o protagonista de "O espelho" se faz indistinto do ambiente refletido; "Paramo" é a escritura anômica de uma cidade anômica; "Meu tio o Iauaretê" é uma narrativa-onça, mimética como a pele do jaguar, que tem como protagonista um minotauro perdido num labirinto selvático.)

"Estilo", deste modo, é jeito, gesto, maneira –um arquivo dos *pathos* de determinados espaço-tempos, para além do conscientemente tencionado pelo escrevente/falante, uma entrada no *corpus* do ambiente na sua interação com o sujeito que escreve. E a maneira do que Keyserling entendia como informidade corporal à espera de um espírito que lhe comunicasse uma forma constituída, é precisamente a do misturado, a do inferno verde de Rivera, uma forma heterogênea. Quando Rosa opta por esse estilo, em detrimento da forma, não faz outra coisa do que, à maneira do dito por Caillois em "Liberdade", submeter a sua escritura a esse "jeito", construir-se voluntariamente uma servidão que afaste o significante do lugar-comum das generalizações e das faltas, em direção ao excesso; um estilo detalhado, miúdo, suntuário, constituinte antes que constituído. O outrora suplementar desloca o centro: dos galhos nascem mangas.

Não esqueçamos que essa opção pelo estilo, nas anotações de Rosa, estava acompanhada pela menção da "língua geral" e de

---

[206] Veja-se, por exemplo, a maneira em que o conceito de *autonomia* opera no *sistema* da *Formação da literatura brasileira* de Antonio Candido (34).

*Do tamanho do mundo*

um "índio que não gostava do negro", presenças, como já se viu, importantes em *La vorágine*. E qual é o estilo desse livro? Romance e etnografia, ficção e texto documental, a linguagem do clássico de José Eustasio Rivera mistura indistintamente o espanhol, o português, as línguas amazônicas e vozes africanas: as personagens desse livro bebem "cachaza", "yantan", não fogem mas "se picurean", sentem *saudades*, Alicia é aliciada por Barrera; Cova tem alma de cova, etc. Apontado isso, é preciso dizer que esse romance também não se escreveu sobre um território sem história, que ele também bebeu de tradições, ritos, mitos, ficções, de cuja comoção porta marcas e que muitas dessas marcas, provindas dessa ou de outras vias, podem rastrear-se na narrativa-onça rosiana.

Antes de apresentar algumas dessas impressões, detenhamo-nos brevemente em algumas teorias do que se denominou "estilo vestigial" ou "indiciário" na apresentação deste trabalho, para ouvir com elas os ecos de algumas das infindáveis vozes apagadas pela violência formal das histórias oficiais. Desse aguçar o ouvido, poderemos pensar numa abordagem do literário, do cultural e do identitário em aberta luta contra os modelos sistemáticos acima descritos, luta de que o *corpus* estudado é o cenário. Lidar com o imenso, pentear a História a contrapelo, sabemos, implica uma abordagem miúda –apenas fios nos orientam neste labirinto, também habitado por minotauros e sereias.

*AMAZONAS*, A ERRÁTICA, O RITUAL ANTROPOFÁGICO

Optar pelo *estilo*, recusando a *forma*, exige uma compreensão diferente das atividades complementares da leitura e da escritura. Essa opção, em Rosa, pode vincular-se com o famigerado "paradigma indiciário" que há alguns anos postulara Carlo Ginzburg e que antes preferimos denominar (ver a "Introdução" deste livro), combinando Nietzsche (*Ecce Homo*), Ludwik Fleck (*La génesis*) e Jean-Luc Nancy ("El vestígio"), *estilo vestigial*. A opção pelo estilo implica, à maneira do Benjamin leitor de Bachofen ("Johann Jakob Bachofen"), a compreensão da linguagem como um arquivo de semelhanças imateriais, ou seja, como uma *arquiescritura*, que porta em si, como os traços estudados pela grafologia, muito mais que o conscientemente tencionado pelo falante/escrevente, marcas que exigem "Ler o que nunca foi escrito" ("Sobre la facultad" 170).²⁰⁷ Exige também, como para Warburg (*El ritual*) e Carl Einstein (*Negerplastik*), relacionar isso nunca escrito com gestos ou vozes apagadas por uma história catastrófica, vozes que, quando pensadas na sua vida póstuma, iluminam profanamente o presente, mostrando nele uma insuficiência ontológica enorme, além da crendice fundamentalmente fincada na pretensão ocidental de viver sem mitologias, ou de colocar outras culturas à margem da história ou mesmo da arte. Implica, essa opção pelo estilo em detrimento da forma, finalmente, como na antropofagia errática postulada por Oswald de Andrade em *A crise da filosofia messiânica* (1950), relacionar essas vozes com algo capaz de abalar a sociedade patriarcal, a sociedade do negócio e da falta –negadora do ócio, do suntuário e, portanto, da doação–, um matriarcado que sobrevive vestigialmente nas produções culturais de ocidente e pode ser rastreado nelas (*Do Pau-Brasil* 88). Ou seja, a exigência fundamental de uma opção pelo estilo é a de atentar para o miúdo, o corriqueiramente desprezado pelas abstrações totalizadoras; atentar para tudo que entrou no corpo do texto apenas como marca de um contato, mas sem pretender ser um reflexo ou uma abstração consciente do dado.

Adiantemos: em "Meu tio o Iauaretê" há marcas de, entre outros, dois mitos, profundamente relacionados com o matriarcado e com o seu esmagamento ocidental e patriarcalista: a *Lenda de Yurupary* e Dioniso. Mais adiante abordaremos o conto, mas antes disso, é conveniente retomar a partir desses sinais enunciados alguns poucos

---

²⁰⁷ Muito dessa exigência pode ser lido, retrospectivamente, nas reflexões benjaminianas sobre "A tarefa do tradutor", publicadas em 1923 na edição alemã das *Tableaux Parisiens* de Charles Baudelaire. Concentrando-se muito mais na traduzibilidade, ou seja na potência, do que na tradução propriamente dita, definida nesse ensaio como "uma forma", Benjamin pensa na tarefa do tradutor como a dedicação amorosa à sobrevivência de um gesto, ou de um conjunto de gestos de escritura, na passagem de uma língua à outra. De novo, estamos perante a opção por um estilo, um jeito, um modo (o que nunca se escreve), em detrimento da forma: "a tradução deve, ao invés de procurar assemelhar-se ao sentido do original, ir reconfigurando, em sua própria língua, amorosamente, chegando até aos mínimos detalhes, *o modo de designar do original*, fazendo assim com que ambos sejam reconhecidos como fragmentos de uma língua maior, como cacos são fragmentos de um vaso" (Benjamin, "A tarefa" 207, *destaques nossos*).

elementos de rendimento teórico, assim como situar o debate sobre o vestigial em solo brasileiro.

De Nietzsche (*O nascimento*) e da revista *Acéphale* (2005) que, através da figura de Dioniso se empenhava na década de 30 numa reapropriação do pensamento nietzschiano, por esses anos sequestrado pelo fascismo, podemos tomar algumas características desse deus e do culto a ele devotado. Para eles, o culto de Dioniso era uma espécie de comunismo originário, uma ginecocracia, em que a vida cívica se sustentava por uma promiscuidade de elementos diferentes e não hierarquizados. Filho de Zeus e da mortal Sêmele,[208] Dioniso se vincula com a estrangeiridade,[209] com a ebriedade, com a infância, com a festa, com a luxúria, com o feminino, com o instintivo, com o popular, com o periférico, com o demoníaco, com o animal, com o sexual, etc.; em oposição ao Estado, à pátria, ao princípio de individuação, à autoridade, à forma, enfim, que Nietzsche identifica com Cristo e com Apolo. Dioniso, super-homem, como deus da desindividuação é o próprio nome do Anticristo, representa uma luta contra os poderes estabelecidos, uma sobressocialização perante a ordem social dada; por isso, a religião dionisíaca privilegia os vínculos por afinidade em detrimento dos vínculos de raça ou sangue, reúne os homens ao redor, não de ações definidas, mas da convicção de que a existência é o único valor absoluto e de que, carecendo de um sentido dado, ela é, em si mesma, trágica (ver Nietzsche, *O nascimento*; Bataille e outros, *Acéphale*).

Para Nietzsche, a arte, sempre na periferia do círculo do saber, teria a força dionisíaca de abalar a pretendida omnissapiência científica, a contaminaria pela exposição dos seus próprios limites e, portanto, da sua própria mortalidade, levando-a, dessa maneira, a um conhecimento trágico (*O nascimento* 95). A operação fundamental da consideração teórica do mundo, com a sua pretensão universalista, seria sempre um ocultamento de sua necessidade, e consequente produção, de uma classe de escravos. Entretanto, "o que chamamos

---

[208] Na mitologia grega, Dioniso era filho de Zeus e Perséfone. Esquartejado e devorado pelos Titãs, mas salvo por Atena e levado a Zeus, que engoliu seu coração, deu origem ao novo Dionísio Zagreu, filho da mortal Sêmele.

[209] Dioniso é um deus oriental, daí que comumente seja associado a felinos de grande porte, inexistentes ou muito escassos no continente europeu. Nietzsche remonta o culto de Dioniso até uma pré-história na Ásia Menor e na Babilônia (*O nascimento* 30).

agora de cultura, educação, civilização terá algum dia de comparecer perante o infalível juiz Dionísio" (119). Extenuado o efeito das reivindicações tranquilizadoras de "dignidade da pessoa humana" ou da "dignidade do trabalho", a cultura apolínea lançaria mão, sem grandes reservas, de uma força destrutora horripilante para reprimir qualquer levantamento (110).[210] Essa repressão, obviamente, não passaria sem gerar um imenso *mal-estar* na cultura, que se expressaria na arte através do que Nietzsche denomina "a consideração trágica do mundo" que, além de expor os limites da pretensa universalidade do conhecimento racional, o seu *pathos*, obrigaria a uma identificação com o recalcado, assegurando-lhe, assim, a sua sobrevivência e exigindo ao pensamento dar conta do seu *perpetuum vestigium*:

> Com esse conhecimento se introduz uma cultura que me atrevo a denominar trágica: cuja característica mais importante é que, para o lugar da ciência como alvo supremo, se empurra a sabedoria, a qual, não iludida pelos sedutores desvios das ciências, volta-se com olhar fixo para a imagem conjunta do mundo, e com um sentimento simpático de amor procura apreender nela o eterno sofrimento como sofrimento próprio. (111)

Mas esse "contra" traz implícito que a oposição entre esses espíritos nunca seria absoluta, não se pode fazer um dualismo grosseiro dessas duas potências, intimamente interligadas entre elas: "Dionísio fala a linguagem de Apolo, mas Apolo, ao fim, fala a linguagem de Dionísio" (130). O dionisíaco também é um dispositivo de memória, porque, para além da forma, exige rastrear a força, a vontade de ser. O trágico, em palavras de Nietzsche, é "o lúdico construir e desconstruir do mundo individual como arquiprazer" (*O nascimento* 152), ou seja, uma compreensão do pensamento como um jogo entre a forma que se constitui e a força que o abre ao devir. Isso quer dizer que não há vestígio errático sem recalque, e que não há imagem aberta sem Nome-do-pai (Antelo, "Roger Caillois" 8). Levada até o seu limite devastador, a forma se nega a si própria, manifestando lacunarmente

---

[210] Lembremos brevemente que Walter Benjamin dá ao seu "Caráter destrutivo" (1921) os traços do apolíneo e a força de renovação do dionisíaco.

tudo que oculta; levada até o seu limite, a pura força se institui, se formaliza.

*Evanira, ab-origens.* Essa reivindicação da memória, como antes se sugeriu, não se dá sem uma concepção da escritura como arquivo de semelhanças —uma arquiescritura alheia à lógica do reflexo—, em que ressoam ecos de existências não necessariamente escritas, mas que deixaram marcas no escrito. Essas vozes, aliás, não são simplesmente ecos de indivíduos do passado, mas são línguas, concepções do tempo, da sociedade, do corpo, do espaço, do ser, do mundo, etc., tradições culturais coletivas, enfim, que lacunarmente insistem em momentos de extremo perigo. Feminilizadas, infantilizadas, barbarizadas por uma cultura que precisa delas para se fundamentar (tal a Mula-Marmela, com seu expiar de bode), essas vozes não sumiram simplesmente, mas foram sufocadas por alguém, ou algo, que também reclama o seu nome.

Ora, em cada caso, é uma necessidade do presente que está a reclamar esses ecos vencidos, e por isso é sempre uma questão política: quantos mundos cabem neste mundo? Quantos mundos já o habitaram? Um canto de sereias, ou o seu silêncio, não nos fala exclusivamente do que já foi, mas chega a iluminar brevemente a totalidade do presente, mostrando que o dado se sustenta, também, no apagamento de outras possibilidades de existência. Aberta ao futuro, portanto, a memória projeta o desejo e questiona a unicidade do contemporâneo, além de postular a necessidade de novos mitos, de outras ficções, que possam doar à vida sentidos diversos, heterogêneos, plurais. Sentidos, por conseguinte, que não excluam a morte, nem a neguem, mas que a saibam incorporar —como vida póstuma— desde o seu caráter de única possibilidade absoluta. Sentidos do trágico.

Não há povos sem mito, pontuemos, nem mitos imunes à devastação da história. Para o *saber trágico, monstra* e *astra,* cultura *e* barbárie, se alternam e lutam de maneira irreprimível (a razão e os monstros, o mítico e o real, o astral e o desastre, o poder e a prostração, etc.). O presente, assim, não está, na perspectiva desse saber, separado do passado mais que por um abismo de esquecimento, pela letargia produzida por um caráter destrutivo que precisa apagar as marcas da própria violência instituinte. Por essa razão, Nietzsche entende a origem como um "labirinto" (*O nascimento* 51), ou como um "eterno contraditório" (40) e ao pensamento como a consciência trágica que sabe da morte e, empaticamente, segue os rastros do já ido. A *origem*, assim entendida, e para dizê-lo com palavras de Benjamin, "não tem nada a ver com a gênese, [...] não designa o vir-a-ser daquilo que se origina, e sim algo que emerge do vir-a-ser e da extinção" (*A origem do drama* 68). Pensar a origem, desta maneira, é experienciar uma conexão temporal com o excesso (*Ursprung*: porque o que há na origem é excesso, e não falta, de ser), uma visão dupla que reconhece o dado como criação, por um lado, e como destruição, por outro. Essa conexão temporal tem, aliás, no conjunto *vestigial* com que até aqui trabalhamos, um caráter ritualístico, que à maneira do culto dionisíaco, ou da própria representação trágica, repete diferencialmente a tarefa de pensar todo fato, todo fenômeno, toda obra, em relação com a sua pré e pós-história, quer dizer, com a finitude e com a sobrevivência (*Nachleben*). A vida é o progresso ineludível da morte, a história um raconto parcial da catástrofe, e a memória uma forma de participação temporal na temporalidade.

Retomemos, a partir desses pressupostos, a questão do ritual.

Uma função ritualística, claramente situada no tempo, mas também na língua, na cultura e no espaço, atravessa o pensamento antropofágico brasileiro que, particularmente na reflexão de Oswald de Andrade, se traduz numa vivência do outrora, ou do outrem da pluralidade dos seres, no aqui-agora do mundo. Para Oswald, esse "ouvir" "bárbaras vozes" se ligava tanto ao barroco Inconfidente (d'*A Arcádia e a Inconfidência*, por exemplo) quanto ao momento Modernista –"Vozes e tics de fios e ondas e fulgurações" ("Manifesto Pau-Brasil"). Passado e futuro, assim, se relacionam com algo capaz de abalar a sociedade patriarcal, a sociedade do negócio e da falta –negadora do ócio, do suntuário e, portanto, da doação–, um matriarcado que sobrevive vestigialmente nas produções culturais de ocidente e pode ser rastreado nelas. É obvio, por outra parte, que o fato de João Guimarães Rosa interessar-se negativamente pela "forma keyserlinguiana" não se devia exclusivamente ao uso tendencioso que o Conde fez de *La vorágine*, mas também, e primordialmente, ao interesse que o modernismo, manifestamente nos seus mais salientes pontais, dedicara à sua obra: Mário, como se viu, valendo-se do "Sinn" na escritura do seu herói sem caráter e Oswald tomando posse, via gambiarra, do "bárbaro tecnizado" de *Le monde qui naît* (1927) como ponto culminante da revolução caraíba (*caribe*). Há, nesses dois casos, estilos diferentes de apropriação: enquanto Mário acata um pouco submissamente o diagnóstico de Keyserling, Oswald o troca de signo para fazê-lo servir a valores opostos daqueles que o produziram como preconceito. "*Tupy or not tupy, that's the question*": também é obvio que Rosa, malgrado a opinião adversa que Oswald alguma vez manifestara sobre ele,[211] não iria criar uma ficção protagonizada por um canibal descendente de tupinambás,[212] filho de Maria,[213] sem levar em consideração o pensamento antropofágico, especificamente na vertente oswaldiana.

Abordemos, para finalizar esta dobra teórica, esse pensamento, particularmente no seu aspecto ritualístico, para posteriormente aproximá-lo daquilo que, em "Meu tio o iauaretè" —narrativa sobre um mestiço que conta a própria biografia "misturando português com tupi mais onomatopeias de ruídos e rugidos" (Galvão, "O impossível"

---

[211] "O problema não é enriquecer o idioma, é enriquecer o Brasil. Não é mais tempo para ficarmos brincando com a sintaxe, inventando palavras, dormindo no estilo. Isso é beletrismo, é trabalho para diletante. Em suma, não me apaixona mais. Depois, a de Guimarães não é a língua brasileira, é um invenção sua, talentosa sim, mas sem raízes e que redunda numa lamentável perda de tempo" ("A última entrevista" s/p).

[212] Já no primeiro número da *Revista de Antropofagia*, de maio de 1928, o fascista *avant la lettre* Plínio Salgado assinava um pequeno ensaio sobre a língua Tupy, ou nheengatú. Nesse texto, entre outras curiosíssimas coincidências, se faz referência ao livro *Le monde qui naît* de Keyserling, a *Tótem e Tabu* de Freud, se fornecem sentidos de várias palavras do nheengatú (entre elas, há várias em "Meu tio o Iauaretê") e se menciona a lagarta de fogo *Tatarana* (a primeira alcunha guerreira de Riobaldo em *Grande Sertão: veredas*) (ver *Revista de Antropofagia* 21-22). Vale a pena lembrar que a publicação antropófaga se caracterizava nos seus primórdios por grande ecletismo, tão evidente para os seus responsáveis, Alcântara Machado e Raul Bopp, que inclusive precisaram esclarecer, em "Nota insistente" colocada no final do primeiro número: "Ella [a *Revista*] está acima de quaisquer grupos ou tendências; [...] –Ella nada tem que ver com os pontos de vista de que por acaso seja veículo. A 'Revista de Antropofagia' não tem orientação ou pensamento de espécie alguma; só tem estômago" (24). A partir da segunda dentição da *Revista*, os nacionalistas reunidos no Grupo da Anta foram rejeitados pelo movimento antropofágico: "Não queremos anta, queremos tamanduá" (em Augusto de Campos, *Revista de Antropofagia* 7).

[213] No "Manifesto Antropofágico" assinado por Oswald de Andrade e publicado no primeiro número da *Revista de Antropofagia*, se lê: "Contra o índio de tocheiro. O índio filho de Maria, afilhado de Catarina de Médicis e genro de D. Antônio de Mariz" (23). Mais adiante desenvolveremos essa filiação, que agora mencionamos só de passagem.

11)– poderia se esboçar como uma "política cultural". Façamos essa caracterização, primeiro, de maneira negativa, isto é, em chave autonomista, e a partir de efeitos de leitura.

José Paulo Paes, em artigo intitulado "Cinco livros do modernismo brasileiro" (1988), adota uma perspectiva desse tipo e, seguramente seguindo a leitura de Roberto Schwarz, segundo a qual a antropofagia representaria uma consciência ufanista do atraso,[214] lê o retorno ao primitivo, à infância, ou ao passado, caros ao modernismo, como uma "síndrome regressiva" vanguardista, ou uma "inocência a *posteriori*", cuja mais significativa contribuição estaria na autonomia nacional: "veio enfim amalgamar sem fissuras o 'como falamos' ao 'como somos' e dar voz própria ao homem brasileiro" (91). Dessa maneira, aliás, a antropofagia seria uma espécie de epitáfio da vanguarda brasileira, o climax final, falho, precário, do ciclo modernista (104). Partilhando muito dessa interpretação, e em sintonia com a sua própria opinião sobre o barroco (acima referenciada), Luiz Costa Lima, em "Repensando a trajetória de Oswald" (Dau), lê o *Manifesto* como a postulação de um mito apenas compensatório da precariedade ambiente –o mito de uma energia e jovialidade primitivas não totalmente destruídas pela colonização e reanimáveis pelo intenso desenvolvimento tecnológico do mundo–, mas sem uma verdadeira potência crítica, apenas um otimismo espirituoso que estava "longe de apresentar uma opção político-filosófica". Finalmente –e provavelmente obliterando os reparos (e as aproximações, vale dizer) que, na primeira dentição da *Revista de Antropofagia* (1928), manifestavam Antônio de Alcântara Machado e o próprio Oswald de

---

[214] Leitura que, por sua vez, tem um dos seus antecedentes em Antônio Candido, que em "Literatura e subdesenvolvimento" (1970) comparava as fases correspondentes a uma "consciência amena de atraso" (nativismo, exotismo) e a uma "consciência catastrófica de atraso" (regionalismo pós 1930), para sintetizá-las numa "consciência dilacerada do subdesenvolvimento" (superregionalismo) que exigiria a modernização a partir de um olhar crítico e "fantasmal" sobre o passado (ver "Literatura e subdesenvolvimento"). Não se esqueça que, com as devidas nuances que não cabe agora fazer, essa leitura de Candido deve muito ao herói sem nenhum caráter de Mário que, por sua vez, tem muito do espírito keyserlinguiano que, por sua vez, tem muito de Oswald Spengler (*Osvaldo Spengler*, segundo a ácida ironia borgiana), etc. Para ver outras coincidências entre as leituras de Schwarz, Candido e Mário, particularmente no concernente às suas concepções do tempo, da história e do progresso, ver Vélez ("Da carroça").

*Do tamanho do mundo*

Andrade, a respeito do indianismo e todos os romantismos vinculados à figura do índio[215]– o antropólogo Oscar Calavia, em "Antropofagias comparadas"(1998), se empenha em diferenciar o canibalismo "real" do canibalismo "virtual ou ideológico" (83), entre cujas manifestações se contam as operações de devoração cultural empreendidas pelos "literatos" vanguardistas brasileiros, e a etnoantropologia na sua vertente "canibal" (Viveiros de Castro e Manuela Carneiro, por exemplo, são colocados por Calavia nesse segundo grupo) (84). Para Calavia o movimento antropofágico teria convertido "o estigma em brasão, o passivo em ativo, o sexual em oral" (86), manifestando uma ideologia da classe media culta, consistente em fazer da voracidade cultural um valor nacional desconhecendo a realidade de uma práxis não-simbólica ou não-imaginária e até atrelada às mesmas práticas do colonizador (82, 87). Entre outros valores simbólicos da antropofagia, Calavia alveja a mesticagem:

> há poucas ideias mais ocidentais e menos canibais que a mestiçagem. E o sólido conceito de identidade do velho mundo que permite pensar em seres mistos em que os componentes ainda persistem. As mitologias europeias estão povoadas de seres compostos: centauros, sereias, marxismo-leninismo, cultos afro-brasileiros; as mitologias ameríndias tratam de seres que se transformam. Há uma troca e não uma acumulação de imagens. O canibalismo não é sincrético nem barroco. (87)

---

[215] Destacamos o "Abre-alas", assinado no primeiro número da *Revista de Antropofagia* por Alcântara Machado, em cujo terceiro parágrafo se esclarece: "Não o índio. O indianismo é para nós um prato de muita sustância. Como qualquer outra escola ou movimento. De ontem, de hoje e de amanhã. Daqui e de fora. O antropófago come o índio e come o chamado civilizado: só ele fica lambendo os dedos. Pronto para engulir os irmãos". (17). Esse esclarecimento se soma, de maneira sistemática, à rejeição que, a partir da sua segunda "dentição", o Movimento fez do nacionalismo verde-amarelo e da sua apropriação romântica da figura do índio: "O que louvamos nesses *cinco abnegados dedinhos de mão negra conservadora* é uma coragem –a de se declararem sustentáculos de um ciclo social que desmorona por todos os lados e grilos de um passado intelectual e moral que nem na Itália está mais em voga! Pândegos! [...] Os verdeamarelos daqui querem o gibão e a escravatura moral, a colonização do europeu arrogante e idiota e no meio disso tudo o guarani de Alencar dançando valsa. Uma adesão como essa não nos serve de nada, pois o 'antropófago' não é índio de rótulo de garrafa. Evitemos essa confusão de uma vez para sempre! Queremos o antropófago de knicker-bockers e não o índio de ópera" (em Augusto de Campos, *Revista de Antropofagia* 11).

Muitos reparos podem fazer-se a este conjunto de leituras, dentre os que destacamos: 1) a economia do barroco antropofágico é o dispêndio e não a acumulação, baseada na falta (e, de fato, acumulação e excesso se opõem como *potlach* e especulação capitalista); 2) não há práticas puramente simbólicas contrapostas a outras puramente reais, como reza o pensamento autonomista; 3) A lógica do puro devir, da troca ou transformação sem resto, é a lógica do mercado (como veremos mais adiante, um devir sem lastros de identidade pode devir uma reativação da substância); 4) há poucas ideias mais ocidentais e menos canibais que a de "mitologia ameríndia".

Em chave totalmente diversa das leituras apontadas, Benedito Nunes entende o primitivo oswaldiano como uma figura não fatalmente atrelada ao passado mas que, assimilando a técnica moderna, usa da máquina para alcançar a sua "libertação moral e política" (Nunes xxxiv). O "bárbaro", assim, não seria simplesmente uma figura regressiva mas, antes disso, ou melhor, depois disso, uma projeção ao futuro, um sujeito histórico que, longe de se pretender "não datado", incorporaria a técnica, a ciência, a tecnologia, em nome de valores e interesses claramente situados no espaço-tempo. Lembre-se que o bárbaro projetado pelo *Manifesto Antropófago* (1928) é o "bárbaro tecnizado de Keyserling", posterior à "Revolução Francesa, ao Romantismo, à Revolução Bolchevista, à Revolução Surrealista" (14). Ao ser, para Oswald, uma síntese do homem natural e do homem civilizado, o bárbaro tecnizado não implicaria um apagamento de estádios existenciais anteriores mas, pelo contrário –nisso prefigurando o *Cyborg* de Haraway–, configura um mito originário que projeta a sobrevivência de uma experiência subalterna, ou oprimida, num horizonte de liberdade possibilitado pela técnica. Não é a falta, assim, o que atravessa essa barbárie, mas um excesso de ser,[216] em que passado,

---

[216] Em "Modernismo obnubilado. Araripe Jr. precursor da Antropofagia", Alexandre Nodari contrasta as apropriações que os dois Andrades fizeram do "bárbaro tecnizado" keyserlinguiano: "*Macunaíma* não seria exatamente um símbolo do Brasil, mas apenas um sintoma, um sintoma da falta [...]. Com certeza o barão alemão foi também fonte da dialética hegeliana proposta por Oswald de Andrade em *A crise da filosofia messiânica*, onde, em um primeiro momento, o homem natural voltado para o ócio é negado dialeticamente pela sua antítese, o homem civilizado, do negócio, isto é, da negação do ócio, da produtividade, para, ao final, o conflito entre ambos produzir a síntese, o

presente e futuro importam pelo que, cada um de sua vez, mobiliza: memória, sentimento, e miragem utópica (*Memórias sentimentais de João Miramar*).

Malgrado a leitura de Roberto Schwarz em "A carroça, o bonde e o poeta modernista" (1989), ao se declarar "Contra as histórias do homem que começam no Cabo Finisterra", ou seja, no último ponto da peregrinação do Caminho de Santiago de Compostela, e a favor de um mundo "não datado" e "não rubricado", o *Manifesto* não faz outra coisa do que optar por algo como essa *initiisterra* de que antes se falou —a terra de uns inícios que, precisamente por saber-se sempre já derivados, não se podem pensar a partir de pressupostos de precedência ontológica, propriedade,[217] ou pureza. Muito menos a partir de um mundo supra ou a-histórico. "Não datado", "não rubricado", é um mundo sem propriedade e não dominado pela decorrente concepção cumulativa da história, isto é, não entendido sob a metafísica do progresso inerente ao que Oswald chama, nietzscheanamente, "a base escatológica do Messianismo" em *A crise da filosofia messiânica* (1950). Disso dá conta, por exemplo, o complemento "Sem Napoleão. Sem César", ou seja, sem uma história de grandes figuras individuais, sem escatologias parciais rubricadas, cada uma delas, pelo seu próprio herói. No mesmo sentido trabalha a projeção de uma Revolução Caraíba "maior" que a "pobre" Revolução Francesa: "Queremos a Revolução Caraíba. Maior que a Revolução Francesa. A unificação de todas as revoltas eficazes na direção do homem. Sem nós a Europa não teria sequer a sua pobre declaração dos direitos do homem".[218] Trata-

---

'homem natural tecnizado', usufruindo da tecnologia não como um valor intrínseco, em nome da produtividade e dos valores da civilização, mas para o ócio" (9).

[217] Vinculando todos estes pressupostos, e ainda outros, mas com ênfase na questão da propriedade, Alexandre Nodari tem se dedicado a elucidação de um Direito Antropofágico, cuja pedra de toque seria o lema "a posse contra a propriedade", contido no Manifesto de 1928. Para Nodari, esse direito postula a prevalência do uso comum sobre a interdição em proveito individual, assim como a desativação de toda ideia de autenticidade da propriedade. Remetemos aos trabalhos publicados pelo autor em 2009 e 2010, listados na bibliografia deste trabalho e, para maior aprofundamento, à sua dissertação de mestrado, de 2007.

[218] Em "O perjúrio absoluto", Alexandre Nodari traça uma genealogia dessa relação entre o "descobrimento" de América e a *Declaração dos Direitos do Homem e do Cidadão* (1789), que inclui nomes como Garcilaso de la Vega, o abade Genty, Campanella, Bacon, Montesquieu, Voltaire, Rosseau e Montaigne (ver "O perjúrio" 116).

se, pois, em Oswald de um pensamento pós-técnico e pós-histórico, mas no sentido de –à maneira da ironia com que Luis Tejada em 1926 constatava a derivação da ciência moderna rumo à antropofagia (acima citado)– pensar uma técnica e uma história a serviço da liberdade humana, em detrimento das fantasias transcendentes que, ao interior da cultura messiânica, as teriam conduzido.

Ora, o *Manifesto* é completamente lúcido quanto aos homens usados pela conquista. Como os fujões de *La vorágine* e os *jababoras* de "Meu tio o Iauaretê", trata-se de lobisomens, homens produzidos, engolidos e cuspidos do quente da boca pela civilização ocidental: "Mas não foram cruzados que vieram. Foram fugitivos de uma civilização que estamos comendo, porque somos fortes e vingativos como o Jabuti" (17). Exemplar desse expansionismo é o ciclo bandeirante, que em *A marcha das utopias* (1966), se coloca como origem do mal do ufanismo nacional brasileiro (177). De fato, em *A crise da filosofia messiânica* (1950) se escreve: "A ruptura histórica com o mundo matriarcal produziu-se quando o homem deixou de devorar o homem para fazê-lo seu escravo" (81). Antropofagia e Messianismo se contrapõem como imanência e transcendência, porque "O escravo só podia existir na condição miserável a que estava reduzido, com a esperança messiânica da outra vida" (97). Dessa maneira, observe-se, o pensamento antropofágico faz de servidão, pureza, monogamia, economia do Haver, termos correlatos, todos eles decorrentes de uma ilusão transcendental, ou de uma metafísica da presença, que se identifica com a ética cristã e com o capitalismo patriarcal.

Em aberta oposição com esses termos, Oswald deriva a sua antropofagia da mestiçagem, faz da mistura a originariedade-sem-origem da humanidade, para dela desdobrar uma prática de pensamento que, ritualisticamente, perquiriria incessantemente pelas suas fontes. Dessa maneira, constatando que "a promiscuidade originária é um fato", ou que "as raças confinadas no seu mimetismo, cor-de-deserto, cor-de-pólo, cor-de-quermadura solar, longamente se mestiçaram" (*Do Pau-Brasil* 85-86), a antropofagia oswaldiana se ocupava em rastrear as sobrevivências do matriarcado na ordem social vigente e nas produções filosóficas do patriarcado ocidental, postulando para tal fim a criação de uma "ciência do vestígio errático", algo capaz de discernir essa potência na barafunda de uma cultura que, em flagrante contradição dos próprios pressupostos, estaria também constituída pela devoração de outros e pela mistura dela decorrente. Embora Oswald considerasse que Nietzsche tinha vulgarizado o pensamento de Bachofen, é das duas leituras desses autores que ele, principalmente, deriva a sua proposta de uma Errática:

> Devem-se a Bachofen, vulgarizado por Nietzsche, as primeiras pesquisas sobre o Matriarcado. Como já afirmamos, a cultura humana se dividiria em dois hemisférios — Matriarcado e Patriarcado. /Deriva o filho de Direito Materno do fato de que o primitivo não ligava o amor ao ato da geração. O amor é por excelência o ato individual, e seu fruto pertence à tribo. /Será preciso criar uma Errática, uma ciência do vestígio errático, para se reconstituir essa vaga Idade de Ouro, onde fulge o tema central do Matriarcado. (*Do Pau-Brasil* 88)

À maneira da arquiescritura benjaminiana, essa errática se propõe ler o que nunca foi escrito; à maneira do conceito de história de Benjamin, essa errática se propõe também a leitura do próprio momento de perigo de que se constrói um relato histórico: "Suprimamos as idéias e as outras paralisias. Pelos roteiros. Acreditar nos sinais, acreditar nos instrumentos e nas estrelas" (*Do Pau-Brasil* 18). Por essa razão, entre outras, o confinamento de Oswald entre os ufanismos da nacionalidade é, quando menos, injusto. Isso principalmente porque, assim como pensava a cultura humana a partir do fato inconteste de uma promiscuidade originária, em "Schema ao Tristão de Athayde" (publicado no Nº 5 da *Revista de Antropofagia*, de setembro de 1928) se entendia o Brasil como um "grilo de seis milhões de kilómetros, talhado em Tordesilhas", ou seja, como a apropriação espúria de um território a partir de uma compartimentagem arbitrária, produto apenas de ajuste entre colonizadores. Dessa premissa, que para Alexandre Nodari constitui a indecidibilidade entre a ficção e a autenticidade do título de propriedade ("La única ley" 142), segue-se uma compreensão do próprio como produto de uma intervenção do "dado", cuja constituição é arbitrária, ou seja, como uma tomada de posse do já apropriado, ou –para traduzi-lo em termos do Manifesto– como uma permanente transformação do tabu em totem.

Espúria como a própria humanidade, a nação, assim, seria sempre eventural, apenas a atualização estratégica e contingente de um sentido necessário. Dessa maneira, a representação seria sempre questão de uma construção de "roteiros.roteiros.roteiros", mas nunca a manifestação de uma essência prévia à sua necessidade. Enquanto os protocolos representacionais não conseguem operar sem um centro essencial, sem uma substância, digamos, a preservar, a errática oswaldiana parte da própria impureza do existente e a aproveita para fins próprios. O seu tempo é utópico, mas não opera sem uma relação com a memória. Ocupando-se com o dado, com o construído sobre as ruínas de tradições culturais arrasadas, a errática antropófaga procura ver o que nesse presente pervive do outrora. Procura ir atrás dos vestígios de tradições culturais esquecidas e valorizá-las como singularidades que podem iluminar profanamente o presente, sem direito nem permissões, para assim trazer mais mundos a este mundo, para abrir o porvir a outras possibilidades de existência que impugnem a totalidade e a sua pretendida pureza.

Dois exemplos já mencionados —a nação como grilo, o bárbaro tecnizado trocado de nefasto em fasto— nos dão um tom de leitura da premissa antropofágica da "transformação permanente do Tabu em totem". A lógica antropofágica é a gambiarra, isto é, a tomada de posse de algo alheio, a exogâmica marcha para o novo e incerto[219] em vista de necessidades declaradas —daí que essa transfiguração do tabu em totem seja a operação específica de abertura ao futuro projetada pela antropofagia.

A lei antropofágica "só me interessa o que não é meu" não é uma postulação exclusiva de povos não-ocidentais. Surge da constatação de um fato: o canibalismo *também* é a principal prática cultural do colonizador (ver Antelo, "Políticas canibais"). Daí o *slogan* antropofágico: "Só a Antropofagia nos une. Socialmente. Economicamente. Filosoficamente". Por isso o capitalismo foi

---

[219] De fato, a exogamia revestia para Oswald um valor imenso, a prática cultural que melhor traduzia a lei do antropófago "só me interessa o que não é meu". Em *A marcha das utopias* (1953) se distinguia essa prática das origens semíticas do cristianismo (ver *Do Pau-Brasil* 148). Em outro lugar do mesmo texto, em asseveração extremada, Oswald derivaria o nazismo da endogamia judaica (154).

comparado tantas e tantas vezes com um depredador, com uma besta selvagem devoradora de homens. Esse símile, longe de errar, acerta o alvo —e, perceba-se, a única diferença plausível com a devoração cultural operada pelos povos exogâmicos radica na admissão, ou não, das apropriações do alienígena. Pense-se, por exemplo, no trabalho dos naturalistas e cientistas europeus que no século XIX catalogaram o mundo americano; pense-se em Darwin, pense-se em seu Olquiste e no *mosiú* Meyer de Taunay, em Von Humboldt, Mutis e Rugendas. O que eles têm em comum?: entre muitas outras coisas, são produtores de conhecimentos universalizados e imensamente úteis, mas para construí-los precisaram dos conhecimentos de homens locais, dos Bacuriquirepas, *Brújulos*, Pipas, Orósios, etc., que os informaram sobre os nomes, usos, localizações, processos de domesticação, etc. de plantas, minerais e animais. Esses homens contribuíram nessa catalogação do mundo e esses conhecimentos locais foram devorados, processados e transformados em escrituras e posteriormente traduzidos, difundidos, reconhecidos e usados em escala global. No meio desse processo de universalização, entretanto, se perderam os nomes próprios desses ajudantes rústicos, e das comunidades a que pertenceram, de indubitável importância na construção do conhecimento. Quando Oswald de Andrade, e o resto dos antropófagos, fazem do índio devorador o seu emblema, não estão fazendo outra coisa do que evidenciar, por à vista essa prática cultural, mas trocando-a de signo: deixando a antropofagia à vista, deixa-se também à luz o devorado. Daí a nossa anterior asseveração: a antropofagia é uma gambiarra assumida.[220]

Também é o caso da "permanente transformação do Tabu em totem". Não se trata mais da postulação freudiana segundo a qual o totem seria o substituto de um pai primordial devorado e o tabu uma instauração de sua lei derivada da culpa por tê-lo assassinado.[221] Esse

---

[220] Veja-se, a respeito dessa promiscuidade originária da antropofagia, assim como sobre o seu caráter protético e voluntário, a "Mensagem ao antropófago desconhecido", uma espécie de continuação do Manifesto de 1928 ("Mensagem ao antropófago" 64).

[221] É conveniente relembrar que em *Totem e tabu* (1913), Freud remonta a doutrina do pecado original, que ele próprio deriva da ação proto-cultural de devorar o pai primordial, ao culto órfico de Dionisos-Zagreu, que comemora a matança do deus a mãos dos titãs.

ato parricida e essa instauração, para Freud, marcariam a passagem da Natureza à Cultura, a passagem do estado natural ao social, pautado pelas interdições do incesto e da devoração da carne do totem. A sentença antropofágica, pelo contrário, reza transformar em lei o proibido, permanentemente. Ou seja, reza tomar incessantemente posse do interditado e elevar essa ação a objeto de culto. O intocável já não é mais o pai da horda primitiva, mas o ato de devoração pelo qual é deposto. Se o tabu fundamental é a devoração e é ela a se elevar à posição totêmica, e se essa ação se postula como "permanente", isto é, se o intocável e inquestionável não é mais um objeto ou animal de culto, mas a ação soberana e ininterrupta de comê-lo, então o futuro se pauta por uma repetição incessante de um ato de fundação e pela escolha diferencial dos emblemas sociais sobre os que esse ato se exerce. Dessa maneira, o ato fundante não desenha a constância de uma lei, mas postula a fundação como lei, não visa a estabilidade do instituído, mas a permanência da força instituinte. Natureza e cultura deixam de ser estados taxativamente separados e, originariamente, se projetam em promiscuidade, assim como natureza e sociedade. O ritual, enquanto repetição diferencial de atos de fundação, ou seja, como memória e miragem utópica, tem no pensamento oswaldiano um lugar de destaque:[222]

> A antropofagia ritual [...] foi encontrada na América entre os povos que haviam atingido uma elevada cultura –Asteca, Maias, Incas. Na expressão de Colombo, *comían los hombres*. Não o faziam porém, por gula ou por fome. Tratava-se de um rito que, encontrado também nas outras partes do globo, dá a idéia de exprimir um modo de pensar, uma visão do mundo, que caracterizou certa fase primitiva de toda a humanidade. / Considerada assim, como *weltanschauung*, mal se presta à interpretação materialista e imoral que dela fizeram os jesuítas e colonizadores. Antes pertence como ato religioso ao rico mundo espiritual do homem primitivo. [...] A operação metafísica que se liga ao rito antropofágico

---

Não esqueçamos que esses titãs teriam comido Dioniso nem que, segundo o mito, os homens teriam herdado a carga desse crime, posto serem os descendentes desses deuses pré-olímpicos (*Tótem y tabú* 155-58).

[222] Para se ter uma noção da importância do ritual no pensamento de Oswald de Andrade ver Nunes (Introdução); Augusto de Campos (*Revista de Antropofagia*).

*Do tamanho do mundo*

é a da transformação do tabu em totem. Do valor oposto, ao valor favorável. A vida é devoração pura. Nesse devorar que ameaça a cada minuto a existência humana, cabe ao homem totemizar o tabu. Que é o tabu senão o intocável, o limite? (*Do Pau-Brasil* 77-78)

A diferença com a concepção cristã, ou messiânica, do sagrado, é muito evidente:

> Enquanto na sua escala axiológica fundamental, o homem do Ocidente elevou as categorias do seu conhecimento até Deus, supremo bem, o primitivo instituiu a sua escala de valores até Deus, supremo mal. Há nisso uma radical oposição de conceitos que dá uma radical oposição de conduta. (78)

Se o deus transcendente é um supremo mal, um limite inatingível e indesejado, a ação de comê-lo incorpora essa alteridade absoluta, reenviando o transcendente de novo à terra. À maneira de Dioniso, o sagrado antropofágico está destinado a uma morte e renascimento terrígenos sem fim (Nunes, Introdução xxxiii). À maneira do sacrifício do herói da tragédia, reencarnação de Dioniso para Nietzsche, a sagração da alteridade cumpre aqui uma função de ligação social. Essa função, entretanto, não deve pensar-se só como restritiva ao grupo humano próprio; como já se disse ela também é exogâmica, procura tabus exteriores para totemizá-los assim como cria tabus para exteriorizá-los (Oswald de Andrade, *Os dentes* 53).

Exogamia (a procura do alheio) e errática (a pesquisa do passado), como procuras do recalcado, do esquecido ou do desconhecido, implicam também numa espécie de bricolagem, uma produção artificial da natureza como futuro. E esse futuro é a comunhão com o radicalmente estrangeiro, uma aventura exterior, o risco permanente de procurar um sentido de que se carece e de compreender a transitoriedade de todo sentido encontrado, um descentramento de uma essência que se sabe não centrada em lugar algum.

Mencionadas essas singularidades, e no sentido do descentramento apontado, vale dizer que o rito é um índice da radical não-pertença dos seus oficiantes à religião. (Era algo sabido por Oswald, e por isso procurava vestígios do matriarcado antropofágico em toda a história humana e não exclusivamente nas culturas ameríndias). Essa não-pertença é a sua específica "Lei do gênero".[223] Isto quer dizer que a singularidade específica do ritual está na sua radical exigência de participação como atestado da articulação comunitária. (Lembre-se o ritual totêmico descrito por Freud, em que todos os oficiantes devem partilhar a carne do animal sacrificado para renovar a transgressão originária [*Tótem y tabú* 147]). Partilhar uma transgressão –a de devorar o pai, a de ter comércio sexual com as mulheres do clã– é partilhar um prazer e uma culpa e, talvez, renová-los com vistas à perpetuação da ordem imperante, mas também, dado que esse ritual precisa ser repetido esporadicamente, indica tanto uma ausência de fundamento quanto uma possível resignificação do cerimonial. Passado o tempo, as motivações e desejos veiculados pelo ritual/mítico, de outra parte, podem se modificar, nunca respondem aos mesmos objetivos porque estão no tempo. Ou seja, o Rito, como o Mito, designam a sua própria falta de fundamento substancial:[224] eles se desconstroem.[225]

Quando Oswald elevava a antropofagia ritual à *weltanschauung* do homem americano, ele não fazia nada diferente do que constatar essa insuficiência ontológica precisa, em virtude da qual um ritual não é uma simples repetição inalterada. Ele ocorre sempre de maneiras diferentes, decorrentes da situação singular do seu acontecimento.

Recorramos a um exemplo para ilustrar isso: o culto tariano de Ahkomi, filmado por Vincent Carelli no documentário *Iauaretê,*

---

[223] Lembremos que para Derrida, a Lei evidencia o seu caráter histórico no mesmo ponto em que fundamenta a sua vigência desde fora da história, pretende uma generalidade que se coloca como inacessível a respeito dos casos concretos da sua aplicação, desborda o infinito a partir da mesma esfera da sua universalidade absoluta ("Before the Law" 203-04). Além disso, Derrida denomina "lei" (é um homônimo de "Lei") a uma certa juridicidade subversiva, própria da escritura, que a faz participar –não pertencer– de gêneros, campos e convenções que, paradoxalmente, desvia ou contorna, abalando toda legislação possível acerca do literário (ver "The Law of Genre").

[224] Para Georges Bataille o mito, como o ritual, poderiam sobreviver à crença em que se sustentam. Note-se, a literatura conduz à prece, mas não necesariamente à religião (Bataille, *La felicidad* 27).

[225] Neste ponto, seguimos o trabalho de Jean-Luc Nancy que, em *La declosión* (2008), se empenha numa descrição do processo pelo qual o próprio cristianismo se desconstrói. De maneira mais geral, as relações entre mito e rito se elaboram já em trabalho anterior de Nancy –*La comunidad desobrada*, desenvolvido em diálogo estreito com o pensamento de Georges Bataille (ver *La comunidad* 96-100).

*Cachoeira das Onças* (2005), não é uma repetição ordinária, nem a celebração de uma ordem social instituída. Muito mais constituinte que constituído, o mito de Akhomi é rastreado pelos próprios tarianos, em processo acompanhado por Carelli, como uma maneira de resgatá-lo do seu brutal esmagamento pela cultura católica instaurada na bacia do Uaupés. Numa língua diferente, carecendo dos ornamentos imprescindíveis ao culto, até mesmo do local de sua celebração, os tarianos devem procurar os vestígios do mito, impressos no próprio território, recorrer aos testemunhos de anciões de outras tribos, emprestar ornamentos e objetos sagrados de outros povos ou de museus antropológicos, etc., como uma maneira de religar-se como coletividade humana diferenciada. Para dizê-lo com palavras de "Páramo": "A vida está toda no futuro" (*Estas estórias* 197). Muito mais constituinte que constituído, portanto, a situação do ritual é tudo; ela determina a singularidade do acontecimento, antes mesmo da sua transformação em hábito. E, dado que esta situação em particular é a de uma narrativa fundante, porém "perdida", como a sua comemoração ritualística, ela deve recorrer à alteridade para constituir-se, assim como à mesma territorialidade (nisso diferindo profundamente de nós, ocidentais-fora-do-ocidente, sem uma mitologia inscrita nos lugares em que habitamos e, portanto, tão ideal quanto os seus próprios conteúdos).

Essa recorrência à alteridade à procura da instituição do ritual próprio nos leva, de maneira premente, à reflexão benjaminiana sobre o jogo e suas relações com o mito e com o rito (ver *Magia e técnica*). Também nos leva a relacionar essa reflexão com a proposta oswaldiana de uma permanente transformação do tabu em totem, acima mencionada. Tanto a brincadeira quanto o rito procuram a restauração, ou repetição, de uma situação original. A diferença entre elas reside em que, enquanto o rito procura repetir ou representar o acontecimento originário sem mudanças, o jogo singulariza esse acontecimento e tenta reproduzi-lo como acontecer intempestivo, isto é, fundante.[226] Enquanto no rito é um sentido original que se pretende

---

[226] Giorgio Agambem, em *Profanações* (2007), elabora, a partir de Benjamin e Benveniste, uma reflexão sobre as relações entre jogo, mito e rito, em relação com os seus desdobramentos profanatórios.

preservar mediante a repetição, ou seja, enquanto no rito é o sentido que se quer preservar como totem intocável, no jogo a representação da situação originária procura incessantemente novos sentidos, preserva o ato abrindo-o a novas adjudicações de valor. Quando Oswald declara que o homem pós-técnico, o homem para quem "os fusos trabalham sozinhos", deve dedicar-se a uma sagração do ócio, a um sacer-d'ócio, através da permanente transformação do tabu em totem, não faz outra coisa do que inverter simetricamente a relação entre rito e jogo −desvendando, de vez, a absoluta reversibilidade já contida entre esses polos. Em outras palavras: em Oswald o ritual se transforma em jogo da mesma maneira que o tabu (a devoração) eleva-se a objeto totêmico:

> No mundo supertecnizado que se anuncia, quando caírem as barreiras finais do Patriarcado, o homem poderá cevar a sua preguiça inata, mãe da fantasia, da invenção e do amor. E restituir a si mesmo, no fim do seu longo estado de negatividade, na síntese, enfim, da técnica que é civilização e da vida natural que é cultura, o seu instinto lúdico. Sobre a *Faber*, o *Viator* e o *Sapiens*, prevalecerá então o *Homo Ludens*. À espera serena da devoração do planeta pelo imperativo do seu destino cósmico. (*Do Pau-Brasil* 83)

Jogo de devorar, ritualização do jogo, lúdica de uma violência fundante, a transformação permanente do tabu em totem é mais uma gambiarra assumida que declara o seu acontecimento e a absoluta necessidade do acontecimento. Não podemos pensar que o ritual é algo simplesmente conservador, retardatário ou como algo já superado. As nossas vidas coletivas se formam ritualisticamente e ritualisticamente podem ser transformadas. Dessa maneira, o que se ritualiza não é a representação de uma situação originária, mas a atribuição diferencial de sentido que, na repetição, opera como jogo. Apolo falando através de Dioniso, e Dioniso, finalmente, falando através de Apolo, a dialética antropofágica se expressa, como em Nietzsche, por uma fórmula trágica: "o homem, como o vírus, o gen, a parcela mínima da vida, se realiza numa duplicidade antagônica, −benéfica, maléfica− que traz em si o seu caráter conflitual com o mundo" (Oswald de Andrade, *Do Pau-Brasil* 129). Esse trazer em si o caráter conflitual com o mundo, é claro, não seria possível sem resto: se não houvesse restos não abarcados pelo ritual (que sempre se quer totalizador), não haveria a possibilidade de ressignificá-lo, a sua repetição não seria diferencial. Para Benedito Nunes a antropofagia ritual oswaldiana teria como o seu derivativo "a prática culta da vida" levada ao paroxismo, isto é, uma revivescência da visão de mundo matriarcal após a era técnica e patriarcal ("Introdução" xlv). Se o bárbaro tecnizado não implica num apagamento de estádios existenciais anteriores, mas projeta a sobrevivência de uma experiência subalterna num horizonte de liberdade possibilitado pela técnica, também teremos que pensá-lo como alguém que, ritualisticamente, consegue produzir a natureza como multiplicidade de mundos.[227] Escritura, roupa, escuta, como veremos mais adiante, podem ser maneiras de produzir essa multiplicidade; e a diferença entre o homem vestido e o homem nu pode fazer toda a diferença, ou, dito de outra maneira, toda a *diferonça*.

## YURUPARÍ

Antes de entrar de vez em "Meu tio o Iauaretê", que afinal é o "objeto" desta segunda parte, é preciso voltar à bacia do Uaupés.

Os nomes Yavaraté e Iauaretê são transliterações diferentes da mesma palavra *ñe'engatú*, a mesma língua *yeral* que o índio Maximiano José Roberto (que era parcialmente Tariano) usara na sua versão da *Lenda de Jurupari*, posteriormente traduzida ao italiano e publicada pelo explorador Ermanno Stradelli em 1890. Muito dificultosamente o erudito Guimarães Rosa, Chefe do Serviço Brasileiro de Demarcação das Fronteiras, de célebre poliglotismo, teria desconhecido essa lenda que, aliás, deixou profundas marcas em *La vorágine*.[228] Desde

---

[227] Essa é a leitura de Silviano Santiago, que define o entre-lugar do latino-americano, assim: "Entre o sacrifício e o jogo, entre a prisão e a transgressão, entre a submissão ao código e a agressão, entre a obediência e a rebelião, entre a assimilação e a expressão, –ali, nesse lugar aparentemente vazio, seu templo e seu lugar de clandestinidade, ali, se realiza o ritual antropófago da literatura latino-americana" (*Uma literatura* 28)

[228] *La vorágine* guarda vários vestígios da lenda, especialmente nos trechos em que Cova e os expedicionários, através do *Pipa* e de Helí Mesa, entram em contato com os costumes dos

sua primeira publicação em 1890, a *Lenda* suscitou desconfianças e polêmicas quanto à sua "autenticidade". Barbosa Rodrigues, por exemplo, alguns anos após essa primeira publicação em língua italiana, acusava Stradelli de plagiário, de ter modificado a versão recebida de Maximiano, que inicialmente lhe fora solicitada pelo etnógrafo brasileiro (Orjuela, "Yurupary" 109). Câmara Cascudo, por sua vez, entendia que a organização dos materiais colhidos por Maximiano se devia a Stradelli e, portanto, que a ele se devia a forma narrativa da lenda (Sá, "A lenda" 350). Em vista dessa suposta alteração, Claude Lévi-Strauss descartou a *Leggenda* das suas *Mitológicas* (1964-1971), optando por mitos amazônicos de menor complexidade ou "qualidade literária" (Brotherston, "Jurupari" 399; Bidou, "Do mito à lenda" 360). Gerardo Reichel-Dolmatoff, adotando em parte essa opinião, dizia na década de 80 que essa estilização operada pelo Conde Stradelli teria servido para alimentar "a imaginação de certos *littérateurs*" muito mais que para compreender os índios, já que eles "não falam daquele jeito" (em Sá, "A lenda" 349). Na contramão dessa atitude, também nos anos 80, Héctor Orjuela tentava aproximar a *lenda* de formas e obras mais prestigiosas ou hegemonicamente reconhecíveis, e mostrou a maneira em que a sua transmissão se deu sincreticamente, "contaminando-se" provavelmente com mitos ocidentais e africanos, e pelas sucessivas traduções ao ñengatú, italiano, espanhol e português (ver *Yurupary*). Outras variantes da discussão legitimadora, de sua vez preocupadas com a procedência do herói ou da narrativa, tentaram adjudicar-lhes retroativamente cartas de nacionalidade –geralmente admitindo-a como mista (ver Orjuela, *Yurupary*; Medeiros, *Makunaíma*).

Intocada pelo Tratado de Tordesilhas, entretanto, a *Lenda de Yurupary* está muito além disso. Sensível ou semblante, a narrativa mítica tariana recolhe experiências e conhecimentos milenares de vários grupos indígenas; ela é uma mistura, mesmo em sua versão italiana.

---

índios guahibos e na estória da Mapiripana: a tensão entre matriarcado e patriarcado, o banimento das mulheres dos festejos masculinos, a convalescência pós-parto dos homens sob o cuidado das mulheres recém paridas, o cunhadismo exogâmico, a crença no espírito animal do homem, a permanente ameaça do suplício dos peixes *caribes ou pirañas*, etc. Para ver algumas sobrevivências do mito ameríndio no romance de José Eustasio Rivera, ver Gómez ("Emergencia").

*Do tamanho do mundo* ᥰᥬ

Gordon Brotherston, no artigo "Jurupari articula o espaço dos tária e a ciência da América Tropical", informa sobre a procedência mestiça do próprio Maximiano José Roberto, que era parcialmente tária, parcialmente tucano e parcialmente manau. A versão de Maximiano, hoje perdida, estaria escrita em língua geral, que é um compósito de línguas amazônicas, espanhol e português. Além disso, Brotherston identifica na onomástica da *leggenda* etimologias nheengatú, tucano, aruaque, cubeua, baniwa, de "termos de mais de dez falas e dialetos locais" e atesta a parentela cultural dos tarianos com caribes, chibchas, maias, quiches e incas (Brotherston, "Jurupari" 398 e seguintes). Ora, *lenda* não é mito nem história, nem conceito nem simples crença, mas algo no meio do caminho entre essas categorias (Bidou, "Do mito à senda" 360). O próprio herói da narrativa tem uma origem plural: descendente de deuses pela sua linha materna, ele é gerado na sua mãe pelo suco de uma fruta, chamada *phiycan* (*Caryocar butyrosum*), que uns macacos deixam cair de árvores selváticas. Essa fecundação fez com que a acepção mais generalizada do nome *Yuruparý* seja "gerado da fruta", mas Héctor Orjuela corrobora as variantes *juru-para-i* (saído da boca do rio), e *iuru-pari* (boca fechada) (*Yuruparý* 112). O próprio caráter do herói é ambíguo e, de acordo com cada versão local da lenda, ele pode ser legislador benéfico ou demônio tupi (Orjuela, *Yuruparý* 113). Fasto e nefasto, de origem animal e divina, vegetal e humana, Jurupari é um ser miscigenado *ab origine* e toda decantação dessa complexidade rumo a pureza ou unicidade, longe de contribuir, tiraria muito de sua riqueza.

Através de pistas espalhadas pela lenda, é possível reconstruir a genealogia de Yuruparý. A sua mãe, a Seuci (Ceucy, Ceiuci, Cy, Cyuce, Sejuçu, etc.) terrestre, nasce da fecundação coletiva das mulheres tenuinas que um misterioso pajé realiza ao se submergir no lago Muipa, como cura para uma misteriosa epidemia que está aniquilando os homens da tribo. Ela, a virgem Seuci, é a réplica exata de Meenspuin ou Seuci do céu, também virgem, quem costuma tomar banho no mesmo lago. O pajé misterioso não é outro que Pinon, irmão divino da Seuci celeste, quem possui poderes metamórficos e sabe a arte de "ver todas as coisas através da imaginação". Pinon e Meenspuin/Seuci, por sua vez, são os filhos da união da humana

Dinari e de Jacami, líder da tribo dos pássaros do mesmo nome. Dos jacami, Dinari recebe a faculdade de se transformar em pássaro, mas devido a que sente maior prazer como humana que como animal, ela concebe os filhos do *tuixáua* sob essa forma, tendo perante os olhos as estrelas do céu. Por essa razão, os mestiços Meenspuin/Seuci e Pinon nascem de parto vivíparo, não de ovos, e os seus corpos são um compósito de serpente e estrelas, uma mistura do animal e do astral. Da união de Pinon com as mulheres tenuinas, submergidos no mesmo lago em que toma banho a virgem Seuci celeste, nasce a Seuci da terra, que por sua vez dará à luz a Yuruparý, após a fecundação pela fruta *phiycan*.

O herói da lenda, assim, é descendente das duas virgens e do próprio tio, Pinon, gerador da mãe terrena que é a réplica da irmã celeste. Nascido belo como o Sol, os tenuinas decidem entregar-lhe as insígnias de cacique mas, faltando a *ita-tiuxáua* (pedra de chefia), a tribo se divide entre os velhos e as mulheres pela precedência na procura do distintivo. A desaparição de Yuruparý põe fim à disputa: mimetizado com o ambiente o herói se mantém invisível até os quinze anos e reaparece como um adolescente quando, numa noite de lua cheia, a Seuci celeste volta a tomar banho no lago Muipa. Além da visibilidade recebida da mãe astral, o herói recebe do tio Pinon os poderes metamórficos e a clarividência. Fora essas faculdades, Yuruparý recebe a *ita-tiuxáua* de mãos de Renstalro (Lua) e o *matiry* (bolsa mágica) do Sol e, com essas prendas, a soberania das leis, outrora monopolizadas pelas mulheres.

Essa distinção dá conta do tema profundo da lenda, que para Héctor Orjuela é a violenta sucessão do matriarcado ao patriarcado ("Yuruparý" 118), e que Reichel-Dolmatoff interpreta como a substituição da matrilinearidade pela patrilinearidade nos costumes de parentesco dos povos indígenas da bacia do Uaupés (ver Sá, "A lenda" 352-53). Assim como Pinon envia Meenspuin à Serra das Pedras Brancas para preservar a sua virgindade, Yuruparý recebe do Sol as novas leis, tendentes a estabelecer a hegemonia masculina entre os homens pelo banimento das mulheres dos rituais e segredos do governo da tribo. Esses rituais consistem na execução de determinados instrumentos musicais secretos, surgidos dos ossos do antropófago

Do tamanho do mundo

Ualri (tamanduá), sacerdote de Yurupary seduzido por mulheres estrangeiras e sacrificado como punição por sua luxúria e imprudência. As leis durarão sobre a terra enquanto o herói procurar uma mulher perfeita para o Sol, uma que não seja indiscreta, impaciente ou luxuriosa —"pecados" esses que deverão ser punidos com a morte e que o próprio herói-legislador castiga exemplarmente em sua mãe e nas primeiras mulheres tenuinas transformando-as em pedras (a partir dessa punição, Yurupary recebe o nome de Buscán, ou Coração-duro). Dentre outras coisas, o legislador decreta a exogamia e o jejum obrigatório pós-parto para os homens, proíbe a participação feminina das festas e rituais, institui a monogamia para as mulheres, interdita o incesto e ensina a cultivar a terra.

A *Lenda* se compõe de diversos episódios, que vão do nascimento do herói, passando pelo seu crescimento e instituição das novas leis, até a sua partida rumo ao oriente à procura da mulher perfeita. Dela, da *leggenda* na versão de Stradelli, são possíveis inúmeras interpretações e derivações, mas, sinopticamente, e de acordo com os interesses deste trabalho, destacamos:

1. A antropofagia é uma prática prévia ao patriarcado, própria da fase matriarcal. O sacerdote Ualri (*myra uçarra* ou tamanduá) devora os filhos das nunuibas ainda antes da promulgação das leis de Yurupary, mas dos seus ossos nascem os instrumentos secretos com que essa lei é transmitida. Da antropofagia nasce a música, portanto, e da música o culto.

2. A lei de Yurupary é uma lei musical, que se transmite através de rituais masculinos em que se interpretam músicas secretas e se tocam instrumentos proibidos às mulheres. Qualquer violação ou questionamento desta interdição serão punidos com a morte. Dentre esses instrumentos, destacamos o denominado pelo herói-legislador como *iasmeserené*, ou *jaguar* em língua tariana: "por ser o único animal que se parece com o homem na coragem e com a mulher no engano" (Medeiros, *Makunaíma* 309).

3. É uma lei masculina, que porta vestígios da violenta passagem do matriarcado ao patriarcado assim como da substituição da matrilinearidade pela patrilinearidade nos costumes de parentesco.

4. Yuruparý, ao instituir leis agrícolas, porta indícios da passagem do nomadismo ao sedentarismo ou, mais exatamente, ao semi-nomadismo. No entanto, dado que a lenda acaba com o herói e a sua mulher Carumá indo rumo a Oriente, à procura da mulher perfeita para o Sol, pode-se pensar que se situa exatamente nessa passagem, sendo, ademais, um forte indício do mandado exogâmico para os homens. Isso, aliás, corresponde a uma divisão do trabalho entre os sexos: a agricultura, a preparação de alimentos, a tecelagem, são atividades predominantemente femininas, entre os povos da bacia do Uaupés, enquanto a caça, a pesca, a fabricação de armas, a interpretação de instrumentos musicais e o comércio são atividades masculinas.

5. À medida que sua lei se institui de maneira progressivamente mais efetiva, o herói ganha poderes sobre a narrativa, tornando-se narrador e dono da própria lenda (ver Sá, "A lenda"; Brotherston, "Jurupari"). Sem dúvida, esses poderes narrativo-legislatórios se correspondem com os poderes metamórficos de Yuruparý.

Tanto Guimarães Rosa quanto José Eustasio Rivera, trabalharam nos departamentos de fronteiras dos seus respectivos países,[229] e sabiam da lenda, assim como de Yavaraté/Iauaretê. Tanto Rosa quanto Rivera se apropriam de traços do mito limítrofe de Yuruparý para criar suas personagens, como vimos e ainda veremos brevemente. O uso que fazem da lenda, provavelmente, se relaciona com uma vontade de ir para além da fronteira —esses doutores perceberam que na margem está o que não pode ser capturado numa forma, apesar de ter o seu estilo: miscigenado.

---

[229] Desde 1956 João Guimarães Rosa ocupou a chefia do Departamento de Fronteiras do Ministério das Relações exteriores do Brasil, participando, aliás, das reuniões diplomáticas prévias à assinatura do Tratado de Cooperação Amazônica (1978). Rivera, entre 1921 e 1924, trabalhou como advogado da Comisión Colombiana de Fronteras; a partir de 1925, integrou a Comisión Investigadora de Relaciones Exteriores y Colonización.

*Do tamanho do mundo*

III. POR UM IAUARETÊ HETEROTÓPICO

"*The slave becomes the master*"
Hetfield/ Ulrich/ Hammett/ Trujillo

Nietzsche, Dioniso, Yuruparý, as sereias, as vozes, a antropofagia, como já se pode coligir, não são nomes convocados por capricho. O lema de "Páramo" –" Quem sabe a vida é uma morte e a morte uma vida?"–, também poderia dizer-se, se o transliterássemos numa proposição que lembrasse a língua de "Meu tio o Iauareté", assim: "*Tupy or not tupy, that is the question*". Como aquele do grande sertão, este mundo é muito misturado.

A aproximação que neste trabalho se tenta entre textos publicados em épocas diversas pode parecer forçada, mas um retorno momentâneo ao arquivo deverá bastar para dissolver essas dúvidas.

Guimarães Rosa publicou "Meu tio o Iauareté" na revista *Senhor*, do Rio de Janeiro, em março de 1961. Posteriormente a novela foi incluída, junto com "Páramo" na antologia póstuma *Estas estórias*, publicada em 1969. Todavia, há claros indícios de o texto ser prévio, por muito, a essas datas de publicação. Como relembra Paulo Rónai, o escritor anotou no original datilografado de "Meu tio o Iauareté": "anterior ao GS:V" [IEB/USP-JGR-M-07,02]. Em outro documento, o autor anotou a data exata de conclusão da escritura do conto: "Meu tio o iauareté (acabei 23/1/1949)" [IEB/USP-ACGR-1204]. Apenas alguns meses, portanto, após o Bogotazo. Uma revisão dos rascunhos de índices que Rosa redigiu várias vezes, também nos permite inferir que tanto essa narrativa quanto a dedicada a Bogotá foram projetadas muito antes da escrita definitiva de *Grande Sertão: veredas*, e que pertencem a uma constelação de textos que gravitam em torno de temas e interesses de grande afinidade [IEB/USP – JGR-EO-18,02; IEB/USP – JGR-M-09,03; IEB/USP – JGR-EO-18,03].

Ora, como evidencia uma carta ao pai do escritor, de 25 de novembro de 47, essas coincidências são ainda anteriores:

Rio, 25/XI/47
Papai,
Fiquei muito contente em receber a carta de 12 deste mês. Gostaria de responder longamente, contando coisas de Mato Grosso, e

especialmente do Pantanal (Nhecolândia) —que é um verdadeiro Paraíso Terrestre, um Eden, cheio de belezas, como nunca supús ali fôsse encontrar. A vida animal, a fauna, é lá algo de espantoso. Jacarés, tamanduás (bandeira e mirim), onças pardas, pretas e pintadas, emas, jaburus, porcos-do-mato, capivaras, veados, uma infinidade de pássaros, enfim. O pantanal é um mundo imenso, de terras baixas, que ficam submersas, no tempo das cheias, como um mar, só ficando de fora certos lugares, onde o gado se abriga. Nas enchentes maiores, as casas das fazendas, construídas nos "firmes", se transformam em ilhas. E aquela imensidão não tem fim. Na época da vazante, tudo é pastos —invernadas e campos-de-cria. A paisagem é maravilhosa: a planície verde, as matas pequenas (capões compridos, que lá chamam de "cordilheiras", e onde se abrigam as onças, e os bosques de palmeira carandá. No meio das campinas, há uns canais —os "corixos" — lagoas, muitas lagoas, de dois tipos: as azuis, de água doce, que são as "baías", e as verdes, de água fortemente salitrada, que são as "salinas". Garças, socós, biguás, socos baguarís, [...] A qualquer momento, pode estar[?] uma onça. Se a gente quer caçar uma ou dispõe de três dias, o sucesso é garantido. Conversei com diversos "zagaieiros" —caçadores bambas de onças, que manejam espetacularmente a longa azagaia. Um desses zagaieiros, o preto Marcão, já esteve até nos Estados Unidos. Ele era o auxiliar do grande caçador de onças Sascha Siemel,[230] e uns americanos, que vieram ao Pantanal, ficaram gostando dele. Convidaram-no a acompanhá-los aos Estados Unidos. Ele aceitou o convite, mas, na hora, quando viu que a viagem era por avião, amedrontou-se, e não queria mais ir. Mas os americanos fizeram-no beber whisky, e, a certa altura, ele mesmo, já meio esquentado, gritou que queria ver como era mesmo esse tal de avião. Passou messes lá, gostou muito. Mas só sabe contar que fazia muito frio e que havia muita casa grande. E não aprendeu uma única palavra de inglês... enfim, muitíssimas coisas eu teria que contar. Não disponho, porém, de um minuto de tempo.

---

[230] Nascido na Letônia em 1890, Aleksandrs Ziemelis foi um famosíssimo caçador de onças que viveu no Pantanal de Mato Grosso a partir de 1914. Tendo aprendido o manejo da zagaia a partir de 1925, Siemel trabalhou para fazendeiros na função de matar onças para proteger os rebanhos de gado. Após o lançamento do livro *Green Hell* (1931), de Julian Duguid, em que se relatavam as aventuras de viajantes no pantanal sob a guia do "*Tiger man*" loiro, a fama de Siemel não parou de crescer, chegando a lucrar como guia de custosas e devastadoras expedições (*safáris*) de estadunidenses e europeus, dar palestras internacionais sobre a caçada da onça, tema sobre o qual ainda escreveria seis livros, e a protagonizar vários filmes de produção hollywoodiana. O filme *Sasha Siemel: O Caçador de Onças* (2007), dirigido por Cândido Alberto da Fonseca, relata alguns detalhes da biografia do tigreiro.

[...]
Também não me será possível ir aí, pelo casamento do Oswaldo [*irmão de Rosa*]. [...] faço parte da Comissão de estudos para a Conferência de Bogotá, que vai ser em janeiro próximo. Aliás, provavelmente, irei à Conferência, onde a delegação do Brasil será chefiada pelo Ministro João Neves da Fontoura. [MCGR 009/0030]

Aí, nessa carta de 1947, já estão os três dias que o Doutor de *Grande Sertão: veredas* deve passar junto com Riobaldo para ouvir a sua estória, a própria conversa entre o homem da cidade e o habitante do *hinterland*, a Nhecolândia de "Com o vaqueiro Mariano",[231] a zagaia que serve ao tigreiro e que batiza o jagunço, o zagaieiro preto, as onças de todas as cores e o caçador tomado por bebedeira de "Meu tio o Iauaretê"; a cidade anômica de "Páramo", as cordilheiras que servem de refúgio às onças, o espanto, o lugar imenso abordado de maneira miúda...

O lugar de "Meu tio o Iauaretê" não é especificamente a Amazônia, mas "gerais, sertão bruto" como na carta acima citada (*Estas estórias* 127). Espaço um tanto inidentificável pois, à maneira do sertão sem portas nem janelas de *Grande Sertão: veredas*, as coordenadas se estendem por um território vastíssimo e misturam nomes "reais" com outros inventados ou tão mínimos que a sua plena localização se faz dificultosa. Desdobremos o mapa, entretanto: em certo lugar da narrativa, o protagonista fornece as suas coordenadas atuais: diz ter acabado com as onças das redondezas, entre o rio Sucuriú (Mato Grosso do Sul) que desemboca no Sorongo (na verdade, o Rio Paraná, na divisa entre os estados de Mato Grosso do Sul e São Paulo), e a Barra do Frade, do rio Ururau (131). Tempos atrás, em longa caminhada, ele teria ido até lugar distantíssimo, o Boi do Urucuia, em Minas Gerais (129). Em outro lugar, diz ter matado um cangussu macho na beira do rio Sorongo (130). Em outro trecho, menciona o

---

[231] Publicado na mesma data de remissão da carta, 25-XI/1947, no *Correio da Manhã*, esse relato já ostenta o caráter liminar dos textos aqui estudados, não só pelo seu narrador (gaúcho no coração de Mato Grosso que usa uma língua crivada de espanholismos), ou pelo gênero indecidível (reportagem?, conto?), mas inclusive pela epígrafe tomada de "The Black Mate"(1922) de Joseph Conrad: "I have known a West-country sailor, boatswain of a fine ship, who looked more Spanish than any Spaniard afloat I've ever met. He looked like a Spaniard in a picture" (Rosa, *Estas estórias* 69).

Cachorro Preto, lugar de fujões da justiça próximo do local em que mora (134). O pai morre no Tungo-Tungo, em Goiás (140). A mãe, "gentio Tacunapéua", é de "muito longe daqui", especificamente das bacias dos rios Xingú, Bacajá, e Curuá, no estado de Pará —segundo informa o antropólogo Eduardo Viveiros de Castro serem os locais de habitação dos Takunyapé, hoje conhecidos como Araweté (*Araweté* 142). O Sobrinho-do-Iauaretê também diz ter crescido com os índios Caraó —Krahô, povo indígena da família lingüística jê, localizado às margens do rio Tocantins. Essa cartografia nos permite inferir uma origem no estado do Pará, uma adolescência junto com o pai em Goiás e uma vida adulta entre Minas Gerais, Mato Grosso e Mato Grosso do Sul. O roteiro errático do protagonista, note-se, segue uma direção norte-sul: vem da Amazônia e quase chega ao estado de São Paulo, assentando-se ao tempo da narração em Mato Grosso do Sul, em local perdido no "mato virgem" (147). Esse percurso vital também, se seguimos os cursos de água, pode ser remontado até os afluentes do rio Amazonas, que recebe tanto o Rio Negro quanto o Vaupés, em cujas bacias sobreviveu por séculos a lenda de Yuruparý. (Lembre-se, aliás, que o encontro com Tarianos narrado por Rosa na crônica "Uns índios (sua fala)", de 1954, aconteceu no estado de Mato Grosso).

Para além das coordenadas geográficas, essa errância se espelha nos índices de um livro projetado muito tempo antes da publicação de *Grande Sertão: veredas* —intitulado *Toosa*, ou *Dia a dia*, ou *Dia a dentro*—, em que estão incluídas "Meu tio o Iauaretê", "Uma história de amor", "O burrinho do comandante", entre outras estórias, compreendendo também dois títulos misteriosos que chamam poderosamente a atenção: "O demônio na rua, no meio do redemunho" e "Bogotá (morte em vida)"[232] [IEB/USP – JGR-EO-18,02; IEB/USP – JGR-M-09,03]. Só uma afinidade íntima, uma pertença comum a um projeto de escrita decorrente de experiências vitais, justifica essas vizinhanças, que se acentuam quando consideramos que, apesar de publicado em revista

---

[232] Na dissertação *Da montanha de minério ao metal raro*, Frederico Antonio Camillo Camargo faz um estudo detalhado desses índices e ainda fornece as transcrições de outras versões em que se repete insistentemente o título "Bogotá" que, demonstra Camargo, foi o primeiro título de "Páramo" (*Da montanha* 58). Na primeira parte deste livro, lembre-se, se ensaiou uma interpretação dessa obliteração do nome e dos procedimentos e proliferações que suscita —ausente.

só em 1961, o texto-onça foi terminado em 1949, alguns meses após a experiência traumática do Bogotazo, que Rosa "testemunhara". Os dois textos, assim, são anteriores a *Grande Sertão: veredas*, mas se planejaram junto com ele em versões anteriores.

Dentre as muitas possíveis inferências que se podem fazer a partir dos indícios mencionados, chama a atenção o nome *Toosa* (escrito também "Thoosa", quando título de conto, num dos índices acima mencionados) [IEB/USP – JGR-EO-18,02]. Esse nome de ninfa mitológica, produto do cruzamento entre o deus Forcis e a monstruosa Ceto, irmã das terríveis Escila e Equidna, se associa com um ser híbrido que se representa comumente como uma sereia, com torso e cabeça de mulher e cauda de peixe ou de serpente. Na *Odisseia*, Toosa é a mãe do ciclope canibal Polifemo, o monstro por cuja cegueira condena Posídon a errância ao herói Odisseu. Ora, errância, miscigenação, devoração são, como já se sabe, temas de interesse para o presente trabalho, assim como para o conjunto narrativo com que nos ocupamos.

Claramente, são fundamentais para "Meu tio o Iauaretê". A tacunapéua Mar'Iara-Maria, mãe do Sobrinho-do-Iauaretê, é uma virgem –ao menos: ele a quer virgem–, como Seuci (a terrena e a celeste) e como a virgem Maria, além de trazer dentro do seu nome o de Iara,[233] sereia amazônica, provinda do encontro dos rios Guainía e Solimões, devoradora de homens.[234] Lembre-se que a sereia é uma das imagens primevas do "descobrimento" de América, e que a *indiecita* Mapiripana é, em *La vorágine*, uma mãe-d'água como Iara e Sejuçu, um espírito formador das vertentes fluviais. Dinari, a mãe de Pinon (tio-pai de Yuruparý), acaba seus dias como Pirarára, transformada em peixe *arara* pela mãe dos peixes. De Dinari e Jacami (pássaro)

---

[233] Na pasta "Poesia: termos e expressões", encontram-se lado a lado as anotações "Çacyara-tristeza(Tupi)" e "arracacha-(Colômbia)", junto com inúmeras pequenas composições posteriormente integradas a "Páramo" [IEB/USP: JGR-EO-07,01]. "Çacyara" [Tupi: çacy, 'dor' + -ara, 'o que, aquele que'], efetivamente, significa "tristeza" em nhé'engatú, e em "Meu tio o Iauaretê" se associa à mãe do protagonista: "Atié! *Saudade de minha mãe, que morreu, çacyara*" (*Estas estórias* 133).
[234] Ver o poema "Iara", incluído no catálogo *Maria: Novas Esculturas*, que acompanhava obras pertencentes à série *Amazônia*, da autoria de Maria Martins, exibidas em 1943 na *Valentine Gallery* (Nova Iorque) ("Da Amazônia" s/p).

descende a Seuci do céu. Pois bem, dessa velha Ceiuci que Mário de Andrade, em *Macunaíma*, faz casar com Venceslau Pietro Pietra e que, devoratriz implacável, persegue o herói sem caráter pelo continente inteiro para cozinhá-lo; dessa mesma Ceiuci, ou Sejuçu, mas de volta a Yavaraté-Iauaretê, lugar do mito de Yuruparý, quer dizer, de volta ao páramo verde, faz Rosa descender seu próprio Minotauro.

A mãe do protagonista da novela rosiana, Mar'Iara Maria, lhe diz que ele é a sétima estrela dessa constelação:

> [...] eu nasci em tempo de frio, em hora em que o sejuçu tava certinho no meio do alto do céu. Mecê olha, o sejuçu tem quatro estrelinhas, mais duas. A' bom: cê enxerga a outra que falta? Enxerga não? A outra –é eu... Mãe minha me disse. Mãe minha bugra, boa, boa pra mim, mesmo que onça com os filhotes delas, jaguaraím. (Rosa, *Estas estórias* 148)

Em *Yuruparý*, a Sejuçu da terra é concebida em situação similar ao nascimento do Sobrinho-do-Yavaratê: quando a Sejuçu celeste toma banho no lago Muipa, ou seja, quando está no zênite e se reflete verticalmente nas suas águas.[235] Sejuçu corresponde à constelação que nós conhecemos como Pléiades,[236] precisamente as ninfas –filhas de Atlas e Pléione– que cuidaram de Dioniso após o seu segundo nascimento e que vemos no céu perseguidas pelo caçador Orion. Ele, o protagonista da narrativa que estamos a estudar, é a sétima estrela desse sete-estrelo,[237] exatamente a mais invisível, só através de telescópio

---

[235] Lembre-se: da união do pajé Pinon com as mulheres tenuinas, submergidos no mesmo lago em que toma banho a virgem Seuci celeste, nasce a Seuci da terra, que por sua vez dará à luz a Yuruparý, após a fecundação pela fruta *phiycan*.

[236] Transcreve-se a seguir a nota elucidativa que, a esse respeito, elaborara Pastor Restrepo Lince, na década de 50, para a sua tradução inédita da versão italiana de Stradelli: "*Ceucy* (sic) por *Cyuce* que es a su vez una corruptela de *Cyiyucé*, de *cy*, madre, y dos, y agua y *ucei* por *hucei*, deseo, apetito, etc. *La madre de los que tienen sed*. Es una palabra difícil de pronunciar por la unión de tres *y-i-y* todas con sonido distinto, por lo que se oye decir: *cyacy, ceyuicy, ciyuicy, ceeiacy*, etc., que da lugar a diversas interpretaciones como *madre de dolores, madre de luna*, etc. Es el nombre de las Pléyades o Siete Cabrillas" (em Orjuela, *Yuruparý* 180; ver Orjuela, "Yuruparý" 114).

[237] Uma anotação de Rosa, da pasta "Geografia (Ar & Terra)" –que se junta a pequenas composições posteriormente integradas a "Páramo", a *Primeiras estórias* e a *Ave, palavra*– menciona em português, espanhol e aimará às Pléiades: "AS PLEIADES –'que, para el aymara representa un conjunto de doncellas o niños que danzan por un presunto

se vê, e só nalgumas etapas do ano. Ovídio explica, nos *Fastos*, que essa sétima estrela, Mérope, corresponde à única das Pléiades que teve a ousadia de relacionar-se com mortais, especificamente com Sísifo, e de ter uma descendência mestiça. Ela tem vergonha e se esconde no céu, por isso é quase invisível (*Fastos* 136).

Da maneira como se vinculam, via sincretismo ou gambiarra cultural/cultual (como no caso Sejuçu/Pléiades), os referentes mencionados nos trazem de novo à *terra brasilis*. Voltemos à mãe virgem nesse "mato-virgem". Oswald de Andrade, no seu "Schema ao Tristão de Athayde", publicado no N° 5 da *Revista de Antropofagia* (setembro de 1928), desenvolve o ponto que no "Manifesto Antropofágico" rejeitava o "índio de tocheiro", o "índio filho de Maria" (o bom selvagem d'*O Guarani* de José de Alencar, caçador de antropófagos e onças, "cheio de bons sentimentos portugueses"[238]). No "Schema", após declarar que o Brasil é um grilo de seis milhões de quilômetros, talhado em Tordesilhas, Oswald declara não ser nada surpreendente a conversão ao cristianismo dos povos ameríndios em vista de "dois graves argumentos" trazidos pelo homem europeu: a antropofagia encarnada na devoração da hóstia e a geração de um deus filho só de Maria (*Revista de Antropofagia* 51).

Absorvido nesse sul de mundo como deus devorado e de ascendência exclusivamente materna, entretanto, o Cristo já não é ele próprio, mas está virado do avesso. O protagonista da estória que estudamos também se relaciona com Dioniso —deus cognominado de "comedor de carne crua"[239]— e, como veremos mais adiante, tem

---

triunfo'. KOTU-COYA: montón de doncellas". Na mesma página dessa anotação, há referências ao planeta Saturno, aos cimêrios, à grande altitude bogotana, ao *soroche*, etc. Destacamos a seguinte anotação: "para certas espécies, a acostumação não existe. [...] Assim, os gatos transportados além de 4000 metros, são afetados de secasses tetânicos cada vez mais fortes, dão saltos prodigiosos e morrem em acessos de convulsões" [IEB/USP-JGR-EO-05,02].

[238] Lembremos também que em *O guarani* (1857), Peri, o bom selvagem-protagonista, idolatra Cecília, a filha do fidalgo português D. Antônio de Mariz. Peri chama Cecília de Ceci (*Ceucy?cacyara?*), a quem identifica com a Virgem Maria e reconhece como *Iara* (senhora) (ver Alencar, *O guarani*).

[239] Em *A inconstância da alma selvagem*, Eduardo Viveiros de Castro explica que os deuses Araweté (descendentes dos Taconhapé) estão "ao mesmo tempo além e aquém da cultura ou civilização", restando-lhes epítetos como "*me'e wi a-re*", isto é, "comedores de carne crua", expressão que também designa os jaguares. Viveiros, em nota de rodapé, também

vergonha por ser miscigenado *ab origine*. Anticristão, rejeita o nome que missionários lhe deram e, apesar de usar uma língua "artificial" criada por jesuítas, ele os detesta,[240] assim como todo ritual associado à religião católica: "Aqui tem festa não. Nhém? Missa, não, de jeito nenhum! Ir pra o céu eu quero. Padre, não, missionário, não, gosto disso não, não quero conversa" (Rosa, *Estas estórias* 143). Não por acaso, em dois dos nomes do protagonista de "Meu tio o Iauaretê" há ressonâncias dionisíacas: como anticristo ressoa em Antonho de Eiesus[241] e em seu devir romano, Baco, que ressoa no nome Bacuriquirepa.

Não se esqueça que, para Nietzsche, Dioniso era "o verdadeiro nome do Anticristo", nem que o filósofo representava esse deus sobre um carro puxado por tigres e panteras, como índice de uma temporalidade titânica, isto é, diferente da temporalidade do *principium individuationis* apolíneo, anterior à criação de hierarquias entre os homens, prévia à escravidão e ao estabelecimento de fronteiras entre a natureza e a cultura (cf. 1992 31). Benjamin, herdeiro de Nietzsche em *A origem do drama barroco alemão*, relata que o *Trauerspiel* representava, não raramente, ao Soberano com a figura de uma fera, como uma maneira de aproximá-lo do estado de Criação, prévio à distinção entre natureza e história, tema melancólico se os há (*A origem* 108-109). Folke Nordström, em *Goya, Saturno y melancolía* (extensamente citado na primeira parte deste trabalho), associa os felinos –gato preto e lince branco– deitados e à espreita atrás do protagonista do *Capricho 43*, ao tempo titânico do deus Saturno, tempo prévio ao tempo cronológico, em que a vida selvagem e a vida humana são indistintas

---

esclarece: "A palavra *wi* corresponde ao português 'sangue' e, aplicada especificamente à carne, ao 'cru'. Recordo que um dos epítetos de Dionísio era exatamente este: *omestes* ou *omádios*, 'comedor de carne crua'" (*A inconstância* 270).

[240] De fato, segundo Viveiros de Castro, os Takunyapé residentes na bacia do rio Curuá (Pará) foram conhecidos pela sua resistência aos missionários: "No século XVII, a margem direita do Xingu acima de Volta Grande [...] era conhecida como 'lado dos Takonhapes', e o 'rio dos Takonhapes' era provavelmente o Bacajá. [...] Por várias vezes esta tribo foi aldeada por missionários, e uma parte dela, resistindo, fugiu para as bandas do médio Curuá" (*Araweté* 142).

[241] *Ant+onho= Ant(i)-*: prefixo, com a acepção de "em frente de, de encontro a, contra, em lugar de, em oposição a" + *-onho*: sufixo, com certo valor quantificador que tangencia a noção de aumentativo, como em: *enfadonho, medonho, risonho, tardonho, tristonho*, etc. (*Dicionário Eletrônico Houaiss* s/p). *Antonho de Eiesus*, portanto, poderia ser lido como "contrário de Jesus", "oposto a Jesus", "anticristo".

(*Goya, Saturno* 109-11), tanto quanto a uma vasta tradição iconográfica da melancolia (Richard Burton, Cesare Ripa, Albertus Magnus, etc.) (141-60). O fato desses felinos serem branco e preto, aliás, parece também reforçar o sentido da inscrição que Goya fizera sobre essa gravura: *El sueño de la razón produce monstruos*. Na iconografia de Dioniso, esse deus sempre é associado a um felino de grande porte (leopardo, tigre, pantera), e à videira. Isso manifesta algumas dessas polaridades que Warburg aprendeu de Freud e de Nietzsche[242] e que recolhem forças contrárias: o vinho que aproxima os homens (Eros) e a satisfação imediata de necessidades que os afasta (Ananké). Bipolar, Dioniso/Baco é representado com esses traços em tapizes, relevos e vasos já na antiguidade clássica, e é assim representado no Renascimento, por artistas como Tiziano, Botticelli, Annibale Carracci, etc. Lembremos: o protagonista de Rosa fica mais expansivo à medida que se embebeda com cachaça, mas também fica mais agressivo, espreitando como um jaguar o seu interlocutor, doutor da cidade, que quer devorar.

Sintomaticamente, em momento avançado da narrativa, o Sobrinho declara: "Daí, eh, eu bebo sua cachaça toda. Hum, hum, fico bêbado não. Fico bêbado só quando eu bebo muito, muito sangue..."[243] (Rosa, *Estas estórias* 140). Em outro lugar, ao início da sua narração, ele diz "cachacinha é remédio" (129). *Phármakon*, cachaça-sangue, a bebida é dom e veneno:[244] o aproxima do seu interlocutor, mas o condena à morte, à medida que incrementa a sua linguarice e tendência agressiva. Concomitantemente, à medida que se aproxima

---

[242] Oswald de Andrade fazia da junção dos nomes desses autores um dos seus pseudônimos antropofágicos: Freuderico. Vale a pena relembrar que para Aby Warburg na sua conferência sobre Franz Boll de 1925, o *pathos* distintivo da cultura Ocidental –isto é, a esquizofrenia– se manifestaria através de polaridades da representação, há tempos presa à tensão entre o caos da excitação patética produzida pelos objetos (o polo dionisíaco) e o distanciamento desses objetos reclamado pela razão (o polo apolíneo) (*Atlas* 171). Essa bipolaridade trágica coincide em muito com aquela de Saturno, que na primeira parte deste trabalho foi caracterizada como suspensão entre o aéreo e o mineral, entre a vida e a morte, entre o amor e o ódio, etc.

[243] Lembremos que, de acordo com o perspectivismo ameríndio postulado por Viveiros de Castro, "os jaguares vêem o sangue como cauim, os mortos vêem os grilos como peixes, os urubus vêem os vermes da carne podre como peixe assado etc." ("Os pronomes" 117).

[244] Essa valiosa sugestão provém de Ana Carolina Cernicchiaro que, em *Perspectivismo literário e neotenia* (2013), promete desenvolver essa leitura –da cachaça como *phármakon* em "Meu tio o Iauaretê"– em trabalhos futuros.

o clímax metamórfico, sedento de sangue, as quatro patas no chão, pronto ao pulo predatório, a fala do protagonista também se transfigura. Em palavras de Haroldo de Campos:

> A transfiguração se dá isomorficamente, no momento em que a linguagem se desarticula, se quebra em restos fônicos, que soam como um rugido e um estertor (pois nesse exato instante se percebe que o interlocutor virtual também toma consciência da metamorfose e, para escapar de virar pasto de onça, está disparando contra o homem-iauaretê o revólver que sua suspicácia mantivera engatilhado durante toda a conversa): "Ói a onça! Ui, ui, mecê é bom, faz isso comigo não, me mata não... Eu – Macuncozo... Faz isso não, faz não... Nhenhenhém... Heeé!...Hé... Aar-rrã... Aaâh... Cê me arrhoôu... Remuaci... Rêiucàanacê... Araaã...Uhm... Ui...Ui... Uh... uh... êeêê... êê... ê..." ("A linguagem" CCXLI)

Assim como Bacuriquirepa e Antonho de Eiesus ressoam com ecos dionisíacos, "Macuncozo" parece remeter a "Macungo" que, segundo Nei Lopes, provém de *makungu*, plural de *lukungu* "arco-sonoro dos bangalas, lundas e quiocos" (*Dicionário Eletrônico Houaiss* s/p). Ou seja, é um "Berimbau", palavra que se origina do termo quimbundo *mbirimbau*. "Urucungo", que também ressoa em "Macungo", origina-se do termo quimbundo *ri'kungu*, que significa "cova". É uma referência à cavidade do berimbau (Ferreira, *Novo Dicionário* 1743). Lembrem-se, aliás, as palavras com que Guimarães Rosa definia, em carta a Haroldo de Campos, esse nome próprio: "... o *macuncozo* é uma nota africana, respigada ali no fim. Uma contranota" (Haroldo de Campos, "A linguagem" CCXLI). A referência ao instrumento musical africano, assim, se junta aos nomes dados e posteriormente rejeitados pelo protagonista, e, nessa sua aparente dissonância com essas denominações indígena e cristã, "Macuncozo" tende a esse espírito trágico, dionisíaco, que Nietzsche identificava impreterivelmente com a música, com o que ele chamava a "justificação do mundo como fenômeno estético" (*O nascimento* 141).

Mas as hibridizações não param nesse ponto. O Sobrinho-do-Iauaretê, bipolar à maneira do *Hércules-Quasimodo* ou do *Judas-*

*Ahsverus* euclidianos,[245] combina em si a figura do monstro isolado e do herói errante sem sossego. Odisseu/Polifemo,[246] o Sobrinho detesta missionários, como a índia Mapiripana, sereia de *La vorágine*, e como o Pipa. Esses personagens, todos eles, são nômades que preferem a nudez, se mimetizam, matam os animais domésticos de presa, desandam o andado –com o pé desnudo firmemente fincado no chão, como o *Abaporu* de Tarsila do Amaral– para confundir os seus perseguidores.

Sobre as roupas e os sapatos, o Sobrinho-do-Iauaretê diz ao seu interlocutor:

> Sei não, gosto de ficar nu, só de calça velha, faixa na cintura. Eu cá tenho couro duro. Ã-hã, mas tenho roupa guardada, roupa boa, camisa, chapéu bonito. Boto, um dia, quero ir em festa, muita. Calçar botina quero não: não gosto! Nada no pé, gosto não, mundéu, ixe! Iá. (Rosa, *Estas estórias* 143)

O ódio por cachorros também aproxima as personagens de Rosa e Rivera, tanto a onça quanto o Pipa evisceram, quando podem, os animais domesticados:

> Cachorro descuidou, mão de onça pegou ele por detrás, rasgou a roupa dele toda... Apê! Bom, bonito. Eu sou onça... Eu –onça! (135)

A diferença entre o animal domesticado e o jaguar selvagem, aliás, se remarca pelos sentidos usados na caçada: "Ela não tem faro bom, não é cachorro. Ela caça é com os ouvidos" (136). Em outro lugar, o protagonista rosiano se indigna por ser tratado como cão:

---

[245] Em *Nos confins de Judas* (2011), Carlos Eduardo Capela desenvolve uma reflexão sobre as relações entre exílio, errância e imagem na obra de Euclides da Cunha, especialmente em *À margem da história* (1909). Particularmente fértil para o nosso interesse é a imagem híbrida do Judas-Ashverus euclidiano, como estudada por Capela (ver *Nos confins* 61-62).

[246] Lembre-se, a título ilustrativo, que o jovem onceiro de "No prosseguir" (conto de *Tutaméia*) –uma espécie de prosseguimento, precisamente, de "Meu tio o Iauaretê"– também tem conflitos subterrâneos com o velho que o educa como filho, vive errante no sertão, "sempre mais afastado", e tem no rosto "cicatriz feiosa, olho esvaziado" (*Tutaméia* 97). A personagem de "Meu tio o Iauaretê" é, poderia dizer-se, uma espécie de Odisseu/Polifemo, vítima e descendente de sereias.

"Veredeiro seu Rauremiro, bom homem, mas chamava a gente por assovio, feito cachorro. Sou cachorro, sou?" (153).

Além desse amor pela nudez e do ódio por missionários e cachorros, a onça partilha com o Pipa e com a Mapiripana a artimanha de voltar sobre as próprias pegadas, para confundir os seus perseguidores:

> Onça é povo meu, meus parentes. Elas não sabiam. Eh, eu sou ladino, ladino. Tenho medo não. Não sabiam que eu era parente brabo, traiçoeiro. Tinha medo só de um dia topar com uma onça grande que anda com os pés para trás, vindo do mato virgem... (147)

Ora, esse medo da onça que anda com os pés para trás, como a Mapiripana que anda "como si caminara retrocediendo" (Rivera, *La vorágine* 154), é sintomático. Mais adiante iremos rever rapidamente a biografia desse narrador-protagonista, a maneira em que ele tenta voltar sobre os próprios passos através da narrativa.

Antes disso, recuemos à situação desse personagem-narrador. Ele, como se viu, não tem lugar fixo nesse sertão bruto. Errante, seminômade, o Sobrinho-do-Iauaretê declara já nos primórdios da estória:

> Hã-hã. Isso não é casa... É. Haverá. Acho. Sou fazendeiro não, sou morador... Eh, também sou morador não. Eu –toda a parte. Tou aqui, quando eu quero eu mudo. É. Aqui eu durmo (126). [...] Trem ruim, eu sou bicho do mato (127). [...] Rancho não é meu, não; rancho não tem dono (128). [...] Casa tem nenhuma. Casa tem atrás dos buritis, seis léguas, do brejo. (Rosa, *Estas estórias* 131)

Esse espaço –já não especificamente selva, mas sertão bruto– não está só habitado por sereias e missionários: também tem piratas. Povoado por jababoras, a palavra tupi para "criminoso fugitivo" (Galvão, "O imposivel" 26), o sertão é em "Meu tio o Iauaretê" um território de exploração e exceção, um lugar de excluídos, fujões, desertores, *freebooters* ou réus – uma rememoração da própria conquista e colonização do continente, como a floresta em *La vorágine*.

*Do tamanho do mundo*

Aqueles eram criminosos, fugidos, jababora, vieram viver escondidos aqui. [...] O quê que eles faziam? Ã-hã... Jababora pesca, caça, plantam mandioca; vão vender couro, compram pólvora, chumbo, espoleta, trem bom... Eh, ficam na chapada, na campina. Terra lá presta não. Mais longe daqui, no Cachorro Preto, tem muito jababora –mecê pode ir lá, espiar. Esses tiram leite de mangabeira.[247] Gente pobre! Nem não têm roupa mais para vestir, não... Eh, uns ficam nu de todo. (Rosa, *Estas estórias* 134-35)

Se o Sobrinho-do-Iauareté é bicho do mato, nu, pobre e dedicado a atividades extratórias como esses homens, isso não aconteceu por intervenção da providência; sua selvageria foi produzida e importa pensar de que maneira.[248]

O Sobrinho, que conta sua vida para um interlocutor silente, um doutor provindo da cidade (como Rosa, Euclides e Rivera), é um mestiço do fazendeiro Chico Pedro e da tacunapéua Mar'Iara Maria. Do pai recebe o nome Antonho de Eiesus; da mãe, Bacuriquirepa. Expropriado de nascimento, maltratado pela sua aparência e pelo seu sangue, ele é usado por fazendeiros como matador de onças e jagunço. A negação permanente da sua participação nesses serviços guarda estreita semelhança com outras negações do narrador, que veremos mais adiante. Quanto ao jaguncismo:

> [...] matei nunca ninguém. [...] Matei nunca, podia não, minha mãe falou pra eu não matar. Tinha medo de soldado. Eu no posso ser preso: minha mãe contou que eu posso ser preso não, se ficar preso eu morro [...] No Socó-Boi aquele Pedro Pampolino [*Note-se: esse fazendeiro tem o mesmo nome do pai biológico do protagonista*] queria, encomendou: para eu matar outro homem, por ajuste. Quis não. Eu, não. Pra soldado me pegar? Tinha o Tiaguim, esse quis: ganhou o dinheiro que era pra ser pra mim, foi esperar o outro homem na beira da estrada... Nhem, como é que foi? Sei, não, me alembro não. Eu nem não ajudei, ajudei algum?

---

[247] A mangabeira (*Hancornia speciosa*), como a seringueira (*Hevea brasiliensis*), produz "leite", ou látex, com que se faz borracha.

[248] Nisso, o protagonista, tanto quanto os jababoras das redondezas, relembram em muito os *catrumanos* de *Grande Sertão: veredas*, descritos com uma "capacidade para um ódio tão grosso, de muito alcance, que não custava quase que esforço nenhum deles; e isso com os poderes da pobreza inteira e apartada; e de como assim estavam menos arredados dos bichos do que nós mesmos estamos" (Rosa, *Grande Sertão* 388).

> Quis saber de nada... Tiaguim mais Missiano mataram muitos. Despois foi pra um homem velho. Homem velho raivado, jurando que bebia o sangue do outro, do homem moço, eu escutei. Tiaguim mais Missiano amarraram o homem moço, o homem velho cortou o pescoço dele, com facão, aparava o sangue numa bacia... Aí eu larguei o serviço que tinha, fui m'embora (*Estas estórias* 148-149).

O sangrento ritual de canibalismo relembra em muito as sevícias narradas em *Grande Sertão: veredas*. Não esqueçamos que, nesse romance, o jagunço é chamado de "onça que come carcaça" (*Grande Sertão* 88), nem que um dos ritos iniciáticos do bando é "comer cru o coração de uma onça-pintada" para ficar "brabo corajoso", nem que "a pessoa mesma é quem carece de matar; mas matar à mão curta, a ponta de faca!" (120). De fato, o protagonista de "Meu tio o Iauaretê" diz: "de pinima eu comia só o coração delas [...] e esfregava meu corpo todo com a banha. Para eu nunca não ter medo!" (*Estas estórias* 131). Essa transição, de jagunço a onceiro, não é um acaso, como se verá. O Sobrinho-do-Yavaratê aceita trabalhar para o fazendeiro Nhô Nhuão Guede, que ele chama de "porqueira" e "homem ruim" (147), criador de gado, que o encarrega de "desonçar a região", indo morar no meio da selva, junto com o preto Tiodoro (128-29). Imediatamente após contar a maneira em que "largou o serviço" de matador, o tigreiro narra:

> Aquele Nhô Nhuão Guede, pai da moça gorda, pior homem que tem: me botou aqui. Falou: –"Mata as onças todas!" Me deixou aqui sozinho, eu nhum, sozinho de não poder falar sem escutar... [...] Tenho pai nem mãe. Só matava onça. Não devia. Onça tão bonita, parente meu. Aquele Pedro Pampolino disse que eu não prestava. Tiaguim falou que eu era mole, mole, membeca. Matei montão de onça. Nhô Nhuão Guede trouxe eu pr'aqui, ninguém não queria me deixar trabalhar junto com outros... Por causa que eu não prestava. (149)

Assim como ele negava ter matado homens cumprindo funções de jagunço, ele impõe agressivamente a negação da matança de onças. Paradoxalmente, num mesmo ponto da narração, ele faz as contas dessas mortes, impõe ameaçante o faz-de-conta de que nunca aconteceram e conta da sua imensa perícia como tigreiro:

# Do tamanho do mundo

Hui! Atiê! Atimbora! Mecê não pode falar que eu matei onça, pode não. Eu, posso. Não fala, não. Eu não mato mais onça, mato não. É feio –que eu matei. Onça meu parente. Matei, montão. Cê sabe contar? Conta quatro, dez vezes, tá í: esse monte mecê bota quatro vezes. Tanto? Cada que matei, ponhei uma pedrinha na cabaça. Cabaça não cabe nem outra pedrinha. Agora vou jogar cabaça cheia de pedrinhas dentro do rio. Quero ter matado onça não. Se mecê falar que eu matei onça, fico brabo. Fala que eu não matei, não, tá-há? Falou? A-é, ã–ã. Bom, bonito, de verdade. Mecê meu amigo! (129)

Ao analfabetismo da personagem soma-se o impedimento de usar armas de fogo. Dado que se acredita que a mão de índio, ou de mulher, bota arma "caipora", ou "panema", isto é, inútil, ele é compelido a caçar com arma branca, lança ou azagaia. Lobisomem produzido para expandir a fronteira agrícola, como tigreiro ou jagunço, o Sobrinho sobrevive matando as feras que ameaçam permanentemente o gado nesses ermos de Mato Grosso do Sul. Não se esqueça que "zaguncho", ou seja "zagaia", formou posteriormente a palavra jagunço, um homem-ferramenta,[249] definido pela sua utilidade, como o onceiro, que usa dessa ferramenta para matar jaguares e assim expandir a "civilização" que o produziu, depois o engoliu, depois o cuspiu do quente da boca.... como a todos os fujões da justiça, ou *jababoras*, das redondezas, como todos os fugitivos de *La vorágine*.

O Sobrinho e todos esses *jababoras*, como Riobaldo, pertencem a um amplo segmento das sociedades latino-americanas cuja origem, no caso do Brasil, se remete usualmente à sociedade posterior ao Segundo Reinado e à transição do regime de trabalho servil ao assalariado.[250]

---

[249] Em *Grande Sertão: veredas* o jaguncismo opera, precisamente, à maneira do demônio, ou seja, se apropriando de corpos para aniquilar outros corpos. Joca Ramiro, por exemplo, o latifundiário em nome de quem se empreende a vingança em contra dos Judas Hermógenes e Ricardão, é definido por Riobaldo como uma grande voz, "uma voz que continuava". É tão imponente essa grande voz do fazendeiro –"feito uma lei, uma lei determinada" (*Grande Sertão* 155)– que seu filho Diadorim depõe a própria feminilidade para continuá-la. Donzela travestida de guerreiro, em certo ponto do romance declara: "Por vingar a morte de Joca Ramiro, vou, e vou e faço, consoante devo. Só, e Deus que me passe por esta, que indo vou não com meu coração que bate agora presente, mas com o coração de tempo passado... E digo..." (403).

[250] Ver o diagnóstico que, em *Ao vencedor as batatas* (1981), Roberto Schwarz faz do período, especificamente no referido às ideologias –escravismo e liberalismo– em aparente confronto nessa circunstância (16-17).

Como agregados, e como uma remanescência dessas origens, esses homens se encontram num ponto em que as classes sociais extremas dos escravos e dos proprietários partilham algumas características comuns. Essa multidão de homens "formalmente" livres toma sua feição dos extremos entre os que vive e constitui um limiar paradoxal: excluídos do sistema produtivo formal, livres da escravidão mas sem posses, a sua subsistência depende da vontade dos senhores da terra.[251] Seja no campo, em que recebem chácaras alheias para produzir seu próprio sustento ou cumprem, como camaradas, ofícios de segurança, colonização e agressão; seja na cidade, onde vivem, encarregados de trabalhos domésticos, como moleques de recados ou de companhia, no quarto dos fundos do quintal do dono, os agregados obtêm a sua "qualidade humana" no mesmo instante em que ela é deposta.[252] (Não por acaso, a vida da menina Custódia na *Reminiscencia* de Cordovez Moure pode ser decidida em instantes pela sua "dona", Trinidad Forero).

Entre a ordem e a desordem, fora do céu da propriedade e do inferno da servidão acorrentada, o jagunço –como o tigreiro– é vida domesticada, usada para "desbravar" territórios em vias de apropriação pela pecuária extensiva. Esse homem formalmente livre é o capturar-fora que a ordem social precisa para se fundamentar, não através de uma instituição propriamente dita, mas de um tecido de

---

[251] Talvez não seja ocioso relembrar que Eric Hobsbawm, em *Primitive rebels* (1968), relaciona as violências colombiana e brasileira das primeiras décadas do século XX, no quadro da coexistência de economias agroexportadoras e de agriculturas de subsistência em territórios habitados por sociedades tradicionais remanescentes ("La anatomía" 263-73).

[252] O estudo *Homens livres na ordem escravocrata* (Maria Sylvia de Carvalho Franco, 1964), centrado na sociedade cafeeira do século XIX que surgiu no Vale do Paraíba, pode ser muito útil para compreender essa condição paradoxal: "O mesmo complexo que encerrava o reconhecimento, pelo senhor, da humanidade de seus dependentes trazia inerente a negação dessa mesma humanidade. O mesmo homem que, no cotidiano, recebia um tratamento nivelador, cujo ajustamento social se processava mediante a ativação de seus predicados morais, era efetivamente compelido a comportamentos automáticos, de onde o critério, o arbítrio e o juízo estavam completamente excluídos. [...] Para aquele que se encontra submetido ao domínio pessoal, inexistem marcas objetivas do sistema de constrições a que sua existência está confinada, seu mundo é formalmente livre. Não é possível a descoberta de que sua vontade está presa à do superior, pois o processo de sujeição tem lugar como se fosse *natural* e espontâneo. [...] A dominação pessoal transforma aquele que a sofre numa *criatura domesticada*" (*Homens livres* 93-95; grifos nossos).

# Do tamanho do mundo

relações tradicionais, pessoais, excepcionais, em que o reconhecimento arbitrário da humanidade dá razão ao privilégio em todas as suas faces e em que a troca de favores se sustenta no dispositivo do contrato "de palavra" (ver Galvão, *As formas* 38).

Lembre-se: Nhô Nhuão Guede, simplesmente ordena ao tigreiro: "Mata as onças todas!" e o envia para morar no meio da floresta, para "desonçar este mundo todo". Já que o contrato é verbal ou "de palavra", e já que a reciprocidade dos serviços é pressuposta, são as qualidades pessoais, as capacidades e os talentos do dependente, que o fazem atraente e utilizável desde a perspectiva do proprietário. Mostrar a coragem, portanto, pode ser um valor social atrelado à mesma necessidade material, a forma do homem sem posses de captar sobre si a atenção do senhor da terra:

> Eu tenho olho forte. Eh, carece de saber olhar a onça, encarado, olhar com coragem: hã, ela respeita. Se mecê olhar com medo, ela sabe, mecê então tá mesmo morto. Pode ter medo nenhum. Onça sabe quem mecê é, sabe o que tá sentindo. Isso eu ensino, mecê aprende. Hum. (Rosa, *Estas estórias* 135-36)

Ora, devido a grande concorrência, o código de valentia gera uma violência correspondente. O homem disponível, dada a sua condição marginal, destituído de qualquer poder econômico, ou político, e ainda do poder de si que constitui a mínima autonomia, tem que se alugar para sobreviver, e aquilo que tem para entregar como contraprestação é um corpo útil –tanto como arma ofensiva quanto como parapeito (Franco, *Homens livres* 63; Galvão, *As formas*).

O corpo desse inútil-útil, enfim, é o corpo de um matador-matável, a única coisa que tem para trocar pela sua inclusão no bando, e pelo reconhecimento dela decorrente, é a própria vida. Alugado pela grande propriedade latifundiária para estender e preservar seus domínios, o capanga, agregado da plebe rural que trabalha "de favor" ou "de palavra" para o fazendeiro em campanha expansionista, é um corpo dado, entregue ao projeto de outro, mas nunca ele mesmo conservando a sua alteridade. O jagunço é uma ferramenta, ou vive "cachorrando por este sertão" (Rosa, *Grande Sertão* 350), ou é uma cabeça de gado a mais no quadro da pecuária extensiva, tão útil quanto um boi marcado com ferro para ocupar terras e manter os seus limites, sempre contestados, em um sertão infinito, ou para expandi-los. Assim, o próprio agregado rural pode tanto ocupar alqueires de terra quanto cuidar da criação, ou defendê-los com armas: sempre estará no limite, factualmente exposto à morte. Dessa forma, também, é uma continuação do corpo do patrão, corpo confim (com-fim), poste móvel e substituível de cerca, cuja função é preservar e estender as fronteiras da propriedade.

O zaguncho domestica o touro e mata a onça e dá ao seu manipulador o nome de uma função que, por sua vez, o domestica. Nesse sentido, são compreensíveis as inúmeras imagens e metáforas que em *Grande Sertão: veredas* vinculam homem e boi, bando de jagunços e gado. As coincidências em "Meu tio o Iauaretê" entre os nomes do pai, Chico Pedro, e o chefe do bando, Pedro Pampolino, assim como entre as ocupações de Nhô Nhuão Guede e do pai *"mimbauamanhanaçara"*,[253] ambos criadores de gado, são muito expressivas a esse respeito. O pai do Sobrinho-do-Iauaretê é um "homem branco, branco feito mecê, meu pai Chico Pedro, [...] vaqueiro desses, homem muito bruto" (Rosa, *Estas estórias* 140). Branco e Pedro, como aquele Pedro Pampolino e como *Pedro Páramo*, o pai biológico do Sobrinho é "pai de todo mundo", ou seja, uma pedra de toque, um paterfamílias domesticador (de gado, de pessoas).[254] Como Páramo, a pedra, este Francisco Pedro parece destinado a sucumbir a um silêncio de sereia.

"Desonçar a região" não é outra coisa que expandir a fronteira agrária, para substituir a fauna selvagem por animais domesticados. Assim, a própria devastação da selva não seria um processo desencadeado por uma alma natural terrível ou castigadora, mas uma consequência da própria voragem civilizatória que impõe domesticação a tudo que não conhece através de tudo que exclui: a produção do lobisomen —ou seja: da guerra civil— é o dispositivo específico de domesticação da floresta. E domesticação é escravidão. A

---

[253] Tupi: *mimbaua, xereï'mbawa* (*xerimbabo*, em nheengatu): "animal de criação ou estimação; mumbavo" + *manhana*: "vigia, pastor" + *çara*: "agente" (Martins, *O léxico*; *Dicionário Eletrônico Houaiss*).

[254] Lembremos que, para Freud: "La domesticación de animales y el comienzo de la cría del ganado parecen haber puesto fin en todas partes al totemismo puro y riguroso de la época primordial" (*Tótem y tabú* 139).

guerra civil, ou o estado de natureza, é na novela rosiana —como, aliás, em *La vorágine* e "A benfazeja"—, o verdadeiro fundamento positivo do contrato social e não o seu avesso.

O Sobrinho aprende o ofício de tigreiro com três zagaieiros negros, Nhô Inácio, e os irmãos Uarentin Maria e Gugue Maria, que o chamam de Macuncozo. Como esses zagaieiros e a mãe índia, Maria é o nome da onça amada pelo protagonista: Maria-Maria. Também é o nome da Maria Mutema de *Grande Sertão: veredas*, alcunhada de "onça monstra" (*Grande Sertão* 172). Maltratado, discriminado, expropriado como esses homens e essa mãe índia (todos chamados de Maria), o Sobrinho vai para uma cabana no meio do deserto verde e, após matar muitas onças, como sabemos, ele começa a se identificar com elas, a se aproximar do totem materno. Da afinidade intuída com os zagaieiros, dá conta o trecho em que o Sobrinho relata o seu aprendizado como onceiro:

> Donde foi que aprendi? Aprendi longe destas terras, por lá tem outros homens sem medo, quage feito eu. Me ensinaram, com zagaia. Uarentin Maria e Gugué Maria —dois irmãos. Zagaia que nem esta, cabo de metro e meio, travessa boa, bom alvado. Tinha Nhô Inácio também, velho Nhuão Inácio: preto esse, mas preto homem muito bom, abaeté abaúna. Nhô Inácio zagaieiro mestre, homem desarmado, só com azagaia, zagaia muito velha, ele brinca com onça. (Rosa, *Estas estórias* 136)

Leve-se em conta o nome Maria, que batiza os dois irmãos zagaieiros tanto quanto a mãe do protagonista, a onça amada e a mulher luxuriosa a quem perdoa a vida. Essa afinidade vê-se reforçada na estória pelo epíteto *abaúna abaeté*,[255] aplicado ao mestre zagaieiro Nhô Inácio, e que segundo Tânia Almeida Gandon, em estudo dedicado à procura de exemplos históricos de vinculação estratégica entre comunidades de índios e negros, designa um lugar, a Lagoa do Abaeté (Salvador-Bahia). *Minha terra tem Palmares*: precisamente nesse estudo, em que se desconstrói a suposta rivalidade insolúvel

---

[255] *Abaúna*: denominação forjada, a partir de *abá* (tupi *a'wa*) 'homem, pessoa' + *una* (tupi *'una*) 'preto'. *Abaeté*: tupi *awae'te* ou *awai'te* 'medonho, temeroso', por extensão 'homem terrível, feio, repulsivo'; cp. *abaeté* e *abaité*; ver *-aba* e *–eté* (*Dicionário Eletrônico Houaiss* s/p).

entre índios e negros instalada pelo colonizador branco, se comenta a maneira em que nessa lagoa do Abaeté sobrevive uma lenda, formada sincreticamente por crenças africanas e ameríndias, cuja protagonista é uma mãe d'agua, uma sereia, que como a Mapiripana ou Iara, seduz e afoga os banhistas.[256] A afinidade entre o protagonista e esse "preto homem muito bom", como vemos, se evidencia nas coincidências entre esses zagaieiros *Marias* e a Iara do nome materno, vozes vencidas, terrível silêncio de sereias. E há mais: Beró, Breó, são designações derivadas do nome indígena Bacuriquirepa, mas também se relacionam com a sereia de Abaeté, lago cujo lugar mais perigoso, lugar de redemoinhos, é chamado pelos moradores de *perau*, ou *peró*, tupinismo que tem a acepção de "caminho falso" e "declive" (Gandon, "O índio" 154). Também, segundo informa Walnice Nogueira Galvão, Beró e Breó podem ser variantes de *Peró*, palavra do *ñe'engatú* com o significado de "português", ou "branco", termo pejorativo aplicado pelos índios ao invasor europeu[257] ("O impossível" 26). Como o Peri

---

[256] "Muitas são as lendas e os rituais consagrados à água que testemunham, em Itapuã, a coexistência de crenças originárias de diferentes culturas. A lagoa do Abaeté é um bom exemplo de lugar de memória e de culto bastante significativo no imaginário de culturas dos povos diversos que contribuíram à formação da 'cultura baiana'. Este é, aliás, um local significativo no imaginário brasileiro. Na verdade, apesar das violentas transformações ocorridas nos últimos anos, Itapuã permanece como um marco representativo de tradições brasileiras e, neste contexto, a lagoa do Abaeté ocupa uma posição de destaque. Sua importância como sítio sagrado da religiosidade popular atravessa o tempo e se propaga no espaço. Muitos são os que vêm, às vezes de lugares bem distantes, trazer suas preces e oferendas à divindade que aí habita. Dona das Águas, esta entidade é conhecida também por outros nomes como Mãe d'Água, Dona do Abaeté, Oxum. Outrora ela fazia suas aparições com mais freqüência do que atualmente; os 'mais antigos' chegaram a vê-la sentada numa pedra, com seus cabelos verdes secando ao primeiro sol da manhã, como dizem certos testemunhos orais. De todo tempo, porém, ela foi –e é– considerada como um perigo para o banhista imprudente, capaz de se deixar seduzir até a morte. Os rituais em torno do Abaeté obedecem, via de regra, à tradição do candomblé. No entanto, antes mesmo da chegada de africanos ao Brasil, uma lenda indígena já falava da existência de uma bela sereia que atraía os guerreiros às profundezas das águas desta lagoa. Foi assim que um Abaeté (*Aba*= guerreiro índio, *eté* =de valor) perdeu sua vida, segundo lenda citada por Frederico Edelweiss" (Gandon, "O índio" 153-54).

[257] Viveiros de Castro informa, em *Araweté, os deuses canibais* (1986), que segundo a descrição de Castelo Branco, de 1863, os Takunyapé (a ascendência materna do Sobrinho) eram admirados por "sua cor quase branca, olhos azulados e cabelos castanhos", descrição próxima das impressões de sertanistas contemporâneos sobre os Arawete, que "tem pele clara, e alguns deles olhos cor de mel, cabelos avermelhados" (*Araweté* 142).

alencariano (bom selvagem,[258] inimigo e matador de antropófagos, genro de D. Antônio de Mariz, e amante platônico da sua filha Ceci, a quem identifica com a virgem Maria e chama de *Iara*), ele, Antonho de Eisus, toma o caminho errado; ele intui a afinidade e, no entanto, acaba incorporando o olhar do opressor. Bacuriquirepa é, como o Pipa, um "índio que não gostava do negro", mas que, no artigo da morte, usa o nome denegado Macuncozo, uma nota africana, uma contranota, talvez devida, segundo Rosa, ao "remorso pelos pretos assassinados".

Dado que o parentesco classificatório entre alguns povos ameríndios é matrilinear, particularmente entre os tacunapéua-araweté (a família materna do Sobrinho), é o tio materno quem ocupa o papel de ancestral masculino (daí o título da narrativa): "eu sou onça. Jaguaretê tio meu, irmão de minha mãe, tutira... Meus parentes!..." (Rosa, *Estas estórias* 145). Essa identificação é por demais dolorosa para o protagonista que, após contar das suas ímpares capacidades como tigreiro, mais algumas aventuras de caçadas, declara:

> Eh, onça é meu tio, o jaguaretê, todas. Fugiam de mim não, então eu matava... Depois, só na hora é que ficavam sabendo, com muita raiva... Eh, juro para mecê: matei mais não! Não mato. Posso não, não devia. Castigo veio: fiquei panema, caipora. (137)

O castigo pela matança dos parentes não só deixa incapaz (*panema*) o caçador, também o aparenta com o Curupira, ou *Caipora*, entidade tupi-guarani protetora das florestas e dos animais selvagens, caçador de caçadores, que tem os pés com os calcanhares para a frente

---

[258] Em "A marcha das utopias", Oswald esclarece a sua leitura do "índio de tocheiro" –o bom selvagem de Rousseau reencarnado nas personagens indígenas de Alencar e Gonçalves Dias: "Hoje, Jean Jacques já não é subversivo. Tanta coisa se passou depois da Revolução que irrompeu não só por motivos econômicos, mas muito pelo impulso do pensamento enciclopedista, que é quase idílica a figura desse reformador social. Pelo menos, o seu índio, o índio bom, é perfeitamente utópico. No *Manifesto de Antropofagia* publicado em São Paulo no ano ainda modernista de 1928, vinha isto: 'Contra o índio de tocheiro, o índio batizado e genro de Dom Antônio de Mariz'. É que todos os índios, conformados e bonzinhos de cartão postal e de lata de bolacha, tinham saído de Rousseau. O Romantismo serviu-se dele à vontade e ele veio espraiar-se aqui, ninado pela suave contrafação de Alencar e Gonçalves Dias" (*Do Pau-Brasil* 226).

e caminha marcando pegadas de sentido inverso ao seu percurso.[259] Assim como o Sobrinho-do-Iauaretê teme o parente regressivo, podemos intuir que a maior ameaça que o espreita é a de um retorno impossível,[260] a de uma purificação que, pela sua semelhança com a pureza pregada pelos seus opressores, só pode conduzi-lo à catástrofe. Tomemos brevemente o Curupira, que foi, junto com a Anta, símbolo de um nacionalismo xenófobo para o verde-amarelismo rejeitado pelo Movimento Antropófago, como emblema dessa regressão malograda.[261] O antropólogo Eduardo Galvão informa que um dos modos de se livrar do Curupira é fazer um anel trançado de cipó e deixá-lo nas trilhas da floresta. Encontrando esse nó, o Curupira não descansa até desfazê-lo (*Santos e visagens* 100). Como ele, o Sobrinho-do-Iauaretê se empenha por desfazer um nó, só que um muito específico: o nó da própria identidade, que poderíamos representar assim:

---

[259] Há muitas outras semelhanças entre o protagonista rosiano e o Curupira, como se pode ver na seguinte citação, extraída de Eduardo Galvão (particularmente, note-se o gosto por bebida e fumo e a morada arredia de locais povoados): "Currupira é um gênio da floresta. Na cidade ou nas capoeiras de sua vizinhança imediata não existem currupiras. Habitam mais para longe, muito dentro da mata. A gente da cidade acredita em sua existência, mas ela não é motivo de preocupação porque os currupiras não gostam de locais muito habitados. [...] são descritos como pequenas criaturas de pele muito escura. Seus pés são voltados para trás. Gostam imensamente de fumo e de pinga. Seringueiros e roceiros deixam esses presentes nas trilhas que atravessam, de modo a agradá-los ou pelo menos distraí-los. Na mata, os gritos longos e estridentes dos Currupiras são muitas vezes ouvidos pelo caboclo. Também imitam a voz humana, num grito de chamada, para atrair vítimas. O inocente que ouve os gritos e não se apercebe que é um Currupira e dele se aproxima perde inteiramente a noção de rumo" (*Santos e visagens* 99-100).

[260] Em "O impossível retorno" (2008), Walnice Nogueira Galvão faz uma leitura de "Meu tio o Iauaretê" como a estória de uma falha e trágica tentativa para voltar ao domínio do cru a partir do domínio do cozido. É clara a proximidade do presente trabalho com essas reflexões. No entanto, é preciso dizer que se distanciam ao lidar de maneira diversa com a situação narrativa. Enquanto o estudo de Nogueira Galvão se concentra muito mais no narrador, para este trabalho, como se verá mais adiante, a intervenção do narratário é também de uma enorme importância.

[261] Em 1926, Plínio Salgado publica "A anta e o curupira", figuras em que erige os símbolos de uma nacionalidade brasileira ameaçada pelos influxos estrangeiros. Em "Oswald de Andrade, elogio da tolerância racial", Silviano Santiago relata a oposição de Oswald às ideias encarnadas nesses símbolos e remete ao texto "Antologia", com que o autor antropofágico os parodiava em 1927 (Santiago, *Ora[direis]* 134, 144).

*Do tamanho do mundo*

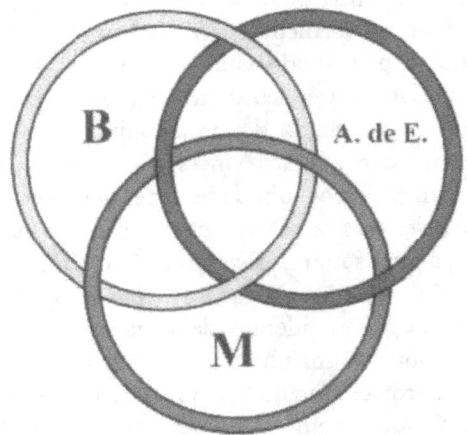

Assim como *Macunaíma* carece de qualquer caráter, o Sobrinho-do-Iauaretê parece não poder receber um nome definitivo. Como em Riobaldo (Professor, Cerzidor, Tatarana, Urutu-Branco), nenhuma denominação se cola nele. Fundamentalmente anômico, como as massas feminizadas e aniquiladas da Bogotá de 1948, o personagem ganha diversas alcunhas ao longo da sua vida. Os componentes do nó, acima trançados a título ilustrativo, correspondem aos nomes:

Ah, eu tenho todo nome. *Nome meu minha mãe pôs: Bacuriquirepa.* Breó, Beró, também. Pai meu me levou pra o missionário. Batizou, batizou. Nome de Tonico; bonito, será? *Antonho de Eiesus...* Despois me chamavam de *Macuncozo*, nome era de um sítio que era de outro dono, é –um sítio que chamam de Macuncozo... Agora tenho nome nenhum, não careço. (Rosa, *Estas estórias* 144, *destaques nossos*)

A expressão, repetida pelo Sobrinho-do-Iauareté ao longo da narrativa, "eu gosto de vermelho" (130), não indica exclusivamente o seu gosto canibal pelo fluído vital das vítimas. Tem um sentido duplo, como essa outra frase: "eu gosto de gente, gosto" (132). Além do canibalismo, a preferência do protagonista pelo "vermelho" é um indício de sua opção pelos vínculos parentais de sangue em detrimento dos vínculos por afinidade. Apesar de se aproximar das onças, parentes dele, mas também bichos selvagens que ameaçam à criação de gado, animais marginalizados e portanto seus afins, apesar dessa aproximação, ele não chega a se ver em outros oprimidos. Desfazendo o nó da própria identidade, negando o ancestral branco, esse homem abandonado, sozinho e imensamente triste por conta da solidão, também perde os vínculos de afinidade traçados com homens que, negros, partilharam com ele no passado a condição subalterna imposta pelos senhores. Ele chega a entrever essa afinidade e, no entanto, o ódio pela diferença apreendido com o homem branco acaba sendo mais forte.

Precisamente, o caso do índio Curiuã é bastante eloquente a respeito da experiência de discriminação sofrida permanentemente pelo protagonista:

> Caraó chamado Curiuã, queria casar com mulher branca. Trouxe coisas, deu pra ela: esteira bonita, cacho de banana, tucano manso de bico amarelho, casco de jaboti, pedra branca com pedra azul dentro. Mulher tinha marido. Ã-hã, foi isto: mulher branca gostou das coisas que caraó Curiuã trazia. Mas não queria casar com ele não, que era pecado. Caraó Curiuã ficou rindo, falou que tava doente, só mulher branca querendo deitar com ele na rede era que ele sarava. Carecia de casar de verdade não, deitar uma vez só chegava. Armou rede ali perto de lá, ficou deitado, não comia nada. Marido da mulher chegou, mulher contou pra ele. Homem branco ficou danado de brabo. Encostou carabina nos peitos dele, carão Curiuã ficou chorando, homem branco matou caraó Curiuã, tava com muita raiva... (148)

Como é evidente, o Caraó é morto pela mesma razão pela que é rejeitado como amante: uma doença, ou pecado: ser índio. Pecado seria casar com ele, mas não o é em absoluto aceitar as prendas oferecidas. A partir das experiências de discriminação, vividas por ele

*Do tamanho do mundo*

ou por afins, o Sobrinho tenta se aproximar do seu ancestral índio, cujo totem é a onça, como já se viu.

Entretanto, rejeitar os nomes não é suficiente, como sabemos. O Sobrinho-do-Yavaratê começa, não mais a desonçar a região, mas a *desgentá-la*, começa uma caçada brutal dos humanos que moram nas redondezas do casebre que habita. Os mata e devora, ou dá como oferenda às onças, querendo assim se aproximar do totem materno. O Sobrino-del-Yavaraté sofre com a identificação auto-infligida, intui a violência contra a própria "natureza" mista que lhe depara a depuração rumo ao ancestral índio. Por isso, assim como o jaguar cobre os cadáveres das suas presas com folhas ou com terra, o narrador nega ter matado pessoas por dinheiro, ou sequer participar do bando encarregado de tais serviços. Assim como se empenhava na negação da matança de onças, ele se empenha na negação do assassínio e canibalismo praticados posteriormente contra os moradores, mortos todos de "doença". Só que há um problema, algo que longe de afastá-lo do pai branco, que deplora, o aproxima tragicamente dele: é o dispositivo que usa para escolher as suas vítimas:

| "Doente" | "Doença": "Morreu tudo de doença. De verdade. Tou falando verdade!..." (131) | Trecho |
|---|---|---|
| Preto Bijibo | Gula | "ele lá com aquela alegria doida de comer, todo dia, todo dia, enchendo boca, enchendo barriga. Fiquei com raiva daquilo, raiva, raiva danada...[...] Queria ver jaguaretê comendo o preto" (152) |
| Seo Rioporo | Ira | "homem ruim feito ele só, tava toda hora furiado. [...] Ô homem aquele, para ter raiva" (154) |
| Jababora Gugué | Preguiça | ""só ficava deitado, em rede, no capim, dia inteiro, dia inteiro. [...] Cê Sabe? Cê já viu? Aquele homem mole, mole, perrengando por querer, panema, ixe!" (155) |

| Jababora Antunias | Avareza | "Não dava nada, não, guardava tudo para ele, emprestava um bago de chumbo só se a gente depois pagava dois" (155) |
|---|---|---|
| Preto Tiodoro | Inveja | "Preto Tiodoro ficava danado comigo, calado. Porque eu sabia caçar onça, ele sabia não" (155) |
| Maria Quirinéia (perdoada) | Luxúria | "Eh, aí eu levantei, ia agarrar Maria Quirineia na goela. Mas foi ela que falou: –"Ói: sua mãe deve de ter sido muito bonita, boazinha muito boa, será?". [...] Falei que todo mundo tinha morrido comido de onça, que ela carecia de ir s'embora de mudada, naquela mesma da hora, ir já, ir já, logo, mesmo..." (157) |
| Veredeiro seo Rauremiro e família | Soberba | "Eu tava com fome, mas queria decomer dele não –homem muito soberbo. [...] Eh, despois, não sei, não: acordei –eu tava na casa do veredeiro, era de manhã cedinho. Eu tava em barro de sangue, unhas todas vermelhas de sangue. Veredeiro tava mordido morto, mulher do veredeiro, as filhas, menino pequeno..." (157) |

Sete pecados, como as sete estrelas de Sejuçu. E precisamente pecados capitais. O Sobrinho sente de uma maneira tão íntima o *mal-estar* desse dispositivo que, inclusive, diz todas essas pessoas terem morrido de "doença" e estar triste por isso (ele inclusive chora junto dos dolentes de uma das vítimas), repetindo algo que o Euclides de *À margem da história*[262] já fazia: disfarçar de seleção natural algo que, na

---

[262] Como *La vorágine*, *À margem da história* (1909), livro póstumo de Euclides da Cunha, denuncia o tráfico humano associado aos seringais. Embora as semelhanças sejam muitas, o título euclidiano parece ir em direção oposta à reflexão de Rivera. Enquanto o primeiro tira da história os habitantes da Amazônia, ou os coloca na sua margem, o segundo, como já discutimos, mostra que essa operação de produção de barbárie é o dispositivo específico de domesticação da floresta. Nesse sentido, *À margem da história*, se conta entre livros como *Os Sertões* (1902) e *Facundo* (1845) –não a esmo, Facundo Quiroga, o caudilho bárbaro, é nesse livro alcunhado de "Tigre de los Llanos". Esses livros são eloquentes exemplos de um fundamental paradoxo letrado latino-americano: declarar bárbaros os próprios homens-ferramenta que expandem a civilização ou os territórios nacionais. Esse paradoxo se intensifica quando levamos em conta que Euclides é um construtor de

*Do tamanho do mundo*

verdade, se julga a partir dos pecados capitais cristãos, e que implica uma doença do progresso, e mesmo do olhar julgador, quer dizer, a guerra civil e expansionista,[263] a própria voragem civilizatória que impõe domesticação a tudo que não conhece através de tudo que exclui. O pai branco é também um canibal, note-se, mas bulímico. Tanto quanto a noção de pecado, que atravessa todas as suas decisões, a preferência alimentar aproxima o Sobrinho desse seu pai branco, "pai de todo mundo": "Preto é que tem mais [medo]. / Eh, onça gosta de carne de preto. Quando tem um preto numa comitiva, onça vem acompanhando, seguindo escondida, por escondidos, atrás, atrás, atrás, ropitando, tendo olho nele" (Rosa, *Estas estórias* 151). Lembremos, e usemos aqui a própria expressão de Haroldo de Campos na sua explanação sobre a correspondência com Rosa, antes citada: "as vítimas prediletas da onça, na estória, eram, todas elas, pretos" ("A linguagem" CCXLI). Exemplar dessa seletividade problemática é a

---

fronteiras, um autor (apolíneo) que estende a sua escritura sobre o disputado Acre como uma maneira de atestar, e legitimar, a propriedade brasileira sobre esse território. Rosa, como sabemos, relaciona o seu diferendo a respeito da "forma keyserlinguiana" com o "índio que não gostava do negro" de *La vorágine*, em virtude dessa leitura diversa do "problema" da barbárie em sua conexão com a civilização. De fato, não é muito difícil encontrar em *À margem da história* descrições da floresta similares àquelas que interessavam ao conde alemão para caracterizar o continente do "terceiro dia da criação", e que o levaram a uma apropriação seletiva do livro de Rivera.

[263] Apesar de usar a frase do historiador e teólogo holandês Barlaeus, "*ultra iquinotialem non peccavi*", ou seja, "não existe pecado abaixo do equador", para caracterizar a vida da região, e de remeter os amazonenses à Ilha de Marapatá, lugar onde se deixa a consciência antes de entrar na floresta, Euclides julga, e caracteriza como doença, encarregada de sabia seleção natural, algo que é da ordem das assimetrias sociais. Assim, ele identifica a precariedade com a maldade, e a "eliminação generalizada dos incompetentes" pune, como o Sobrinho em "Meu tio o Iauaretê", pecados capitais: "Não há fraudes que lhe minorem as exigências. Caem-lhe sob o exame incorruptível, por igual, –o tuberculoso inapto à maior atividade respiratória nos ares adurentes, pobres de oxigênio, e o *lascivo* desmandado; o cardíaco sucumbido pela queda da tensão arterial, e o *alcoólico* candidato contumaz a tôdas as endemias; o *linfático* colhido de pronto pela anemia e o *glutão*; o *noctívago* desfibrado nas vigílias, ou o *indolente* estagnado nas sestas enervantes; e o *colérico*, o *neurastênico* de nervos a vibrarem nos ares eletrizados, descompassadamente, sob o influxo misterioso dos firmamentos deslumbrantes, até aos paroxismos da demência tropical que o fulmina, de pancada, como uma espécie de insolação do espírito. *A cada deslize fisiológico ou moral antepõe-se o corretivo da reação física. E chama-se insalubridade o que é um apuramento, a eliminação generalizada dos incompetentes. Ao cabo verifica-se algumas vêzes que não é o clima que é mau; é o homem*" (Cunha, *À margem* 57-58, *destaques nossos*).

própria distinção que faz entre as onças que, nem todas iguais, são de cores diferentes: suaçurana (vermelha-raposa), cangussú (clara, pintada), pinima (malha-larga), pixuna (preta). Não é qualquer uma que é parente do narrador: "Mas suaçurana não é meu parente, parente meu é a onça preta e a pintada" (Rosa, *Estas estórias* 139). Afim com ele, por anômica, a onça vermelha é, entretanto, rejeitada do círculo parental, como os negros: "Sei não. Suaçurana tem nome não. Suaçurana parente meu não, onça medrosa" (142).

Sintomaticamente, também, o Sobrinho mata todo mundo, exceto Nhô Nhuao Guede, o "pior homem que tem" (149), o fazendeiro que o contratou para desonçar este mundo todo" (129). Trata-se de uma seletividade muito forte, e problemática, vista a afinidade que a personagem tem com os zagaieiros negros (*Marias*, como a onça, a mãe e a prostituta poupada), tão oprimidos, discriminados e expropriados quanto ele. Apesar de intuir esse parentesco, o Sobrinho incorpora o ponto de vista do pai, inclusive pelo fato de querer para si uma identidade unitária. Note-se, na seguinte citação, a maneira em que a afinidade (o cheiro comum) se mistura com o preconceito:

> Não quero morar mais com preto nenhum, nunca mais... Macacão. Preto tem catinga... Mas preto dizia que eu também tenho: catinga diferente, catinga aspra.[...] Ixe, quando eu mudar embora daqui, toco fogo em rancho: pra ninguém mais poder não morar. Ninguém mora em riba do meu cheiro... (Rosa, *Estas estórias* 128)

Digamos que, apagando o Nome-do-pai, se assegura sua volta; que o rejeitado no simbólico retorna no real. Volta como um mediador absoluto, tronco central que impede aos galhos um olhar de afinidade. Como acontecia em *La vorágine*, na disputa entre o índio Pipa e o mulato Correa, entre a sujeição e a liberdade, cabe a um olhar vazio,[264] de túmulo (cova), o papel de pai ou árbitro —o olhar branco,

---

[264] Em "Política esterior de Rosas" (1844), Domingo Faustino Sarmiento faz uma descrição da sociedade brasileira que, também, evidencia uma grande conflitividade entre "sociedades", e que se traduz numa chave oposicional que Raúl Antelo denomina o "miolo ideológico da modernidade": a oposição entre campo e cidade, ou entre província e Corte, isto é, de civilização contra barbárie. A diferença radical com Rivera estriba na valoração dos "bárbaros", que Sarmiento assinala —perceba-se o paradoxo— como os habitantes do deserto, ou seja, de lugares despovoados, selvagens e incultos. Após falar

civilizado e vestido como mediador absoluto (ver Rivera, *La vorágine*). Como explana a historiadora Tânia Almeida Gandon assumir uma única identidade, para um mestiço, não necessariamente implica numa libertação, e pode ser uma perpetuação do trauma causado pela colonização.[265] Para dizê-lo com uma fórmula de Silviano Santiago: "a pureza coagula o monstro" ("A ameaça" 44).

Claramente, a exigência de uma definição identitária é um preconceito "civilizado", colonial, uma necessidade de delimitação para o que aparece como uma incessante proliferação de sentidos, como uma força incontrolável em que o elemento híbrido reina.[266]

É um devir trágico, como antes se disse. Dioniso relaciona-se, além dos felinos de grande porte acima referidos, com o bode,

---

da necessidade da escravatura para sustentar a monarquia, e antes de erigir o Imperador português como única garantia do Brasil contra a barbárie representada por caudilhos locais sediados nesses ermos, Sarmiento descreve: "[...] el Brasil tiene muchas ciudades notables, llenas de riquezas i provistas abundantemente, tanto en hombres como en monumentos i en industria de todos los resultados que puede producir la civilización europea, cuando se establece en un país tan superiormente preparado a desenvolver sus jérmenes. Tienen estas ciudades una numerosa juventud educada en las principales ciudades de Europa, donde ha adquirido un singular adelanto i una simpatía decidida por la vida europea, i que por esto mismo, vive en una especie de fuerte antagonismo con todo el resto de la población negra, que sirve en la agricultura, i de la blanca que trabaja en el pastoreo. En el Brasil, más que en ninguna otra parte, se diseñan las diferencias de la vida europea i de la vida indíjena, porque ambas sociedades, permítasenos calificarlas así, viven frente a frente, mirándose con desprecio i con envídia, i aborreciéndose, por razón de las ventajas i miserias relativas que gozan i sufren respectivamente. Estamos mui lejos de pensar que estas dos fuerzas se paralicen, i sabemos bien que los grandes centros, como el Janeiro, Bahía i Pernambuco, tienen un poder real, más activo, más eficaz que el *elemento* campesino; i que a medida que pasa el tiempo, ejercen una acción más eficaz i mas decisiva sobre los campos, reformando rápidamente los malos instintos que en ellos se desenvuelven" (em Antelo *Algaravia* 43).

[265] "Assumir uma identidade cultural traz, no entanto, problemas psicológicos e ideológicos para um mestiço. Antes de mais nada a seu próprio olhar, dada a dificuldade de integrar em si mesmo aspectos dessemelhantes das histórias vividas pelos seus ancestrais num contexto de senhores e de escravos. Dificuldade esta agravada pelo fato de que as injustiças sociais do passado se prolongam, transmutadas, numa história presente marcada pelas desigualdades" (Gandon, "O índio" 163).

[266] "Desde que hay lo Uno, hay asesinato, herida, traumatismo. *Lo Uno se guarda de lo otro (L'Un se garde de l'autre)*. Se protege contra lo otro, mas, en el movimiento de esta celosa violencia, comporta en sí mismo, guardándola de este modo, la alteridad o la diferencia de sí (la diferencia consigo) que le hace Uno" (Derrida, *Mal de archivo* s/p, destaques no original).

geralmente sacrificado e devorado em representação do deus, pelas mênades oficiantes do culto. Precisamente, a palavra "tragédia" está conformada pelos étimos gregos *trágos* ("bode")[267] e *oidé* ("ode, canção").[268] Em *As bacantes* de Eurípedes, por exemplo, o deus entra na cidade de Tebas coberto por uma pele de bode, seguido pelo seu coro de oficiantes. Tal a Mula-Marmela, com seu expiar individual de desejos coletivos, o Sobrinho se condena pelas próprias ações. À maneira de Antígona, ele privilegia os vínculos de sangue em detrimento dos vínculos de afinidade e acaba sacrificado, como um bode expiatório, aos preceitos ambientes. Como Édipo, procurando afastar-se do pai, só consegue cumprir e sucumbir sob a sua lei, a lei de Apolo. Edipicamente, aliás, o Sobrinho sente paixão por uma onça, Maria-Maria, "bonita mais do que alguma mulher" (Rosa, *Estas estórias* 139), homônima da mãe, Maria Mar'Iara, e perdoa a vida de uma mulher chamada de Maria Quirinéia "muito boa, bonita" (156). Tanto o afastamento do pai, quanto a aproximação da mãe, assim, traçam o destino trágico do herói.[269] São as opções vitais, mas não somente individuais, que conduzem à morte: "Quem sabe a vida é uma morte e a morte uma vida?".

---

[267] O Freud de *Totem e tabu*, de novo, nos fornece uma ligação direta entre o festim totêmico originário, a tragédia grega e o cristianismo: "Si en especial en la tragédia griega los padecimientos del chivo divino, Dionisos, y el lamento del séquito de chivos que con él se identificaba constituían el contenido de la representación, fácilmente se entiende que el drama, que ya se había extinguido, volviera a reavivarse en la Edad Media en torno de la Pasión de Cristo" (*Tótem y tabú* 157).

[268] gr. *tragóidía,as* (com iota subscrito) 'a tragédia, o gênero trágico, tragédia, peça teatral do gênero trágico' < gr. *trágos* 'bode' e gr. *oidé* 'ode, canção' (no ritual dedicado a Dioniso, o canto se fazia acompanhar do sacrifício de um bode), pelo lat. *tragoedìa,ae* 'id.'; ver *trag(i/o)-*; f.hist. sXV *tragedia*, sXV *tragidias* (*Dicionário Eletrônico Houaiss* s/p).

[269] Lembremos, com Freud que: "Las prohibiciones-tabú más antiguas e importantes son las dos leyes fundamentales del totemismo: no matar al animal totémico [representante do pai primordial] y evitar el comercio sexual con los miembros de sexo contrario del clan totémico [o incesto]" (*Tótem y tabú* 39). Segundo Walnice Nogueira Galvão, para o Sobrinho: "Ao sacrilégio de ter matado o totem vem somar-se o sacrilégio do incesto. Violou ao mesmo tempo os dois tabus fundantes da civilização, na desorganização de quem está perdido entre várias culturas. Branco ele não é nem deseja ser. Também não pode ser índio, porque ao rejeitar o branco prepotente e comedor de comida cozida rejeita o homem. Tampouco pode ser onça, porque, ao tentar sê-lo, carrega a culpa de duas violações de tabu. Exemplarmente, termina abatido a tiros de revólver pelo interlocutor branco" ("O impossível" 35)

*Do tamanho do mundo*

Disso, aliás, dá conta a relação do protagonista com todas as mulheres, ou fêmeas, da novela. Assim como não aceita o pai biológico, declarando-se filho do ancestral materno, e da mesma maneira que cogita assassinar a prostituta Maria Quirinéia pela atração e repulsa que sente por ela, o Sobrinho não aceita o acasalamento da onça Maria-Maria com nenhum macho de sua espécie: "Nhem? Ela ter macho, Maria-Maria? Ela tem macho não. Xô! Pa! Atimbora! Se algum macho vier, eu mato, mato, mato, pode ser meu parente o que for!" (139). Note-se: assim como Pinon envia Sejuçu à Serra das Pedras Brancas para preservar a sua virgindade, assim como Yuruparý tenta estabelecer uma hegemonia masculina na tribo tariana, assim como Chico Pedro é "pai de todo mundo. Homem burro", o Sobrinho luta pela virgindade de suas Marias, e inclusive usa da violência para protegê-las do contato masculino. Como é notório, a tragédia do protagonista consiste em que, tentando afastar-se do pai a qualquer custo, ele acaba implantando a lei paterna. Rejeitado no simbólico, esse Nome retorna no real.

Se bem o desgentar acontece de uma maneira ritualizada (captura de uma singularidade por um dispositivo normativo, caçada, sacrifício), cabe diferenciar essa operação do ritual antropofágico antes discutido. Enquanto esse ritual procurava a repetição diferencial e situada de uma força instituinte −e, portanto, não necessariamente atrelada a uma falta originária mas a uma originariedade em curso−, os assassínios do Sobrinho se fundamentam na falta e procuram aproximá-lo de uma origem "pura" (o que falta) através da imposição ao mundo de uma lei que, malgrado a rejeição do executante, já está altamente formalizada, instituída, operando de antes nesse mundo. Ele não brinca com isso; ele repudia o seu pai Chico Pedro, −pedra de toque do sadismo ambiente, "Pai de todo o mundo. Homem burro"−, mas acaba agindo com a sua lógica. Sua lei é uma Lei, ou seja, uma ordenação da cadeia significante a partir disso que fora rejeitado: o Nome-do-pai. Não estando esse significante inscrito no universo simbólico do protagonista, ele tenta inscrevê-lo no real, tenta torcer o mundo na direção dessa Lei que ele relaciona com uma possível purificação pessoal. À maneira do pai rejeitado, ele nega a devoração, constrói retoricamente uma narrativa em que as mortes acontecem de acordo com um código que se pretende operante no real, ou na natureza, mas que, finalmente, é o Sobrinho que impõe. A culpa está fora, é das vítimas e não do vitimário, obedece a uma lógica "natural", o mundo é assim: "Eh, este mundo de gerais é terra minha, eh, isto aqui –tudo meu. Minha mãe havêra de gostar ... Quero todo o mundo com medo de mim" (134). Entretanto, a ponta de um remorso, intuída a afinidade, não deixa de aparecer; a culpa parece espreitar o protagonista de um retrato de mulher: "Tinha retrato da mulher do preto, preto era casado. Preto morreu, eu peguei em retrato, virei pra não poder ver, levei pra longe, escondi em oco de pau. Longe, longe; gosto de retrato aqui comigo não..." (150).

Note-se: o ritual canibal atualiza um sentido precedente à situação de quem o celebra, e não admite restos, porque o limitado do presente não se abre ao devir, mas só atualiza um ser infinito, sempre já-dado. Essa inscrição do Nome no real é expressivamente clara na atribuição de denominações individualizantes aos jaguares. Como um novo Adão, o Sobrinho batiza os animais, mas essa atribuição de nomes também não pode ser admitida e, ainda menos, questionada:

> ...elas todas têm nome. Que eu botei? Axi! Que eu botei, só não, eu sei que era mesmo o nome delas. Atié... Então, se não é, como é que mecê quer saber? Pra quê mecê tá preguntando? Mecê vai comprar onça? Vai prosear com onça, algum? Teité ... Axe ... Eu sei, mecê quer saber, só se é pra ainda ter mais medo delas, tá-há? (140)

O código se impõe, mas não se admite; as onças se pessoalizam, se humanizam ou divinizam, mas através de algo que é como o espelho da operação de Afonso Arinos em "A esteireira" (1898), ou de Coelho Neto em "Mandoví" (1897): assim como lá operava a notação diferenciada dos socioletos de sertanejos e letrados, aqui opera uma nomeação do inominável, a representação do irrepresentável urro do jaguar –uma tradução do ser animal a palavras humanas, e não mais uma animalização do humano através da escrita.

À maneira do capital –que como relembra Marx no seu capítulo sobre a acumulação originária, mata, expropria, escraviza e conquista, para se gerar e reproduzir, mas impugna às vítimas como culpadas pela própria prostração, ou postula esse "pecado original" em termos de lei natural[270]–, o Sobrinho declara ter todo mundo morrido de *doença*. Como os nomes das onças, a doença existia de antes, e estava nos doentes, não em quem os executa. Ou seja: se ritualiza para dar uma ordem ao mundo, para depois afirmar-se que essa ordem preexistia à operação de ordenamento. Como antes se viu, o pensamento antropofágico oferece alternativas: a ritualização do jogo, ou a lúdica do ritual, a transformação permanente do tabu em totem.

Expressivamente, o encontro entre o doutor e o Sobrinho, ocorre em momento simétrico ao nascimento do protagonista: "Sejuçu já tá alto: olha as estrelinhas dele..." (140). Talvez essa simetria temporal seja o indicador de um renascimento, ou melhor, de uma sobrevivência. A ficção de uma transcrição pode ser o evento ritualístico de um sentido vindouro. A literatura conduz à prece, lembre-se, não necessariamente à religião: "O fingimento é criador. A imitação é inicial arrimo'" [IEB/USP-JGR-CADERNO-22]. *Tudo se finge*, primeiro; germina *autêntico é depois*.

---

[270] Nesse capítulo, Marx desconstrói a hegeliana dialética do amo e do escravo a partir da descrição da acumulação originária no caso específico, e nacional, da Inglaterra. Como é sabido, a desconstrução de Marx não procura destruir esse "mito" como força instituinte –de fato, sabemos que em *O capital* as figuras do amo e do escravo são traduzidas nas figuras do capital e do proletariado–, mas só como origem dada: "Esta *acumulación originaria* viene a desempeñar en economía política el mismo papel que desempeña en teología el *pecado original*. [...] Es cierto que la leyenda del pecado original teológico nos dice que el hombre fue condenado a ganar el pan con el sudor de su frente; pero la historia del pecado original económico nos revela por qué hay gente que no necesita sudar para comer. [...] Sabido es que en la historia real desempeñan un gran papel la conquista, la esclavización, el robo y el asesinato; la violencia, en una palabra. [...] No basta con que las condiciones de trabajo cristalicen en uno de los polos como capital y en el polo contrario como hombres que no tienen nada que vender más que su fuerza de trabajo. Ni basta tampoco con obligar a éstos a venderse voluntariamente. En el transcurso de la producción capitalista, se va formando una clase obrera que, a fuerza de educación, de tradición, de costumbre, se somete a las exigencias de este régimen de producción como a las más lógicas leyes naturales.[...] El descubrimiento de los yacimientos de oro y plata de América, el exterminio, la esclavización y el sepultamiento en las minas de la población aborigen, el comienzo de la conquista y el saqueo de las Indias Orientales, la conversión del continente africano en cazadero de esclavos negros: tales son los hechos que señalan los albores de la era de producción capitalista. Estos procesos idílicos representan otros tantos *factores fundamentales* en el movimiento de la *acumulación originaria*. [...] el *capital* viene al mundo chorreando sangre y lodo por todos los poros, desde los pies hasta la cabeza" (Marx, *El capital* 607-46).

O outro, o doutor (anagramaticamente: *doutro*), não nomeia, não interpreta; ele transcreve nomes, palavras, urros. *A diferença*, como mais adiante se verá, está atravessada por essa recusa.

## DIFERONÇA

O destino trágico do protagonista –que procura afastar-se do pai, mas só consegue sucumbir sob a sua Lei– obriga aqui a uma digressão, surgida de um pequeno diferendo de leituras, mas que suscita um entravamento teórico imprescindível.

Há alguns anos o antropólogo Eduardo Viveiros de Castro introduziu a perspicaz expressão *diferonça* (criada a partir da *différance* derridiana) para designar as relações entre Eu e Outro no pensamento ameríndio, que não se pautam por oposições dialéticas, mas por potencialidades de transformação e por posições subjetivas relativas umas às outras.[271] Trata-se de uma das mais significativas contribuições antropológicas das últimas décadas, destacando-se por distinguir, descrever e "traduzir" a complexidade do pensamento indígena, além de desenvolver instigantes reflexões a partir dele e de sua necessária, provada, e não sempre reconhecida, contribuição ao pensamento universal. Para Viveiros de Castro, "perspectivismo multinaturalista"[272] designaria uma série de concepções ameríndias que incluiriam sujeito, mundo, pessoa, humano, etc., e que seriam relativas ao ponto de vista do observador, para quem a própria espécie seria sempre humana, enquanto as outras corresponderiam a seres animais ou a espíritos. Em contraposição com o multiculturalismo –múltiplas culturas, uma natureza–, o multinaturalismo ameríndio postula a unidade do espírito humano manifesta em múltiplas corporeidades –unidade da cultura, multiplicidade da natureza ("Os pronomes" 116). Assim, o ponto de vista criaria o sujeito, e não exclusivamente o objeto, invertendo-se

---

[271] Ver o site *A onça e a diferença*, construído por Viveiros de Castro com materiais desenvolvidos desde 1997. Este site postula a construção coletiva de uma teoria da imaginação conceitual das culturas nativas da Amazônia: <http://amazone.wikia.com/wiki/O_poss%C3%ADvel_nativo:_o_outro_sentido>.

[272] Conceito desenvolvido por Viveiros de Castro a partir do diálogo e colaboração com a antropóloga Tânia Stolze Lima (ver "Os pronomes" 136).

Do tamanho do mundo

a proposição cartesiana do *cogito* em "o outro existe, logo pensa", ou em "existo, porque sou pensado por outros", ou em "penso, porque sou um outro" (*Encontros* 117). Onça seria sempre gente para outras onças; tão humana para si quanto nós, humanos, seríamos animais do ponto de vista dos jaguares ("Os pronomes" 117). Mudando o ponto de vista, a "roupa", ou seja, o envoltório corporal com que se habita o mundo, estaria o próprio mundo a mudar, conservando-se uma interioridade humana que se manifestaria diferentemente de acordo com esse envoltório (117): ao interior da própria espécie, se manteriam relações entre pessoas ou sujeitos, mas com as espécies portadoras de outras roupagens se travaria uma luta por vida e morte (ver Viveiros de Castro, *A inconstânera*; *Encontros* 123).

Como é notório, essa teoria tem o imenso mérito de postular uma pluralidade de "mundos", consequente com uma fecunda operação indígena de dissociação e redistribuição dos conteúdos seriais paradigmaticamente rotulados no Ocidente como natureza e cultura, um pensamento poderosamente não-antropocêntrico ("Os pronomes" 115). Não obstante essa inegável contribuição, a leitura específica do texto que nos ocupa, de enorme transcendência no quadro crítico do presente, em muito difere da até aqui adiantada. Para Viveiros de Castro, em entrevista concedida a Luísa Elvida Belaunde em 2007:

> [...] a literatura brasileira (e latino-americana, e mundial) atinge um de seus pontos culminantes no espantoso exercício perspectivista que é "Meu tio, o Iauaretê", de Guimarães Rosa, a descrição minuciosa, clínica, microscópica, do devir-animal de um índio. Devir-animal este, de um índio, que é antes, e também, o devir-índio de um mestiço, sua retransfiguração étnica por via de uma metamorfose, uma *alteração* que promove ao mesmo tempo a desalienação metafísica e a abolição física do personagem – se é que podemos classificar o onceiro onçado, o enunciador complexo do conto, de "personagem", em qualquer sentido da palavra. Chamo a esse duplo e sombrio movimento, essa alteração divergente, de *diferOnça*, fazendo assim uma homenagem antropofágica ao célebre conceito de Derrida. (Pode-se ler o "Meu tio, o iauaretê", diga-se de passagem, como uma transformação segundo múltiplos eixos e dimensões do "Manifesto Antropófago"). (*Encontros* 128)

Essa leitura ecoa em outros textos e entrevistas, como a concedida a Renato Stutzman e Stelio Marras em agosto de 2007, da qual transcrevemos um trecho:

> Planejo há tempos escrever um estudo sobre o conto de Guimarães Rosa, "Meu tio, o Iauaretê". Vejo nele uma certa culminação do tema da antropofagia na literatura brasileira. O conto é a história de um homem que vira onça. Ou melhor – ou mais: a história de um mestiço que vira índio. Não me parece haver aí nenhuma alegoria direta, sobretudo nenhuma alegoria da nacionalidade. Não há ali uma teoria do Brasil; mas há com certeza, ali, teoria no Brasil. Esse conto de Rosa é um momento decisivo do "movimento do conceito" dentro da literatura brasileira. (*Encontros* 246)[273]

As diferenças com a leitura até aqui desenvolvida são evidentes. Já o dissemos antes: o Sobrinho do Iauaretê incorpora o ponto de vista do seu pai, inclusive pelo fato de querer para si uma identidade

---

[273] E ainda: "A presença mais poderosa do indígena na literatura brasileira talvez seja esse personagem de "Meu tio, o Iauaretê", uma história sobre o que acontece quando alguém vira índio, mas que vira onça. Exagerando retoricamente, direi que o único índio de verdade que jamais apareceu na literatura brasileira foi esse mestiço de branco e índia de nome africanado, Macuncôzo. Um índio-onça traidor de seu povo-onça, como tantos índios que os brancos transformaram em predadores de índio. Ao mesmo tempo, o onceiro vive um remorso brutal, que o faz ser atraído, seduzido pelas onças, até virar onça ele próprio. O traidor atraído. Essa é uma história de índio" (Viveiros de Castro, *Encontros* 248). Em outra entrevista, essa leitura retorna: "[...] é um caso oswaldiano, e que afinal de contas é a solução do 'Meu tio o Iauaretê', que o cara vira onça, mas ele não vira onça, essa é uma leitura fenomenológica do conto do Guimarães, que é um onceiro que vira onça, ele é um mestiço que vira índio, porque ele é filho de mãe índia com pai branco. E todo o processo que ele está contando é como é que ele vai virando, é um devir índio de uma onça, tanto quanto o devir onça de um índio, porque no começo ele não é nem uma coisa nem outra, ele é um mestiço caçador de onça, um bugre, um índio de segunda, um índio mestiço, um índio que não é índio, que não tem família, que não tem nada, e que vai... [...] a língua portuguesa vai desaparecendo por subtração, vai subtraindo o português, vai aparecendo a língua geral, o Tupi, e ele vai virando índio, isto é, onça. E naturalmente, e esse me parece que é um conto do Guimarães que não reflete a estrutura dos contos, ele tem que morrer para o conto aparecer; ele precisa ser morto, porque quem conta esse conto é o branco, que foi lá e que não aparece nunca, que nunca está lá. O Guimarães, não sei se ele inventa, mas ele aperfeiçoa, de qualquer maneira, esse estilo, um certo estilo extremamente complexo, que vai aparecer no *Grande sertão*, em que o narrador aparece nas palavras do narrado e ao mesmo tempo o narrado, que é o que fala, a voz ativa, morre no final" ("Outro destino" 33).

unitária, conformada a partir da discriminação e até da eliminação de outros. Essa mediação, que privilegia vínculos de sangue sobre vínculos de afinidade, não desvia, mas assenta a dominação. O dispositivo específico que o Sobrinho usa para capturar-fora as suas vítimas, não se perca de vista, são os pecados capitais. Não é, portanto, a estória de um mestiço que vira índio, nem de um índio que vira onça, nem o protagonista o sujeito de uma desalienação metafísica. Se admitíssemos tal transformação, teríamos que dizer que "Meu tio o Iauaretê" é a estória de um mestiço que vira índio, e depois onça, com o aparato de valores e hierarquias culturais que operaria exclusivamente para um branco. O onceiro está a caminho, sim, da desalienação metafísica entrevista pelo antropólogo, mas ela não se dá se ele não admite uma multiplicidade de mundos, se ele não percebe que há múltiplas perspectivas de referência –não há "teoria no Brasil" sem um outro existente, logo pensante, que doe ao ponto de vista do Sobrinho sua qualidade de sujeito. A diferença entre narrador e narratário, vestidos com "roupas" diferentes, como mais adiante veremos, faz aqui toda a diferença ou, para nos apropriarmos do neologismo cunhado por Viveiros de Castro, toda a *diferonça*.

Antes disso, voltemos brevemente a uma das leituras contemporâneas da narrativa, para discutir algumas implicações de concentrar o interesse crítico exclusivamente na transformação. Ana Carolina Cernicchiaro, em texto intitulado "Antropofagia e perspectivismo: a *diferonça* canibal em 'Meu tio o Iauaretê'" (2010), assim como na tese *Perspectivismo literário e neotenia* (2013), aporta uma importante reflexão sobre o perspectivismo multinaturalista na narrativa.[274] Cernicchiaro, na esteira dessa leitura pontual de Viveiros de Castro,[275] centra o seu interesse na transformação ou no devir, chegando a destacadas reflexões sobre o devir-onça da própria linguagem narrativa, mas isso talvez obliterando em alguma

---

[274] Os trabalhos de David Lopes da Silva (*O pulo da onça*) e Kleyton Rattes (*O mel*) também adotam essa interpretação de Viveiros de Castro.

[275] Em *Perspectivismo literário e neotenia* (2013), Cernicchiaro define "Meu tio o Iauaretê" como um "conto perspectivista que nos leva a pensar o devir-índio de um sertanejo e o devir-onça de um índio, enquanto antropofagia (a potencialidade canibal da onça e a jaguaridade potencial do antropófago), mas também como relação singular de envolvimento com a alteridade animal" (*Perspectivismo* 25).

proporção algumas singularidades de "Meu tio o Iauaretê". Baste um exemplo para demonstrar isso, particularmente no tocante à biografia do protagonista, fundamental, ao nosso ver, para lidar com esse "índio que não gostava do negro":

> Importante destacar [...] que não se trata de um si mesmo que se transforma em outro, pois não há um termo de onde se parte (Macuncôzo é sempre um híbrido), nem um termo ao qual se deve chegar (a onça é sempre uma diferonça). Não se trata de uma forma que se transforma em outra forma, mas de uma força que se torna outra força, que se torna outra força, e assim por diante. O texto se perde para se tornar um outro, mas não permanece neste um outro, se transforma constantemente. O que há é apenas variação contínua, fluidez, novos pontos de vista a cada palavra, transmutação de perspectivas, relação. ("Antropofagia" 7-8)

Negar que existe um ponto de partida é, de alguma maneira, desconhecer a situação singular do protagonista (mestiço, jagunço, onceiro treinado com negros, usado por fazendeiros para alargar a fronteira agrária, etc.), que por ser híbrida não deixa de ser móvel. O mestiço, longe de denominar ou qualificar uma totalidade ou uma identidade fixa, ilimita as possibilidades do que nomeia, posto singularizar-se, cada vez, dentro de uma série de vetores e coordenadas. É uma heterotopia situada. O fato de ser um lugar num determinado devir não autoriza a não pensá-lo no seu acontecimento. Como já se viu, a própria mobilidade do Sobrinho, a sua, digamos, indecidibilidade —entre a escravidão e a liberdade, inútil-útil, matador que nunca matou; entre a animalidade e o humano, entre mítico e histórico, entre o nomadismo e o sedentarismo; entre as raças, entre os nomes, etc.–, constitui a complexidade problemática do personagem que, aliás, narra ele próprio, de maneira parcial, a sua própria biografia, do nascimento à morte. Postular a indiferença dessa singularidade específica em nome de um movimento incessante pode ser também uma reativação da substância: o que era "pureza" de uma posição de sujeito, intocada, intocável, sem restos, se transformaria na pureza de um movimento: força sem forma, sem "roupa", Dioniso sem Apolo, devir-puro ou puro-devir. Não podemos subscrever essa opinião, pois se bem é verdade que o sujeito da transformação é sempre

*Do tamanho do mundo*

híbrido, produto de misturas e contatos nem sempre harmônicos, não é possível declarar que esse termo não existe ou que "híbrido" designa uma indiferença idêntica em todas as suas ocorrências. Tampouco é possível dizer que não interessam os extremos ou as fases da transformação, visto que, sem "roupas", não há perspectivas. Obliterar os "termos de partida" ou de "chegada", mesmo que muito transitórios, em nome de uma transformação erigida em substância, pode ser reativar o monstro, pois reanima a pureza sob a forma de um devir tornado absoluto. Importam esses extremos tanto quanto todos os "cortes" que podemos fazer nesse devir vital, porque é deles que restam vestígios, eles dão conta da transformação; importam, usados de maneira muito prudente e sinóptica, porque é dessas formas que podemos pensar a força que as desborda.

Dito de outra maneira, parafraseando a Silviano Santiago: se o elemento híbrido reina no híbrido território latino-americano, não o faz definindo contornos de *pureza* ou *unidade*, mas destruindo-os sistematicamente de uma situação singular, de um *entre-lugar*. Esse entre-lugar é a "roupa", o envoltório corporal com que se habita um mundo. Grego e índio, europeu e americano, oriental e ocidental, bárbaro a serviço da civilização, mestiço de branco e índio que não gosta de negros, ou não quer admitir a sua afinidade com esses homens subalternos, o Sobrinho habita o mundo impuramente, como já se mostrou, a sua selva é um entre-lugar constituído por coordenadas muito específicas.

O puro devir, a pura transformação sem lastros de identidade, poderia entender-se (antes o dissemos), como uma espécie de reativação da substância. Pretendendo eliminar o elemento negativo totalmente em nome de uma transformação sem demônios, se descambaria numa compreensão da antropofagia que desconsiderasse a situação singular de todo ser —questão de imensa relevância, como antes tentamos sustentar, para operar erraticamente. Postulemos sucintamente: O Nome-do-pai deve subsistir, ao menos, como negatividade. Risca-se, mas não se apaga. Explicitemos isso.

É necessário pensar a força para além da forma, o potencial para além do dado e o originário para além do original, mas não se trata de conceitos excludentes. São, longe disso, conceitos antagônicos que possibilitam o movimento, a sua disputa exige novas atribuições de sentido. Lembremos Nietzsche: "Dionísio fala a linguagem de Apolo, mas Apolo, ao fim, fala a linguagem de Dionísio". Um puro-devir, assim, uma pura-força, corre sempre o risco de estiolar em seu contrário, na mesma medida em que uma forma não consegue capturar sem restos a sua própria virtualidade significante. Levada até o seu limite, a pura força se institui, se formaliza; levada até o seu limite, a forma se nega a si própria, manifestando lacunarmente tudo que oculta.

Conhecemos de sobra, um exemplo, "o exemplo", de devir sem restos. Uma das leis da mercadoria é a obsolescência –tanto, ao menos, quanto o seu puro aparecer aliena o trabalho que a fez possível.[276] Idelber Avelar caracteriza essa operação como eminentemente metafórica, em contraposição com a metonímia barroca:[277]

---

[276] Em *O capital*, Marx explicita o caráter fetichista da forma mercadoria, ligando-o, entre outras coisas, ao culto cristão do indivíduo abstrato, e à mediação, também abstrata e absoluta, da troca, onde os produtos do trabalho ganham uma materialidade de valor socialmente igual, independendo da multiplicidade dos objetos úteis e das matérias e forças requeridas para a produção (ver *El capital* 37-38).

[277] Nesse ponto há uma coincidência profunda com Viveiros de Castro, cuja teoria perspectivista usa o animismo como "um modo de articulação entre as séries natural e social que seria o simétrico e inverso do totemismo". Enquanto o totemismo postularia uma relação metafórica entre natureza e sociedade –"onde as diferenças entre as espécies naturais são utilizadas para organizar logicamente a ordem interna à sociedade, isto é, onde a relação entre natureza e cultura é de tipo metafórico e marcada pela descontinuidade"–, o naturalismo ocidental (descontinuidade dualista entre natureza e cultura) e o animismo (as relações entre animais e homens pautadas por categorias elementares da vida social, constituindo uma continuidade entre séries natural e social) partilhariam uma estruturação de tipo metonímico. Note-se, a metonímia pode estar atrelada tanto a uma lógica proliferatória (do excesso) quanto a uma lógica dualista (da falta), mas o decisivo quanto à sua relação com a memória é sempre da ordem econômica, isto é, depende tanto da maneira de lidar com os excedentes de produção quanto da moeda universal de troca utilizada. Se tudo é natural, toda dejeção está justificada; se tudo é social, nada é descartável: "O animismo pode ser definido como uma ontologia que postula o caráter social das relações entre as séries humana e não-humana: o intervalo entre natureza e sociedade é ele próprio social. O naturalismo está fundado no axioma inverso: as relações entre sociedade e natureza são elas próprias naturais. Com efeito, se no modo anímico a distinção "natureza/cultura" é interna ao mundo social, humanos e animais estando imersos no mesmo meio sociocósmico (e neste sentido a "natureza" é parte de uma socialidade englobante), na ontologia naturalista a distinção "natureza/cultura" é interna à natureza (e neste sentido a sociedade humana é um fenômeno natural

*Do tamanho do mundo*

> La mercancía abjura de la metonimia en su embestida sobre el pasado; toda mercancía incorpora el pasado exclusivamente como totalidad anticuada que invitaría una sustitución lisa, sin residuos. La producción de lo nuevo no transita muy bien por el inacabamiento metonímico: una mercancía vuelve obsoleta a la anterior, la tira a la basura de la historia. Lógica que el tardocapitalismo lleva hoy a su punto de exhaustión, de infinita sustitutibilidad: cada información y cada producto son perennemente reemplazables, metaforizables por cualquier otro. Se trata entonces de hacer una primera observación sobre la memoria: la memoria del mercado pretende pensar el pasado en una operación sustitutiva sin restos. Es decir, concibe el pasado como tiempo vacío y homogéneo, y el presente como mera transición. La relación de la memoria del mercado con su objeto tendería a ser, entonces, simbólico-totalizante. (Avelar, *Alegorías* 4)

Lei e lei, entretanto: a obsolescência não consegue apagar tudo. Como sabemos com o barroco, não por não se olhar para os restos eles deixam de existir:

> No todo, sin embargo, es redondez metafórica en el mercado. Al producir lo nuevo y desechar lo viejo, el mercado también crea un ejército de restos que apunta hacia el pasado y exige restitución. La mercancía anacrónica, desechada, reciclada, o museizada, encuentra su sobrevida en cuanto ruina. Pensar esa sobrevida demanda, quizás más que la oposición entre metáfora y metonimia, otra distinción, que en un cierto sentido funda la estética moderna: aquélla que opone *símbolo y alegoría*. La mercancía abandonada se ofrece a la mirada en su devenir alegoría. Dicho devenir se inscribe en una temporalidad en la cual el pasado es algo *otro* que simplemente un tiempo vacío y homogéneo a la espera de una operación metafórico-sustitutiva. Los desechos de la memoria del mercado le devuelven un tiempo de calaveras, destrozos, tiempo sobrecargado de energía mesiánica. Se dice de la alegoría que ella está siempre "fechada", es decir, ella exhibe en su superficie las marcas de su tiempo de producción. (4)

---

entre outros). O animismo tem a "sociedade" como polo não-marcado, o naturalismo, a "natureza": esses polos funcionam, respectiva e contrastivamente, como a dimensão do universal de cada modo. Animismo e naturalismo são, portanto, estruturas hierárquicas e metonímicas (o que os distingue do totemismo, estrutura metafórica e eqüipolente)" ("Os pronomes" 120-21).

Digamos, com Borges: "El pasado es indestructible; tarde o temprano vuelven todas las cosas, y una de las cosas que vuelven es el proyecto de abolir el pasado" (*Obras completas* 680). Ou seja, para além do valor de troca e do consumo, é preciso repensar o valor de uso. Isso porque, entendida como um puro-devir, a operação antropofágica pode transformar-se na absolutização de um princípio em extremo abstrato, uma mediação tão alienante quanto o valor de troca teorizado por Marx. Como explica Alexandre Nodari em "La única ley del mundo" (2010), texto sobre o direito antropofágico que, confluindo com ideias de Gonzalo Aguilar, se orienta à desconstrução do *impasse* culturalista que opõe o nacional e o cosmopolita, o gesto antropófago:

> [...] *depende* del Otro, esta "verdad" sólo es accesible a través del contacto, de la "devoración". [...] Lo que es *común* no es una cualidad o una propiedad, sino la posibilidad de ser *sin* aquello que se *tiene*. [..] "Sólo me interesa lo que no es mío". Es sólo aquello que *no soy*, que *no me es propio*, que produce mi *inter-esse* en el (o mejor, con el) Otro, y es este interés el que tenemos en *común*, él es nuestro *ser-entre*, nuestro *mundo*. Sólo con lo que no nos es propio, con lo que no nos es exclusivo, o sea, sólo despojándonos de las "ropas", sólo en aquel contacto con el otro que no lleva a una nueva propiedad, es que podemos producir un espacio-tiempo común, aquello que se acostumbraba llamar de Utopía. ("La única ley" 158, *destaques no original*)

Isto é, o gesto antropofágico dirige-se sempre a um Outro, não se produz sem a mediação ou o *inter-esse* pela alteridade, mas para que ela seja possível não se pode descuidar a situação de quem por ela se interessa, seja um sujeito, seja uma coletividade, seja um corpus. De outra parte, essa situação não pode ser absolutizada ao ponto de repô-la como a substância da transformação ou como um núcleo essencial de incorporações alienígenas, nem se pode pensar como uma propriedade em si, posto que ela já desde sempre é derivada, provinda de escolhas, cruzamentos e contingências que convém escutar. Esse estar *à escuta*, assim, esse interesse, é uma aposta sempre comum, exige a comunidade com o presente e com o passado e se distende ao futuro, à procura do desconhecido: mundos de hoje, mundos de ontem, mundos possíveis. É, portanto, um dispositivo de memória e de

*Do tamanho do mundo*

constituição de realidade que também se desdobra em operações de escritura que, como veremos, antes que impor um sentido ao mundo, abrem o mundo como sentido plural, um mundo que se estende à medida que lhe é retirada toda prioridade ontológica: o tamanho do mundo varia segundo os deslocamentos que nele são possíveis e se, como sabemos com Borges, o labirinto tem a forma de um deserto, ou de um páramo, esses devires podem ser infinitos.

Manifesta essa diferença de leituras, convém passar às muitas concordâncias.

A primeira coisa a dizer é que Viveiros de Castro tomou a sua concepção perspectivista do pensamento nietzscheano.[278] Como demonstra uma pequena anotação manuscrita, solta, ainda hoje no arquivo rosiano, Guimarães Rosa também tomou de Nietzsche sua concepção perspectivista:

> Perspectivismo (Nietzsche): «toute connaissance est 'perspective', c'est à dire relative aux bésoins, et spécialement aux bésoins vitaux de l'*être qui connait*, etc.» [IEB/USP, JGR-M-16,16]

Desejos e necessidades relativos a situações vitais em pugna, assim, são essenciais ao perspectivismo, e não exclusivamente a transformação.

Cernicchiaro, antes citada, centra parte de sua reflexão sobre a relação entre o Sobrinho e a onça Maria-Maria, afirmando a possibilidade da transformação do onceiro no seu "ouvir" o chamado do animal, ao aceitar ser o "tu" desse "Eu" onça que o interpela. Essa é a cena em que se encontram dois pontos de vista, argutamente detectada por Cernicchiaro (ver "Antropofagia"). É um achado, sem

---

[278] Na entrevista "O perspectivismo é a retomada da antropofagia oswaldiana em novos termos", de 2007, Viveiros declarava: "Eu diria que minha interpretação do perspectivismo indígena é talvez mais nietzscheana do que leibniziana. Primeiro, porque o perspectivismo indígena não conhece um ponto de vista absoluto – o ponto de vista de Deus, em Leibniz – que unifique e harmonize os potencialmente infinitos pontos de vista dos existentes. Segundo, porque as diferentes perspectivas são diferentes *interpretações*, isto é, estão essencialmente ligadas aos interesses vitais de cada espécie, são as 'mentiras' favoráveis à sobrevivência e afirmação vital de cada existente. As perspectivas são forças em luta, mais que 'visões de mundo', vistas ou expressões parciais de um 'mundo' unificado sob um ponto de vista absoluto qualquer: Deus, a Natureza..." (*Encontros* 121).

dúvida, uma importante contribuição à história de leitura do texto rosiano, que daqui em diante seguiremos. Este é o trecho da narrativa em que se dá o encontro entre o homem e a fêmea de jaguar:

> Primeira que eu vi e não matei, foi Maria-Maria. [...] Ela chega esfregou em mim, tava me olhando. Olhos dela encostavam um no outro, os olhos lumiavam – pingo, pingo: olho brabo, pontudo, fincado, bota na gente, quer munguitar: tira mais não. Muito tempo ela não fazia nada também. Depois botou mãozona em riba de meu peito, com muita fineza. Pensei – agora eu tava morto: porque ela viu que meu coração tava ali. Mas ela só calcava de leve, com uma mão, afofava com a outra, de sossoca, queria me acordar. Eh, eh, eu fiquei sabendo... Onça que era onça –que, ela gostava de mim, fiquei sabendo... Abri os olhos, encarei. Falei baixinho: –"Ei, Maria-Maria... Carece de caçar juízo, Maria-Maria... " Eh, ela rosneou e gostou, tornou a se esfregar em mim, mião-miã. Eh, ela falava comigo, jaguanhenhém, jaguanhém... [...] Eu não mexi de como era que tava, deitado de costas, fui falando com ela, e encarando, sempre, dei só bons conselhos. Quando eu parava de falar, ela miava piado –jaguanhenhém ...[279] (Rosa, *Estas estórias* 137-38)

Esta cena impressionante coincide, ponto por ponto com a cena de um "contexto sobrenatural" ameríndio, descrita por Viveiros de Castro, assim:

> Contexto anormal no qual o sujeito é capturado por um outro ponto de vista cosmológico dominante, onde ele é o "tu" de uma perspectiva não-humana, *a Sobrenatureza é a forma do Outro como Sujeito*, implicando a objetivação do eu humano como um "tu" para este Outro. O contexto "sobrenatural" típico no mundo ameríndio é o encontro, na floresta, entre um homem – sempre sozinho – e um ser que, *visto* primeiramente como um mero animal ou uma pessoa, revela-se como um espírito ou um morto, e *fala* com o homem [...]. Esses encontros podem ser letais para o interlocutor, que, subjugado pela subjetividade não-humana, passa para o lado dela, transformando-se em um ser da mesma espécie que o "locutor": morto, espírito ou animal. Quem responde a um "tu" dito

---

[279] Lembremos que, em tupi, *nhehê* é falar e, portanto, *jaguanhém* seria a fala do jaguar (Cernicchiaro, *Perspectivismo* 100). *Nhenhenhém*, segundo a etimologia fornecida pelo dicionário *Houaiss*, proviria: "do tupi *nheeng-nheeng-nheeng* 'falar-falar-falar'; de fato o tupi tem o verbo *nheéng nheéng* 'porfiar, teimar, razoar, parlar, parolar, dar muitas razões'; para outros, palavra de origem expressiva; da mesma natureza de *blá-blá-blá*" (s/p).

Do tamanho do mundo

por um não-humano aceita a condição de ser sua "segunda pessoa", e ao assumir por sua vez a posição de "eu" já o fará como um não-humano. A forma canônica desses encontros sobrenaturais consiste, assim, em intuir subitamente que o outro é "humano", entenda-se, que *ele* é o humano, o que desumaniza e aliena automaticamente o interlocutor, transformando-o em presa, isto é, em animal. Apenas os xamãs, pessoas multinaturais por definição e ofício, são capazes de transitar entre as perspectivas, tuteando e sendo tuteados pelas subjetividades extra-humanas sem perder a própria condição de sujeito. ("Os pronomes" 135; ver *A inconstância* 396-97)

Essa cena de vida ou morte nos deixa ver que a questão fundamental do encontro na floresta passa por conseguir responder ao chamado dessas outras subjetividades sem, no entanto, depor definitivamente o próprio ponto de vista, ou seja, conseguindo ouvir e falar às subjetividades da multinatureza, mas sem se alienar finalmente da própria condição. O xamã, assim, se erige como uma figura de absoluta relevância neste sentido, posto que, conseguindo tutear e ser tuteado por outras subjetividades, provavelmente em estados de transe e mediante o uso de próteses corporais como plumas, peles, cores, máscaras, dentes e ossos, não perde a condição de sujeito da própria espécie, consegue "voltar para contar a história" (Viveiros de Castro, "Os pronomes" 120), ou a *estória* diríamos. Esse caráter protético da "roupa", a produção artificial do corpo animal que permite o acesso a outro ponto de vista, é de extrema importância para a teoria perspectivista, como o enuncia o próprio Viveiros de Castro:

a ênfase ameríndia na construção social do corpo não pode ser tomada como culturalização de um substrato natural, e sim como produção de um corpo distintivamente humano, entenda-se, naturalmente humano. [...] O corpo, sendo o lugar da perspectiva diferenciante, deve ser maximamente diferenciado para exprimi-la completamente. [...] Não por acaso, então, a objetivação social máxima dos corpos, sua máxima particularização expressa na decoração e exibição ritual, é ao mesmo tempo sua máxima animalização [...], quando eles são recobertos por plumas, cores, grafismos, máscaras e outras próteses animais. O homem ritualmente vestido de animal é a contrapartida do animal sobrenaturalmente nu: o primeiro, transformado em animal, revela para si mesmo a distintividade "natural" do seu corpo; o segundo, despido de sua forma exterior e se revelando como humano, mostra a semelhança "sobrenatural" dos espíritos.[...] É importante observar que esses corpos ameríndios não são pensados sob o modo do *fato*, mas do *feito*. Por isso a ênfase nos métodos de fabricação contínua do corpo. ("Os pronomes" 130-31)

É tudo questão de roupagens. Roupa e situação coincidem, como semblante e significante; a aparência não falseia uma essência, nem o real é outra coisa que o sensível. Mascarar-se, transvestir-se, disfarçar-se, não seriam nesse sentido atividades inocentes, mas formas ritualísticas de ampliar e modificar uma corporeidade demasiado genérica para singularizá-la em uma das inúmeras formas da natureza. Se para o multinaturalismo o diverso é a natureza, e não a cultura, e se a essa pluralidade se tem acesso através dos artifícios rituais que permitem a interlocução entre naturezas diferentes que partilham uma universalidade cultural humana,[280] então a aparência é o ingresso à essência e não o seu avesso: "*Tudo se finge*, primeiro; germina *autêntico é depois*". Esse ritual de fabricação do corpo nos deixa ver que a questão perspectivista sempre passa por "encorporar",[281] e não incorporar ou encarnar, o ponto de vista *de outros*, muito mais que por um puro devir esses outros. Isto é, se o humano depende exclusivamente do ponto de vista de referência, e não de uma substância dada, conhecer consiste em reconhecer outras subjetividades e uma consequentemente ampla pluralidade de mundos. Longe de se tratar de um virar onça, de um virar índio, ou de força que se torna outra força, estamos perante uma questão cosmética, de roupagens. Pegar o jeito, o estilo, do outro,

---

[280] "Esse reembaralhamento etnograficamente motivado das cartas conceituais leva-me a sugerir a expressão 'multinaturalismo' para designar um dos traços contrastivos do pensamento ameríndio em relação às cosmologias 'multiculturalistas' modernas: enquanto estas se apóiam na implicação mútua entre unicidade da natureza e multiplicidade das culturas – a primeira garantida pela universalidade objetiva dos corpos e da substância, a segunda gerada pela particularidade subjetiva dos espíritos e dos significados –, a concepção ameríndia suporia, ao contrário, uma unidade do espírito e uma diversidade dos corpos. A 'cultura' ou o sujeito seriam aqui a forma do universal, a 'natureza' ou o objeto a forma do particular" (Viveiros de Castro, "Os pronomes" 116).

[281] "Encorporar", segundo o neologismo criado por Viveiros de Castro a partir da forma inglesa *embody*, é ter a capacidade de ocupar o ponto de vista de referência, ou seja, de estar em posição de sujeito, apreendendo-se a si próprio sob a espécie da humanidade (ver "Os pronomes" 12, 24).

*Do tamanho do mundo*

trazer ao próprio corpo às formas animais para ver os seus mundos desses pontos de vista. *Mythos sive natura*:

> A noção de metamorfose está diretamente ligada à doutrina das "roupas" animais, a que já me referi. [...] Aqui me parece haver um equívoco importante, que é o de tomar a "aparência" corporal como inerte e falsa, a "essência" espiritual como ativa e verdadeira [...]. Nada mais distante, penso, do que os índios têm em mente ao falarem dos corpos como "roupas". *Trata-se menos de o corpo ser uma roupa que de uma roupa ser um corpo*. Estamos diante de sociedades que inscrevem na pele significados eficazes, e que utilizam máscaras animais (ou pelo menos conhecem seu princípio) dotadas do poder de transformar metafisicamente a identidade de seus portadores, quando usadas no contexto ritual apropriado. Vestir uma roupa-máscara é menos ocultar uma essência humana sob uma aparência animal que ativar os poderes de um corpo outro. [...] Minha impressão é que as narrativas ameríndias que tematizam as "roupas" animais mostram mais interesse no que essas roupas fazem do que no que escondem. (Viveiros de Castro, "Os pronomes" 133, *destaques no original*)

*Initiisterra, puja o mundo*, porque nele cabem muitos mundos, tantos, ao menos, quanto corpos, ou roupas. Nada de relativismos, adverte Viveiros de Castro: se os animais vêem da *mesma* maneira que nós coisas *diversas* do que vemos, isso é porque seus corpos são diferentes dos nossos, ou seja, o que se modifica através do ritual não é a representação de um único mundo, mas o próprio mundo visto[282] "todos os seres vêem ('representam') o mundo da mesma maneira –o que muda é o mundo que eles veem" (127). A comunidade humana, dessa perspectiva, está na partilha de uma cultura comum agenciada diferentemente pelos corpos naturais, e não à inversa, não como na

---

[282] Lembremos que, de acordo com Viveiros de Castro "Os animais impõem as mesmas categorias e valores que os humanos sobre o real: seus mundos, como o nosso, giram em torno da caça e da pesca, da cozinha e das bebidas fermentadas, das primas cruzadas e da guerra, dos ritos de iniciação, dos xamãs, chefes, espíritos... Se a Lua, as cobras e as onças vêem os humanos como tapires ou pecaris, é porque, como nós, elas comem tapires e pecaris, comida própria de gente. Só poderia ser assim, pois, sendo gente em seu próprio departamento, os não-humanos vêem as coisas *como* 'a gente' vê. Mas as coisas *que* eles vêem são outras: os jaguares vêem o sangue como cauim, os mortos vêem os grilos como peixes, os urubus vêem os vermes da carne podre como peixe assado etc." ("Os pronomes" 117).

compreensão do naturalismo ou do multiculturalismo ocidentais, que postulam uma única natureza compreendida diferencialmente por culturas diversas. A diferença está nos corpos, não nas representações.

Havendo aceitado ser um "tu" para as onças, esse Sobrinho que nunca foi um "tu" para ninguém, opta pela nudez, rejeita os sapatos e, pé no chão como o *Abaporu* de Tarsila, depreda os homens. Fica, assim, preso numa perspectiva; não conseguindo transitar entre elas, ele perde o juízo que reclama da Maria-Maria quando conversa com ela. Essa perda de juízo tem a ver com a incapacidade, essa sim aprendida com o homem branco, de reconhecer outras subjetividades, e outros mundos, e de transitar entre eles. Cativo na roupa da onça, mas também no aparato multiculturalista/naturalista do "Pai de todo o mundo", o Sobrinho não acede a esse conhecimento e se inclina pelo domínio de uma espécie sobre a totalidade das outras, todas elas habitando o mesmo mundo, um mundo só, que hoje se desgenta como outrora se desonçara: "Quero todo o mundo com medo de mim" (Rosa, *Estas estórias* 134).

Eis a loucura específica do pai branco, que contrasta em grau superlativo com o multinaturalismo perspectivista, inclusive pelo fato de postular o animal totêmico como o ápice de uma depuração efetuada numa temporalidade progressiva, uma realização da obsolescência do humano. Enquanto o naturalismo ocidental entende que os humanos são animais que deviram culturais, o multinaturalismo ameríndio afirma uma unicidade cultural mítica que produziu uma multiplicidade de naturezas e de corpos (Viveiros de Castro, "Os pronomes" 135). O jaguar, desse último ponto de vista, não seria um ancestral, mas um ex-humano, provavelmente alguém que morreu e cujo espírito ocupa hoje um corpo ferino, ou um espírito humano que veste uma roupa diferente das roupagens humanas. Ou seja: além de passado, a onça pode ser um destino, para lembrar o título do livro de Alberto Mussa, *Meu destino é ser onça* (2009).

Confinado no aparato multiculturalista do pai, como já se disse, o protagonista tem o seu destino truncado, ou realizado, posto ser um destino trágico. Havendo aceitado ser um "tu" para as onças, mas incapaz de retornar à perspectiva anterior, isto é, ficando preso na perspectiva do animal que se entende a si próprio como humano, mas sem a capacidade xamânica de transitar entre naturezas, o Sobrinho não *encorpora* a onça, mas a incorpora, se situa nesse ponto de vista de referência sem perceber que há outros, e outros mundos que lhes são coextensivos. Entretanto, dele há muito a aprender, vista a transformação. A fórmula oswaldiana "só me interessa o que não é meu", antes citada, nos dá pistas sobre isso que o selvagem tem para ensinar.

Enunciemos algumas questões importantes a esse respeito: 1) a transformação é possível pela modificação do ponto de vista de referência, decorrente da vestimenta de outras "roupas"; 2) essa possibilidade aponta à efetividade da multiplicidade natural que o multiculturalismo nega; 3) para que essa multinatureza seja cabalmente compreendida e evidenciada, deve preservar-se a capacidade xamânica de transitar entre perspectivas, isto é, entre naturezas (corpos, roupagens), e de conservar memórias das diferentes *encorporações*; 4) a incapacidade (antropocêntrica, etnocêntrica, multiculturalista) de admitir outras perspectivas deve ser mantida como um Nome-do-pai, ou seja, como um referente negativo, algo do que afastar-se, para que o multinaturalismo adquira a potência de uma política cultural.[283]

Dessa maneira, o *inter-esse* pelo que não é próprio, longe de implicar um puro devir, implica um reconhecimento de outras perspectivas, tanto quanto a negação de um ponto de vista absoluto. Interessar-se pelo alheio, assim, é adotar um ponto de vista situado, ou seja, um ponto de vista que pode transitar entre perspectivas, mas que sabe da própria existência pela compreensão da capacidade que outros têm para pensá-lo –alguém que se viu de dentro das roupas de outro e voltou para contar a experiência. Ora, o que acontece quando é um branco quem volta, como o xamã, para contar a estória de um tal trânsito entre perspectivas? Quando é um homem vestido –como o Heidegger evocado por Oswald de Andrade em "Mensagem ao antropófago desconhecido" (1946)– que aceita ser tuteado por subjetividades extra-humanas sem perder a própria condição de sujeito? E se ele criasse um corpus-prótese, uma roupa, que permitisse

---

[283] A antropofagia oswaldiana procura erraticamente as vozes apagadas do matriarcado na tradição filosófica de Ocidente, mas jamais oblitera esses Nomes-do-pai: Anchieta, Sardinha, Alencar, o Messias, o verde-amarelismo, etc.

ritualísticamente *encorporar* essas subjetividades? Se esse homem-vestido conseguisse desnudar os procedimentos do texto (tecido) como uma maneira de, *psicastenicamente*, se travestir com os enfeites do homem nu? Lembre-se, é esse caráter protético da "roupa", a produção artificial do corpo, que permite o acesso a outros pontos de vista. Também que, em "Mensagem ao antropófago desconhecido" (1946), Oswald de Andrade acertava o ponto exato em que as filosofias do homem vestido roçaram a verdade antropofágica −"nas horas do abraço ao desespero" (63). A experiência da angústia, do ser-para-a-morte, leve-se em consideração, faz nessa "Mensagem...", com que "vida autêntica de Heidegger [seja] a vida do antropófago que resiste no homem vestido" (63). Sendo necessariamente *temporal e finito*, habitando uma linguagem e uma cultura necessariamente limitadas, e tendo ciência dessa limitação pela própria pré-ocupação com a morte, o *Dasein* heideggeriano tem, também, o pé no chão: responsável pelas suas possibilidades a partir da constatação da sua singular situação[284] ou estar-no-mundo, isto é, da sua morte como possibilidade absoluta, ele se responsabiliza pela sua construção de sentidos e pela linguagem dessa construção sem pretender possuir um sentido totalizador do ser. Mortal, limitado, falível, singular, o *Dasein* é um homem nu de terno e gravata (para o caso do nosso Doutor, talvez, uma gravatinha borboleta) que não aceita um lugar central na criação.[285] De uma constatação desse tipo, Oswald de Andrade extraia uma necessidade: "é preciso ouvir o homem nu". Bem, "Meu tio o Iauaretê" encena o ato de ouvir e transcrever as palavras de um homem que prefere

---

[284] Situação que, entretanto, o *Dasein* também só se representa contingente e limitadamente (ver Heidegger, *El ser y el tiempo* 361-401).

[285] Há em Heidegger, especificamente na sua crítica ao conceito de *Uno* ou *Um*, um princípio de desconstrução do etnocentrismo e da dominação de umas culturas por outras. Isso principalmente pela pretensão do *Universal* −que não gratuitamente Kojève, na sua leitura heideggeriana da dialética de Hegel, equipara à morte (ver *Dialéctica de lo real* 75) − de se ocupar com a vida e morte de outros descuidando o próprio *aí*, ou seja a própria situação limitada, de que se exerce essa pré-ocupação (ver Heidegger, *El ser y el tiempo* 129-47). Derrida, que nas suas reflexões sobre a hospitalidade e o dom retoma em grande medida essa crítica ao *Uno*, também a usa *contra* Heidegger em "Del espíritu" (2005), quando reflete sobre a maneira em que o uso frequente de um polo conceitual não-marcado, o *Geist*, comporta um assédio metafísico na filosofia do mais ardente adversário da metafísica, a sua queda no universal, ou seja, no caso do autor de *O ser e o tempo*, a queda no nazismo (ver Derrida e outros, *Tres textos*).

a nudez, alguém que, como as onças de quem aceitou ser a segunda pessoa, tem o pé desnudo firmemente fincado no chão. Tendo a vida ameaçada por esse caçador de homens, o "Nhôr" vindo da cidade acaba matando-o para não morrer devorado, atira com o seu revólver no instante preciso em que, mão no chão, o Sobrinho se apronta para o salto assassino.

Para que "Meu tio o Iauaretê" seja, segundo a expressão de Viveiros de Castro, uma "culminação do tema da antropofagia na literatura brasileira" é necessário que as relações entre essas personagens estejam pautadas por uma dependência mútua e agonística, uma espécie de "inimismo",[286] em que a relação com o *alter* seja fundante da relação consigo mesmo. Inimista, Oswald de Andrade valia-se da dialética do Amo e do Escravo hegeliana,[287] nuançada pela leitura heideggeriana que dela fez Alexander Kojève (ver Kojève, *Dialéctica de lo real*), para repensar as relações entre o homem civilizado e o homem selvagem, entre devoradores e devorados. Se o homem se compreende como "dado", um ser que vive no seio da natureza, mas que pelo trabalho tende a transformá-la, isto é, a negá-la, transformando assim a sua própria condição de "dado", ou seja, negando-se a si próprio como criatura natural,[288] então é a negatividade que cumpre um papel fundamental na supressão e modificação de toda relação posta como absoluta.[289] Particularmente eloquente a esse respeito é a negação

---

[286] "No mundo amazônico, o Eu é um caso particular do Outro, pois ali a relação com o outro, o 'inimigo', funda a relação consigo mesmo. Um animismo, portanto, alterado, uma alteridade que se anima na medida exata em que se inimiza – alteração. Em lugar do animismo e seu regime de subordinação das diferenças à Identidade, um inimismo, e seu regime da DiferOnça: o perspectivismo indígena, ou o mundo por outrem" <http://amazone.wikia.com/wiki/O_poss%C3%ADvel_nativo:_o_outro_sentido>.

[287] Guimarães Rosa esteve interessado pela filosofia hegeliana, como demonstram as muitas anotações a esse respeito no seu arquivo pessoal. Remetemos à caderneta intitulada "Filosofia", tombada com o número IEB/USP-JGR-CADERNO-17, em que, inclusive, muitos dados biográficos se somam às várias transcrições de passagens extraídas das obras do filósofo alemão.

[288] Para Kojève, por conta dessa transcendência, "Puede decirse que el hombre es una *enfermedad* mortal del animal". Isso, aliás, quer dizer para Kojève, sempre lendo através de Heidegger a *Fenomenologia do espírito*, que o homem é uma doença mortal da natureza, e que "El Espíritu no es un Dios eterno y perfecto que se encarna, sino un animal enfermo y mortal que se trasciende en el tiempo" (*Dialéctica* 56-58, *destaques no original*).

[289] Eis as citações de Kojève no contexto de *A crise da filosofia messiânica*: "O exegeta de Hegel, Kojève, afirma que o homem é inicialmente 'natureza inata, ser natural de caracteres

quando aplicada ao mundo do trabalho. Na luta por reconhecimento, amo e escravo estão em posições diferentes: o primeiro se faz reconhecer por alguém a quem não reconhece humanidade, isto é, por alguém a quem animaliza e oprime, sob ameaça de morte; o segundo, entretanto, reconhece o amo como Outro e passa a desejar o seu desejo e reconhecimento, plausíveis para ele posto que é quem, com o seu trabalho, transforma as condições dadas. Enquanto o primeiro submete ao segundo ameaçando a sua vida, o segundo, experimentando angústia pela própria existência, sabe do próprio poder de transformação. O amo está petrificado, portanto, mas o escravo não o está em absoluto. Enquanto o primeiro precisa de uma prolongação das condições existentes para preservar o seu privilégio, o segundo sabe da necessidade de modificação dessas condições na sua luta por reconhecimento. Entre essas condições "dadas" está a própria ordem social, só modificável pela ação e interesse do submetido, que sabe que o reconhecimento desejado por ele só se efetiva se ele não se solidariza com o ponto de vista de quem o submete, ou seja, se não retira a outros —a esses por quem quer ser reconhecido— a humanidade. Passando pela sua perspectiva, entrando na sua roupa, o escravo pode não se transformar em amo (Prudêncio pode ser livre de maneira diferente que Brás Cubas) —essa experiência tem a potência de desativar o próprio dispositivo escravocrata (Kojève, *La dialéctica* 28-29).

O uso que Francis Fukuyama fez de Kojève na década de 1990 arrojou, nos últimos anos, uma luz obscura sobre seu pensamento[290]

---

fixos, animal especificamente determinado que vive no seio da natureza, tendo aí seu lugar natural.' Eis o primeiro termo. /Comentando Kojève, um pensador católico, R. Vancourt, elucida o segundo termo: 'O homem não é homem senão pela sua negatividade, isto é, no quanto ele nega esse dado, no quanto ele se nega a si mesmo como dado, enquanto, como natureza e liberdade, ele constitui precisamente essa negação do dado e assim se manifesta pelo trabalho e no trabalho'. Eis a antítese. /Kojève, vindo ao segundo termo, também afirma: 'O homem não existe por si, senão na medida onde implica em seu ser, na sua existência e na sua aparição, o elemento constitutivo da negatividade'" (Oswald de Andrade, *Do Pau-Brasil* 80). Esses jogos dialéticos, no ensaio oswaldiano, se traduzem em: Matriarcado-comunismo originário e antropofágico (tese), Patriarcado messiânico (antítese) e sociedade matriarcal da era da máquina (síntese-utopia).

[290] Em *Espectros de Marx* Derrida leva longe a filiação entre Fukuyama e Kojève e descreve detalhadamente as suas coincidências. No caso do filósofo russo-francês, essa apropriação era possível, para Derrida, pelo cinismo com que ele, entre outras coisas, negava o

mas, para além disso, é plausível que a apropriação oswaldiana, sempre via gambiarra, entendia essa transformação num sentido que, longe de pretender perpetuar a dialética hegeliana, ou de postular um liberalismo econômico erigido como absoluto, postulava uma sociedade do ócio e do jogo, um sacer-d'ócio situado que tomasse o seu lugar ao negócio e à falta. Por essa razão, Oswald denominava, com Keyserling, "bárbaro tecnizado", à síntese entre o homem natural (tese) e o homem civilizado (antítese). Tomando o domínio da técnica, esse bárbaro não deporia sua condição selvagem e elevaria o tabu da antropofagia à posição de totem. Ao ser, para Oswald, uma síntese do homem natural e do homem civilizado, o bárbaro tecnizado não implicaria um apagamento de estádios existenciais anteriores mas, pelo contrário, configura um mito originário que projeta a sobrevivência de uma experiência subalterna num horizonte de liberdade possibilitado pela técnica. Não é a falta, assim, o que atravessa a antropofagia, mas um excesso de ser, em que passado, presente e futuro importam pelo que, cada um de sua vez, mobiliza; não é, concomitantemente, o etnocentrismo keyserlinguiano que quer dar forma ao bárbaro, mas algo próximo do multinaturalismo de Viveiros de Castro, o que se postula nessas ficções de homens desnudos e homens vestidos.

*Diferonça* em "Meu tio o Iauaretê", assim, é relação entre Eu e Outro sempre em um espaço-tempo,[291] diferença inimista, trágica

---

acontecimento de Maio de 68, postulava os Estados Unidos como estádio final do comunismo marxista, ou o Japão pós-atômico como a realização ideal do fim da história. Contra esse cinismo, que claramente se alinha com o ponto de vista do amo, Derrida propõe como alternativa a espera sem espera ou sem messias do messianismo benjaminiano, ou seja, a espera pelo porvir de uma justiça que nunca acaba de chegar, e que está sempre chegando. Esse é o espectro que assedia Derrida, como vimos na primeira parte deste trabalho: a hospitalidade oferecida a uma justiça por vir e tão alheia a qualquer tipo de fechamento ou absoluto como intratável com aquilo que obstrui o que não vem. O espectro derridiano, note-se, à maneira do xamã de Viveiros de Castro, ou do escravo que não se solidariza com a posição absoluta do amo, é alguém que consegue transitar entre perspectivas sem se alienar da própria situação –sua tarefa é sempre pensar a história a contrapelo.

[291] Oswaldo Costa –que para Augusto de Campos é o único autor antropofágico que se identifica plenamente com as idéias do manifesto oswaldiano (*Revista de Antropofagia* 6)–, no número 2 da *Revista de Antropofagia* (junho de 1928), esclarece essa relação com o primitivo em termos situados. Para o grupo não se tratava de voltar ao passado, mas de ir rumo ao futuro com a experiência do passado a partir de uma situação singular: "Penso que não se deve confundir volta ao estado natural (o que se quer) com volta ao estado primitivo (o

ou eventural —atribuição de novos sentidos para além do dado, do naturalizado, do formalizado—; uma errática com os pés firmemente fincados no chão.

\*\*\*

Contra a compreensão da impureza como algo superável, ou pior, como prova de uma "democracia racial" dada e totalizada,[292] "Meu tio o Iauaretê" nos propõe a mistura como índice de um processo infindável de identificação, agonística, trágica, fissurada, plena de confrontações, conflitos, diferenças; de escolhas estratégicas e finitas que reenviam sempre ao enigma da vida.

Parafraseando Raúl Antelo, diríamos que não há imagem aberta sem Nome-do-pai; nem há identidade dada, mas só processos de identificação[293] conjuntos, imaginários e móveis ("Mimetismo"; "Roger Caillois"), como as constelações de Benjamin. Obliterando esse Nome-do-pai, pode incorrer-se no apagamento das vozes que esse nome ocultou, da história catastrófica em que se sustenta toda metafísica do progresso. Chela Sandoval, em texto em que aproxima o feminismo *cyborg* de Donna Haraway (*Ciencia, cyborgs*) de sua própria proposta de um feminismo situado em tempos de globalização e

---

que não interessa). [...] Os PEROS [brancos, portuguéses] que ainda existem entre nós hão de sorrir por seus dentes de ouro o sorriso civilisado [sic] de que, reagindo contra a cultura, estamos dentro da cultura. Que besteira. O que temos não é cultura européa: é experiência dela. Experiência de quatro séculos" (*Revista de Antropofagia* 24).

[292] A noção de "democracia racial" é, na opinião de Silviano Santiago, uma maneira de recalcar a violência instituinte do convívio e mistura de raças no passado colonial brasileiro. A esse respeito, e sobre as respostas históricas aos interrogantes levantados pela miscigenação, Santiago esclarece: "Na análise do passado colonial brasileiro se misturam duas questões: (a) a multiplicidade racial de que é composto e a consequente possibilidade de interação de grupos étnicos diferentes, e (b) a instituição da escravidão, atraso e violência, tornando subumanos os membros dos grupos étnicos diferentes do grupo étnico europeu. A falácia do raciocínio está: (a) na confusão das duas questões em uma única (reducionismo), (b) na heroificação do indígena como símbolo nacional (romantismo) e (c) no gesto de recalcar a escravidão para salientar o equilíbrio na multiplicidade racial (cordialidade brasileira). Se no primeiro caso se incorre em eurocentrismo, no segundo em nacionalismo ufanista, no terceiro se incorrerá na já famosa defesa da democracia racial brasileira" (*Ora [direis]* 142).

[293] Remetemos ao conceito de nação eventual, mencionado ao início desta segunda parte. Note-se, em *Algaravia: discursos de nação*: os Nomes-do-pai não se negam, só se ressignificam, e a força não exclui a forma, apesar de excedê-la (Antelo, *Algaravia* 111).

neoliberalismo, dá uma definição da consciência mestiça que em muito se aproxima do que aqui entendemos por isso, especificamente no tocante à não-obliteração dos Nomes-do-pai, única garantia contra a perpetuação da doença do homem civilizado. Precisamente Sandoval, na sua postulação de um feminismo do Terceiro Mundo estadunidense a partir de uma consciência *cyborg opositiva/diferencial*, retoma de Haraway a própria situação como "la descendencia ilegítima del capitalismo patriarcal" (*Nuevas ciencias* 92), e vindica uma cosmovisão mestiça, em que predominem os vínculos de afinidade sobre o parentesco sanguíneo, ou seja, em que as relações entre sujeitos sejam construídas *sobre, apesar e pela diferença*. Para exemplificar essa cosmovisão, Sandoval se vale do seguinte diagnóstico de Alice Walker:

> Somos el africano y el traficante. Somos el indio y el colono. Somos opresor y oprimido... somos los mestizos de Norte América. Somos negros, sí, pero también somos «blancos», y somos rojos. Pretender funcionar como sólo uno, cuando realmente eres dos o tres, conduce, creo, a la enfermedad psíquica: la gente «blanca» ya nos ha mostrado esa locura. (em Sandoval 93)

Essa loucura, na lúcida apropriação de Sandoval, é um referente de opressão que não poderia apagar-se sem apagar também a própria situação do oprimido, a singularidade da mescla-que-vive e que deve manter o significante do Uno, ou da totalidade, ou da pureza, ou da Monolíngua (se quisermos traduzir isso à língua derridiana), como o seu negativo absoluto. Não se poderia, como resposta ao trauma, apagar totalmente o nome próprio do opressor, sem também apagar com ele tudo o relacionado com suas vítimas. Como tão bem compreendemos com "Meu tio o Iauaretê", decantar-se rumo ao Uno seria a psicopatia. Por isso, em memória dos vencidos, dos sem nome, é preciso lidar com os restos, com as ruínas que escapam ao controle dessa psicopatia purificatória e dos seus valores, supostos *universais*.

Voltemos brevemente sobre esses valores, outrora revolucionários, e sobre a sua relação com isso que aqui se denomina "vínculos de afinidade". Se esses vínculos são os privilegiados, é importante pensar: 1). *Que afinidade não é fraternidade*, pois o que une não é um laço de sangue; 2). Que a *afinidade não toma a liberdade como um pressuposto*, pois se os implicados fossem livres, não precisariam estabelecer vínculos estratégicos; 3). Que *afinidade não é sinônimo de igualdade*, porque se tratando de afinidade há sempre uma escolha do vínculo e, portanto, uma preservação ou uma necessidade da diferença. Enfim: "Afinidad: relación no por lazos de sangre, sino por elección, atracción de un grupo químico nuclear por otro, avidez" (Haraway, *Ciencia, cyborgs* 263).

Não se trata de um revanchismo vulgar: "Dionísio fala a linguagem de Apolo, mas Apolo, ao fim, fala a linguagem de Dionísio" (Nietzsche, *O nascimento* 130). O que nos propõe "Meu tio o Iauaretê", e que dá mais uma volta ao parafuso da "situação" *cyborg*, aqui brevemente referenciada, se vê com clareza na "situação narrativa", que pensaremos a seguir.

## D'OUTRO, OU AQUELE QUE OUVE (VOZES DE SEREIAS) –À MARGEM DA ESTÓRIA

> *Los hombres de las diversas Américas permanecemos tan incomunicados que apenas nos conocemos por referencia, contados por Europa.*
> Borges, "El otro Whitman", 1929

> *Também as estórias não se depreendem apenas do narrador, sim o performam; narrar é resistir.*
> Guimarães Rosa, "Com o vaqueiro Mariano", 1947

Em "Meu tio o Iauaretê" temos um narrador mestiço, que conta da sua vida e fornece coordenadas que permitem reconstruir sua singularidade. Mas, não há só isso. Além do narrador temos um mediador, um homem vindo da cidade que escuta e transcreve as palavras ouvidas, alguém que traslada a *estória* à escritura. Como antes se disse: a diferença entre narrador e narratário, vestidos com "roupas" diferentes, faz aqui toda a *diferonça*.

Esse narratário possui, também, características singulares que, embora de maneira muito geral, vale a pena enumerar: é, ao que parece, um "caçador rico" —como os expedicionários dos *safáris* guiados por Sasha Siemel— que vai para os ermos habitados pelo Sobrinho no mês de agosto "para caçar onça também" (Rosa, *Estas estórias* 131). Segundo o narrador, é "homem bonito, tão rico" que, perdido nesse sertão bruto, enxerga de longe o fogo que sai do casebre habitado pelo protagonista e se aproxima à procura de um lugar para passar a noite (126). Estrangeiro e desorientado, a situação desse Nhôr é, de começo, de desvantagem: anda errante pelo mato porque perdeu o seu guia ("Camarada foi pra longe"), o seu cavalo manca, entra na casa de um canibal que o espreita permanentemente com a intenção de comê-lo, sofre febres, de um cansaço tão grande que está a todo momento a ponto de dormir. É, digamos assim, um amo submetido momentaneamente que, após o contato com o Sobrinho, irá se transformar em algo que poderíamos denominar, invertendo Keyserling, um técnico barbarizado. Essa inversão parece plausível, posto esse Doutor evidenciar os rudimentos da civilização nas suas posses (relógio, revólver, canivete, dinheiro, cavalo, cachaça industrializada, escritura) e adotar, após a experiência terrível encenada pela narrativa, a devoração executada pelo selvagem como uma prática própria.

Antes de falar um pouco sobre isso convém dizer que só sabemos das interpelações e ações do Nhôr pelos seus reflexos nas palavras do onceiro: "E. Aqui eu durmo. Hum. Nhem? Mecê é que tá falando. Nhor não ... Cê vai indo ou vem vindo? Hã, pode trazer tudo pra dentro"(126). Trata-se, portanto de uma espécie de monólogo-diálogo,[294] em que o retorno é indicado pelas interrogações e respostas do narrador. Por essas mesmas palavras, sabemos da ininterrupta e crescente agressividade do Sobrinho: "Mecê escuta e não fala. Não pode. Hã? Será? Hué! Ôi, que eu gosto de vermelho! Mecê já sabe ..." (130).

Apesar da constante ameaça de que é objeto, de ser espreitado como um animal de presa por um depredador, sabemos que esse Nhôr mantém (suspicazmente, escondidamente) o revólver engatilhado durante toda a conversa, e que constantemente está suscitando as palavras do outro, perguntando, questionando, opinando: "Cê quer saber de onça?", "Mecê quer saber muita coisa!" (134), "Pra quê

---

[294] A expressão é de Haroldo de Campos ("A linguagem" CCXXXIX).

mecê tá preguntando? Mecê vai comprar onça? Vai prosear com onça, algum?" (140). Do ponto de vista do onceiro, que já passou pela experiência de ser parcialmente devorado por jaguares, que precisou lutar com eles para não morrer, perdendo inclusive partes do seu corpo ("comeram pedaço de mim" [137]) no que aparenta na estória uma espécie de batismo de sangue ("Tinha babado em minha cabeça, cabelo meu ficou fedendo aquela catinga, muitos dias, muitos dias..." [137]), saber e temer parecem intimamente ligados: "Eu sei, mecê quer saber, só se é pra ainda ter mais medo delas, tá-há?". Apesar do medo ser constante, como o era no encontro sobrenatural descrito por Viveiros de Castro (páginas acima citado), em que um "eu" ou ponto de vista de referência aceita ser o "tu" de uma subjetividade extra-humana, reconhecendo dessa maneira a perspectiva alheia, o Doutor parece se sobrepor permanentemente ao horror e depô-lo à necessidade de escutar. Ele como a onça "caça é com os ouvidos" (136). De fato, esse caráter destemido, de quem se arrisca à morte mas se sobrepõe ao medo, é reconhecido pelo interlocutor selvagem que, em certo momento, lhe louva a coragem: "Mecê tem medo? Tem medo não? Mecê tem medo não, é mesmo, tou vendo. Hum-hum" (150).

Ora, essa coragem aproxima os dois personagens, marca uma afinidade entre o caçador letrado e o zagaieiro rústico: "Quando onça urra, homem estremece todo... Zagaieiro tem medo não, hora nenhuma. Eh, homem zagaieiro é custoso achar, tem muito poucos. Zagaieiro –gente sem soluço... Os outros todos têm medo. Preto é que tem mais..." (150-51). Farejando essa afinidade, o Sobrinho, já bêbado, até constata a valentia do interlocutor quando pergunta para ele se já matou pessoas com o revólver e perante a afirmativa, talvez usando artimanha para ganhar a confiança do homem vestido (que também pode estar usando a resposta afirmativa para se proteger), o convida para achar e matar em cumplicidade o guia estraviado:

> Aaã! Mecê já matou gente com ele [*com o revólver*]? Matou, a' pois, matou? Por quê que não falou logo? Ã-hã, matou, mesmo. Matou quantos? Matou muito? Hã-hâ, mecê homem valente, meu amigo... Eh, vamos beber cachaça, até a língua da gente picar de areia. Tou imaginando coisa, boa, bonita: a gente vamos matar camarada, 'manhã? (158)

Como é evidente, essa afinidade é uma afinidade entre antropófagos, como reconhece de início o próprio narrador: "Mecê é lobo gordo" (126). As relações com os respectivos depredadores também aproximam as personagens: ambos são quase devorados, ambos aceitam ser tuteados por uma outra subjetividade, ambos escutam atentamente o que esses outros tem para dizer, ambos tomam posse de algo entrevisto ou entreouvido na outra perspectiva. O pelo do lobo pode mudar, mas não os seus hábitos, o lobo é um lobo de lobos [*Lupus pilum mutat, non mentem, Lupus lupi lupus*]: como a Maria Mutema ou a Mula Marmela, como os filibusteiros e Caribes, como os índios ou médicos de Luis Tejada, como o lobisomem com que conversa, o que caracteriza esse Nhôr é a devoração. Nessa afinidade, entretanto, há uma diferença, impossível de se pensar se não se tratasse do mútuo reconhecimento de singularidades específicas. A diferença fundamental está no tipo de relação que se estabelece com a outra perspectiva e, daí, na espécie de canibalismo que se exerce; como veremos, trata-se de formas diversas de coragem.

Já vimos que o canibalismo do Sobrinho se caracteriza pela ocultação: ele matou-não-matou onças, foi-não-foi jagunço, comeu-não-comeu homens. À maneira do seu pai branco, ele absorve todos esses corpos, toda essa experiência, na mesma medida em que nega tê-los incorporado. O Doutro (anagramaticamente: *doutor*), de maneira diversa, aceita ter matado anteriormente, e ainda o aceitará, após atirar contra o Sobrinho, quando transcrita a narração. Há entre essas modalidades de canibalismo uma importantíssima diferença que, de novo, implica em "Meu tio o Iauaretê" numa importante inversão: enquanto o canibalismo civilizatório se fundamenta na consumpção de corpos, o canibalismo antropofágico se fundamenta na produção de corpos (Antelo, "Políticas canibais" 273). A seguir cita-se a definição de Lévi-Strauss que, em *Tristes trópicos* (1955), explicita a diferença entre sociedades antropofágicas e antropoeméticas:

> [...] debemos persuadirnos de que si un observador de una sociedad diferente considerara ciertos usos que nos son propios, se le aparecerían con la misma naturaleza que esa antropofagia que nos parece extraña a la noción de civilización. Pienso en nuestras costumbres judiciales y penitenciarias. Estudiándolas desde afuera, uno se siente tentado a

> oponer dos tipos de sociedades: las que practican la antropofagia, es decir, que ven en la absorción de ciertos individuos poseedores de fuerzas temibles el único medio de neutralizarlas y aun de aprovecharlas, y las que, como la nuestra, adoptan lo que se podría llamar la *antropoemia* (del griego *emeín*, 'vomitar'). Ubicadas ante el mismo problema han elegido la solución inversa que consiste en expulsar a esos seres temibles fuera del cuerpo social manteniéndolos temporaria o definitivamente aislados, sin contacto con la humanidad, en establecimientos destinados a ese uso. Esta costumbre inspiraría profundo horror a la mayor parte de las sociedades que llamamos primitivas; nos verían con la misma barbarie que nosotros estaríamos tentados de imputarles en razón de sus costumbres simétricas. (Lévi-Strauss, *Tristes trópicos* 441-42)

Antropoemético, por exemplo, Euclides da Cunha colocava a população amazônica *à margem da história* —como Afonso Arinos ou Coelho Neto bestializavam o homem do *hinterland* mediante a notação diferenciada dos socioletos de sertanejos e letrados. De longa tradição na literatura latino-americana, essa bulimia civilizatória foi extremamente sensível para Oswald de Andrade, que no *Manifesto Antropófago* a identifica como "baixa antropofagia" ou antropofagia especulativa, para contrapô-la a uma antropofagia afetiva[295] (*Revista de Antropofagia* 23).

Relembre-se a distinção de Viveiros de Castro acima citada, enquanto a maneira selvagem de antropofagia se caracteriza pela *encorporação* de pontos de vista que se preservam como *outros*, a voragem civilizatória, como denunciada por José Eustasio Rivera, impõe domesticação a tudo que não conhece através de tudo que exclui, se caracteriza pela absorção de corpos, conhecimentos, trabalhos, que, entretanto, não admite ter absorvido e que, não raro, vomita para absorver mais. A empatia, ou afeição pelo outro, digamos a afinidade, é o produto de uma escolha, enquanto que, na sua versão aviltada, o canibalismo é produto da especulação, apenas uma antropofagia carnal e discriminatória. Enquanto esse canibalismo incorpora e usa outros corpos para se nutrir ou se completar como absoluto, a antropofagia reconhece uma incompletude ontológica profunda, não

---

[295] Em *A crise da filosofia messiânica*, Oswald ainda se esforça por distinguir entre essas duas formas de devoração: um canibalismo patriarcalista, motivado por fome ou gula, e a antropofagia ritual, ligada ao Matriarcado (*Do Pau-Brasil* 77).

passível de superação, trágica, que reenvia sempre de novo ao enigma da vida, à existência como cenário de uma procura sem fim-final. Transcendência e morte-vida se opõem como Cristo e Anticristo. Homem-nu-em-homem-vestido, escravo-em-amo, homem-técnico-barbarizado, o Nhôr vindo da cidade é uma subversão da inversão simplória que implicaria uma apologia da opressão dos opressores. Isso porque a antropofagia não se fundamenta na consumpção de corpos –isso faz o canibalismo civilizatório (antropo-emético)–, mas na produção de corpos. Também, "Meu tio o Iauaretê" não coloca só um problema de consciência, –conceito problemático, inclusive porque é um dos pressupostos dos protocolos representacionais muito acima mencionados.

Não se trata de um revanchismo vulgar. Neste caso, *Dionísio fala a linguagem de Apolo, mas Apolo, ao fim, fala a linguagem de Dionísio*. Trata-se de um gesto produtivo, apenas de um traço, um gesto de escritura; um além, ou aquém, da representação, que compreenderemos cabalmente se recorrermos rapidamente, e de novo, a uma comparação com *La vorágine*.

"Meu tio o Iauaretê" é, como *La vorágine*, uma narração emoldurada, em que um narratário se apresenta como transcritor ou editor de um original achado (ver Loveluck, "Prólogo" XXVII). No caso de *La vorágine*, o próprio autor apresentava-se, em carta endereçada a Ministro, como organizador dos manuscritos de Cova, achados na floresta, com o que se fazia mais verossímil um narrador morto. Mas Rivera ia além desse artifício, e colocava no início do romance, ainda antes dessa carta ficcional, à maneira de moldura, a própria fotografia em gesto melancólico, acompanhada da seguinte inscrição: "Arturo Cova en las barracas de Guaracú. Fotografía tomada por la madona Zoraida Ayram".

No caso da narrativa assinada por Guimarães Rosa, não é uma foto, mas um travessão que abre a fala do onceiro, um sinal só escrevível ou legível, mas não falável, algo que só existe no universo da letra, no universo do doutor que escuta e transcreve, essa espécie de diplomata ou turista de visita na selva (lembre-se: Rosa, Euclides e Rivera o foram). É uma espécie de escritura mimetizada, ou travestida de fala, que afasta para muito longe a hierarquia entre quem fala e quem escreve, assim como as ordens de precedência e antecedência que comumente se associam com essas atividades.[296] Operação e tarefa políticas, sem dúvida. O D'outro, que em "Páramo" seguia um cortejo fúnebre rumo ao Cemitério Central de Bogotá "o mais atrás, após todos. Como um cachorro", se transforma em "Meu tio o Iauaretê" em "lobo gordo", corajoso, homem sem medo que, a causa dessa denominação, não podemos deixar de ver em íntima afinidade com o lobisomem que o espreita (e que, lembremos, deplora ser chamado "por assovio, feito cachorro"). Mas, para além disso, com esse travessão esse "Nhôr" dá conta de sua intervenção de escritura e da própria situação, diferente daquela que transcreve: a do onceiro canibal a quem matou para não morrer devorado. Não é casual, que o que correspondia no "Manifesto da poesia Pau-Brasil" ao "lado doutor", também correspondesse ao "lado citações" (Oswald de Andrade, *Do Pau-Brasil* 5). Nesta fala ou autobiografia transcrita, isto é, devorada e longamente citada, estão os vestígios, as onomatopeias, o rosnar do jaguar, seu espreitar, a língua "yeral" ou "*ñe'engatú*" misturada com português, os estertores agônicos, o recalcado, todos os nomes, os preconceitos, imensa tristeza, imensa solidão, a forclusão da Lei, os mitos, etc., com exceção da fala do próprio transcritor. Assim, sem abstrações nem interpretações de parte desse copista, onceiro-turista que voluntariamente se deixa *à margem da estória*, essa fala se faz um arquivo do nunca escrito, memória das vozes vencidas e anômicas, uma *arquiescritura*.

Trata-se, assim, de uma espécie de inimismo, uma memória das vozes de outros, e outras, que se preservam como alteridades irrecusáveis, uma memória do inimigo em que a relação com o *alter* é constitutiva da relação consigo mesmo. Nesse sentido, e de maneira

---

[296] Em "Hombre de la esquina rosada" (1935) Borges usava um procedimento similar, dando, durante toda a narrativa, a voz a um *orillero* e deixando para o final, como uma surpresa, o seu próprio nome, indicando dessa maneira que a narração inteira se dava no contexto de um diálogo entre o letrado e o homem rústico. Entretanto, e lembremos Silviano Santiago, a originalidade do escritor latino-americano radica na escritura nos vazios do texto modelo. Isso que em Borges marcava ainda prudente distância entre um socioleto marginal e outro letrado pronto à escuta, em Rosa se transforma em jogo de vida e morte entre falante e escrevente, um jogo que marca sintomáticas afinidades entre esses atores, assim como entre as suas atividades salientes, subvertendo dessa maneira as suas posições "dadas": matar, escrever, devorar.

*Do tamanho do mundo*

insistente, o gesto de escritura desse "lado doutor" se assemelha à guerra antropofágica tupinambá como memória anautonômica e hipertélica, estudada por Viveiros de Castro e Manuela Cunha em "Vingança e temporalidade: os tupinambá" (1985), com base em estudos etnográficos feitos junto aos Araweté, descendentes dos Taconhapé, ou Tacunapéua, a tribo da mãe do protagonista rosiano. Desse estudo, destacamos o seguinte trecho:

> [...] a vingança tupinambá, longe de remeter àquelas máquinas de suprimir o tempo que povoam a fábrica social primitiva (mito e rito, totem e linhagem, classificação e origem), é ao contrario uma máquina de tempo, movida a tempo e produtora de tempo, vindo a constituir a forma tupinambá integralmente nessa dimensão. É por isso, por essa subordinação da espacialidade à temporalidade na morfogênese tupinambá, que a memória aparecerá como o meio e o lugar por excelência de efetuação do social. Ou mais que um meio –a memória é o social tupinambá, que não existe, a rigor, antes ou fora da memória-vingança, como substância anteposta que se valesse do instrumento da guerra para se refletir e, assim, perseverar. A memória tupinambá é memória da vingança: a vingança é a forma e o conteúdo dessa memória. E assim, é a perseveração da forma que se põe como instrumental para a vingança: a sociedade é um meio para fins guerreiros. [...] A guerra tupinambá não se presta a uma redução instrumentalista, ela não é «funcional» para a autonomia (o equilíbrio, a «reprodução») da sociedade, autonomia essa que séria o *telos* da sociedade primitiva. [...] A guerra de vingança tupinambá é uma técnica da memória, mas uma técnica singular: processo de circulação perpétua da memória entre os grupos inimigos, ela se define, em vários sentidos, como memória dos inimigos. E por tanto não se inscreve entre as figuras da reminiscência e da *aletheia*, não é retorno a uma Origem, esforço de restauração de um Ser contra os assaltos corrosivos de um Devir exterior. Não é da ordem de uma recuperação e de uma «reprodução» social, mas da ordem da criação e da produção: é instituínte, não instituída ou reconstituinte. É abertura para o alheio, o alhures e o além: para a morte como positividade necessária. É, enfim, um modo de fabricação do futuro. (Carneiro da Cunha e Viveiros de Castro, "Vingança" 205)

Assim como o festim canibal tupinambá deve ser partilhado por todos os membros de uma unidade social (e de fato, essa unidade está constituída pela comensalidade); assim como, enquanto ritual, é instituinte maneira de fabricar o futuro a partir da memória; assim como essa memória inimista comporta uma máquina, uma técnica, de tempo, movida a tempo e produtora de tempo; a máquina-texto de "Meu tio o Iauaretê", esse *corpus* produzido, ou tecido como uma roupa, confia a esse simples travessão com que se inicia, à interação dessa ponta de fio com outros vestígios, um papel de transmissão de memória. A relação inimista entre narrador e narratário se materializa no ato narrativo, formaliza na própria escritura uma força instituinte que confia à leitura e releitura do texto o caráter ritual de uma repetição diferencial e situada. Se vozes estão em pugna, então não se trata mais de dominados ditos ou representados pelos seus dominadores, mas de sujeitos que mutuamente se reconhecem num contexto desigual, a supervivência de uma experiência subalterna num horizonte comum possibilitado pela técnica (pela escritura), em que a política é luta pelo espaço criadora de espaço –não mais uma restrição, ou compartimentagem, do espaço.[297] "Emplumar o índio", assim, pode ser construir uma máquina temporal, uma máquina de produção de memória, que se entrega a repetições –isto é, *devorações, encorporações*– diferenciais vindouras, gestos de leitura e escritura distendidos na direção de sentidos contingentes e situados. Como uma "roupa", o texto se oferece a esses acontecimentos vindouros, encontros futuros em que outros "eu" ouvem quando são chamados, aceitam ser o "tu" de outras subjetividades sem depor definitivamente a própria subjetividade, conseguindo voltar para contar a *estória* de que não são protagonistas.

Por essa razão, a coragem do Nhôr é diferente daquela do seu interlocutor. É a coragem de enfrentar que "viver é muito perigoso" e que esse perigo pode ser uma opção de convivência em um mundo

---

[297] Na *Lenda de Yurupary* há uma progressiva apropriação da narração onisciente pelo herói à medida que a sua lei se assenta sobre o mundo, o que nos permite pensar, também nesse caso, num deslocamento da prioridade ontológica na tessitura narrativa que evidencia uma pugna entre diversas vozes. Deixamos essa hipótese, e as suas possíveis consequências comparativas, para outros trabalhos e remetemos, a respeito desse deslocamento, ao estudo de Lúcia Sá ("A lenda" 355). Em *La vorágine*, também, há uma progressiva desapropriação da voz narrativa, inicialmente centralizada em Cova mas posteriormente "tomada" por Clemente Silva, Helí Mesa, Ramiro Estevanéz e, finalmente pela própria selva.

*Do tamanho do mundo*

de errância sem retorno, em que o exílio é a condição de todos os existentes. Essa outra coragem consiste em assumir o perigo da existência, a sua exposição permanente à ausência de sentido "dado" ou a se impor sem restos, o risco de se defrontar com uma totalidade que, multinatural, não se deixa capturar em nenhuma configuração original ou final e que, portanto, não é totalizável. Se o outro existe e me pensa, se sou pensado por outrem que me dá consistência, então não se trata de um só mundo interpretado de maneiras diversas, mas de vários mundos, em que a questão da humanidade se decide sempre de um ponto de vista de referência. Desse mundo, só possível como pluralidade de mundos, o *corpus-jaguar*, não possui nem quer apropriar-se o sentido absoluto e eterno. Não se procura o repouso de nenhuma consciência no consenso de uma identidade a que se subordinariam todas as diferenças, senão que a inscrição se expõe ao contágio dos outros no "cada vez" do acontecimento de leitura e reescrita, no enfrentamento permanente e não passível de síntese nem finalização de forças e formas que, no limite, se entrechocam, (com)movem ou afetam em suas finitudes singulares.

Há mundos no mundo, tantos como roupas. Não se trata mais do choro distanciado do diplomata que, em "Páramo", à maneira do intelectual pensado por Germán Arciniegas ou do insone Conselheiro Aires, se colocava "o mais atrás, após todos, como um cachorro" no cortejo fúnebre da história, vestindo terno e gravata borboleta. Em "Meu tio o Iauaretè", um gesto de escritura, um travessão, é a marca de alguém do "lado doutor, o lado citações" que descobriu o lobo em si, o caraíba em si, o homem nu (ou de *ruana*) no homem vestido e que, vista a afinidade, come e não oculta a antropofagia, se colocando *à margem da estória* para dar conta da devoração e restar excêntrico, ao passo que dá lugar a quem nunca teve um lugar. A *diferença* com a estratégia elisiva de "Páramo" também é muito evidente. Trata-se de uma espécie de sofisticação, também psicastênica ou de mimetismo, desse procedimento: não se fala mais melancólica e distanciadamente em nome dos sem-nome, agora são eles —elas— a falar através de uma escritura que, com o medo suspicazmente engatilhado, lhes dá ouvidos. Um terrível silêncio de sereias —de negros e de índios, de massas feminilizadas ou bestializadas *ab origine*— se dá a ler e a ouvir, vestigial, erraticamente, como nunca escrito. No caso desse "Nhôr", desse viajante-aprendiz, não se trata mais de "dar um corpo" a um espírito, ou de fazer com que um espírito ocupe corpos disponíveis. Essa era a premissa de Keyserling, da metafísica cristã, da formação nacional, do jaguncismo. Trata-se agora de receber o outro num corpo protético, numa escritura copiada e impura, que se faz e se experimenta com o próprio corpo –um *corpus* de palavras sempre iguais que, no entanto, como uma máscara ritualística, se *usa* sempre de maneira diferente. Como Nietzsche com sua *arte do estilo*, esse transcritor deixa os seus *gestos* falarem, cria uma escritura que *comunica* uma tensão interna de *pathos* por meio de signos, um arquivo de semelhanças ou comoções, de vontades de aproximação e/ou reconhecimento que estão para além da representação e que não se solidarizam com a perspectiva patriarcalista do Amo. *A estória trabalha contra a história.*

Os jogos com a moldura, nestes casos, são espécies do mimetismo, ou seja, da entrada do ambiente no *corpus* de letras que denominamos *texto*. Se o autor é o que está nos limites do texto, como ensina Foucault ("¿Qué es un autor?"), ou seja, se está na moldura e, de repente, vem para o fundo, então é a própria precedência o que está em xeque. Rivera colocando a sua própria fotografia como se fosse a última imagem de Cova, Rosa insistentemente escrevendo um doutor, um narratário-transcritor muito parecido com ele, que traz até nós a fala e aventuras de homens rústicos, não fazem outra coisa.[298] *À margem da estória*, esse homem branco, esse bárbaro tecnizado e vestido, renuncia à precedência ou à função de mediador absoluto entre o existente e a interpretação do existente, reproduz com o próprio silêncio, *sub rosa*, o

---

[298] Essa situação narrativa retorna insistentemente em alguns textos assinados por Guimarães Rosa –textos muito frequentados pela crítica: "O espelho", *Grande Sertão: veredas* e "Meu tio o Iauaretê". Nesses textos, longe de se encenar passivas interlocuções entre atores, há vozes e posições em pugna. No caso de *Grande Sertão: veredas*, apenas para nos referirmos ao exemplo mais saliente, o uso dos signos "–" e "∞", que emolduram a narrativa de Riobaldo, dá conta das posições diferenciadas entre os participantes da situação narrativa. Como tentou mostrar-se em trabalho anterior, esses signos, que unem e separam as práticas específicas dos implicados na comunicação, longe de efetivar o exorcismo tentado pelo narrador para se legitimar (ex-jagunço e fazendeiro, que sustenta a autoridade da sua voz e a sua propriedade no uso dos corpos de outros jagunços), são índices de um retorno demoníaco, do demônio emaranhado nas dobras da letra (ver Vélez, *Grande Sertão*).

Do tamanho do mundo

silenciamento histórico de outros, de outras, dando lugar a quem nunca teve lugar. O que cai com essa operação é a prioridade ontológica:[299] a fala é lida porque se escreveu, essa escritura existe porque transcreve uma fala. São atividades codependentes, impensável uma sem a outra. Não há campo sem cidade, não há floresta sem *polis*, nem civilização sem barbárie; nem vida sem morte, nem corporeidade não espiritual, nem Apolo sem Dioniso, nem natureza natural nem cultura só cultura –não há prioridade ontológica possível. É o ambiente, o que está na moldura ou no limite, o que vem para dentro do texto, tornado ele também o arquivo de um contato. Afinidade, não consanguinidade; arquiescritura; avidez estratégica e horizontal; disseminação.

Desse tamanho pode ser o deserto. Assim como na *initüsterra* selvática se indefinem as fronteiras nacionais, toda prioridade ontológica perde a sua vigência, pois num páramo sem deus, todos somos segundos.

---

[299] A expressão é de Severo Sarduy em *La simulación* (1982), livro fundamentado em grande parte nas teorias do mimetismo de Roger Caillois. *La simulación* é uma continuação, uma complexificação, das reflexões do teórico cubano sobre o barroco latino-americano. Veja-se a maneira em que, da obra ao texto, Sarduy destaca o valor do *trompe-l'oeil* enquanto efeito de leitura: "Duplicar la realidad en la imagen, llegando a veces hasta lo hipertrófico de la precisión, a la simulación milimétrica, o al despilfarro de los detalles: el ejecutante del *trompe-l'oeil* como un demiurgo secundario, envidioso y maniático, ve limitada a esta perversión su práctica. No así el adicto a esas imposturas: combinando el *trompe-l'oeil* con su modelo, o más bien, confrontando en un mismo plano de la realidad el objeto y su simulacro, como dos versiones de una misma entidad, éste puede crear como un *trompe-l'oeil* al cuadrado, un goce mayor en el manejo de las imitaciones, otro disfrute en ese juego sin fin del doble, en que ninguna de las versiones es detentora de la precedencia o de la substancia, en que no hay jerarquía en lo verosímil, es decir, prioridad ontológica" (*Obra completa* 1287).

*Terceira parte*

*Evanira!*

(a modo de conclusão)

*Eia, imaginação divina!*
*Os Andes*
*Vulcânicos elevam cumes calvos,*
*Circundados de gelos, mudos, alvos,*
*Nuvens flutuando — que espetac'los grandes!*

*Lá, onde o ponto do condor negreja,*
*Cintilando no espaço como brilhos*
*D'olhos, e cai a prumo sobre os filhos*
*Do lhama descuidado; onde lampeja*

*Da tempestade o raio; onde deserto,*
*O azul sertão, formoso e deslumbrante,*
*Arde do sol o incêndio, delirante*
*Coração vivo em céu profundo aberto!*
                                    Sousândrade

*Para cima não se vae —volta-se*
        Neynes, O caminho de Gilgamesh

## A CHINA É AQUI

Em sentido inverso ao "descobrimento" de América, Jurupari parte em direção ao nascimento do sol. Sempre rumo a oriente, o legislador tareno procura para o astro-deus a mulher perfeita. Achando-a, a lei patriarcal de Jurupari deixará de vigorar, voltando a comunidade ao matriarcado originário. O herói, portanto, procura ele próprio o fim do mito de que é protagonista. Ele projeta o seu próprio fim, sua presença prefigura e prescreve sua ausência, e sua errância oriental é o início dessa partida. O nome Bacuriquirepa se compõe dos tupinismos *bacuri* (que é nome de árvore, fruto, e tribo indígena; e também "criança" ou "bebê" ou "menino levado da breca") e *kirepe*, palavra que para os Araweté designa, segundo Viveiros de Castro, o eixo oriental, via principal no cosmos que comunica o mundo dos vivos com o mundo dos mortos (*Araweté* 191). Os mestiços, quando se assemelhavam do índio, eram corriqueiramente chamados na Colômbia de "Chino". Essa denominação hoje é extensiva às crianças, a todas, pois a dominante do termo é depreciativa. Segundo o "Vocabulario de colombianismos" anexado à edição crítica das *Reminiscencias de Santafé y Bogotá*, elaborado por Elisa Mújica:

> CHINO, CHINA –Niño o niña. Usase a veces con matiz despectivo. *China rabona* dice Cordovez para designar a una sirvienta de pocos años [*Custodia a emparedada*, por exemplo]. Con la acepción de mujer india o mestiza fue empleado por Santillán en 1553 y figura en el Diccionario quichua de González de Holguín (1608), según dice Corominas. (Cordovez Moure, *Reminiscencias* 1550)

Impressionado pelas classificações chinesas perpetradas por Borges em "El lenguaje analítico de John Wilkins" (1952), em ensaio intitulado "A ameaça do lobisomem" (1998), Silviano Santiago repensa o riso, afinal exotista, do Michel Foucault de *As palavras e as coisas* (1966). Precisamente, diz Santiago, a intervenção do escritor argentino pouco tem de exotista, não se fundamenta na contraposição de algo próprio com algo outro para produzir efeitos de estranhamento, mas é a proposta de quem se reconhece a si mesmo como "Outro-do-Ocidente-dentro-do-Ocidente" e faz da China, lugar tão longínquo, o palco metafórico dessa íntima estraneidade:

> Ao contrário de Foucault, o escritor modernista latino-americano teria se detido diante de cada uma das figuras arroladas pela enciclopédia chinesa a fim de analisar a sua peculiaridade monstruosa que, nos limites asiáticos inventados por Borges, iriam identificando a peculiaridade monstruosa dos seres que os descobridores e colonizadores inventaram para descrever exótica e grotescamente, barrocamente se quiserem, os seres do Novo Mundo. Na monstruosidade dos trópicos (e não nas delícias tropicais) o exotismo borgeano deu ao latino-americano a forma mais instigante e mais arregimentadora do seu poder bélico na luta contra o racismo hierarquizante do metropolitano *vis-à-vis* do antigo colono. [...] Nossos autores sempre souberam integrar *num solo único*, ou seja, através da linguagem literária e artística, os dois ferozes inimigos inventados pelo etnocentrismo, o Mesmo e o Outro. Leitões, sereias, cães em liberdade e animais pertencentes ao imperador ou desenhados com um pincel muito fino de pêlo de camelo, esses seres heteróclitos sempre conviveram familiarmente no mesmo espaço enciclopédico latino-americano. (Santiago, *O cosmopolitismo* 213, 216)

Talvez por uma associação similar de ideias e imagens num espaço enciclopédico singular, Guimarães Rosa reuniu, na mesma pasta, os materiais preparatórios de "Páramo",[300] e diversas anotações sobre detalhes das culturas e línguas da Síria, da Turquia, do Egito, da Pérsia, do Iraque, da China e da Índia [IEB-USP/JGR-EO-01,02]. Essa pasta recebeu de Rosa o título "COLÔMBIA/ÁSIA",[301] mas o impulso associativo que a caracteriza pode, ainda, ser rastreado em vários outros documentos que não se integraram a ela e que incorporam materiais diversos, também certamente preparatórios de "Páramo". As páginas a seguir se dedicarão a uma breve reflexão sobre algumas singularidades pensáveis a partir desses materiais, especificamente no que tange aos textos estudados e na perspectiva do último livro publicado por Rosa, *Tutaméia*, que mobiliza ideias e operações de escrita em tudo condizentes com esses textos. Dessas singularidades, esperamos enunciar algumas conclusões suplementares para este longo ensaio.

Materiais da pasta "Religião (Citações e Cabala)" [IEB-USP/JGR-EO-08,02], nos deixam ver que os orientalismos americanos de Guimarães Rosa não tomam à China como o seu único palco metafórico. *O Páramo é do tamanho do mundo.*

Uma das primeiras denominações ocidentais do continente, advindas do equívoco de Colombo quando os primeiros contatos com Caraíbas, foi "Índias" ou "Índias Ocidentais". Os índios americanos são assim chamados como uma decorrência desse equívoco. Bem, na pasta mencionada, há, além de muitas dessas breves composições que posteriormente se transformariam em "Páramo", anotações sobre os 22 arcanos do Tarô, alguns títulos de livros e transcrições de textos

---

[300] Esses materiais incluem pequenas composições narrativas, dados sobre a cidade, palavras locais, usos, danças, citações e inclusive, notas biográficas sobre o Bogotazo, o recibo do livro *Reminiscencias de Santafé y Bogotá* (datado em 22-01/1958, e expedido pela Biblioteca da Secretaria de Estado das Relações Exteriores do Brasil) e o crachá de ingresso à sessão inaugural da IX Conferência Internacional Americana (30-03/1948).

[301] "Identificação atribuída pelo autor [...] Cartão recortado de pasta de cartolina, com inscrição autógrafa em tinta verde. [...] em princípio, não existe justificativa explícita sobre o motivo porque esses dois conjuntos de registros [Colômbia/Ásia] foram reunidos em um mesmo volume pelo autor" (Camargo, "Da montaha" 32).

alheios. Dentre esses materiais, há um pequeno papel, um recorte, em que se lê o seguinte, datilografado:

> Bogotá- V. "Poesie/40": ODE A BOGOTÁ
> Por Philipe Soupault
> p.15
>
> Bogotá- m%- Nirvana

A menção ao poema que o surrealista Philippe Soupault escrevera logo do seu passo por Bogotá em 1944, não é gratuita, e tampouco sua proximidade do indiano "m%[302]-Nirvana". Entre a plenitude de uma experiência e o vazio, ou esvaziamento produzido pela linguagem, como veremos, nesse intervalo situa-se a concepção rosiana da escritura, uma concepção que se alastra por outros dentre os mais frequentados textos assinados pelo autor mineiro.

Mas vamos primeiro ao poema. Como Rosa, Soupault passou pela cidade por assuntos de trabalho, especificamente enviado pela Resistência Francesa à ocupação nazista para criar escritórios da *Agence France Press*. Exilado havia quatro anos do seu país, Soupault faz leitura um tanto diversa da rosiana sobre a cidade. Enquanto em "Páramo", amor e tranquilidade pareciam ficar nas terras natais do protagonista, a voz poética e também viajante da Oda declara:

> Je viens d'un continent où pleut le sang
> où la terre gonfle sous le soleil
> où la mort et le feu luttent et ragent
> où les hommes déchirent le temps et la Nuit
>
> Et voici qu'une étoile celle qui brille pour les prisonniers
> voici qu'une étoile m'a conduit
> vers un sommet qu'on nomme Bogotá
> la ville ornée de nuages[303]

A "Ode 40" parece, por outra parte, atraída pelo *campo magnético*

---

[302] Esses signos "m%" acompanham geralmente as apropriações rosianas de textos alheios.
[303] Esta versão do poema foi amavelmente cedida pelo Dr. Camilo Hoyos Gómez.

*Do tamanho do mundo*

da Bogotá que interessara Guimarães Rosa: prisão, exílio, altura, se juntam a poesia, sobrevivência e guerra:[304]

> De votre sommet
> o mes amis colombiens
> de Bogotá vous considérez le monde
> et de cette hauteur aimée des oiseaux et des cloches
> vous pouvez voir l'espace et le temps
> vous pouvez savoir comme e vous le dis
> que la poésie est plus forte
> que les éclats des bombes
> que la voix de la poésie est plus puissante
> que le bruit du canon

À inversão de valorações, note-se, corresponde uma série de imagens similares: frutas, *tinto*, cheiros, aves, flores, sinos, nuvens:

> Et ce sommet n'est pas seulement un jardin
> où l'on apprend des noms de fruits
> anons mango zapotes
> où l'on vous enseigne des noms de fleurs
> des noms de fleurs ou de caresses
> agapangos soldaditos ababoles
> ce n'est pas seulement cette ville
> où sonnent les heures et les cloches
> où règne l'odeur du café qui est le parfum de la vie

Na "Oda" a cidade é associada a vários nomes e sensações, para a seguir falar-se de um amor pela poesia que não será desatendido.

---

[304] Em carta ao ilustrador russo Alexander Alexeieff, Soupault insistiria ainda nessa apreciação diversa. Note-se, na transcrição a seguir, a alusão a uma capacidade aumentada de respiração e vida e contraste-se com o *soroche* existencial do protagonista rosiano: "Adoro de estos amigos colombianos su devoción por la poesía. Esto es porque uno no puede dejar de pensar en la sombra inmensa y sangrienta que se instaló sobre Europa, sin apenas poder hablar sobre ella. Es una profanación hablar de esos dolores inabarcables, de esos sufrimientos presentes e incesantes, de las vergüenzas cotidianas que nos corroen. Y al evocar este misterio siento el asco y el horror de vivir al abrigo pero lejos de esta agonía diaria. Sólo la poesía y lo que ella trae consigo de elevación y simpatía verdadera me permiten respirar y existir" (em Hoyos, "El viaje" s/p).

Como "Páramo", "Ode a Bogotá" é uma mensagem de guerra enviada de muito longe:

> Allô Bogotá Ici Paris
> La poésie est vivante la honte est morte
> Allô Bogotá Ici Paris
> nous n'oublions pas nos amis
> et les poètes
> car l'amour et l'amitié et la poésie
> sont la résurrection et la vie et la liberté

Talvez como uma lembrança dos automatismos escriturais empreendidos junto com Breton nos anos 20 —exercícios em que nada precedia o próprio ato escritural e que, precisamente por isso, anteciparam a formulação lacaniana do inconsciente como estruturado à maneira de uma linguagem—, nessa missiva de guerra, Soupault desliza uma referência ao grito melancólico do poema *The Raven* (1845), de Edgar Allan Poe —uma ave negra, enorme pássaro:

> ce sommet cette ville Bogotá
> est surtout le lieu où l'amour de la poésie
> de la poésie toute puissante de la poésie Miracle
> n'a jamais été negligé
> ni méprisée
> nervermore

Ave palavra, contudo, apesar de milagre. Os horrores da guerra só podem traduzir-se consequentemente por uma coragem do vazio.

Em *The Raven*, poema melancólico se os há, o pranto "*nevermore*", aprendido do pássaro mal-agourado, numa circunstância perfeitamente casual (a entrada do corvo pela janela), também expressava a incapacidade da voz poética de possuir à amada Lenore, o luto do viúvo que "nunca mais" poderia alcançá-la. Em "*The Philosophy of Composition*" (1846), precisamente, Edgar Allan Poe ("que engendró a Baudelaire, que engendró a Mallarmé, que engendró a Valéry, que engendró a Edmond Teste", segundo Borges, que gerou

Pierre Menard, que gerou Don Quijote [Borges, *Obras completas* 447][305]) havia elaborado uma teoria da composição tomando como exemplo *The Raven* –teoria que se fundamentava na planificação consciente do poema a partir de efeitos a serem obtidos mediante uma lógica causal e uma intencionalidade determinadas. A finalidade que produziria, se bem conduzida, a efetividade do poema, seria assim a Terra Prometida do poeta, e nada teria a ver com o acaso ou a mera inspiração. Ironicamente, todavia, *"The Philosophy of Composition"* colocava toda a efetividade do poema na consecução de uma finalidade específica e, ao mesmo tempo, usava como exemplo um poema em que nada se resolvia para além do luto: *"Melancholy is thus the most legitimate of all the poetical tones"* ("The Philosophy" 164). Ironicamente, também, Poe declarava ter partido de considerações como a extensão, o tom, o metro, os sons (o, r), e de uma expressão vinda do acaso *"Nevermore"*, ou seja, antes que eliminar o acaso, o procedimento compositivo o disciplinava, ele se construía incorporando o acaso "como termo ativo ao processo criativo" (Augusto de Campos e outros 95). Dado que essa palavra era *"In fact, [...] the very first which presented itself"* ("The Philosophy" 165), *"nevermore"* implica numa certa reversibilidade: o poema encontrava seu começo pelo fim e esse fim não era ditado por originalidade ou inspiração alguma, mas provinha da própria série literária (da poesia, da rima, da biblioteca), ou seja, o único fora do texto ainda permanecia intra-literário. Com isso, entre muitas outras coisas, a escritura poética se afastava de algo alheio à esfera do significante, era semblante puro,[306] remissão, repetição, desejo de um objeto inatingível.

Diferentemente de Poe –que declarava *"dismiss, as irrelevant to the poem per se, the circumstance"*– Soupault, como Rosa, dá a máxima importância à situação de sua visita a Bogotá e deixa entrar dela miúdos detalhes no texto. Mensagens de guerra, sabemos, via de regra,

---

[305] Ou também: "los franceses reducen la historia de la poesía a las generaciones de Poe, que engendró a Baudelaire, que engendró a Mallarmé, que engendró a Rimbaud, que engendró a Apollinaire, que engendró a Dada, que engendró a Bretón" (Borges, "La eternidad" 51).

[306] *"in a word, at the wheels and pinions – the tackle for scene-shifting – the step-ladders and demon-traps – the cock's feathers, the red paint and the black patches, which, in ninety-nine cases out of the hundred, constitute the properties of the literary* histrio" (Poe, "The Philosophy" 163).

são cifradas. O Livro que o protagonista de "Páramo" carregava sob o braço era um livro de poesias, como poesia é o milagre bogotano de Soupault. Lembremos, também, que esse livro não era para ser lido: "Não posso ainda lê-lo. [...] devo guardá-lo, bem, o Livro é um penhor, um refém. Nele estou prisioneiro" (Rosa, *Estas estórias* 185). Esse Livro era enterrado em túmulo no Cemitério Central de Bogotá e, de lá desenterrado, remetia a uma passagem não citada no texto inacabado por Guimarães Rosa. Não lido, apenas pulsado, esse Livro não porta significado, mas significância, sentido na medida em que produzido sensualmente. *Objeto a*, esfinge sem segredo, Livro-túmulo ou grimório, significante puro que só remete à rede em que está inserido e que, carecendo de um sentido transcendente ou de uma essência, porta as marcas do Real que não para de não se escrever.

## O Livro

Precisamente foi Stéphane Mallarmé —considerado por Foucault como marco inicial da "literatura propriamente dita" e por Roland Barthes como o primeiro (na França) a colocar a linguagem no lugar outrora ocupado pelo autor—, o "autor" de um projeto de livro absoluto: O Livro —*Livre*— que, iniciado em 1866 e nunca terminado, consistiria numa obra de dimensões enormes e variáveis que deveria admitir infinitas possibilidades de leitura. Esse Livro conteria potencialmente todos os livros e discursos, todos os poemas, e seria inesgotável, um grimório.[307] Uma espécie de "Libro de arena" ou algo

---

[307] Em "Grimorio: a tradução nos limites de 'Prosa'" (2009), Álvaro Faleiros registra as acepções da palavra *grimoire* na economia do poema mallarmeano: livro de bruxos, discurso obscuro ou críptico e *gramma*. Faleiros destaca, sobretudo, a ligação etimológica com *grammaire*: "*O grimoire seria, assim, o espaço no qual se conjugam os signos e são esses agrupamentos que engendram os versos. Segundo esse princípio, a voz do poeta não viria do alto, mas do baixo, da própria matéria da linguagem. Caso se possa falar de uma filosofia de Mallarmé, essa se encontraria no próprio grimoire, de onde emana a Literatura.* [...] as reflexões de Mallarmé sobre a linguagem estão diretamente ligadas a sua experiência do abismo (*gouffre*), origem de um impasse teológico profundo —que também aparece em *Igitur* e no *Coup de dés*— diante da impossibilidade de um Deus transcendente. Para Mallarmé, a única possibilidade de se produzir uma poética, diante da 'impossibilidade de Deus' (o acaso), seria a própria matéria" ("Grimorio" 49, *destaques no original*).

*Do tamanho do mundo*

como o poema "*La tierra*" de Carlos Argentino Daneri, mas no formato de um conjunto de folhas soltas, um volume maciço de papel.[308] Para essa abrangência ser possível, no *Livre* o discurso se comporia exclusivamente de si próprio, seria um rigoroso sistema de remissões e diferenças indistinto da forma gráfica, uma espécie de música para os olhos, com tipos e tamanhos variados, onde o branco da página seria também elemento significante (Blanchot, *O livro por vir* 327 e seguintes).

À maneira de Poe, Mallarmé procurava com esse Livro disciplinar o acaso, e isso se lograva construindo uma arquitetura de signos que excluísse a representação, uma sintaxe para além de intencionalidades expressivas:

> O livro necessário é subtraído ao acaso. Escapando ao acaso por sua estrutura e sua delimitação, realiza a essência da linguagem, que desgasta as coisas transformando-as em sua ausência e abrindo essa ausência ao devir rítmico, que é o movimento puro das relações. O livro sem acaso é um livro sem autor: impessoal. (Blanchot, *O livro* 331)

Segundo Foucault, Mallarmé é um poeta do desaparecimento do autor,[309] que marca profunda ruptura com a tradição humanística e cristã, pois com ele desdobra-se uma reflexão sobre a própria

---

[308] Em 1957, Jacques Scherer publica *Le Livre de Mallarmé. Premieres recherches sur des documents inédits*, em que materiais diversos, presumivelmente preparatórios do Livro, eram cuidadosamente organizados segundo a sequência e as estruturas planejadas por Mallarmé. O texto publicado por Scherer compõe-se de ínfimas notas, palavras isoladas, números e fragmentos de composição lançados sobre folhas soltas. Maurice Blanchot informa que, como Kafka, antes da morte, Mallarmé ordenou queimar todos esses materiais, em que ele se recusava a ver nenhuma herança literária; também informa que a ordem de publicação de Scherer se deve ao acaso, pois corresponde à ordem em que os papeis foram encontrados depois da morte do poeta (Blanchot, *O livro* 337-39).

[309] Enquanto Nietzsche em *Ecce Homo* se coloca um pouco como centro ou executor de uma escritura que, aceitando os gestos e o clima de seu tempo, ainda era produto do *estilo* de um "eu" assinante, Mallarmé reporta o ato enunciativo à palavra mesma, não ao seu sentido convencional ou a sua significação dicionarizada, mas ao seu ser "enigmático e precário" (Foucault, *Las palabras* 319). À constatação nietzschiana de um "quem" da fala, segue em Mallarmé a constatação de que na linguagem é a linguagem que está a falar, e que essa linguagem vem do vazio e a ele se dirige. Constituindo-se, essas duas posições, como umbrais da passagem do classicismo à modernidade, de *Ecce homo* a *Ecce líber*, também se destacam como momentos de ruptura com a tradição humanística de leitura, fundamentada sobre uma transparência representativa da linguagem, ou sobre a hermenêutica da representação (Foucault, ¿Qué es un autor?" 58).

materialidade da linguagem, não mais destinada a representar a realidade, mas a criá-la, ou a se criar como realidade: livro como volume, como corpus de letras de tinta sobre papel, constituindo sentidos apenas como decorrência das diferenças entre os signos de que se compõe. A linguagem, assim entendida, estaria circundada pelo deserto, viria do nada e ao nada se dirigiria, não se sustentando numa transcendência exterior a ela[310] e surgindo, quando escrita, do branco do papel (Derrida, "La doble sesión" 315).

Se a tradição metafísica reportava os sentidos do homem e do mundo a um deus (ou ideia ou sentido) alheio a eles, exterior e anterior a eles, mas neles se manifestando; a ruptura com essa metafísica implicaria a constatação trágica de que circundando a existência só haveria o nada da morte que a precede e a segue. Dessa constatação, a de que o homem vive sem um roteiro feito para ele por Deus, pode se compreender o famoso lema mallarmeano: "a destruição foi a minha Beatrice" (em Blanchot, *O livro* 331). Para Mallarmé, a linguagem "funciona" exatamente em virtude da exclusão daquilo que designa, da mesma maneira que a fala é a absoluta exterioridade da escrita, e não mais o seu referente privilegiado (Derrida, "La doble sesión" 315). Uma fórmula, extraída de *Les mots anglais* (1878), nos dá uma ideia dessa singular concepção, em que ainda nos deteremos um pouco: "Leitor tens perante os olhos isto, um escrito" (em Derrida, "Mallarmé" 61). Assim como Rosa se perguntava nas anotações preparatórias de "Páramo": "A gente vive é escrevendo alguma IGNOTA bobagem em morse?" [IEB/USP-JGR-EO-08,02]; Mallarmé se referia à escritura como "um jogo insensato" (Blanchot, *O livro* 25). Jogo de cifras, de

---

[310] "Na França, Mallarmé, sem dúvida o primeiro, viu e previu em toda a sua amplitude a necessidade de colocar a própria língua no lugar daquele que dela era até então considerado proprietário; para ele, como para nós, é a linguagem que fala, não o autor; escrever é, através de uma impessoalidade prévia –que não se deve em momento algum confundir com a objetividade castradora do romancista realista–, atingir esse ponto onde só a linguagem age, 'performa', e não 'eu': toda a poética de Mallarmé consiste em suprimir o autor em proveito da escritura (o que vem a ser, como se verá, devolver ao leitor o seu lugar) [...] Por isso mesmo, a literatura (seria melhor passar-se a dizer a *escritura*), recusando designar ao texto (e ao mundo como texto) um 'segredo', isto é, um sentido último, libera uma atividade a que se poderia chamar contrateológica, propriamente revolucionária, pois a recusa de parar o sentido é finalmente a recusa de Deus e de suas hipóstases: a razão, a ciência, a lei" (Barthes, "A morte do autor" 66-70).

códigos intratextuais, a escritura —na ausência de qualquer lirismo da inspiração ou do sentimento— abre-se à própria escritura, conformando um sistema de remissões que fazem sentido só a medida que um signo, ou um tipo, ou uma grafia, ou alguns sons, se diferenciam e enviam entre eles. A diferença, portanto, é primordial, o excesso originário de toda fala/escritura, uma arquiescritura: temporização, espaçamento, disseminação.[311] Isto é, há diferença como origem, não unidade, porque a Unidade, o Uno, é Deus.

Escrever um Livro que não forma unidade com o seu sentido para além do jogo significante, que não se assina, é uma tarefa profundamente negadora de Deus: "adeus a Deus" diz o protagonista de "Páramo", lembre-se, numa cena em que Doña Clara, branca mulher ("toda marmor e ivor"), no *tempo t*, se separa do diplomata/narrador afogado pelo *soroche* (Rosa, *Estas estórias* 192). Não há, portanto, *alethéia* possível, nenhuma "mensagem" para desvendar, nenhuma "verdade" para interpretar para além do próprio espaçamento dos signos, em "Páramo" como no *Livre* (Derrida, "La doble" 391). Nesse sentido, não seria exagerado dizer que esse sonho de uma literatura anônima, fechada e inútil para capturar o real, de uma literatura-coisa-entre-as-coisas-do-mundo, é também o sonho de um mundo em que as gentes e os livros abolissem os sentidos totais —uma superação do messianismo pela via do jogo, paródia do Absoluto, ou em palavras do bárbaro Oswald de Andrade: "[uma] volta [...] ao medo ancestral ante a vida que é devoração [...] uma concepção matriarcal do mundo sem Deus" (*Do Pau-Brasil* 144).[312] Suplantar a Deus por uma obra total e inútil não

---

[311] "La diferencia no es regla intemporal, fijación de ley. Es, como lo ha descubierto Mallarmé poco más o menos por esa misma época, el espacio en cuanto 'se espacia y se disemina' y el tiempo: no la homogeneidad orientada del devenir, sino el devenir cuando éste 'se interrumpe, se intima', y en esa interrupción no se continúa sino que se descontinúa; de allí sería necesario concluir que la diferencia, juego del tiempo y del espacio, es el juego silencioso de las relaciones, 'la múltiple desenvoltura' que rige la escritura, lo cual equivale a afirmar atrevidamente que la diferencia, esencialmente, escribe" (Blanchot, *La ausencia* 55).

[312] A seguir se cita o trecho completo, extraído de "Um aspecto antropofágico da cultura brasileira: o homem cordial" (1950): "A angústia de Kierkegaard, o 'cuidado' de Heidegger, o sentimento do 'naufrágio', tanto em Mallarmé como em Karl Jaspers, o Nada de Sartre, não são senão sinais de que volta a Filosofia ao medo ancestral ante a vida que é devoração. Trata-se de uma concepção matriarcal do mundo sem Deus" (*Do Pau-Brasil* 144).

é outra coisa que evidenciá-lo na sua radical inexistência —é esvaziá-lo: "el Absoluto que, por definición, llena voluptuosamente el vacío de la Nada, debe surgir de la Nada" (Gutiérrez-Girardot 77).

Não enviando a um sentido que a anteceda, ou que transcenda dela, a Obra absoluta projetada por Mallarmé, o *Livre*, seria, como acima se disse, uma expressão do vazio de que procede toda escritura. Por isso, o branco que precede todo texto adquire imensa importância: *agride de início* (Mallarmé, "Um lance" 151). É claro, o autor não escapa desse vazio, pois ele, como o leitor, está na absoluta exterioridade em relação àquilo que está escrito, desse texto que sobrevive sem ele, que funciona sem a orientação tranquilizadora de um pai. Assim como a linguagem exclui de si àquele que dela se faz sujeito, a obra implica a desaparição de seu artífice, existindo e "funcionando" na ausência do poeta, do autor, ficando toda iniciativa com as próprias palavras, com a sintaxe entre elas.[313] Não estranha, assim, que Mallarmé projetasse esse livro no formato de um conjunto de folhas soltas de ordenação aleatória,[314] pois cabe ao autor o papel de morto no jogo da escritura.

---

[313] "A obra pura implica a desaparição elocutória do poeta, que cede a iniciativa às palavras, pelo choque de sua desigualdade mobilizadas; elas se acendem de reflexos recíprocos como um virtual rastro de fogos sobre pedrarias, substituindo a respiração perceptível no antigo sopro lírico ou a direção pessoal entusiasta da frase" (Mallarmé, *Divagações* 164). Ver também Blanchot (*O livro* 334).

[314] Em relação com esse Livro de Mallarmé, há uma anedota interessantíssima envolvendo Rosa e Haroldo de Campos. Chamados, em 1966, para um encontro de escritores nos Estados Unidos, o primeiro recebeu do segundo alguns fragmentos do livro *Galáxias* (1963-1984), de evidente estirpe mallarmeana. Dentre esses fragmentos, Campos incluía um prólogo em que se afirmava que aquele livro seria composto de uma maneira não convencional —apenas um conjunto de folhas soltas, sem costurar, dentro de uma caixa. Da proposta, Rosa disse coisas muito positivas: "Você não discrepa, e o texto é estimulante, catalisador ao mais alto grau. É um *perpetuum mobile*, em caleidoscópio. Viva. Todos os iauaretês urram." Mas o escritor mineiro também se manifestou contrário ao projeto de publicação: "Você me deu aquele texto pra eu ler, mas você não sabe o que tem na mão. Aquele texto é o demo. Você soltou o demo naquele texto [...] Olhe, não provoque demais o demo. Não faça um livro de folha solta, faça um livro comum. Não precisa, o demo já está lá". Haroldo, achando a recusa devida ao convencionalismo de Rosa, retrucou na ocasião: "eu vou fazer, sim, porque eu sou um kamikaze da literatura". Ainda para tentar dissuadi-lo, Rosa comentou: "Quando me vem, fico nu, rolo no chão com o demo de madrugada... e naquele impacto, naquele impulso eu escrevo". Segundo refere Haroldo de Campos, o demônio, para Rosa era uma existência concreta, que se podia encarnar em monstros como o fascismo (vivenciado na Alemanha), e que se transmitia ao labor de

## Do tamanho do mundo

Se a *Bíblia* era a plena presença de Deus num livro que o representava, o Livro mallarmeano, no extremo oposto, vigeria sem autor, sem assinatura e sem leitor –brochura sem abrir com um estilete, absoluto fechado na sua própria materialidade e na remissão dos seus signos de um a outro.[315] A Obra, assim pensada, não se dirigiria mais à sua plena realização mas ao seu *des-astre*, seria uma escritura do desastre absoluto, a tessitura de uma existência sem a guia tranquilizadora dos astros. A ausência desse livro, portanto, para Blanchot, seria a sua realização, ele só se realizaria como tal escritura do desastre se não se completasse, se não se fechasse como Obra. Livro vazio e ausente, esse Livro evidenciaria em si a ausência de Deus, de Ideia, de Totalidade, na mesma medida em que suspenderia dicotomias como êxito/fracasso, realização/incompletude, obra/desobra, Lei/caos, alto/baixo. Festa como desastre, esse livro também impugnaria esse outro livro total, a História, com a sua pretensão de outorgar um sentido único para fatos organizados linearmente: a *estória* trabalha contra a história (Derrida, "La doble" 276).

O Livro mallarmeano, como o impossível bataillano, ou a monolíngua de Derrida, assim, seria uma espécie de *Objeto a*, algo que se procura incansavelmente e que ritma e prolonga a existência na mesma medida em que adia a realização do desejo. Fazer o Livro, completá-lo, seria aceitar Deus e a completude; não acabá-lo, deixá-lo em projeto, seria favorecer essa abertura infinita que a sua ausência possibilita. O Livro inacabado, assim, seria também uma ausência de fim, nos dois sentidos que essa expressão denota: ser sem um fim, não ter fim, um artifício para confrontar o desastre e, ao mesmo tempo, para dele dar um atestado.[316]

---

escritura como um horror da página branca –horror também de estirpe mallarmeana (Haroldo de Campos, "Grande Sertão" s/p).

[315] Em anotações preparatórias desse Livro, publicadas no volume *Divagações* (1897), Mallarmé esclarece: "Despersonalizado, o volume, tanto quanto a gente se separa dele como autor, não reclama aproximação de leitor. Tal, saiba, entre os acessórios humanos, ele tem lugar totalmente só: feito, sendo. O sentido sepultado se move e dispõe, em coro, das folhas" (*Divagações* 173).

[316] O Livro coincide com a sua absoluta exterioridade, é atraído irresistivelmente por ela, dado que ele é não sendo: "pela coincidência de sua própria irrealidade com a irrealidade do presente, ela faz existir uma pela outra, numa luz de relâmpago que ilumina, a partir da obscuridade da qual é apenas a concentração ofuscante" (Blanchot, *O livro* 337).

Mas, para tal fim, o Livro não deveria simplesmente constatar o vazio: ele deveria produzi-lo, impugnar todo relato totalizador do ser ou do mundo, deixando à vista o aparato de linguagem inerente a todo discurso que, pretendendo representar o real, meramente se autorrepresenta (Mallarmé, "Um lance" 148-49). Se "tudo no mundo existe para culminar num livro",[317] e esse livro é uma criptografia tão hermética que nem sequer pode ser lida, ou seja, se é um enigma sem solução, esse livro não nos fala sobre o mundo mas faz parte do mundo, faz mundo, nos reenvia ao enigma de um mundo que não cabe nos livros. *O claro desse enigma, é que é um enigma.* Ilegível, esse Livro coincide com o mundo, à medida que um e outro carecem de sentido e de um Deus-pai que decida por eles. Fechado, ou "sepultado" no seu "precioso silêncio", esse livro nos deixa "diante do espanto" (Mallarmé, *Divagações* 184), nele escritura e morte tendem uma à outra, e assim é a figura de um sepulcro, de um túmulo, um grimório (Derrida, "Mallarmé").

Para Jacques Scherer, autor de *Le Livre de Mallarmé*, de 1957, o famoso poema *Un Coup de dés* seria uma primeira etapa da grande Obra de Mallarmé, esboçada, mas não concluída, "um poema sobre o poema" em que o acaso se integrava à composição. Para Blanchot, *Um lance de dados*, não só rompe com a tradição poética, mas abre uma arte nova, diferente da poesia anterior. Constelacional, o poema rompe com a tradição de leitura que faz do verso um vai e vem linear, justificado pela facilidade de compreensão analítica, proliferando para tal fim o vazio do branco da página entre as palavras soltas e disseminadas, multiplicando o espaço à medida que a leitura estabelece entre letras, formas e sons, novas relações de movimento, ligações não lineares de compreensão (Derrida, "Mallarmé"). Estando ali as palavras, o espaço literário estaria pautado pela extensão de suas relações e se

---

[317] "En el octavo libro de la *Odisea* se lee que los dioses tejen desdichas para que a las futuras generaciones no les falte algo que cantar; la declaración de Mallarmé: *El mundo existe para llegar a un libro*, parece repetir, unos treinta siglos después, el mismo concepto de una justificación estética de los males. Las dos teleologías, sin embargo, no coinciden íntegramente; la del griego corresponde a la época de la palabra oral, y la del francés, a una época de la palabra escrita. En una se habla de cantar y en otra de libros" (Borges, *Obras completas* 713).

disseminaria como elas em novas configurações, segundo o "cada vez" dos acontecimentos de leitura. Dessa maneira, se incorporaria o próprio tempo do leitor, o texto seria para ele lugar de movimento. Mundo e texto, portanto, coincidem, ao serem lugares propriamente ditos e a operação de leitura postula-se como infindável, pois o último verso retoma as palavras do início (seguindo nisso uma premissa do projeto do *Livre*) (ver Derrida, "La doble sesión" 266), manifestando a absoluta e necessária reversibilidade de uma leitura que nunca acaba:

> O fim da obra é sua origem, seu novo e seu antigo começo: é sua possibilidade aberta uma vez mais, para que os dados novamente lançados sejam o próprio lance da fala mestra que, impedindo a Obra de ser *–Um lance de dados jamais–*, deixa voltar o último naufrágio em que, na profundidade do lugar, tudo sempre já desapareceu: o acaso, a obra, o pensamento, EXCETO na altitude TALVEZ ... (Blanchot, *O livro* 359)

Nos materiais preparatórios do *Livre*, Mallarmé anotou: "un libro no empieza ni acaba: todo lo más lo finge". E também: "Edgar Poe [...] el caso literario absoluto" (em Derrida, "La doble" 406, 344). Como em "The Raven", o fim do poema é o seu começo: "nevermore", "*Un coup de dés*". Para Quentin Meillasoux, essa reversibilidade ainda se evidenciaria pelo uso mallarmeano do traço, ou travessão, que manifestaria a mesma vontade de jogo capicua encenada pelo poema no seu número mágico: 707:[318] "*Para que serve isso – / para um jogo [...] o traço que lhes mostro*, e não o travessão que vocês tomam por uma pontuação –, para quê, senão para dar jogo ao vitral de nossas obras?" (em Scheibe, "Sobre Mallarmé" 186). Dessa maneira, e não por um acaso, o traço de Mallarmé coincide com a representação convencional que, já no século XIX, se associava à *eotemporalidade*,

---

[318] "O código decifrado e revelado por Meillasoux é o próprio número de palavras do poema (no manuscrito preparado por Mallarmé em 1898, após a publicação inicial na revista *Cosmópolis*): 707. O 7 seria a constelação, o *Septuor*; o 0, o *gouffre*, o abismo, o turbilhão, a negação; o 707 resumiria, dialeticamente, tanto a negação do 7 pelo 0 (da constelação pelo turbilhão) quanto a deste pelo segundo 7 'numa totalidade que contém o nada (*néant*) como um momento essencial, mas dominado, do *Septuor*'" (Scheibe, "Sobre Mallarmé" 184-85). Leve-se em conta, também, que, em qualquer uma das seis possíveis posições de um dado lançado, as caras opostas do cubo sempre somarão 7. O imprevisível absoluto (0), coincide no mesmo objeto com a absoluta previsibilidade (7).

também representada pela física como tempo *t*, ou seja, se associava à quarta dimensão, o *espaçotempo* astronômico sem direção preferente, sem passado, presente ou futuro rigorosamente diferenciados (Marramao, *Kairós* 74). Isso, que a partir dos desenvolvimentos einstenianos encetaria um verdadeiro cisma no pensamento moderno, no poema de Mallarmé se relaciona com a reversibilidade acima mencionada e teria nas vanguardas, e depois em textos como *Finnegan's Wake* (1939), *Grande Sertão: veredas* (1956) ou *Galáxias* (1963-1984), enorme ressonância (Augusto de Campos, *Revista de Antropofagia* CLXXXV). De outra parte, essa reversibilidade remete a *Aion*, o tempo não cronológico, tempo do jogo e do trágico, do eterno retorno, um tempo não ascensional, evolucionário ou cumulativo. *Da capo*, o lance de dados, de palavras sobre papel, exige um novo lance, outra escritura, uma reescritura, tanto quanto estimula uma leitura (escritura) inversa, outras constelações, isto porque, mesmo aí lançadas, as palavras não escapam ao acaso dos acontecimentos de leitura. Ou seja, vale a pena insistir nisso, esse jogo se movimenta entre a produção do vazio (o 0, o abismo) e a plenitude de uma experiência (o 7, o sete-estrelo) nele sustentada. Se o fim do livro é um fingimento, a ficção de um fechamento, todo fechamento discursivo terá a estrutura de uma ficção, mas essa estrutura poderá ser abalada em seu fechamento pela irrupção de acontecimentos diferenciais de leitura.

Qualquer absoluto alcançado pela poesia, da perspectiva mallarmeana, estaria na sua não-remissão a algo exterior à própria linguagem poética, dispensada em diante das suas obrigações representacionais. Esse absoluto, portanto, seria igual a Nada, Nada produzido pelo próprio poema e anterior a ele; Nada como origem, equiparado com o "branco" (silêncio originário de todo poema, origem excessiva, não pautada pela falta); "branco" em que flutuam as palavras como evidência desse nada, como estrelas negras no espaço infinito. *Um lance de dados jamais abolirá o acaso*, também poderia se traduzir assim: "o todo, a totalidade emanada do poema, é mais que a soma das partes, ou algo qualitativamente distinto delas se isoladamente consideradas", ou seja: 2+2, no poema mallarmeano pode dar em 5, ou mais, ou menos de 4 (Augusto de Campos e outros, *Teoria da poesia* 17; Derrida, "La doble sesión" 376).

*Do tamanho do mundo*

O específico poético, por outra parte, estaria dado pela operação de fazer os fatos e objetos transpor "para seu quase desaparecimento vibratório", ou seja, a tradução a signos escritos seria a quase aniquilação das coisas do mundo ou evidenciaria a irrelevância de sua reprodução como nomes perante a absoluta felicidade da sua sugestão elisiva.[319] Derrida esclarece que a "operação" mallarmeana consiste, essencialmente em manter a referência como enunciado, defraudando a referencialidade, isto é, a constatação do referente ("La doble sesión"; "Mallarmé"). Uma espécie de indecidibilidade pelo sentido de um significante, tornado resistente à atribuição de um significado pela sua articulação no jogo sintático. Trata-se de algo similar às fabulas ou parábolas sem "moral" discernível de Kafka, aos textos-*procedimento* de Roussel, ou aos jogos a que incessantemente nos convida *Tutaméia*, livro em que se lê: "o livro pode valer pelo muito que nele não deveu caber", ou "se viemos do nada, é claro que vamos para o tudo" (Rosa, *Tutaméia* 12).

Destaquemos três questões associadas ao Livro e à poética de Mallarmé: 1) Não há sentido transcendente porque a letra se sustenta no nada (no branco), como as estrelas no *espaçotempo* infinito; 2) A disposição das palavras sobre papel não estabiliza um sentido: um lance de dados não abolirá o acaso, ou seja, o "cada vez" da releitura e reescrita a constelar esses signos "jogados"; 3) O sentido deve-se ao encontro de leitor e texto num acontecimento singular –nada, nem Deus, nem lei, nem autor, asseguram a permanência fixa de um significado. Apontado isso, vale a pena passar ao segundo elemento, anotado por Guimarães Rosa embaixo da referência à "*Ode 40*" de Soupault: "Bogotá- m%- Nirvana". Como veremos a seguir, esse vazio não se associa exclusivamente com um estado passivo, mas

---

[319] "*Nombrar un objeto*, dicen que dijo Mallarmé, *es suprimir las tres cuartas partes del goce del poema, que reside en la felicidad de ir adivinando; el sueño es sugerirlo*. Niego que el escrupuloso poeta haya redactado esa numérica frivolidad de *las tres cuartas partes*, pero la idea general le conviene y la ejecutó ilustremente en su presentación lineal de un ocaso: / *Victorieusement fuit le suicide beau Tison de gloire, sang par écume, or, tempête!* / La sugirió, sin duda, el *Narrative of A. Gordon Pym*. El mismo impersonal color blanco ¿no es mallarmeano? (Creo que Poe prefirió ese color, por intuiciones o razones idénticas a las declaradas luego por Melville, en el capítulo "The Whiteness of the Whale" de su también espléndida alucinación *Moby Dick*)" (Borges, *Obras completas* 229).

indica uma produção, um "procedimento" ou "operação" ativos, dedutíveis também da nomenclatura "m%", geralmente associada às apropriações ou devorações rosianas, mas que em *Tutaméia* se traduz como "*Mea omnia*"[320] –nós poderíamos traduzi-la, também, como "tudo no meio da travessia". Entre o branco da página e o negro da letra, entre o vazio e o pleno, ou entre o absoluto e o fragmentário, como veremos e vimos ao longo deste livro, erram sentidos, ou suas possibilidades.

[Mas O Livro, não é a única confluência entre "Páramo" e Mallarmé. Vários dos assuntos da estória rosiana, assim como o seu próprio "movimento", do céu à terra, parecem extraídos da resenha que Mallarmé fez do exótico e orientalista *Vathek* (1782), de William Beckford,[321] Livro em que o poeta francês espelhava muito da sua concepção da linguagem, assim como várias das suas próprias obsessões (a escritura, o espanto do acaso e da página em branco, a morte, o vazio, etc.). Numa pequena nota, incluída no volume *Divagações* (1897), Mallarmé destaca que a ação narrada se inicia no

---

[320] Lembremos as definições do verbete "*Tutaméia*", enumeradas no glossário de "Sobre a escova e a dúvida": "nonada, baga, ninha, inânias, ossos-de-borboleta, quiquiriqui, tuta-e-meia, mexinflório, chorumela, nica, quase-nada; *mea omnia*" (Rosa, *Tutaméia* 166, *destaques no original*). "Nonada", como sabemos, é palavra de abertura e (quase) fechamento da narração de Riobaldo em *Grande Sertão: veredas*, e antecede, por pouco, o trecho do capítulo XI do *Quijote* citado duas vezes por Borges para demonstrar as diferenças entre os acontecimentos de leitura/escritura do original cervantino e daquele assinado por Pierre Menard. A seguir cita-se essa passagem famosíssima, em que o narrador cervantino se questiona sobre a veracidade da estória de Cide Hamete Benengeli, historiador arábigo: "Si a ésta se le puede poner alguna objeción cerca de su verdad, no podrá ser otra sino haber sido su autor arábigo, siendo muy propio de los de aquella nación ser mentirosos; aunque, por ser tan nuestros enemigos, antes se puede entender haber quedado falto en ella que demasiado. Y así me parece a mí, pues cuando pudiera y debiera extender la pluma en las alabanzas de tan buen caballero, parece que de industria las pasa en silencio: cosa mal hecha y peor pensada, habiendo y debiendo ser los historiadores puntuales, verdaderos y *nonada* apasionados, y que ni el interés ni el miedo, el rencor ni la afición, no les hagan torcer del camino *de la verdad cuya madre es la historia, émula del tiempo, depósito de las acciones, testigo de lo pasado, ejemplo y aviso de lo presente, advertencia de lo por venir*" (Cervantes, *El ingenioso* 88, *destaques nossos*).

[321] Beckford foi um dos sucessores de Horace Walpole, autor orientalista e gótico de quem, lembre-se, Rosa tomou a denominação do seu "método" de composição, a serendípia ou *SERENDIPITY* exposta em *Tutaméia*: "a chance de topar, sem busca, pessoas, coisas e informações urgentemente necessárias" (Rosa, *Tutaméia* 157).

alto de uma torre babélica e conclui num subterrâneo[322] e incorpora uma série de anotações que passaram quase sem modificações ao texto rosiano, como se adverte após leitura atenta:

> [...] *a tristeza de perspectivas monumentais muito vastas, conjugada ao mal de um destino superior;* enfim *o pavor* causado por *arcanos e a vertigem pela exageração oriental dos números; o remorso que se instala de crimes vagos ou desconhecidos; os langores virginais da inocência e da prece; a blasfêmia, a maldade, a multidão.*
> (Mallarmé, *Divagações* 53, destaques no original)

O *Vathek* é um fantástico de biblioteca, a ficção da absoluta perversidade do poder, em que a realização dos obscuros propósitos do malvado Califa –que dá nome à narrativa– coincide com a sua condenação eterna. Em "Sobre el 'Vathek' de William Beckford"(1943) Borges descreve o enredo do romance, destacando-o de outros, por exemplo da *Divina Comedia*, por encenar "el primer infierno realmente atroz de la literatura" (que precede os ilustres satanismos de Huysmans, Poe, Baudelaire e de Quincey). Nesse inferno Borges menciona, como Rosa insinua na Bogotá de "Páramo", "años sangrientos [en] una montaña desierta [...] fondo del mundo [...] una silenciosa y pálida muchedumbre de personas que no se miran [e que] erra por las soberbias galerias de un palacio infinito" (*Obras completas* 730).

NIRVANA

O protagonista de "Páramo" sente no Cemitério Central de Bogotá, lugar em que pretende enterrar O Livro, um "alívio, de nirvana, um gosto de fim" (Rosa, *Estas estórias* 196). Rosa, como Borges com as suas taxonomias chinesas, aproxima Mallarmé e o budismo, malgrado as reticências do autor de *Igitur* a associar o seu Nada a esse

---

[322] Borges, em "Sobre el 'Vathek' de William Beckford", menciona um prólogo: "He confrontado varias críticas de *Vathek*. El prólogo que Mallarmé redactó para su reimpresión de 1876, abunda en observaciones felices (ejemplo: hace notar que la novela principia en la azotea de una torre desde la que se lee el firmamento, para concluir en un subterráneo encantado), pero está escrito en un dialecto etimológico del francés, de ingrata o imposible lectura" (Borges, *Obras completas* 730).

sistema de pensamento.[323] O Mesmo e o Outro, de novo, integram-se num solo único pela mediação de uma biblioteca latino-americana.

No centro das grandes teogonias de Oriente –o taoismo e o budismo–, não há uma presença plena (nem deus, nem lei, nem homem, nem *logos*), mas um vazio originário, cuja manifestação aparente é a realidade visível. O saber dessa realidade, portanto, não seria outra coisa que o seu simulacro, uma construção sobre o vazio. A vivência e compreensão da vacuidade essencial implicariam numa libertação do sujeito, em diante projetado sobre o zero do qual provém toda entidade e a respeito do qual toda presença é secundária. Se o zero é inicial, o uno será seu derivado, ou seja, sempre secundário em relação com essa não-presença, assim como a inteira série numérica (Sarduy, *Obra completa* 1271-72). Em palavras de Guimarães Rosa: "A matemática não pôde progredir, até que os hindus inventassem o zero" (*Tutaméia* 148).[324] Para a filosofia taoista, o vazio não seria algo difuso ou inexistente, mas uma energia operante, dinâmica, que liberaria toda transformação a partir de uma infinidade potencial que, se realizada em plenitude, coincidiria com o nada: "se viemos do nada, é claro que vamos para o tudo".[325]

---

[323] Em carta a Henri Cazalis, em 1865, Mallarmé se referia ao seu desconhecimento do budismo (ver Stroparo, "O exílio" 42).

[324] Em "Tio Lucas" (1968) Murilo Mendes, autor do fragmento poético "Ossos de borboleta" –uma das acepções de *Tutaméia*–, fez uma homenagem à "Terceira margem do rio" de Guimarães Rosa. Nesse conto, Murilo vincula Rosa e o *Néant*, o nada mallarmeano. Já em "Ossos de borboleta" se compulsa o infraleve: "São lindos os ossos de borboleta. Bem sei que só existem em sentido figurado; ninharias que lhes deram o nome; um ceitil, um sexto de real ou do irreal, um milésimo do zero. Mas acredito teimosamente na existência dos ossos de borboleta./Bem sei que por exemplo os ossos de siba ou sépia são admiráveis; tanto assim que o poeta Montale batizou 'Ossi di seppia' um dos seus melhores livros. Bem sei que o molusco de que é tipo a 'Sepia officialis' tornou-se precioso até na oficina do pintor./Mas os ossos de borboleta! Que finura, que delicadeza! Voam" (Mendes, *Poliedro*).

[325] "Relacionado con la idea de los soplos vitales y con el principio de alternancia entre el Yin y el Yang, el Vacío constituye el lugar por excelencia donde se operan las transformaciones, donde lo Lleno podría alcanzar su verdadera plenitud. Es el Vacío, el que, introduciendo en un sistema dado la discontinuidad y la reversibilidad, permite a las unidades constitutivas de ese sistema, sobrepasar la oposición rígida y el desarrollo en sentido único, y permite al mismo tiempo al hombre la posibilidad de un acercamiento totalizante del universo" (François Cheng em Sarduy, *Obra completa* 1272).

*Do tamanho do mundo*

No sentido dessa realização, o budismo prega o esvaziamento individual, uma ascese ou ativa procura do Nada mais absoluto a partir da própria singularidade. Isso, que se denomina "Caminho do meio" (e que nós poderíamos denominar *Tutaméia* ou simbolizar com o signo de libra, "$\Omega$", que significa "equilíbrio"), implica uma moderação do sofrimento e do gozo, assim como um ponto de vista que se situa entre os extremos do nada e da totalidade, e pode levar à liberação conhecida como Nirvana, para cuja realização é inexorável a renúncia às miragens do "eu" e do *karma*. Assim como o Uno é uma derivação do zero, o indivíduo é uma aparência, e o *karma* é uma prevalência dessa aparência geradora de sofrimento, de encarnação a encarnação, num mundo de vacuidade essencial (ver Borges, "La personalidad"). O Nirvana não pode ser alcançado por uma individualidade, isto é, por uma alma carregada com as culpas da lei causal do *karma* porque, sendo igual ao Nada, esse estado carece de cronologia (Borges, *Obras completas* 250).

Buddha, o Acordado,[326] é quem ensina a arrancar a "flecha", ou seja, a se despojar ou esvaziar da ideia do "eu", única via para chegar à cura, ao nirvana. "Eu" não existe, e portanto, uma alma não pode ser o sujeito de transmigração, só transmigra o karma, infinitas vezes, mas sua origem se perde no infinito. Da mesma maneira, a ideia de um deus unitário resulta irrelevante ou absurda (Borges, *Obras completas 242*, 249). A extinção é tão certa quanto impossível uma determinação da origem: o homem não tem uma essência unitária, mas vazia; como o *Lance de dados* mallarmeano, não é nem uma somatória de partes nem existe fora delas (250).

Da mesma maneira, o budismo procura superar as categorias de objeto, causa, efeito, lógico, ilógico, positivo, negativo, etc.,

---

[326] *Buddha*, de fato, equivale a "desperto", "acordado". Lembremos um trecho da abertura de "Páramo", em que se menciona a perda da individualidade após morte temporária, antigos grimórios e homens "acordados": "Cada criatura é um rascunho, a ser retocado sem cessar, até à hora da liberação pelo arcano, a além do Lethes, o rio sem memória. Porém, todo verdadeiro grande passo adiante, no crescimento do espírito, exige o baque inteiro do ser, o apalpar imenso de perigos, um falecer no meio das trevas; a passagem. Mas, o que vem depois, é o renascido, um homem mais real e novo, segundo referem os antigos grimórios. Irmãos, acreditem-me. / Não a todos, talvez, assim aconteça. E, mesmo, somente a poucos; ou, quem sabe, só tenham noção disso os já mais velhos, os mais acordados" (Rosa, *Estas estórias* 177-78).

mediante uma confrontação de questões específicas com respostas completamente ilógicas, ou mesmo com um golpe, que levem o neófito à intuição da verdade superior: a realidade é irrealidade. Uma vez que isso se entende, e que o "eu" perde a sua centralidade e mesmo a sua existência, se está pronto para o nirvana. Nirvana, assim, significa extinção, apagamento, e é basicamente a superação do sofrimento produzido pela ilusória realidade "inchada" (Ferrater-Mora, *Diccionario* 389-90; Borges, *Obras completas* 253).

Ora, toda linguagem é apenas metafórica, ou melhor, é metonímica, pois procura seus objetos sem capturá-los, só remetendo a séries significantes:

> Cuando se habla del nirvana no se habla del vino del nirvana o de la rosa del nirvana o del abrazo del nirvana. Se lo compara, más bien, con una isla. Con una isla firme en medio de las tormentas. Se lo compara con una alta torre; puede comparárselo con un jardín, también. Es algo que existe por su cuenta, más allá de nosotros. (Borges, *Obras completas* 253)

Sabemos que a Bogotá de "Páramo" é também comparada com uma ilha, a *Ilha dos mortos* de Böcklin, ou com um cárcere;[327] que o

---

[327] Na pasta "Religião (Citações e Cabala)" [IEB-USP/JGR-EO-01,02], há outra anotação solta (manuscrita e rotulada pelo verso com a inscrição "Secretaria do Estado das Relações Exteriores") em que se lê:
  "...a ilha, o enfim o real.
        um ar se estagnava.
     só o profundo e o ínfimo, ou o altíssimo, ali trabalhavam
  um momento sempre de sol-pôr
  A vida é um ato cirúrgico, longo,
                    padecimento
  Sempre estamos revestindo o sudário
  Consumiam-se
        fixei que sim"
E, a seguir, contigua a essa folha solta, há outra anotação, um rascunho da cena final de "Páramo":
  "-7-
  O Final - O Livro.
  -Señor, señor...
  (depois)
  -Amigo
  Pele mate"

Do tamanho do mundo  ∽

narrador está atravessado pela sensação de estar purgando uma culpa, um *karma*[328] diríamos, sob a sombra do negro pássaro da melancolia "por mal de pecados meus antigos" (Rosa, *Estas estórias* 181). Sabemos que o *Vathek*, grimório resenhado por Mallarmé e relembrado por Borges, se inicia no alto de uma torre e acaba nos infernos, assim como "Páramo" começa no alto do céu e acaba no Cemitério Central de Bogotá. Evanira habita um jardim sem tempo cronológico, no *tempo t*.[329] Sabemos também que, na narrativa, as ações do "quem sabe?" ao "quem sabe?" estão como num redemoinho ritmado por um vir-a-ser e por uma extinção tão indistintos quanto essas perguntas sem resposta. Ora, a partir dessa constelação, se faz um pouco mais compreensível a anotação que, num pequeno papel, juntava sobre o mesmo território, o de uma cidade latino-americana, um poeta francês e um esvaziamento oriental.

UM LANCE DE DADOS

Como veremos, e retomando o marco aberto nesta parte final pela anotação de Rosa que "montava" simultaneamente o Nirvana bogotano e Soupault, o corpus rosiano se movimenta entre a produção do vazio e a plenitude de uma experiência nele sustentada. Retenhamos essas premissas para continuar com os materiais preparatórios de "Páramo": 1) a linguagem é um sistema autorreferencial que produz sentidos dentro de uma rede diferencial singular —dessa

---

[328] Num dos rascunhos de índices de livros projetados por Rosa, listam-se consecutivamente as estórias 8."Bogotá (morte em vida)" e 9."O demonio na rua no meio do redemunho (karma)". Isto é, "Páramo" e *Grande Sertão: veredas* [IEB/USP – JGR-M-09,03].

[329] "A caça à Lua" e "Evanira!", ambos publicados em 1961, são textos rosianos de evidente inspiração mallarmeana pela sua disposição tipográfica, pelos usos dos espaços brancos, pelas "misturas" de gêneros, pelas alternâncias de tipos e de caixa-alta com minúsculas, etc. (ver Rosa, *Ave, palavra* 36-45; 177-81). Nirvana, para Edna Tarabori Calobrezi, "decompõe-se em nir (privação) e va (soprar), significando a *perda do sopro, a extinção, o supremo apaziguamento*" (*Morte e alteridade* 124). Para a mesma autora, "Evanira admite o anagrama 'Nirvanea', que por analogia [...] remete a 'Nirvana'" (123). Não se esqueça: Doña Clara e Evanira encontram o protagonista de "Páramo" no *tempo t*, eles dizem "adeus a Deus" nesse instante de absoluta indiferença das direcionalidades do tempo, inclusive, o narrador se pergunta "existe mesmo o tempo?" (Rosa, *Estas estórias* 192).

autorreferencialidade daria conta a coincidência entre os versos inicial e último de *Um lance de dados*, seria um procedimento utilizado em experiências como *Finnegan's Wake* e *Grande Sertão: veredas* que tenderia a elidir a estrutura linear (princípio-meio-fim) em prol de uma estrutura circular (Haroldo de Campos, "A linguagem" CLXXXV); 2) a produção do Nada, ou do vazio, pelo poema, dá conta de um vazio originário, da ausência de Deus em todo relato explicativo do ser ou do mundo; 3) Cabe ao autor, nesse jogo escritural, o papel ou o lugar de um morto. Lancemos os dados, ou disponhamos os materiais sobre a mesa, para depois constelar algumas breves reflexões acerca deles. Extraídos da pasta "Religião (Citações e Cabala)", citamos a seguir alguns materiais preparatórios:

> "Para cima não se vae —volta-se"
> Neynes, "O caminho de Gilgamesh"
> (Gregorio Neynes)

> "Lo que se mira y no se ve, se llama I. Lo que se escucha y no se oye se llama Hi. Lo que pretende uno tocar sin poderlo conseguir jamás se llama Oli [Oei?]. Son tres misterios que no pueden ser explicados"
>
> LAO-TSE, o TAO-TE-KING
> Es un caos, una confusión, una cadena sin solución de continuidad que no puede definirse. Remontándose a su principio, es lo que se llama forma sin forma, imagen de la no imagen. Es un ser indefinible. Remontándose a su origen, no tiene ni <u>principio ni fin</u>"
> "Tens nome de vivo, e és morto" (Apocalypse)
>
> VITA NUOVA= Pg. 77

Na página 77 de *Vita nuova*, na edição usada por Guimarães Rosa (Torino : Societá Editrice Internazionale, 1947), hoje sob os cuidados do IEB/USP, vê-se claramente uma anotação marginal: "Bogotá":[330]

---

[330] Essa anotação está na margem deste trecho (citamos em tradução ao português): "No princípio dos erros da minha fantasia apareceram-me certos rostos de mulheres, soltos os cabelos, que me diziam: 'Morrerás'. Depois dessas mulheres, outras caras, horríveis de ver, que me atiravam: 'Estás morto'. E vagueando assim a fantasia, cheguei a não saber onde me encontrava. E parecia-me ver mulheres, de cabelos desgrenhados, chorando pela rua, com espantosa tristeza" (Alighieri, *Vida nova* 51).

## Do tamanho do mundo

> ...........mento de lo errare che fece la mia
> fantasia, apparvero a me certi visi di donne scapigliate,
> che mi diceano: «Tu pur morrai»; e poi, dopo queste
> donne, m'apparvero certi visi diversi e orribili a vedere,
> li quali mi diceano: «Tu se' morto». Così cominciando
> ad errare la mia fantasia, venni a quello ch'io non sapea
> ove io mi fosse; e vedere mi parea donne andare scapi-

---

«En vérité, je ne serais pas surpris que ce que dit Euripide faît vrai: <u>Qui sait si la vie n'est pas une mort et la mort une vie</u> ?» (1)
PLATÃO, « Górgias »
Pg.278

---

1)= Les scholies de Platon nous apprennent que ces vers sont tirés d'une tragédie intitulée <u>Phrysfus</u>, et le scholiaste d'Euripide les citent comme appartenant à une tragédie intitulée <u>Polyidees</u>.

---

"<u>Now</u>, we have no emotional life, but only an imitation."
(OUSPENSKY, "THE FOURTH WAY")

"See our life is based [?] on this illusion. We always think that we are doing when, in reality, we are not doing anything –everything happens." (OUSPENSKY, "THE FOURTH WAY")

---

"Que aun la vida te espera
que no has vivido,
corre, jinete iluso,
corre dormido..."
(VILLANCICOS DEL JINETE ILUSO" por Leopoldo Panero)

"–Uê, cê é o chim?
–Sim, o chim sou"
D"O CÚLI CÃO" (Inédito)

---

PLATÃO « Górgias »
"CITAÇÃO EM FRANCÊS ANTES TRANSCRIPTA" (1)
Peut-être sommes-nous morts réellement, nous outres, comme je l'ou entendre dire à un sage(2) qui prétendait que notre vie actuelle est une mort, notre corps une tombeau, et que cette partie de l'âme où résident les passions est de nature à céder à la persuasion et à passer d'un sentiment à l'autre; et un homme d'esprit, Sicilien peut-être ou Italien (3), habile à expliquer les fables, appelait par une allusion (4) de nom cette partie de l'âme un tombeau, à cause de sa facilité à croire et à se laisser persuader, et les insensés des profanes qui n'ont pas été initiés» (5)
1. <u>Phryxus</u> ou <u>Polyidus</u> ?
2. Talvez Philoluiis
3. Empédocle ?
4. Trocadilho
5. Trocadilho

Em folha aparte, parece se desenhar uma "estrutura" para "Páramo":

---

**PÁRAMO**

---

-Ω-
"Com efeito, não me surpreenderia (que) fosse verdadeiro o [dito por] Eurípides: <u>Quem sabe se a vida não é uma morte e a morte uma vida?</u>" PLATÃO, « Górgias »

-Ψ-

$$\left\{ \begin{array}{l} \text{Lao-Tse} \\ \text{O culi cão} \\ \text{Trismegisto} \end{array} \right\}$$

-X-

∞

«Não atentando nós nas coisas que se vêem, mas nas que se não vêem: porque as coisas que se vêem são temporárias, e as que se não veem são eternas» São Paulo, "Corintios, II, 4:18.

(-Δ-)

-Γ-
«Talvez estejamos mortos realmente, nós, como escutei a um sábio, o qual pretendia que a nossa vida atual é uma morte, nosso corpo um túmulo...» PLATÃO, « Górgias »

-B-
"Para cima não se vae —volta-se"
          GREGÓRIO NEYNES, "O caminho de Gilgamesh"

-A-
"Pensamos sempre que estamos fazendo (algo), quando, na realidade, não fazemos nada —tudo <u>acontece.</u>" OUSPENSKY, "A quarta via"

*Do tamanho do mundo*

Constelar é, de maneira geral, reduzir a um aspecto, ou a alguns poucos aspectos que permitem "juntar" elementos heterogêneos. Todo material tem uma proveniência específica, mas é na nova configuração constelar que adquire sentidos contingentes. É uma lei de montagem: ver em conjunto é perder bastante. Uma estrela não existe para ser apenas um sinal num liga-pontos imaginário e, quando "montada" numa constelação, não necessariamente se leva em consideração seu peso, seu tamanho, sua densidade, o calor que emite, etc., para além de seu brilho. Ora, de uma situação específica, nem todas as estrelas brilham para nós com a mesma intensidade. Limitar-nos-emos, portanto, a constatar as três premissas acima listadas, com comentários de extensões e desenvolvimentos variáveis para cada uma das citações extraídas dos materiais preparatórios. Esclarecido isso, e adiantando a devida desculpa pelas reduções que seguem, digamos:

Salta à vista que, talvez com a exceção de Panero, todos os textos ou nomes citados nesses materiais preparatórios estão relacionados com a escrita de Livros absolutos. Dante Alighieri, como Mallarmé, teve a pretensão de fazer da sua *Commedia* uma espécie de livro total, e o *Apocalipse* de São João, xará de Guimarães Rosa, totaliza a narrativa Bíblica. A São Paulo atribuem-se quatorze epístolas do Novo Testamento. Lao-Tse é um verdadeiro instaurador de discursividade, origem de diversas filosofias e religiões, como o taoismo[331] e o zen-budismo, a partir do seu *Livro do caminho e da virtude*, o *Tao-Te-King*. Trismegisto é o "autor" do *Corpus Hermeticum*, e Neynes de um alfarrábio chamado *O Caminho de Gilgamesh*. O *Górgias* de Platão acaba com um mito escatológico em que corpo e alma, *polis* e tribunal transcendente, se contrapõem como retórica e filosofia, ou como mundo sensível e mundo inteligível. Ouspensky é o autor de uma versão do universo chamada *Tertium Organum* (1912).

Vamos um pouco mais detalhada, mas brevemente, a esses textos, para destacar algumas confluências.

A citação do *Tao-Te-King*,[332] parece apontar na direção do jogo

---

[331] "Pode ser que eu seja taoísta à maneira de Cordisburgo" (Rosa em Lorenz, "Diálogo" LX).
[332] Cabe destacar que a edição do *Tao-Te-King*, achada na biblioteca de Guimarães Rosa, é uma edição alemã (Düsseldorf-Köln, 1957). O escritor, portanto, tomou de uma edição

significante: "I", "Hi", "Oli", designam inacessibilidades sensoriais às que, entretanto, se dá nomes próprios, só compreensíveis ao interior da própria série em que esses nomes estão inscritos. Experiência mais vazio, de novo. Dado que é "una cadena sin solución de continuidad", não há explicação ou definição possíveis, remetendo-se o conjunto ao seu princípio no que parece uma reversibilidade sem fim. Tanto nesse Livro talhado em réguas de bambu de ordenações e combinações variáveis, quanto na passagem escatológica do *Górgias* de Platão que acabou como epígrafe "definitiva" de "Páramo", se postula a incognoscibilidade e inefabilidade do princípio do existente: caminho ou ideia, nada ou absoluto, não-ser ou ser verdadeiro, vazio ou pleno, zero ou uno,[333] são para nós, do ponto de vista desses autores, inalcançáveis –o que percebemos como universo real é irreal, a realidade é irrealidade, aparência surgida do nada ou da plenitude.

A doutrina de São Paulo, endereçada aos Coríntios em forma de epístola, retoma do mito escatológico do *Górgias* o postulado de um juízo divino, para além da vida terrena, e convida a abandonar os valores e coisas temporais, simples aparências, em nome de verdades eternas. Nisso coincide com os versos do falangista Leopoldo Panero, que metaforizam a existência temporal na figura de um ginete que corre dormido rumo a uma verdade transcendente, à vida verdadeira.

A citação dantesca e a apocalíptica coincidem surpreendentemente ao assinalar para o autor o papel de morto: o protagonista-narrador de "Páramo" tem um duplo, homem-cadáver que o atormenta. A citação apocalíptica – "Tens nome de vivo, e és morto"– parece ecoar esse desdobramento, assim como ressoa num trecho da narrativa: "Aqui longínquo, tão só, tão alto, e me é dado sentir os pés frios do mundo. Não sou daqui, *meu nome não é o meu*, não tenho

---

em espanhol o trecho, especificamente da *Revista de Occidente* publicada em Madri, em 1926.

[333] Em *Tutaméia*, particularmente no prefácio "Aletria e hermenêutica" há inúmeros exemplos dessa coincidência entre nada e tudo com que tentamos aproximar Platão e Lao-Tse. Citam-se apenas esses poucos: "o ar é o que não se vê, fora e dentro das pessoas. / O mundo é Deus estando em toda a parte. /O mundo, para um ateu, é Deus não estando nunca em nenhuma parte. /[...] O 0 é um buraco não esburacado. [...] /O copo com água pela metade: está meio cheio, ou meio vazio? // Saudade é o predomínio do que não está presente, diga-se, ausente [...] / Se viemos do nada, é claro que vamos para o tudo" (Rosa, *Tutaméia* 12).

um amor, não tenho casa" (Rosa, *Estas estórias* 179, *destaques nossos*): Juan, como o santo morto assinante do *Apocalypse* em espanhol; João, como poucas pessoas conseguiriam pronunciar em Bogotá.[334] Já a *Vita nuova*, além do eloquente "estás morto", perante o qual Rosa escreveu "Bogotá", é um livro paradoxalmente dedicado ao amor platônico por Beatrice, evanescente amada que na morte pode ser amada de maneira ideal.[335]

O Livro de Ouspensky, o *Tertium Organum* (1912), cuja teoria da quarta dimensão tanto ocupara Borges,[336] postula a tese de que aquilo que chamamos de realidade é uma ilusão, um sonho ou uma visão parcial, e de que, portanto, matéria e movimento não existem, assim como espaço e tempo não são existências separadas. Ouspensky explica o que entendemos como milagre da mesma maneira que entende o que percebemos como movimento: são projeções da quarta dimensão, ou de *n*-dimensões, sobre este, o nosso plano apenas tridimensional. Por ser parte de uma mesma realidade incognoscível, segundo o *Organum*, haveria a absoluta identidade de todas as coisas: todos os homens seriam um homem só ("El inmortal", "La trama"), todos os livros um só livro ("El libro de arena", "La biblioteca de Babel"), todas as árvores uma mesma árvore (Ouspensky, *Tertium* 108). Se vemos esses entes como separados, e se percebemos a passagem do tempo,

---

[334] Na página 16 da pasta "Poesia: termos e expressões", do arquivo de João Guimarães Rosa, há um pequeno datiloscrito em que se lê: "BOGOTÁ) –: ('ES. João no Apocalipse: tens nome de vivo e és morto' ) – Bogotá" [IEB/USP-JGR-EO-07,01].

[335] Há uma enorme tradição crítica que se ocupa dessa dantesca "necessidade da morte", que inclusive foi chamada por algum crítico de "necrofilia". Remetemos ao trabalho de Eduardo Sterzi, em que se convocam várias das fontes da tradição mencionada na perspectiva de compreender essa necessidade da morte como o trauma originário e estruturante da obra do próprio Dante e do que se conheceria posteriormente como "lírica moderna" (Sterzi, "Dante").

[336] Há em Rosa e Borges imenso interesse por esse autor, por alguns dos seus contemporâneos, como Claude Bragdon, e antecessores, como Howard Hinton. São também nomes relacionados com o desenvolvimento e divulgação das teorias einsteinianas da quarta dimensão. Em outros trabalhos desenvolvemos reflexões sobre essas confluências de biblioteca, no caso de Rosa particularmente centrados no conto "O espelho" que, em diálogo com essas teorias da quarta dimensão, postula a experiência como "uma hipótese imaginária" e a sua falta como "um milagre que não estamos vendo" (Rosa, *Primeiras estórias* 71, 75). A essa confluência, é claro, não é alheio "Páramo", em que se lê: "Esta cidade é uma hipótese imaginária [...] Esta cidade eu já a avistara, já a tinha conhecido, de antigo, distante pesadelo" (*Estas estórias* 179) (ver Vélez, "Borges 4D"; "JGR-4D").

isto acontece porque vivemos num plano de três dimensões, em que se projetam visões parciais de corpos no *espaçotempo*, ou de dimensões superiores (49). Partindo da certeza dessa projeção, e com o devido treinamento, poderia atingir-se *in via* a percepção de uma quarta dimensão. Dessa noção, no livro *The fourth way* (1957),[337] recopilação póstuma dos ensinamentos de Ouspensky, se depreende a noção de "quarto caminho", esse da anotação rosiana para "Páramo" em que se nega a realidade do fazer humano.[338] O essencial da noção de "quarto caminho" é que, como o Tao, ninguém o conhece, ninguém pode indicar nem definir, advém após sofrimento e não requer renunciar às coisas ditas externas (Ouspensky, *El cuarto* 109-10). Basicamente, essa quarta via consiste numa "lembrança de si", uma consciência do "corpo" tetradimensional distanciada das aparências perceptivas da vigília, que leva a um despertar que só pode ser achado por quem o procura. É a identidade entre infinito e alma, vazio e cheio, ou entre zero e uno, despojada essa alma da faculdade de racionalizar e distinguir. Desse despertar, entre outras coisas, se espera a certeza de um porvir desde sempre já existente, e portanto passado ou preexistente, isto é, um tempo que não flui e cuja direcionalidade é tão arbitrária como reversível. Alcançado o Quarto Caminho, profetiza Ouspensky, as nossas mentes prescindirão do tempo unilinear, e intuirão o universo de modo angélico: *sub specie aeternitatis*.

A pequena composição assinada pelo CÚLI CÃO foi parar no *Livre Tutaméia*, livro absolutamente reversível e rizomático, especificamente num conto que tem um chinês abrasileirado como protagonista, o Yao-Tsing-Lao, ou Quim, ou Joaquim, que achinesa a sua mulher, a sertaneja Rita ou Lita. Nesse conto, intitulado "Orientação" de maneira sugestiva, Walnice Nogueira viu uma fábula de "aculturação às avessas", "antinacionalista e anti-racista", que assinalaria caminho alternativo para a cultura brasileira: a errância, a

---

[337] Perceba-se, a data de publicação desse Livro é posterior a *Grande Sertão: veredas*, o que parece indicar que a narrativa bogotana, geralmente concebida pela crítica como um texto da juventude de Guimarães Rosa, também foi trabalhada, ou retrabalhada, na maturidade do escritor.

[338] Rosa insiste nessa negação do obrar na correspondência com o tradutor alemão, em que afirma que em sua *Weltanschauung*, "as coisas 'acontecem', ninguém 'faz' nada, só pensa que faz" (Rosa, *Correspondência* 242).

*Do tamanho do mundo*

miscigenação, em detrimento do fixo (Galvão, "Mínima mímica" 30, 33). Dessa tendência mista e contra-hierárquica daria conta o nome apócrifo do epigrafista: Cúli (*coolie*, o trabalhador braçal maltratado nos romances de Joseph Conrad) e Cão (*Khan*, o chefe, o comandante, o rei), ou cola ↔ cabeça. "Orientação" inverte esses papéis, como o livro em que se insere, Livro de um *lance de dados inicial* (um índice de leitura em que se dispõem alfabeticamente as narrativas a constelar), e um *lance de dados final* (um índice de releitura que reorganiza e discrimina de outra maneira os mesmos textos), que remete ao primeiro.

Hermes Trismegisto[339] é o nome atribuído pelos neoplatónicos ao deus egípcio Thoth, numa apropriação que junta os atributos do deus inventor da escrita e da matemática e aqueles do deus da comunicação entre mortais e imortais. Trismegisto, Hermes Três Vezes Grande, é o suposto autor de um *Corpus Hermeticum* (Sécs. I-III) de escritos de astrologia, medicina, magia, alquimia, astronomia, física, filosofia, etc., mas também dessas palavras, que se autoexplicam no contexto da presente montagem, tomadas da *Tábua da esmeralda*:

> O que está embaixo é como o que está em cima, e o que está em cima é como o que está embaixo; por estas coisas se fazem os milagres de uma só coisa. [...] Sobe da terra para o Céu e desce novamente à Terra e recolhe a força das coisas superiores e inferiores. Desse modo obterás a glória do mundo.

Nesse sentido, de reversibilidade absoluta de um significante desprovido do seu autor, pode-se ler uma outra citação incluída entre os materiais preparatórios com que trabalhamos: "Para cima não se vae –volta-se", tomada do livro *O caminho de Gilgamesh: vestígios para a reconstituição de um bailado*, de Gregorio Neynes. Para além do parecido desse subtítulo com *O bailado do deus morto* ou com *Notas para a reconstrução do mundo perdido*, de Flávio de Carvalho, pode-se dizer que Neynes é um antropófago desconhecido e que *O caminho de Gilgamesh* parece obra produzida segundo uma ciência do vestígio errático. Por se tratar de livro quase completamente desconhecido, raro, mas

---

[339] Rosa possuía um volume bilíngue, francês-grego, do tomo I do *Corpus Hermeticum* (Paris, *Les belles lettres*, 1945), atribuído a Hermes Trismegisto.

também extremadamente afim com textos até aqui abordados, vale a pena estender-nos um pouco sobre ele. Sem editora ou paginação, editado após pagamento do autor pelos impressores (Irmãos Pongetti, Rio de Janeiro, 1937-38), sem significativa figuração do seu autor (certamente um pseudônimo) em histórias da literatura, possuímos poucas informações acerca do *Gilgamesh*.[340] Mas exemplares com dedicatórias autógrafas a Guimarães Rosa e a Mário de Andrade podem ser vistos nas respectivas bibliotecas desses escritores, hoje sob os cuidados do IEB/USP (ver Vélez, "À procura"). Esse "drama aphorístico" tem a pretensão de ser um Livro, um livro do tamanho do mundo, como se pode coligir da introdução: "O sentido do caminho que Gilgamesh perfaz [...] é uma compreensão do Universo" (*O caminho de Gilgamesh* s/p). Tasso da Silveira, de fato, em resenha de 1943, empenha-se numa filiação nietzscheana e mallarmáica desse livro, dizendo inclusive que se trata de viagem "de estrela a estrela, através dos espaços infinitos" ("O caminho" 17). Hermético, O caminho de Gilgamesh é apresentado como a reconstrução aforística dos vestígios deixados em argila pelo bailado do herói sumério (primeiro herói escrito da história), uma transliteração de pegadas, ou "ideogramma de um estado de espírito feito gesto numa attitude mímica", segundo uma ciência/arte denominada "archeologia choreográphica" (Neynes, *O caminho* s/p). De maneira surpreendente, na mesma "introdução" recomenda-se atentar para as superposições de pegadas sobre pegadas, "verdadeiros palimpsestos", e para tudo que ficou sem gravar nas tabuletas de argila do Rey Asurbanípal: "o

---

[340] Após intensa procura, foi possível achar um exemplar da edição de 1937-38 num sebo da cidade de São Paulo e, através da internet, um outro exemplar, uma reedição portuguesa de 1967, com assinatura de "GREGÓRIO NEYNES Diretor da Secção de Pesquisas, Departamento de Arqueologia, Divisão de Restauração de Relíquias, Ministério de Conservação e Promoção das Artes"(1967 s/p). Nessa segunda edição, a orelha inicial do livro tem notas de apresentação de Tasso da Silveira e de Agrippino Grieco (parodiado em *Tutaméia* pelo seu arrivismo idiomático) (Rosa, *Tutaméia* 68), mas o nome impresso na capa não é mais Gregório Neynes, senão Nelson Geraldo. No *Diário Oficial da União*, de 2 de junho de 1938 (página 92, Seção 1), mencionam-se Nelson Geraldo Estavas e Neynes, como nome de autor e pseudônimo, numa solicitação de registro da obra *O caminho de Gilgamesh*. GN, NG, Gregório escritor de um grimório, a identidade do autor se mantém enigmática mesmo no único artigo achado a respeito desse livro, assinado por Tasso da Silveira e publicado no *Diário de Notícias* em 12 de Setembro de 1943 (ver Silveira). A respeito de Neynes também ver Vélez, "A procura".

*Do tamanho do mundo*

leitor terá de deduzir movimentos que não deixaram trazo (sic)[...] completar a curva da qual damos os pontos de contato com este plano axial dos acontecimentos humanos —o chão" (s/p). Dessa atividade criadora, diferenciada das personificações próprias do "romance psychologico" e da *"novel of ideas"*, Neynes declara esperar uma espécie de ressurreição do deus morto, a compreensão de que "Tudo é meio" (*Tutaméia*), de que basta abrir os olhos para compreender o mundo, e de que "só a experiência comunica os seres" numa "sympathia trágica" que está para além da intelecção. Já nos aforismos encontramos uma permanente apologia do impuro e misturado, do marginalizado, do artifício, do estilo em detrimento da forma ou dos conteúdos, do confronto, da insurreição, da voracidade cultural, de uma vida sem deus, ou da permanente transformação do tabu em totem. Também: uma "lógica" vestigial de pés firmemente fincados no chão, repudio do patriarcado, da História como decurso homogêneo e cumulativo, da autoria e da herança; exaltação da errância, da nudez, da experiência, do ócio sobre o negócio, do matriarcado sobre o "messiânico", do excesso ou dom em detrimento da falta, etc. (ver Vélez, "À procura"). Para além desses conteúdos, este grimório é um livro constelacional e reversível: cada aforismo é precedido por um número, do 1 ao 496, e em alguns pontos um número na margem direita do texto reenvia a outro aforismo distante, porém intimamente ligado com aquele perante o qual se indica a chamada. No meio da leitura, por exemplo quando se chega ao aforismo 359, números à margem direita indicam os lugares de outros aforismos que devem ser lidos na sequência, neste caso o 257 e o 294,[341] conformando um roteiro de leitura inusitado que, não raro, gera séries distintas da suposta pela ordenação linear da escrita. Ao terminar os aforismos, uma indicação ordena retornar ao primeiro aforismo: "(Da capo)". Assim como *Um lance de dados*, como *Finnegan's Wake* e como "Páramo", *O caminho de Gilgamesh* está composto segundo um princípio de reversibilidade: do "Quem sabe?" ao "quem sabe?", ou "Para cima não se vai —volta-se".

---

[341] Reconstituamos, a título ilustrativo, essa pequena sequência: "359. Está imminente a insurreição do Homem. -257. Um epílogo que ao mesmo tempo vem a ser o prólogo do drama seguinte: *A insurreição de uma obra de arte que se fez carne*. -294. Homem e Deus: *História de uma inimizade*" (Neynes, *O caminho* s/p).

Dessa mesma reversibilidade são expressivos os signos que precedem as citações no último material transcrito, aquele em que sob o título "PÁRAMO" se organizam pequenos trechos tomados de Platão, Lao-Tse, O Cúli Cão, Trismegisto, São Paulo, São João Evangelista, Neynes e Ouspensky. Esses signos estão na sequência: -Ω- -Ψ- -X- ∞ (-Δ-) -Γ- -B- -A-. Do ômega final ao alfa inicial do alfabeto grego, ou da morte à vida, ou do "quem sabe" ao "quem sabe", os trechos se organizam segundo um roteiro de viciosa circularidade, semelhante aos grimórios de Joyce e Mallarmé, acima mencionados —algo sem princípio nem fim definitivos, como o enigma de Lao-Tse antes transcrito. Da capo, o lance de dados exige um novo lance, estimula uma leitura (escritura) inversa, outras constelações, sempre possíveis pela singular disposição dos signos sobre o papel, isto porque, mesmo lançados, os significantes não escapam ao acaso dos acontecimentos de leitura.

GENTES

O que levou Guimarães Rosa a relacionar esses projetos de Livro com uma cidade como Bogotá? Por que se encena ele próprio como protagonista dessa estória, ele, o chamado a ocupar o papel do morto no jogo da escritura, como portador desse Livro que não é para ser lido? Por que essa montagem de referências emaranhadas e anômicas nesse espaço de espanto? Será o bogotazo uma demonstração palpável do vazio de toda metafísica, de toda prioridade ontológica que sustente sentido algum? Por essa razão esse protagonista, em triste colóquio com Dona Clara ("branca" "toda marmor e ívor"), se despede de deus: —"Adeus [...] —A Deus"? Será "Páramo" um momento decisivo da obra rosiana, assim como o fora O Livro mallarmeano para a literatura moderna? Era essa a percepção de Guimarães Rosa? E, se assim for, por isso o texto não foi publicado nem terminado? Será possível que, à maneira do projeto de Mallarmé, esse livro de livros, só possa achar a sua realização se não acabado, se secreto, se nunca publicado? Ou seja: como não realizado?

## Do tamanho do mundo 🙵

Para além da solução desses enigmas, vale dizer que um texto publicado, mesmo a versão definitiva, revisada pelo autor, não é outra coisa do que a projeção numa superfície plana de um processo que se estende no tempo e no espaço. O texto "definitivo", portanto, é uma seção de algo que acontece em múltiplos planos ou dimensões, mas de que temos apenas uma visão parcial. Os materiais transcritos nesta última parte não entraram na versão definitiva de "Páramo", mas, como Bogotá, o bogotazo, as gentes, etc., integram seu tecido. Digamos, mais uma vez, que o que não está é filamento nos fios que compõem o texto –um tecido ectoplásmico. Essa construção, como já se viu, constela insistentemente significantes em torno de ausências que reclamam os seus lugares, que insistem por vir a uma superfície textual que, no entanto, as adia com a mesma insistência ou as elide de maneira calculada.

Como vemos, situação e origem produzem sentidos na singular montagem rosiana, e não mais os reproduzem com fidelidade como pré-existentes à sua disposição sobre o papel. Reversibilidade, montagem e produção de vazio nos indicam na direção de um reenvio significante em que a eclosão do leitor e dos efeitos de leitura deve pagar-se com a morte do Autor, ao menos enquanto detentor absoluto dos sentidos. Rosa, como é evidente para qualquer um que já teve contato com seus materiais preparatórios, compunha seus textos montando pequenas, às vezes ínfimas, composições e anotações escritas em sequência. Diminutos trechos de texto que, em muitos casos, acabaram em livros de diversa proposta e de datas de publicação distantes, cuidadosamente mecanografados em folhas soltas e organizadas em pastas rotuladas com títulos variados. Assim que um texto era usado, Rosa o rasurava a caneta e escrevia perante o trecho o título da narrativa em que acabou inserido. Ou seja, não é a outra coisa que a rede de palavras em que se insere que se deve o sentido de cada material "montado", ao próprio jogo do texto e de sua leitura, e não mais exclusivamente à intenção com que fora composto. Esse jogo, esse procedimento, que aproxima a tarefa de escrever ao jogo insensato de Mallarmé, implica em Rosa uma compreensão do texto literário como o lugar de uma repetição diferencial e situada, como uma constelação de sentidos singularizada no "cada vez" do seu acontecimento. No sentido desse esvaziamento, o jogo de montagem opera como um poderoso antídoto contra o etnocentrismo, além de implodir, de maneira clara, qualquer pretensão autonomista, pois ao mostrar o ato de leitura como dependente de marcos referenciais também se despoja o texto de qualquer centralidade semântica. Toda leitura é a ficção de uma leitura, e está fortemente relacionada com imperativos vitais que, de maneira alguma, podem ser separados das nossas aproximações aos textos.

Essa concepção da escritura, que até aqui tentamos deduzir do *corpus* estudado, tem um eloquente exemplo em *Tutaméia* (1968), livro que ao longo deste trabalho não raro foi convocado *quase* como um apoio teórico. *Tutaméia* é um *Livre*,[342] descaminho em que as anotações se fazem livro, em que o excêntrico vem ao centro. Livro absolutamente reversível, que exige a releitura e o embaralhamento dos seus materiais sem, no entanto, deixar de lado o interesse por excluídos, aleijões, "raros", crianças, loucos, animais, chineses, ciganos, cegos, mulheres, gigantes, índios, bêbados, etc. —isto é, *Tutaméia* não deixa de mostrar-se sensivelmente afetado pela catástrofe, é uma coletânea de estórias contra a história. Com efeito, mesmo que organizados alfabeticamente, lançados sobre o papel, os prefácios e estórias não têm um sentido unitário, nenhuma significação nuclear, mas há nessa construção de tesauros uma reivindicação da *situação* de leitura e do

---

[342] "Em estado de dicionário" dizia Mallarmé, para se referir ao seu trabalho minucioso com as etimologias e as constituições materiais das palavras. Já Rosa, na entrevista a Günter Lorenz, declarava: "Hoje, um dicionário é ao mesmo tempo a melhor antologia lírica. Cada palavra é, segundo sua essência, um poema. Pense só em sua gênese. No dia em que eu completar cem anos, publicarei um livro, meu romance mais importante: um dicionário. Talvez um pouco antes. E este fará as vezes de minha autobiografia" (em Lorenz, "Diálogo" LVII). Bem, *Tutaméia*, que tem a rigorosa ordem alfabética de um dicionário (com as expressivas exceções de contos cujos títulos formam a sigla do nome do autor: JGR), poderia ser esse livro. Na mesma entrevista a Lorenz, o crocodilo Guimarães Rosa citava em francês uma famosíssima sentença do autor de *"Un coup de dés"*: "apenas alguém para quem o momento nada significa, para quem, como eu, se sente no infinito como se estivesse em casa, o crocodilo com as duas vidas até agora, somente assim pode encontrar a felicidade e, o que é mais importante, conservar para si a felicidade. *Au fond je suis um solitaire*". E também dizia, em trecho que relembra *Tutaméia* (tudo no meio, tudo na travessia): "mas como não sou Mallarmé, isso significa para mim a felicidade. Apenas na solidão pode-se descobrir que o diabo não existe. E isso significa o absoluto da felicidade. Esta é a minha mística. [...] Pois o diabo pode ser vencido porque existe o homem, a travessia para a solidão, que equivale ao infinito" (em Lorenz, "Diálogo" XLI).

*Do tamanho do mundo*

seu par dinâmico, o acontecimento. O sentido em *Tutaméia* depende dos acontecimentos de leitura, porque é o leitor que, no meio da travessia, traça os próprios caminhos. Por isso, talvez, em "Curtamão" se apresenta um narrador-construtor que declara compor a narração com os leitores, ou almejar só o "vir a ser, o possível", que descreve a própria obra – *"casa levada da breca, confrontando com o Brasil"*– como uma "desconstrução de sofrimento" (Rosa, *Tutaméia* 34-37). Daí a intensa defesa que em "Hipotrélico" se faz do neologismo, ou a intensa reflexão sobre o estar-no-mundo bêbados (nós) de "Nós os temulentos". Por isso, em "Sobre a escova e a dúvida" se insere a anedota das mangueiras e do zero hinduísta, e se insiste na necessidade de "conseguir-se a suspensão de julgamento" (156). Por isso em "Aletria e hermenêutica" –que não é *aletheia* [ἀλήθεια], veja-se, não é desvelamento ou verdade oculta, mas *aletria*, sopa de letras, mistura humilde, rede, fantástico de biblioteca ou *a-letria*, subtração da letra– as chamadas "anedotas de abstração" não parecem ter uma função diferente da de produzir o vazio, ou nas palavras da voz narradora a de "se chegar perto do nada residual", ou a de procurar o "não-senso" que "reflete por um triz a coerência do mistério geral, que nos envolve e cria" (4-5).

Não é possível, assim, concluir que o jogo insensato da escritura seja simplesmente alheio à história ou à circunstância em que se origina. Mallarmé, por exemplo, elaborava o seu vazio branco num momento de profunda crise da representação, que ele chamava "crise de verso", esse final do século XIX que testemunhava pasmo a inanidade dos discursos totalizadores do real, tal o positivismo, o utilitarismo, os nacionalismos românticos, o realismo, o naturalismo, etc. (Mallarmé, *Divagações* 157-67; Gutiérrez-Girardot, *Modernismo* 73 e seguintes), "essa tempestade que chamamos progresso", para usar palavras de Walter Benjamin. A respeito desses jogos significantes e de sua ligação com circunstâncias específicas, Rafael Gutiérrez-Girardot, em artigo escrito pelos mesmos anos da preparação da segunda edição do seu livro *Modernismo, supuestos históricos y culturales* (1987) –em que se perscruta a biblioteca *fin de siècle* modernista hispanoamericana–, deduz o borgiano Pierre Menard da mistura entre Paul Valéry e Stéphane Mallarmé (*Cuestiones* 71-72). *Paul Mallarmé*, como *Pierre Menard*, teria empreendido seu projeto de Livro afetado pela tempestade histórica, incorporando em decorrência o anacronismo, a reescritura minuciosa e as atribuições erráticas, que são marcas da soberania do leitor como produtor do texto. Esses projetos baldados, portanto, estão tão constituídos por fantásticos de biblioteca (Foucault) quanto atravessados por *pathos* singulares que se confrontam às totalizações próprias dos seus tempos: são sistemáticas do fracasso em mundos do fracasso dos sistemas, confissões de languidez, mas também de barbárie criadora. O naufrágio do poema, a crise de verso ou de prosa, não deixa de incorporar através de mimetismo, e de assim expor em si, o naufrágio desses discursos, em diante impugnados em sua pretensão totalizadora, assim como as hierarquias que impõem.[343]

Vários são os exemplos dessa participação temporal, particularmente expressivos nos casos de escrituras produtoras de vazio. Poe, como Mallarmé, elaborava o seu procedimento em tempos de exaustão do discurso positivista; Joyce erigiu o seu galimatias no intervalo entre duas guerras mundiais; Beckett enterra, num páramo de plena luz, um casal primordial-crepuscular, atarefado num colóquio sentimental tão absurdo quanto o tenso acordo global de pós-guerra que, passados quinze anos, mostrava a sua verdadeira face: o desastre nuclear iminente. Exatamente no mesmo ano da explosão da Primeira Guerra, para citar um outro exemplo, Raymond Roussel construía um *Locus solus* (1914) às margens de Paris, lugar habitado por fantasmas, por mortos vivos, por autômatos surgidos da biblioteca. Nesse lugar solitário, às margens da *polis*-luz, o sábio Martial (guerra) Canterel (canto, *chant*, mas também canto, *margem*) constrói máquinas alucinantes, encena fragmentos de vidas e mortes alheias, "monta" artefatos e ruínas de procedências diversíssimas, sem outro sentido aparente que o jogo, o reenvio à série ou a repetição. De fato, o famigerado *procedimento* de escrita do próprio Roussel, consistia numa construção de linguagem narrativa que permitia unir, após extensa deriva, frases ou palavras homófonas ou homógrafas, porém de significados completamente divergentes (ver Aira, "Raymond Roussel"). Não por acaso, o escritor argentino César Aira integra procedimentos tanto do Locus solus rousseliano quanto do rosiano "O recado do morro", em *El vestido*

---

[343] "Falar não concerne à realidade das coisas senão comercialmente" (Mallarmé, *Divagações* 164).

*rosa* (1984), texto cuja elaboração e publicação quase coincidem com o fim da ditadura militar argentina, em que um puro significante sem serventia circula sem envelhecer nem mudar pelo espaço infinito do pampa. Nessas ficções o espaço representado propaga um conteúdo "nuclear" que, entretanto, precisa de suas manifestações contingentes para completar-se. Mas o espaço escrito é, nesses textos, o "núcleo" da representação, um deserto mapeado, um traçado de derivas que não está para outra coisa que para evidenciar a possibilidade de infinitos roteiros. Nesse sentido, mas em outro momento de crise, compreende-se que Aníbal Machado, em sonho anotado em 1953, injetasse ressurrectina à figura de Raymond Roussel para sair da "chácara de Sabará", isto é, do sertão –que na década de 50 se impunha como o cenário representacional da literatura brasileira (ver Candido, *Iniciação 88*)– assim como para constatar a morte do autor (ver Machado, "1953"). Com Aníbal compreendemos que o páramo está no interior da própria palavra, mas que essa palavra, mesmo esvaziada em seu jogo de inoperância, não está desligada das existências que se recusa a representar.

*Différence, différance*: o mapa escrito é um mapa do tesouro, mas de um muito singular, pois o tesouro é o próprio mapa.

Assim como Borges fazia um estrangeiro, Pierre Menard, naufragar no seu projeto de *Livre* cervantino, o projeto rosiano de Livro, "Páramo", encena um narrador brasileiro, duplo do autor-morto, em cidade estrangeira, porém próxima. Com isso não só se impugna a exigência regionalista, mas também se questiona um universalismo fechado a diálogos de afinidade. Mudando o marco de referência, ou seja, deslocando-o da própria cultura para outra, opera-se uma comoção da percepção da realidade, do *espaçotempo*, comparável à que se opera sobre grandes corpos astrais quando se modificam movimento e passagem do tempo de acordo com posições de observação. Mudando o ponto de vista, outras constelações aparecerão.

A operação de Rosa é um labor vestigial, uma montagem de materiais heterogêneos que tende a manifestar o mal-estar de uma História monstruosa. E esse labor dá à criptografia a máxima relevância.[344] Depende da competência do leitor, de sua específica enciclopédia e dos efeitos de leitura decorrentes "remontar" essa história a partir da estória. A afinidade entre as ruínas convocadas pela alegoria e o leitor, certamente colocado em posição "periférica", é pois um requisito de leitura. Ou melhor, o texto quer produzir essa afinidade, suscitar essa competência. É uma escritura criptografada, marcada por pormenores que entraram ao texto como vestígios e não como conteúdos ou abstrações simbólicas. Antes do que constituir uma pureza significante intratextual, esse encriptar indica uma significância inerente ao "fora do texto", é a própria situação do leitor que se dá à leitura. Dessa maneira, aliás, impugna-se esse tipo de cosmopolitismo que, adaptado aos nacionalismos latino-americanos, tende a negligenciar contatos, comoções ou confrontações não mediadas pelo referencial cultural metropolitano.

Os textos estudados neste livro são projetos dos anos 40 que só se publicaram na década de 60, mas que foram retrabalhados nesse intervalo, ao menos na perspectiva da publicação de *Estas estórias*, o projeto póstumo de Rosa, quase em 70. Estão, portanto, atravessados por essas três décadas de Guerra Fria, em que se passou de uma unificação continental (procurada em espaços como a IX Conferência Pan-americana), à perseguição solapada dos comunismos e ao período das ditaduras, em que a homogeneização ideológica, política e econômica da região, promovida pelo Capital, teve as consequências desastrosas que todos conhecemos. Na Colômbia, essa homogeneização se processou através do bipartidarismo, que se apropriou do poder através da ditadura do general Rojas Pinilla (1953-1957) e da Frente Nacional (1958-1974), deixando na ilegalidade amplos setores da esquerda que, a partir da década de 1950, conformaram as guerrilhas em nome de cujo combate o estado continuou a guerra civil de antanho, mas com a aberta intervenção econômica e militar de uma potência mundial. No Brasil, a aliança entre o empresariado urbano, o latifúndio e interesses da mesma potência mundial, derrubou através de golpe militar o governo de João Goulart (1961-1964), instalando a

---

[344] Para Derrida, a cripta, o segredo, é questão eminentemente política, em que rastro e experiência, nas suas diferenças específicas, se remetem mutuamente (*Pensar em não ver* 127 e seguintes).

Do tamanho do mundo

sangrenta ditadura civil-militar (1964-1985) que há cinquenta anos assedia como um fantasma a sociedade brasileira. Em ambos os casos, se procedeu à eliminação política, ideológica e física de amplos setores da população, houve imensa concentração da propriedade e dos meios de produção, e alojou-se uma aversão a modelos alternativos de gestão e desenvolvimento, tão forte, que fez aparecer como "natural" a plena aplicação do neoliberalismo, com enorme devastação humana e ambiental.

Os textos estudados recebem as marcas de sua época e se rejeitam a representação ou as totalizações, se afastados de uma compreensão "realista" da linguagem, se optam pela elisão em detrimento da representação, não o fazem à margem dessas comoções. Em Rosa, como se tentou demonstrar ao longo deste trabalho, a criptografia se nutre de uma dialética própria do que Silviano Santiago denomina *cosmopolitismo do pobre*: há nesses textos universalidade mais diferença. Isto é, um cosmopolitismo *situado*. O pormenor local não colide com os procedimentos escriturais mas se integra a eles, e a circunstância não elimina a universalidade. Enquanto para protocolos regional-universalistas era o referente local que tinha que elevar-se às formas universais para lá alcançar sua legitimidade, o corpus estudado exige do patrimônio simbólico globalizante aproximar-se dos conhecimentos, signos e problemas locais, dissemina a singularidade ao invés de normalizá-la. O pequeno, a ruína, reclamam seus lugares. É algo que o corpus estudado neste trabalho partilha com a literatura do presente, cada vez mais aberta ao detalhe miúdo e circunstancial para além da metáfora de compreensibilidade universal.

*Incorporar* como conteúdo, isto é, representar, é algo completamente diferente de *encorporar* enquanto comoção. Vestigialmente gentes entraram nesses textos, exigindo de nós, leitores críticos, posturas de afinidade, não mais atreladas a uma identidade não-eventual. Só há afinidade possível se somos sem essência, ou seja, se a existência coletiva se sustenta em configurações contingentes sempre repensáveis: produzir o vazio, assim, é a estratégia textual que indica a necessidade de procura de novas possibilidades de existência coletiva. A única garantia de comunidade, dessa maneira, seria a impugnação de toda prioridade ontológica e das hierarquias que ela impõe. A coragem do vazio é um requisito de constituição de novas sociabilidades –ou de sociabilidades não pautadas pela comum pertença a um universo ordenado, ou pela obediência a uma Lei prévia à existência. Mas se os signos dançam em torno do nada, eles não deixam de receber a comoção da existência. Nesse sentido, todos aqueles excluídos ou marginalizados de discursos totalizadores, não podem deixar de não se escrever sobre o texto literário. Eles aí são *excritos*, para usar uma palavra de Jean-Luc Nancy, eles são o ruído que impugna a pretensão de representá-los e no texto sobrevivem postumamente.

O barroco é sempre sintoma da crise de ordens simbólicas inteiras. Os grimórios rosianos, ao menos os estudados neste ensaio, são textos de extrema codificação, galimatias herméticos, elisivos, barafundas eloquentes que tendem a perfurar discursos hegemônicos. É uma escritura pós-babélica: a nação comum, ou a região, já não têm símbolos de unificação e estão longe de funcionar como comunidades imaginárias. Ora, se todos somos segundos, ou seja, se carecemos de fundamento, não se justifica nenhuma hierarquia –a única comunidade possível é uma comunidade aberta a novas e eventurais disposições. Antes que procurar uma normalidade média, como se expôs ao longo deste trabalho, a escritura rosiana está permanentemente à procura de procedimentos que permitam ouvir as vozes dos sem-nome, de seres marginalizados que com a própria existência impugnam toda normalidade e pureza, assim como toda pretensão de um único sentido. Em palavras de *Tutaméia*: "São esdrúxulos frequentemente que resguardam a paz e a liberdade" (153), ou são esdrúxulos que deixam no texto as marcas do vazio do mundo. O desastre aconteceu há tempos.

Em palavras de Aníbal Machado: "Qualquer que seja a arquitetura dum edifício, seus escombros obedecerão ao estilo barroco" (em Cervelin, *Fluxo da invenção* 4).

Apesar de sustentada no vazio de um relato totalizador, toda fronteira rigidamente marcada, entendida como impermeável ou desprovida do seu caráter liminar, instala e justifica a violência; toda formação, ou compreensão de uma literatura já formada, instala e justifica infames exclusões. Na sua juventude, Guimarães Rosa foi um cultor do esperanto. Essa afeição, aos poucos, derivou numa compreensão de que é na variedade das línguas humanas, e nos entrecruzamentos e trocas entre elas que está o seu sentido. De esperantista a poliglota, Rosa descobriu que a verdade da língua é sempre a sua própria diversidade, o galimatias pós-babélico. Ou, parafraseando Benjamin, que no texto sobre "A tarefa do tradutor" se valia de Mallarmé para dar conta da babélica impossibilidade de chegar à verdade através da língua,[345] a única língua da verdade é a verdadeira linguagem, isto é, o ato elocutório concreto com seus gestos singulares (Benjamin, "A tarefa-renúncia" 205). Dar voz aos sem nome implica escrever em mais de uma língua, operar policefalicamente, multiplicar as singularidades para abalar a unicidade imposta pelo monstro, manchar sua "pureza" pela exposição aberta de seus restos, confrontando-o com a sua própria verdade, que é a ruína. Dessa maneira opera a escritura rosiana, como se tentou evidenciar ao longo deste livro, e com isso se aproxima dessa desconstrução que Derrida "define" como "mais de uma língua", o desastre da monolíngua pretendida pela hegemonia colonial. Dado que essa diversidade só pode ser pensada como a combinatória entre afinidade e confronto, *hospis* e *hostis*, essa escritura opera extaticamente, fazendo do texto o palco de íntimas estraneidades. Para além do intercâmbio restrito e regrado de bens culturais, a (des)obra de Rosa endereça-se para essa *anamnese* do outro que para Derrida é o destino de toda escritura: "siempre es múltiple el gesto [da escritura] que intenta afectar la monolengua, la que uno tiene sin saberlo. Ese gesto sueña con dejar en ella marcas que recuerden aquella muy otra lengua [Babel], ese grado cero menos uno de la memoria, en suma" (*El monolinguismo* 106-107).

Para terminar, cabe repetir que o corpus rosiano se movimenta entre a produção textual de um vazio e a plenitude de uma experiência nele sustentada. Chame-se bipartidarismo, etnocentrismo, pan-americanismo, eurocentrismo, liberalismo, nacionalismo, fascismo, ditadura civil-militar, Uno, monolínguia, centro, etc., todo discurso formalizador do social, isto é, da comunidade, tende ao vazio que

---

[345] "As línguas imperfeitas nisso que várias, falta a suprema: pensar sendo escrever sem acessórios, nem cochicho, mas tácita ainda a imortal fala, a diversidade, sobre a terra, dos idiomas impede ninguém de proferir as palavras que, senão, se encontrariam, por um cunho único, ele mesmo materialmente a verdade" (Mallarmé, *Divagações* 161).

a sua construção como linguagem manifesta, na mesma medida em que não consegue manter-se à margem do assédio de tudo que tenta, antropoemeticamente, expulsar. Esses cantos de sereia, ou esses silêncios de sereia, quando ouvidos, atravessam o vazio, evidenciam a própria incapacidade do vazio para representá-los. A escrita de Guimarães Rosa contorna esse nada, ou melhor, o *encorpora* como "procedimento" ou "operação", para impugná-lo, entre outras coisas, pela contaminação de ecos dessas vozes –Odisseu amarrado ao mastro de um navio, com os ouvidos mal cobertos por cera, esse texto não pode outra coisa que dar a ver a sua própria incapacidade para reproduzir com fidelidade a plenitude desse canto ido.

À unificação pan-americanista da primeira metade do século XX, alcançada só precariamente em tratados comerciais e de cooperação militar anticomunista, seguiram os movimentos armados de esquerda que, entre 1940 e 1960, se levantaram por toda América Latina. Nos anos imediatos, as ditaduras civil-militares implantaram pela violência e o terrorismo de estado a unificação subalterna procurada pelo pan-americanismo. Na literatura, essa fragmentação manifesta-se por um vazio de sentido e pela consequente proliferação de signos: Blanchot e a aridez do deserto, as erráticas bibliotecas borgianas, Derrida e a desconstrução, Beckett e os seus casais primordiais afundando num páramo de plena desesperança, as palavras e as coisas de Foucault, Aníbal Machado matando Roussel em Sabará, o Concretismo com sua obsessão pelo significante, o amor atrás do pensamento de Clarice Lispector, Rulfo com sua cidade patriarcal em ruínas só armada de sussurros de fantasmas, Guimarães Rosa do inferno verde à "cárcel de los Andes". Todas essas são apostas para confrontar crises simbólicas, todas elas confiam a comunidade ao impossível, e fazem da proliferação significante, da errância de signos no páramo do mundo, expressões dessa comunidade por vir. É uma espera sem espera, ou um messianismo sem messias, que confia à aletria, ao labor de decifração de enigmas insolúveis, a postulação de estratégias não globalizantes, afastadas da pretensão de falar por todos desde nenhum lugar, desde qualquer lugar, ou desde todos. Por isso a afinidade se manifesta como "universalidade mais diferença": partilham-se perguntas e estratégias de sobrevivência, mas não se impõem respostas. Se não há sentidos disponíveis e os signos se lançam ao deserto, a única comunidade possível será uma comunidade pautada por procuras, contatos e devires incessantes, não mais pela imposição de um sentido coletivo vindo "de cima". A contemporaneidade ainda é muito sensível a essas derivas; hoje que vivemos os desastres do neo-liberalismo, em cidades cada vez mais fragmentadas, em campos e florestas devastados, num mundo reunificado por golpes de estado ou de mercado, esse vazio e essa proliferação estão vigentes como nunca.

Tentou-se com este trabalho reivindicar no sertão uma parte de páramo, ou aproximar desertos que, afinal, nem estavam tão longe. Isso nos levou, talvez erraticamente, a privilegiar alguns textos e reflexões sobre outros possíveis. Se o lance de dados, fundamental como sabemos para o corpus estudado, aposta pelo "cada vez" da releitura e da reescrita, então só resta solicitar a compreensão dos leitores deste extenso livro por esta, a nossa "vez" de leitura. Espaçamento e diferença, os textos estudados continuam abertos às disposições que outros leitores lhes darão. Esperamos apenas que, neste naufrágio singular, ao menos algumas conexões tenham certa plausibilidade. Para além disso, provavelmente, nada/ terá tido lugar/ senão o lugar/ exceto/ talvez/ uma constelação.

# Bibliografía

Achcar, Francisco. *Carlos Drummond de Andrade*. São Paulo: Publifolha, 2000.
Acosta Peñaloza, Carmen Elisa. *Invocación del lector bogotano de finales del siglo XIX: lectura de 'Reminiscencias de Santafé y Bogotá' de José María Cordovez Moure*. Bogotá: Instituto Caro y Cuervo, 1993.
"Acta Final". *Carta cultural de América*. Washington: Departamento de Asuntos Culturales, 1953. 40-43.
Agamben, Giorgio. *Profanações*. São Paulo: Boitempo, 2007.
Aguilar, Gonzalo. *Por una ciencia del vestigio errático (ensayos sobre la antropofagia de Oswald de Andrade)*. Buenos Aires: Grumo, 2010.
\_\_\_\_\_ "La piedra de la Medusa". *Ramona. Revista de Artes Visuales* 68 (2007): 54-67.
Aira, César. *El vestido rosa*. Buenos Aires: Ada Korn Editora, 1984.
\_\_\_\_\_ "Raymond Roussel. A chave unificada". *Dossiê Raymond Roussel. Sopro* 98 (2013). Byron Vélez Escallón, trad. <http://culturaebarbarie.org/sopro/numeros.html>. 20 março 2014.
Alape, Arturo. *El bogotazo. Memorias del olvido: 9 de abril de 1948*. Bogotá: Ed. Planeta, 1985.
\_\_\_\_\_ "El 9 de abril: muerte y desesperanza". *El saqueo de una ilusión. El 9 de abril 50 años después*. Guillermo González Uribe e outros. Bogotá: Número Ediciones, 1997. 92-101.
Alencar, José de. *O guaraní*. São Paulo: Ática, 1999.
"A lenda dos Taria". *Perspectiva* 16 (1993): 302. Oswaldo M. Ravagnani, trad. <http://seer.fclar.unesp.br/index.php/perspectivas/article/viewFile/783/644>. 20 maio 2009.

Alighieri, Dante. *Vida nova*. Carlos Eduardo Soveral, trad. Lisboa: Guimarães Editores, 1993.

Andrade, Mário de. *Macunaíma, o herói sem nenhum caráter*. Edição Telê Porto Ancona Lopez. Paris: Association Archives de la Littérature latino-américaine, des Caraïbes et africaine du XX siècle, 1988.

Andrade, Oswald de. "A última entrevista de Oswald de Andrade" 1954. *Revista Bula* <http://www.revistabula.com/960-ultima-entrevista-oswald-andrade/> 10 dez. 2013.

\_\_\_\_\_ *Do Pau-Brasil à Antropofagia e às Utopias*. Rio de Janeiro: Editora Civilização Brasileira S. A., 1978.

\_\_\_\_\_ "Mensagem ao antropófago desconhecido". *Revista Acadêmica* 67 (1946).

\_\_\_\_\_ *Os dentes do dragão - entrevistas*. Maria Eugenia Boaventura, ed. São Paulo: Globo/Secretaria de Estado da Cultura, 1990.

Antelo, Raúl. *Algaravia: discursos de nação*. Florianópolis: Editora da UFSC, 1998.

\_\_\_\_\_ "Autonomia, pós-autonomia, an-autonomia". *Quorpus* 10 (2013). <http://qorpus.paginas.ufsc.br/como-e/edicao-n-010/autonomia-pos-autonomia-an-autonomia-raul-antelo/>. 09 out. 2013.

\_\_\_\_\_ "Genealogía del mimetismo: estudios culturales y negatividad". *Nuevas perspectivas desde/sobre América Latina. El desafío de los estudios culturales*. Mabel Moraña, org. Santiago de Chile/Pittsburgh: Cuarto Propio/Instituto Internacional de Literatura Iberoamericana, 2000. 373-386.

\_\_\_\_\_ "La dês-obra como *ready-made*". *Cahiers de LI.RI.CO* 4 (2008). <http://lirico.revues.org/445>. 2 set. 2013.

\_\_\_\_\_ "Mimetismo y migración". *I/C - Revista Científica de Información y Comunicación* 6 (2009): 307-317.

\_\_\_\_\_ "O arquivo e o presente". *Revista Gragoatá* 1 (julho-dez. 2007): 43-61.

\_\_\_\_\_ "Políticas canibais: do antropofágico ao antropoemético". *Transgressão e Modernidade*. Ponta Grossa: UEPG Editora, 2001. 262-276.

\_\_\_\_\_ "Una crítica acéfala para la modernidad latino-americana". *Revista Iberoamericana* VIII/33 (2008): 129-136.

\_\_\_\_\_ "O poema moderno e a inestética espectral". *Revista Landa* 1 (jul.-dez. 2012). <http://www.revistalanda.ufsc.br/PDFs/antelo_landa_0.pdf>. 9 dez. 2012.

\_\_\_\_\_ "Roger Caillois: magia, metáfora, mimetismo". *Boletín de Estética* V/10 (jun. 2009): 5-34.

\_\_\_\_\_ Prefácio / Roussel, la vie. *Locus solus*. Raymond Roussel. Fernando Scheibe, trad. Florianópolis: Cultura e Barbárie, 2013. 17-22.

\_\_\_\_\_ "Zoologías imaginarias y biopolíticas modernas". *Boletín del Centro de Estudios de Teoría y Crítica Literaria* 7 (out. 1999): 16-33.

Araújo, Heloísa Vilhena de. *Guimarães Rosa: diplomata*. Brasília: Fundação Alexandre de Gusmão, 2007.

Arciniegas, Germán. *América, tierra firme y otros ensayos*. Caracas: Biblioteca Ayacucho, 1990.

\_\_\_\_\_ *Biografía del Caribe*. Barcelona: Círculo de Lectores, 1966.

Arias, Ricardo. "Los sucesos del 9 de abril de 1948 como legitimadores de la violencia oficial". *Revista Historia Crítica* (julho/dez. 1998): 39-46.

Arinos, Afonso. *Pelo sertão. Obra completa*. Rio de Janeiro: Conselho Federal de Cultura, 1969. 47-120.

Arreola, Juan José. *Obras*. México D.F.: Fondo de Cultura Económica, 1995.

Arturo, Aurelio. *Obra poética completa*. Barcelona/Madrid: ALLCA XX, 2003.

Assis, Joaquim Maria Machado de. *Memorial de Aires*. Brasília: Civilização Brasileira, 1975.

\_\_\_\_\_ *Memórias póstumas de Brás Cubas*. Porto Alegre: L&PM, 2007.

Astrada, Carlos. *El mito gaucho. Martín Fierro y el hombre argentino*. Buenos Aires: Ediciones Cruz del Sur, 1948.

Auerbach, Eric. *Mimesis*. Ignacio Villanueva y Eugenio Ímaz, trads. México D.F.: Fondo de Cultura Económica, 1996.

Avelar, Idelber. *Alegorías de la derrota: la ficción postdictatorial y el trabajo del duelo*. Santiago de Chile: Cuarto Propio, 2000. <http://idelberavelar.com/alegorias-de-la-derrota.pdf>. 28 abril 2013.

Bakhtin, Mikhail. *Questões de literatura e de estética: a teoria do romance*. Aurora Fornoni Bernadini, trad. São Paulo: UNESP, 1998.

Bastos, Dau (org.). *Luiz Costa Lima: uma obra em questão*. Rio de Janeiro: Garamond: 2010.

Barbosa, Alaor. *Sinfonia Minas Gerais: a vida e a literatura de João Guimarães Rosa*. Brasília: LGE Editora, 2007.

Barthes, Roland. "A morte do autor". *O rumor da língua*. Mario Laranjeira, trad. São Paulo: Brasiliense, 1988.

Bataille, Georges. *El erotismo*. Antoni Vincens e Marie Paule Sarazin, trads. Buenos Aires: Tusquets, 2009.

_____ *La felicidad, el erotismo y la literatura: Ensayos 1944-1961*. Selección, traducción y prólogo de Silvio Mattoni. Buenos Aires: Adriana Hidalgo Editora, 2004.

_____ *La parte maldita*. Lucía Ana Belloro e Julián Manuel Fava, trads. Buenos Aires: Las Cuarenta, 2009.

Bataille, Georges e outros. *Acéphale*. Margarita Martinez, trad. Buenos Aires: Caja Negra, 2005.

Beckford, William. *Vathek*. Henrique de Araújo Mesquita, trad. Porto Alegre: L&PM Editores, 2007.

Benjamin, Walter. *A modernidade e os modernos*. Heidrun Krieger Mendes da Silva, trad. Rio de Janeiro: Tempo Brasileiro, 1975.

_____ "A tarefa-renúncia do tradutor". *Clássicos da teoria da tradução*. Werner Heidermann, org. Susana Kampff Lages, trad. Florianópolis: UFSC/Núcleo de Pesquisas em Literatura e Tradução, 2001. 188-215.

_____ "Excavar y recordar". *Obras*. Jorge Navarro Pérez, trad. Liv. IV, v. 1, Madrid: Abada, 2010. 350.

_____ "Johann Jakob Bachofen". *Eco, Revista de la Cultura de Occidente* 221 (março 1980): 536-550.

_____ *Magia e técnica, arte e política: ensaios sobre literatura e história da cultura*. Sergio Paulo Rouanet, trad. São Paulo: Editora Brasiliense, 1993.

_____ *A origem do drama barroco alemão*. Sergio Paulo Rouanet, trad. São Paulo: Editora Brasiliense, 1984.

_____ *Passagens*. Irene Aron e Cleonice Paes Barreto, trads. Belo Horizonte/São Paulo: Editora UFMG/Imprensa Oficial do Estado de São Paulo, 2006.

_____ "Sobre la facultad mimética". *Angelus Novus*. Barcelona: Edhasa, 1971. 167-170.

_____ *Tesis sobre la Historia y otros fragmentos*. Introducción y traducción de Bolívar Echeverría. México: U.A.C.M., 2008.

Bense, Max. *Inteligência brasileira: uma reflexão cartesiana*. São Paulo: Cosac & Naify, 2009.

Bidou, Patrice. "Do Mito à Lenda: o nascimento da palavra na aldeia dos bianaca". *Makunaíma e Jurupari: cosmogonias ameríndias*. Sérgio Medeiros, org. Sao Paulo: Perspectiva, 2002. 359-396.

Blanchot, Maurice. *La ausencia de libro / Nietzsche y la escritura fragmentaria*. Alberto Drazul, trad. Buenos Aires: Ediciones Caldén, 1973.

_____ *O livro por vir*. Leyla Perrone-Moisés, trad. São Paulo: Martins Fontes, 2005.

Bolle, Willi. *Grandesertão.br: o romance de formação do Brasil*. São Paulo: Duas Cidades, 2004.

Bonomo, Daniel Reizinger. "A correspondência do Fundo Aracy de Carvalho Guimarães Rosa". *Revista IEB* 48 (março 2009).

Borges, Jorge Luis. "La personalidad y el Buddha". *Borges en Sur*. Buenos Aires: Emecé, 1999.

_____ *Obras completas*. Tomos I e II. Buenos Aires: Emecé, 1974.

_____ "La eternidad y T. S. Eliot". *Textos recobrados, 1931-1955*. Sara Luisa del Carrill e Mercedes Rubio de Socchi, eds. Buenos Aires: Emecé, 2001. 49-52.

_____ *Obras, reseñas y traducciones inéditas: Colaboraciones de Jorge Luis Borges en la Revista Multicolor de los Sábados del diario Crítica, 1933-1934*. Buenos Aires: Atlantida, 1999.

Bozal, Valeriano. *Francisco Goya, vida y obra*. Madrid: Tf, 2005.

Bracamonte, Leonardo. "Gaitán, gaitanismo y el Bogotazo de 1948". *Memorias de Venezuela* 2 (março/abril 2008): 52-60.

Braga, Rubem. *A traição das elegantes*. Rio de Janeiro: Record, 1982.

Brigard Silva, Camilo de. *Informe que rinde al Señor Ministro de Relaciones Exteriores de Colombia, el Secretario General de la IX Conferencia Internacional Americana*. Bogotá: Imprenta del Banco de la República, 1948.

Brotherston, Gordon. "Jurupari articula o espaço dos tária e a ciência da América Tropical". *Makunaíma e Jurupari: cosmogonias ameríndias*. Sérgio Medeiros, org. São Paulo: Perspectiva, 2002. 397-413.

Burroughs, William. *Cartas do yagé*. Bettina Becker, trad. Porto Alegre: L&PM, 2008.

Burroughs, Bryson. "The Island of the Dead by Arnold Böcklin." *The Metropolitan Museum of Art Bulletin* 21/6 (junho 1926): 146-148.

Caballero, Antonio. "El hombre que inventó un pueblo". *El saqueo de una ilusión. El 9 de abril 50 años después.* Guillermo González Uribe e outros. Bogotá: Número Ediciones, 1997.

Cacciari, Massimo. "Nomes de lugar: confim". Giorgia Brazzarola, trad. *Revista de Letras* 45/1 (2005): 13-22.

Caillois, Roger. *El mito y el hombre.* Ricardo Baeza, trad. Buenos Aires: Sur, 1939.

Calavia Sáez, Oscar. "Antropofagias comparadas". *Travessia - Revista de literatura* 37 (julho-dez. 1998): 82-88.

Callado, Antonio. *3 Antônios e 1 Jobim. Depoimentos de Antonio Callado, Antonio Candido e Tom Jobim.* Rio de Janeiro: Relume Dumará, 1995. 81-82.

Calobrezi, Edna Tarabori. *Morte e alteridade em Estas estórias.* São Paulo: EDUSP, 2001.

Camargo, Frederico Antonio Camillo. "Da montanha de minério ao metal raro: os estudos para obra de João Guimarães Rosa". Tese de mestrado. Universidade de São Paulo, 2013.

Campos, Augusto. Prólogo. *Revista de Antropofagia. Edição fac-similar com prólogo de Augusto de Campos.* São Paulo: Abril Cultural, 1975. 4-16.

Campos, Augusto e outros. *Teoria da poesia concreta: textos críticos e manifestos 1950-1960.* São Paulo: Duas Cidades, 1975.

_____ *Mallarmé.* São Paulo: Perspectiva, 1991.

Campos, Augusto de, organizador. *Revista de antropofagia. Edição fac-similar com prólogo de Augusto de Campos.* São Paulo: Abiel Cultural, 1975.

Campos, Haroldo de. "A linguagem do iauaretê". *Ficção completa, de João Guimarães Rosa.* Rio de Janeiro: Editora Nova Aguilar, 2009. CCXXXVIII-CCXLII.

_____ *A arte no horizonte do provável.* São Paulo: Perspectiva, 1977.

_____ "Grande Sertão veredas: Haroldo de Campos sobre Guimarães Rosa". *Instalação Grande Sertão Veredas.* CD da exposição de Bia Lessa, São Paulo: Nova Fronteira, 2006. *Youtube*, carregado por Zekitchacostello. 2 março 2014. <http://www.youtube.com/watch?v=tVTSZbWiyZA>.

_____ "Haroldo de Campos". *Depoimentos sobre João Guimarães Rosa e sua obra*. Antonio Callado e outros. Rio de Janeiro: Nova Fronteira, 2011.
_____ *Metalinguagem e outras metas*. São Paulo: Perspectiva, 2010.
_____ *O sequestro do barroco na formação da literatura brasileira: o caso Gregório de Mattos*. Salvador: Fundação Casa de Jorge Amado, 1989.
Candido, Antônio. "A literatura e a formação do homem". *Textos de intervenção*. Vinicius Dantas, ed. São Paulo: Duas Cidades, 2002. 77-92.
_____ "Dialética da malandragem". *O discurso e a cidade*. São Paulo: Duas Cidades, 1998.
_____ *Formação da literatura brasileira*. Belo Horizonte: Livraria Martins Editora/Editora Itaiaia Limitada, 1975.
_____ *Iniciação à Literatura Brasileira (resumo para principiantes)*. São Paulo: Humanitas/FFLCH/USP, 1999.
_____ "Literatura e subdesenvolvimento". *A educação pela noite e outros ensaios*. São Paulo: Ática, 1987. 140-162.
_____ "O homem dos avessos". *Fortuna Crítica N°6, Guimarães Rosa*. Eduardo Coutinho, org. São Paulo: Civilização Brasileira, 1991. 294-309.
Capela, Carlos Eduardo Schmidt. *Nos confins de Judas*. São Paulo: Lumme, 2011.
Carneiro da Cunha, Manuela e Eduardo Viveiros de Castro. "Vingança e temporalidade: os tupinambá". *Journal de la Société des Américanistes* 71/71 (1985): 191-208. <http://www.persee.fr/web/revues/home/prescript/article/jsa_0037-9174_1985_num_71_1_2262>. 22 out. 2013.
Cavalcanti Proença, Manoel. "Trilhas do grande sertão". *Augusto dos Anjos e outros ensaios*. Rio de Janeiro: Grifo Edições, 1973.
Cernicchiaro, Ana Carolina. "Antropofagia e perspectivismo: a *diferença* canibal em 'Meu tio o Iauaretê'". IV Semana Acadêmica de Letras da UFSC, 2010. Florianópolis, SC.
_____ "Perspectivismo literário e neotenia: "Axolotl" e outras zoobiografias". Tese de doutorado. Florianópolis: Universidade Federal de Santa Catarina, 2013.
Cervantes, Miguel de. *El ingenioso hidalgo Don Quijote de la Mancha*. Bogotá: R.A.E./Aguilar, 2007.

Cervelin, Diego. "Fluxo da invenção e emergência da imaginação nas *Galáxias* de Haroldo de Campos. Tese de doutorado. Florianópolis: Universidade Federal de Santa Catarina, 2012.

Charry Lara, Fernando. *Poesía y poetas colombianos*. Bogotá: Procultura S.A., 1985.

Clifford, James. *A experiencia etnográfica: antropología e literatura no século XX*. Patricia Farias, trad. Rio de Janeiro: Editora UFRJ, 2008.

Cobo Borda, Juan Gustavo. "José Gorostiza y su Declaración de Bogotá, 1948". *Colombia-Venezuela: Historia intelectual*. Bogotá: Biblioteca Familiar Presidencia de la República, 1997. 213-218. <http://www.banrepcultural.org/blaavirtual/publicacionesbanrep/boletin/bole65/bole49.htm#2>. 12 abril 2012.

_____ "Notas sobre la literatura colombiana". *Colombia Hoy*. Jorge Orlando Melo, ed. Bogotá: Siglo XXI Editores, 1990. 331-403.

_____ *Poesía colombiana*. Medellín: Universidad de Antioquia, 1987.

_____ Prólogo. *El oficio de lector*. Baldomero Sanín Cano. Caracas: Biblioteca Ayacucho, 1989. IX-XLIII.

Coccia, Emanuele. *A vida sensível*. Diego Cervelin, trad. Florianópolis: Cultura e Barbárie, 2010.

*Convenio Económico de Bogotá*. Washington D.C. OEA, 1948. <http://www.oas.org/juridico/spanish/tratados/a-43.html>. 30 março 2012.

Cordovez Moure, José María. *Reminiscencias de Santafé y Bogotá*. Madrid: Aguilar, 1962.

_____ *Reminiscencias de Santafé y Bogotá*. Bogotá: Biblioteca Popular de Cultura Colombiana, 1943.

Costa Lima, Luiz. "O mundo em perspectiva: Guimarães Rosa". *Ficção completa*. João Guimarães Rosa. Rio de Janeiro: Editora Nova Aguilar, 2009. CCXVI-CCXXIX.

_____ "A linguagem da crítica". *Correio da Manhã*. 4 fev. 1968.

Cunha, Euclides da. *À margem da história*. Porto: Lelo, 1922.

Dacanal, José Hildebrando. "A epopéia de Riobaldo". *Nova narrativa épica no Brasil*. Porto Alegre: Mercado Aberto, 1988.

Dalmaroni, Miguel. "A propósito de un libro de Ludmer (y de otros tres)". *Bazar Americano*. <http://www.bazaramericano.com/columnas.php?cod=19&pdf=si>. 01 janeiro 2013.

Da Mata, Larissa Costa. "Genealogia e primitivismo no mundo perdido brasileiro: o mundo perdido de Flávio de Carvalho". Tese de doutorado. Florianópolis: Universidade Federal de Santa Catarina, 2013.

Delizoicov, Demétrio e outros. "Sociogênese do conhecimento e pesquisa em ensino: contribuições a partir do referencial Fleckiano". *Caderno Brasileiro de Ensino de Física* 19 (2002): 52-69.

De Man, Paul. *Blindness and Insight. Essays in the Rhetoric of Contemporary Criticism.* Londres: Routledge, 1989.

Derrida, Jacques. *A escritura e a diferença.* Maria Beatriz Marques Nizza da Silva, trad. São Paulo: Perspectiva, 1995.

\_\_\_\_\_ "Before the Law". *Acts of Literature.* Derek Attridge, ed. New York/London: Routledge, 1992. 181-220.

\_\_\_\_\_ *El monolinguismo del otro o la prótesis de origen.* Horacio Pons, trad. Buenos Aires: Manantial, 2009.

\_\_\_\_\_ *Espectros de Marx: el estado de la deuda, el trabajo del duelo y la nueva internacional.* José Miguel Alarcón e Cristina de Peretti, trads. Madrid: Editora Nacional, 2002.

\_\_\_\_\_ "La doble sesión". *La diseminación.* Francisco Torres Monreal, trad. Madrid: Fundamentos, 1975. 263-427.

\_\_\_\_\_ "Mallarmé". Francisco Torres Monreal, trad. *Anthropos, Revista de Documentación Científica de la Cultura – Suplementos* 13 (1989): 59-69.

\_\_\_\_\_ *Mal de archivo, una impresión freudiana.* Paco Vidarte, trad. 1994. <http://www.jacquesderrida.com.ar/textos/mal+de+archivo.htm>. 12 fev. 2012.

\_\_\_\_\_ *Margens da Filosofia.* Joaquim Torres Costa, trad. São Paulo: Papirus, 1991.

\_\_\_\_\_ *Pensar em não ver: escritos sobre as artes do visível (1979-2004).* Ginette Michaud, Joana Masó e Javier Bassas, orgs. Marcelo Jacques de Moraes, trad. Florianópolis: Ed. da UFSC, 2012.

\_\_\_\_\_ "The Law of Genre." *Acts of Literature.* Derek Attridge, ed. New York/London: Routledge, 1992. 221-252.

\_\_\_\_\_ e outros. *Tres textos sobre Heidegger.* Alejandro Madrid, trad. Santiago de Chile: Ediciones/Metales Pesados, 2006.

\_\_\_\_\_ e Anne Dufourmantelle. *La hospitalidad.* Mirta Segoviano, trad. Buenos Aires: Ediciones de la Flor, 2008.

*Dicionário Eletrônico Houaiss*. Versão 1.0, Rio de Janeiro: Instituto Antônio Houaiss/Editora Objetiva Ltda, 2001.

Didi-Huberman, Georges. *Ante el tiempo: historia del arte y anacronismo de las imágenes*. Antonio Oviedo, trad. Buenos Aires: Adriana Hidalgo Editora, 2006.

―――― *Atlas: ¿cómo llevar el mundo a cuestas?* Madrid: Museo de Arte Contemporáneo Reina Sofia, 2011.

―――― *Cuando las imágenes toman posición*. Inés Bértolo, trad. Madrid: A. Machado Libros, 2008.

―――― "De semelhança a semelhança". Maria José Werner Salles, trad. *Alea* 13/1 (jan./junho 2011): 26-51.

―――― "El punto de vista anacrónico". C. Salvatierra, trad. *Revista de Occidente* 213 (fev. 1999): 25-40.

―――― "La exposición como máquina de guerra". Guadalupe González, trad. *Minerva* 16 (2011): 24-28.

―――― *Lo que vemos, lo que nos mira*. Horacio Pons, trad. Buenos Aires: Manantial, 2006[b].

―――― "O anacronismo fabrica a história: sobre a inatualidade de Carl Einstein". *Fronteiras. Arte, crítica e outros ensaios*. Mônica Zielinsky, ed. Maria Ozomar Ramos Squeff, trad. Porto Alegre: Editora da Universidade Federal do Rio Grande do Sul, 2003. 19-53.

―――― *Sobrevivência dos vaga-lumes*. Vera Casa Nova e Márcia Arbex, trad. Belo Horizonte: Editora UFMG, 2011.

―――― *Venus rajada: desnudez, sueño, crueldad*. Juana Salabert, trad. Buenos Aires: Editorial Losada, 2005.

Drummond, Carlos. *Claro Enigma*. Rio de Janeiro: Record, 1995.

Einstein, Carl. *Negerplastik*. Inês de Araujo, trad. Florianópolis: Editora da UFSC, 2011.

Faleiros, Álvaro. "Grimorio: a tradução nos limites de 'Prosa'". *Revista de Letras* 49/1 (jan./junho 2009): 47-54.

Fals Borda, Orlando e outros. *La Violencia en Colombia*. Bogotá: Universidad Nacional, 1962.

Ferrater-Mora, José. *Diccionario de filosofía*. Buenos Aires: Editorial Sudamericana, 1964.

Ferreira, A. B. H. *Novo Dicionário da Língua Portuguesa*. 2ª ed., Rio de Janeiro: Nova Fronteira, 1986.

Finazzi Agrò, Ettore. "Nada, nosso parente: uma leitura de 'Meu tio o Iauaretê'". *Remate de Males* 14 (1994): 129-139.

Fontaine, Jean de la. *Fables de La Fontaine*. Paris: Théodore Lèfebre, 1915.

Fleck, Ludwik. *La génesis y el desarrollo de un hecho científico*. Luis Meana, trad. Madrid: Alianza, 1986.

Flusser, Vilém. "Estilo de Guimarães Rosa". *Flusserbrasil.com*. <http://www.flusserbrasil.com/art19.html>. 29 abril 2013.

Fontoura, João Neves da. "Brasil. Palabras del señor João Neves de Fontoura, Presidente de la Delegación". *Aspectos económicos de la IX Conferência Panamericana*. Bogotá: Ed. A.B.C., 1948. 16-18.

Foster, Hal. *El retorno de lo real: la vanguardia a finales de siglo*. Alfredo Brotons Muñoz, trad. Madrid: Akal, 2001.

\_\_\_\_\_ "O retorno do real". Cláudia Valladão de Mattos, trad. *Concinnitas: arte, cultura e pensamento* 6/1/8 (julho 2005).

Foucault, Michel. *Las palabras y las cosas*. Elsa Cecilia Frost, trad. México: Siglo XXI Editores, 2010.

\_\_\_\_\_ "¿Qué es un autor?" Corina Yturbe, trad. *Littoral* 9 (junho 1983): 51-82.

Franco, Jean. "Imagen y experiencia en *La Vorágine*". *La vorágine: textos críticos*. Monserrat Ordóñez Vila, org. Madrid: Alianza Editorial, 1987.

Franco, Maria Sylvia de Carvalho. *Homens livres na ordem escravocrata*. São Paulo: Fundação Editora da UNESP, 1997.

Freud, Sigmund. *El malestar en la cultura*. Ramón Rey Ardid, trad. Madrid: Alianza Editorial, 2011.

\_\_\_\_\_ *Introducción al psicoanálisis*. Madrid: Alianza Editorial, 1985.

\_\_\_\_\_ "Luto e Melancolia [1917]". *Edição Standard Brasileira das Obras Psicológicas Completas* XIV. Rio de Janeiro: Imago, 1974. 271-294.

\_\_\_\_\_ *Tótem y tabú y otras obras*. José L. Etcheverry, trad. Buenos Aires: Amorrortu, 1991.

Gandon, Tânia Almeida. "O índio e o negro. Uma relação legendária". *Afro-Ásia. Revista do Centro de Estudos Afro-Orientais* 19/20 (1997): 135-164.

Gaitán, Jorge Eliécer. "Oración por la paz". *Grandes oradores colombianos, de Antonio Cruz Cárdenas*. Bogotá: Imprenta Nacional de Colombia,

1996. <https://muelasgaitan.files.wordpress.com/2015/04/gaitan-doc-oracion-porla-paz.pdf>. 8 maio 2012.

Galvão, Eduardo. *Santos e visagens: um estudo da vida religiosa de Itá; Amazonas*. São Paulo: Companhia Editora Nacional, 1955.

Galvão, Walnice Nogueira. *As formas do falso: um estudo sobre a ambigüidade no Grande Sertão: veredas*. São Paulo: Perspectiva, 1972.

\_\_\_\_\_ "Mínima mímica". *A poética migrante de Guimarães Rosa*. Marly Fantini, org. Belo Horizonte: Editora UFMG, 2008. 18-34.

\_\_\_\_\_ "O impossível retorno". *Mínima mímica. Ensaios sobre Guimarães Rosa*. São Paulo: Companhia das letras, 2008. 11-40.

García Márquez, Gabriel. *Vivir para contarla*. Bogotá: Norma, 2002.

Ginzburg, Carlo. *Medo, reverência, terror. Quatro ensaios de iconografria política*. Federico Carotti, trad. São Paulo: Companhia das Letras, 2014.

\_\_\_\_\_ *Mitos, emblemas, sinais: morfologia e história*. Federico Carotti, trad. São Paulo: Companhia das Letras, 1989.

\_\_\_\_\_ *O fio e os rastros: verdadeiro, falso, fictício*. Rosa Freire d'Aguiar e Eduardo Brandão, trads. São Paulo: Companhia das Letras, 2007.

Ginzburg, Jaime. "Guimarães Rosa e o terror total". *Literatura e guerra*. Elcio Cornelsen e Tom Burns, orgs. Belo Horizonte: Editora da UFMG, 2010. 17-27.

Gómez, Fabio. "Emergencia del mito americano en La Vorágine". *Poligramas* 30 (dez. 2008): 241-268.

Gómez García, Juan Guillermo. *Colombia es una cosa impenetrable. Raíces de la intolerancia y otros ensayos sobre historia política y vida intelectual*. Bogotá: Diente de León, 2006.

Gómez, Juan Guillermo e outros. "Entrevista con Rafael Gutiérrez Girardot: Vida civil y crisis política en Colombia (2ª Parte)". *Magazín Dominical 261 El Espectador* (1988): 17-21.

Gómez, Laureano. "Así se sintió el Bogotazo - Discurso posterior a la muerte de Gaitán". *Revista Semana*. 4 set. 2008. <http://www.semana.com/multimedia-politica/sintio-bogotazo/571.aspx>. 12 abril 2012.

González Uribe, Guillermo et al., eds. *El saqueo de una ilusión. El 9 de abril 50 años después*. Bogotá: Número Ediciones, 1997.

Gorostiza, José. *Muerte sin fin y otros poemas*. México D.F.: Fondo de Cultura Económica, 1964.

Guimarães, Vicente. *Joãozito, infância de João Guimarães Rosa*. Rio de Janeiro: José Olympio, 1972.

Gutiérrez Girardot, Rafael. *Cuestiones*. México D.F.: Fondo de Cultura Económica, 1994.

_____ "El 'piedracielismo' colombiano". *Aquelarre: Revista de filosofía, política, arte y cultura del Centro Cultural de la Universidad del Tolima* 8 (junho/dez. 2005): 75-84.

_____ "Estratificación social, cultura y violencia en Colombia". *Aquelarre: Revista de filosofía, política, arte y cultura del Centro Cultural de la Universidad del Tolima* 8 (junho/dez. 2005): 85-98.

_____ "Historia y naturaleza en la poesía de Aurelio Arturo". *Obra poética completa*. Barcelona/Madrid: ALLCA XX, 2003. 417-437.

_____ *Modernismo: supuestos históricos y culturales*. Bogotá: Fondo de Cultura Económica, 2004.

Haraway, Donna. *Ciencia, cyborgs y mujeres. La reinvención de la naturaleza*. Manuel Talens, trad. Madrid: Cátedra, 1995.

Hassoun, Jacques. *A crueldade melancólica*. Renato Aguiar, trad. Rio de Janeiro: Civilização Brasileira, 2002.

Hegel, G.W.F. *Curso de estética: O sistema das artes*. Marco Aurélio Werle, trad. São Paulo: Martins Fontes, 1997.

_____ *Estética*. Orlando Vitorino, trad. São Paulo: Nova Cultural, 1996.

Heidegger, Martin. *El ser y el tiempo*. José Gaós, trad. México: Fondo de Cultura Económica, 2009.

_____ *Conferências e escritos filosóficos*. Ernildo Stein, trad. São Paulo: Abril Cultural, 1983.

_____ *Caminos de bosque*. Helena Cortés e Arturo Leyte, trad. Madrid: Alianza, 1996.

Hobsbawm, Eric. "La anatomía de la violencia en Colombia". *Rebeldes primitivos: Estudio sobre las formas arcaicas de los movimientos sociales en los siglos XIX y XX*. Joaquín Romero Maura, trad. Madrid: Ariel, 1983. 263-273.

Hoyos Gómez, Camilo. "El viaje desconocido. Philippe Soupault en Bogotá". *Mirabilia* 2013. <http://blogs.elespectador.com/cultura/mirabilia/el-viaje-desconocido-philippe-soupault-en-bogota>. 20 maio 2013.

Jiménez, David. *Historia de la crítica literaria en Colombia. Siglos XIX y XX*. Bogotá: Universidad Nacional de Colombia/Instituto Colombiano de Cultura, 1992.

Judson, Lyman, produtor. "Bogota (Capital of Colombia)." *Youtube*, carregado por michorizoportuano, 8 ago. 2011. Washington D.C.: Pan American Union, 1946. <https://youtu.be/QaNAcChTTzE>. 24 maio 2012.

Kalmanovitz, Salomón. "Desarrollo capitalista en el campo". *Colombia hoy*. Jorge Orlando Melo, org. Bogotá: Siglo XXI Editores, 1990. 271-330.

Keyserling, Hermann. *Meditaciones sudamericanas*. Luis López-Ballesteros y de Torres, trad. Madrid: Espasa-Calpe, 1933.

Klibansky, Raymond e outros. *Saturno y la melancolía: estudios de historia de la filosofía de la naturaleza, la religión y el arte*. María Luisa Balseiro, trad. Madrid: Alianza, 1991.

Kojève, Alexander. *Dialéctica de lo real y la idea de la muerte en Hegel*. Juan José Sebreli, trad. Buenos Aires: Leviatán, 2010.

_____ *La dialéctica del amo y del esclavo en Hegel*. Juan José Sebreli, trad. Buenos Aires: Leviatán, 2012.

Kristeva, Julia. *Sol negro: depresión y melancolía*. Mariela Sánchez, trad. Caracas: Monte Ávila, 1991.

Kurz, Andreas. "El pensamiento de Hermann Keyserling". *La Jornada Semanal* 716 (2008). <http://www.jornada.unam.mx/2008/11/23/sem-andreas.html#directora>. 27 agosto 2013.

Lacan, Jacques. *Seminário, livro 18: de um discurso que não fosse semblante*. Vera Ribeiro, trad. Rio de Janeiro: Jorge Zahar, 2009.

_____ "Le problème du style et la conception psychiatrique des formes paranoïaques de l'expérience". *Minotaure* 1 (1933): 68-69.

_____ "Motifs du crime paranoïaque: le double crime des sœurs Papin". *Minotaure* 3-4 (dez. 1933): 25-28.

_____ "O estádio do espelho como formador da função do eu tal como nos é revelada na experiência psicanalítica". *Escritos*. Vera Ribeiro, trad. Rio de Janeiro: Jorge Zahar Editor, 1998. 93-103.

Lages, Suzana Kampff. *Walter Benjamin: tradução e melancolia*. São Paulo: Edusp, 2002.

Lévi-Strauss, Claude. *Tristes trópicos*. Noelia Bastard, trad. Barcelona: Paidós, 1988.

Lévy-Leblond, Jean-Marc. *A velocidade da sombra: nos limites da ciência*. Maria Idalina Ferreira, trad. Rio de Janeiro: DIFEL, 2009.

Leite, Carlos. "Filha de Guimarães Rosa tenta censurar livro". *Revista Bula - Literatura e Jornalismo Dultural* (2008). <http://www.revistabula.com/posts/livros/filha-de-guimaraes-rosa-tenta-censurar-livro>. 27 de março 2012.

Lopes, Denilson. "Por uma crítica cosmopolita". *Papel Máquina* 4/8 (2013): 25-36.

Lopez, Telê Porto Ancona. *Mário de Andrade: ramais e camino*. São Paulo: Livraria Duas Cidades, 1972.

Lorca, Federico García. "Juego y teoría del duende". *Conferencias - Federico García Lorca*. Christopher Maurer, ed. Madrid: Alianza Editorial, 1984. 87-109.

Lorenz, Günter. "Diálogo com Guimarães Rosa". *Ficção completa, de João Guimarães Rosa*. Roemary Abílio e Fredy Rodrigues, trads. Vol. 1. Rio de Janeiro: Editora Nova Aguilar, 2009. XXXI-LXV.

Loveluck, Juan. Prólogo. *La vorágine*, de José Eustásio Rivera. Caracas: Biblioteca Ayacucho, 1993. IX-XLIII.

Lukács, Georg. *A teoria do romance*. José Marcos Mariani de Macedo, trad. São Paulo: Duas Cidades, 2007.

Ludmer, Josefina. "Literaturas posautónomas". *CiberLetras* 17 (julho 2007). <http://www.lehman.cuny.edu/ciberletras/v17/ludmer.htm>. 20 julho 2012.

_____ Notas para literaturas posautónomas III. *Blog de Josefina Ludmer*. <http://josefinaludmer.wordpress.com/2010/07/31/notas-para-literaturas-posautonomas-iii/>. 20 dez. 2012.

Machado, Absalón. "Reforma agraria: Una ilusión que resultó un fracasso". *Revista Credencial Historia* 119 (nov. 1999). <http://www.banrepcultural.org/node/32856>. 15 abril 2012.

Machado, Aníbal. "1953 –Julho– 13". *Ficções* 10 (2003): 50-51.

Machado, Cassiano Elek. "Diario arquivado". *Revista Piauí* 3 (dez. 2006). <http://revistapiaui.estadao.com.br/edicao-3/mundo-literario/diario-arquivado>. 20 jan. 2011.

Mallarmé, Stéphane. *Divagações*. Fernando Scheibe, trad. Florianópolis: Ed. da UFSC, 2010.

_____ "Um lance de dados jamais abolirá o acaso". Mallarmé, de Augusto Campos e outros. Haroldo de Campos, trad. São Paulo: Perspectiva, 1991. 148-173.

Marramao, Giacomo. *Kairós, apología del tiempo oportuno*. Helena Aguilà, trad. Barcelona: Editorial Gedisa S.A., 2008.

Martins, Maria. "Da Amazônia". *Sibila, poesia e crítica literária*, tradução e apresentação de Larissa Costa da Mata. 2 set. 2013. <http://sibila.com.br/poemas/da-amazonia-de-maria-martins/9914>. 16 out. 2013.

Martins, Nilce Sant'Anna. *O léxico de Guimarães Rosa*. São Paulo: EDUSP, 2001.

Marx, Karl. *El capital: Crítica de la economía política I*. Wenceslao Roces, trad. México: Fondo de Cultura Económica, 1999.

Medeiros, Sérgio, organizador. *Makunaíma e Jurupari: cosmogonias ameríndias*. São Paulo: Perspectiva, 2002.

Medina, Medófilo. "Bases urbanas de la violencia en Colombia". *Revista Historia Crítica* 1/1 (1989): 20-32.

Mejía Duque, Jaime. "El bogotazo: memorias del olvido". *Consigna* 7/229 (maio 1983): 47.

Mendes, Murilo. *A idade do serrote*. Rio de Janeiro: Sabiá, 1968.

_____ *Poliedro*. Rio de Janeiro: José Olympio, 1972.

Menezes, Roniere. *O traço, a letra e a bossa: literatura e diplomacia em Cabral, Rosa e Vinicius*. Belo Horizonte: Editora UFMG, 2011.

Miné, Elza e Neuma Cavalcante. "Memória da leitura e rememoração da viagem: cartas de João Guimarães Rosa para Aracy de Carvalho Guimarães Rosa". *A poética migrante de Guimarães Rosa*. Marly Fantini, org. Belo Horizonte: Editora UFMG, 2008. 426-443.

Mignolo, Walter. "Escribir la oralidad: la obra de Juan Rulfo en el contexto de las literaturas del 'tercer mundo'". *Toda la obra, de Juan Rulfo*. Madrid: ALLCA XX/SCIPIONE CULTURAL, 1997. 531-547.

Molano, Alfredo. *Los años del tropel. Relatos de la violencia*. Bogotá: Naciones Unidas/Fondo Editorial CerecCinep/Estudios Rurales Latinoamericanos, 1985.

Moreno-Durán, Rafael Humberto. "Arturo, lejos de Cámelot". *Obra poética completa*. Aurelio Arturo. Barcelona/Madrid: ALLCA XX, 2003. 438-473.

Mújica, Elisa. "Censos de Bogotá". *Reminiscencias de Santafé y Bogotá*. 1543. José María Cordovez Moure. Madrid: Aguilar, 1962.

\_\_\_\_\_ Prólogo. *Reminiscencias de Santafé y Bogotá*. José María Cordovez Moure. Madrid: Aguilar, 1962. 14-20.

Nancy, Jean-Luc. *58 indicios sobre el cuerpo. Extensión del alma*. Daniel Alfaro, trad. Buenos Aires: Ediciones La Cebra, 2007.

\_\_\_\_\_ *Corpus*. Tomás Maia, trad. Lisboa: Veja, 2000.

\_\_\_\_\_ *El intruso*. Margarita Martínez, trad. Buenos Aires: Amorrortu, 2006.

\_\_\_\_\_ *El peso de un pensamiento*. Joana Masó y Javier Bassas Vila, trads. España: Ellago Ediciones, 2007.

\_\_\_\_\_ *El sentido del mundo*. Jorge Manuel Casas, trad. Buenos Aires: La Marca Editora, 2003.

\_\_\_\_\_ "El vestígio del arte". *Las Musas*. Horacio Pons, trad. Buenos Aires: Amorrortu, 2008. 111-134.

\_\_\_\_\_ *La comunidad enfrentada*. J. M. Garrido, trad. Buenos Aires: La Cebra, 2007.

\_\_\_\_\_ *La comunidad desobrada*. Pablo Perera, trad. Madrid: Arena Libros, 2001.

\_\_\_\_\_ *La creación del mundo o la mundialización*. Pablo Perera, trad. Barcelona: Paidós, 2003.

\_\_\_\_\_ *La declosión*. Guadalupe Lucero, trad. Buenos Aires: La Cebra, 2008.

\_\_\_\_\_ "La existencia exiliada". Juan Gabriel López Guix, trad. *Archipiélago: Cuadernos de Crítica de la Cultura* 26-27 (inverno 1996).

\_\_\_\_\_ *La mirada del retrato*. Irene Agoff, trad. Buenos Aires: Amorrortu, 2006.

\_\_\_\_\_ *Noli me tangere: ensayo sobre el levantamiento del cuerpo*. María Tabuyo Ortega e Agustín López Tobajas, trads. Madrid: Trotta. 2006.

\_\_\_\_\_ *Ser singular plural*. Antonio Tudela Sancho, trad. Madrid: Arena, 2006.

\_\_\_\_\_ *Un pensamiento finito*. Juan Carlos Moreno Romo, trad. Barcelona: Anthropos, 2002.

Nelson, Geraldo. *O caminho de Gilgamesh: vestígios para a reconstituição de um bailado*. Lisboa: Estúdos Cor, 1967.

Neynes, Gregorio. *O caminho de Gilgamesh: vestígios para a reconstituição de um bailado*. Rio de Janeiro: Irmãos Pongetti, 1937-38.

Nietzsche, Friedrich Wilhelm. *Ecce Homo: Como alguém se torna o que é*. Paulo César de Souza, trad. São Paulo: Schwarcz, 2004.

\_\_\_\_\_ *O nascimento da tragédia o u helenismo e pessimismo*. J. Guinsburg, trad. São Paulo: Companhia das letras, 1992.

Niño, Carlos. "Levantar la ciudad moderna sobre los escombros del pasado". *El saqueo de una ilusión. El 9 de abril 50 años después*. Guillermo González Uribe e outros. Bogotá: Número Ediciones, 1997. 155-167.

Nodari, Alexandre. "A posse contra a propriedade: pedra de toque do Direito Antropofágico". Tese de mestrado. Florianópolis: Universidade Federal de Santa Catarina, 2007. <http://culturaebarbarie.org/alexandre.pdf>.

\_\_\_\_\_ "La única ley del mundo". *Por uma ciencia del vestigio errático (ensayos sobre la antropofagia de Oswald de Andrade*. Gonzalo Aguilar. Buenos Aires: Grumo, 2010. 107-166.

\_\_\_\_\_ Modernismo obnubilado. Araripe Jr. precursor da Antropofagia. *Anais do VIII Seminário Internacional de História da Literatura*. Porto Alegre: EDIPUCRS, 2008.

\_\_\_\_\_ "O extra-terrestre e o extra-humano: Notas sobre a revolta kósmica da criatura contra o criador". *Revista Landa* 1/2 (2013): 251-260.   <http://www.revistalanda.ufsc.br/PDFs/ed2/Alexandre%20Nodari.pdf>. 16 agosto 2013.

\_\_\_\_\_ "O perjúrio absoluto (Sobre a universalidade da Antropofagia)". *Confluenze, Rivista di Studi Iberoamericani* 1/1 (2009): 114-135. <https://confluenze.unibo.it/article/view/1433>. 23 abr. 2012.

Nordström, Folke. *Goya, Saturno y melancolía. Consideraciones sobre el arte de Goya*. Carmen Santos, trad. Madrid: Visor, 1989.

Nunes, Benedito. Introdução. *Do Pau-Brasil à Antropofagia e às Utopias*. Rio de Janeiro: Editora Civilização Brasileira, 1978. xi-liii.

OEA. "Conferencia pronunciada en la Unión Panamericana por el doctor Alberto Lleras, Secretario General de la Organización de Estados Americanos". *Resultados de la Conferencia de Bogotá: serie de conferencias dictadas en la Unión Panamericana* (24 maio 1948): 1-9.

OEA. Convenio Económico de Bogotá. Washington D.C., 1948. <http://www.oas.org/juridico/spanish/tratados/a-43.html>. 30 março 2012.

Olea Galaviz, Hector. *Intertexto de Rosa: reconstrução do processo de composição empregado por Guimarães Rosa pela interpretação de um texto ("Páramo", Estas estórias)*. Tese de mestrado. Universidade Estadual de Campinas, 1987. <http://www.bibliotecadigital.unicamp.br/document/?code=vtls000062799&opt=4>. 23 abril. 2012.

Oliver, Élide Valarini. "Guimarães Rosa e os astros (com reflexões em Machado de Assis)". *REVISTA USP* 76 (dez.-fev. 2007-2008): 129-148.

Oquist, Paul. *Violencia, política y conflicto en Colombia*. Bogotá: Instituto de Estudios Colombianos, 1978.

Orjuela, Héctor. "Yurupary, epopeya indígena suramericana". *Thesaurus* XXXVII/1 (1982): 107-119. <http://cvc.cervantes.es/lengua/thesaurus/pdf/37/TH_37_001_111_0.pdf>. 23 abril 2012.

_____ org. *Yurupary. Mito, leyenda y epopeya del Vaupés*. Tradução de la *Leggenda dell' Jurupary* de Stradelli por Susana N. Salessi. Bogotá: Instituto Caro y Cuervo, 1983.

Osorio Lizarazo, José Antonio. *El día del odio*. Buenos Aires: Ediciones López Negri, 1952.

Otte, Georg. "Fato e pensamento em Ludwik Fleck". *Ludwik Fleck: estilos de pensamento na ciência*. Mauro Condé, org. Belo Horizonte: Fino Traço, 2012. 109-119.

_____ "Rememoração e citação em Walter Benjamin". *Revista de Estudos de Literatura* 4 (out. 1996): 211-223.

Ospina, Andrés. *Bogotalogo: usos desusos y abusos del español hablado en Bogotá*. Bogotá: Milenio Editores/Instituto Distrital de Patrimonio Cultural, 2011.

Ospina, William. "La persistencia de un día tremendo". *El saqueo de una ilusión. El 9 de abril 50 años después*. Guillermo González Uribe e outros. Bogotá: Número Ediciones, 1997. 7-11.

Ouspensky, Piotr Demianov. *El cuarto camino*. Héctor Vicente Morel, trad. Buenos Aires: Kier, 2005.

_____ *Tertium Organum. El Tercer Canon del Pensamiento: una clave para los enigmas del mundo*. Nicholas Bessaroboff e Claude Bragdon, trads. Buenos Aires: Kier, 2004.

Ovídio. *Fastos*. Introdução e tradução de Bartolomé Segura Ramos, Madrid: Gredos, 2001.

Paes, José Paulo. "Cinco libros do modernismo brasileiro". *Estudos avançados* 2/3 (dez. 1988): 88-106.

Pecaut, Daniel. *Orden y violencia. 1930-1954*. Bogotá: CEREC/Siglo XXI Editores, 1987.

Perez, Renard. "Guimarães Rosa". *Fortuna crítica N°6, Guimarães Rosa*. Eduardo Coutinho, org. São Paulo: Civilização Brasileira, 1991. 37-46.

_____ org. *Em memória de João Guimarães Rosa*. Rio de Janeiro: José Olympio, 1968.

*Personal de las Delegaciones y de la Secretaría General*. Bogotá: Banco de la República, 1948.

Poe, Edgar Allan. "The Philosophy of Composition". *Graham's Magazine* XXVIII/4 (abril 1846): 163-167.

Portari, Douglas. "Repórter velho de guerra: entrevista com Joel Silveira". *Observatório da Imprensa* 316 (2005). <http://observatoriodaimprensa.com.br/marcha-do-tempo/reporter-velho-de-guerra/>. 28 março 2012.

Py, Fernando. "Estas estórias". *Fortuna crítica N°6, Guimarães Rosa*. Eduardo Coutinho, org. São Paulo: Civilização Brasileira, 1991. 562-573.

Puyo Vasco, Fabio, organizador. *Historia de Bogotá*. Bogotá: Ed. Salvat/Villegas, 2007.

Queixalós, F. e O. Renault-Lescure. "As línguas amazônicas hoje". IRD 3 (2000). <http://www.cartographie.ird.fr/linguas.html>.

Rama, Ángel. *La ciudad letrada*. México: Ediciones del Norte, 1987.

_____ *Transculturación narrativa en América Latina*. 1984. Buenos Aires: Ediciones El Andariego, 2008.

Ramos, Graciliano. "Conversa de bastidores." Em memória de João Guimarães Rosa. Rio de Janeiro: Livraria José Olympio Editora, 1968. 38-45.

Ramos, Oscar Gerardo. "Clemente Silva, héroe de La Vorágine". *De "Manuela" a Macondo*. Bogotá: Biblioteca Colombiana de Cultura/ Colección de Autores Nacionales, 1972.

Rattes, Kleyton Gonçalves. *O mel que outros faveiam. Guimarães Rosa e Antropologia*. Tese de mestrado. Universidade Federal do Rio de Janeiro, 2009.

Raulff, Ulrich. Epílogo. *El ritual de la serpiente*. Joaquín Etorena Homaeche, trad. Aby Warburg. México D.F.: Sextopiso Editorial, 2004. 69-114.

Rebelo, Marques. "Sessão de saudade- O Sr. Marques Rebelo". *Em memória de João Guimarães Rosa*. Rio de Janeiro: Livraria José Olympio Editora, 1968. 132-138.

Restrepo, Luis Carlos. "La sangre de Gaitán". *El saqueo de una ilusión. El 9 de abril 50 años después*. Guillermo González Uribe e outros. Bogotá: Número Ediciones, 1997. 179-189.

Restrepo, Luis Antonio. "Literatura y pensamiento: 1946-1957". *Nueva Historia de Colombia*. Tomo VI. Bogotá: Planeta, 1989. 65-88.

*Revista de Antropofagia. Edição fac-similar com prólogo de Augusto de Campos*. São Paulo: Abril Cultural, 1975.

Riley, Lana. *Tarô dicionário & compêndio*. Maria de Lourdes Duarte Solte, trad. Revisão técnica de Cláudia Lage. Rio de Janeiro: Jorge Zahar Ed, 2000.

Rivera, José Eustásio. *La vorágine*. Bogotá: Biblioteca popular de cultura colombiana, 1946.

_____ *La vorágine*. Caracas: Biblioteca Ayacucho, 1993.

Roca, Juan Manuel. "Bogotá revisitada en los libros". *El Malpensante* 71 (junho 2006). <http://www.elmalpensante.com/articulo/493/bogota_revisitada_en_los_libros>. 20 out. 2011.

Rocha, Glauber. *Riverão Sussuarana*. Florianópolis: Ed. da UFSC, 2012.

Rodríguez Monegal, Emir. "Em busca de Guimarães Rosa". *Fortuna Crítica Nº6, Guimarães Rosa*. Eduardo Coutinho, org. São Paulo: Civilização Brasileira, 1991. 37-61.

Rodríguez, Manuel H. *Manuel H, setenta años de reportería gráfica en Bogotá*. Bogotá: Instituto Distrital de Patrimonio Cultural, 2008.

Rodríguez Torres, Mario. "La Bogotá de Guimarães Rosa: un cuento de (de)formación". *JALLA COLOMBIA: fronteras e interculturalidad*. Cali: Univalle, 2012. 1748-1758.

Rokha, Pablo de. *Interpretación dialéctica de América: los cinco estilos del Pacífico*. Buenos Aires: Ediciones Libertad, 1947.

Romero, José Luis. *Latinoamérica: las ciudades y las ideas*. México D.F.: Siglo Veintiuno Editores, 1976.

Rónai, Paulo. Nota introdutória. *Estas estórias*. João Guimarães Rosa. Rio de Janeiro: Ed. José Olympio, 1976. X-XII.

\_\_\_\_\_ "Os vastos espaços". *Primeiras estórias*. João Guimarães Rosa. Rio de Janeiro: Ed. José Olympio, 1978. XX-XLV.

Roncari, Luiz. *O Brasil de Rosa*. São Paulo: UNESP, 2004.

Rosa, João Guimarães. *Antes das primeiras estórias*. Rio de Janeiro: Nova Fronteira, 2011.

\_\_\_\_\_ *Ave, palavra*. Rio de Janeiro: Ed. José Olympio, 1970.

\_\_\_\_\_ *Correspondência com seu tradutor alemão Curt Meyer-Classon (1958-1967)*. Erlon José Paschoal, trad. Rio de Janeiro: Editora Nova Fronteira/Academia Brasileira de Letras/Ed. da UFMG, 2003.

\_\_\_\_\_ "Discurso de posse". *Em memória de João Guimarães Rosa*. Renard Perez. Rio de Janeiro: José Olympio, 1968. 55-87.

\_\_\_\_\_ *Estas estórias*. Rio de Janeiro: Ed. José Olympio, 1976.

\_\_\_\_\_ *Ficção completa*. Rio de Janeiro: Editora Nova Aguilar, 2009.

\_\_\_\_\_ *Grande Sertão: veredas*. Rio de Janeiro: Ed. José Olympio, 1976.

\_\_\_\_\_ "Guimarães Rosa - Entrevista RARA en Berlin (1962)". Entrevista por Walter Höllerer. YouTube. 9 dez. 2016. <https://www.youtube.com/watch?v=ndsNFE6SP68>.

\_\_\_\_\_ "Mamãe, Papae". [Carta aos pais Florduardo Pinto Rosa e Francisca Guimarães Rosa, 24 out. 1944], Acervo do Museu Casa Guimarães Rosa/Superintendência de Museus e Artes Visuais/Secretaria de Estado de Cultura de Minas Gerais.

\_\_\_\_\_ "Papai". [Carta ao pai, Florduardo Pinto Rosa, 25 nov. 1947]. Acervo do Museu Casa Guimarães Rosa/Superintendência de Museus e Artes Visuais/Secretaria de Estado de Cultura de Minas Gerais.

\_\_\_\_\_ "Páramo". *Estas estórias*. Rio de Janeiro: Ed. José Olympio, 1976.

\_\_\_\_\_ "Prezado João Condé". [Carta ao escritor João Condé, 1946]. Acervo do Museu Casa Guimarães Rosa/Superintendência de Museus e Artes Visuais/Secretaria de Estado de Cultura de Minas Gerais.

_____ *Primeiras estórias*. 1962. Rio de Janeiro: Ed. José Olympio, 1978.

_____ *Sagarana emotiva: cartas de J. Guimarães Rosa a Paulo Dantas*. Introdução de Dora Ferreira da Silva. São Paulo: Duas Cidades, 1975.

_____ *Tutaméia*. Rio de Janeiro: Ed. José Olympio, 1968.

Rosa, Vilma Guimarães. *Relembramentos: João Guimarães Rosa, meu pai*. Rio de Janeiro: Nova Fronteira, 2008.

Rueda Plata, José Olinto. "El campo y la ciudad: Colombia, de país rural a país urbano". *Revista Credencial Historia* 119 (nov. 1999). <http://www.banrepcultural.org/blaavirtual/revistas/credencial/noviembre1999/119elcampo.htm>. 15 abril 2012.

Sá, Lúcia. "A Lenda de Jurupari: texto sagrado ou fruto da imaginação de littérateurs?". *Makunaíma e Jurupari: cosmogonias ameríndias*. Sérgio Medeiros, org. São Paulo: Perspectiva, 2002. 347-358.

Saer, Juan José. "O conceito de ficção". Joca Wolff, trad. *Sopro: Panfleto Político-cultural* 15 (agosto 2009). <http://culturaebarbarie.org/sopro/n15.pdf>. 20 nov. 2012.

Samper Gnecco, Andrés. *Cuando Bogotá tuvo tranvía*. Bogotá: Instituto Colombiano de Cultura, 1973.

Sánchez Gómez, Gonzalo. "La violencia y la supresión de la política". *El mausoleo iluminado: antología del ensayo en Colombia*. Oscar Torres Duque, comp. Bogotá: Biblioteca Familiar Presidencia de la República, 1997. <http://www.banrepcultural.org/blaavirtual/historia/ensayo/violen.htm>. 09 abril 2012.

Sandoval, Chela. "Nuevas ciencias. Feminismo cyborg y metodología de los oprimidos". *Otras inapropiables: feminismos desde las fronteras*. Madrid: Traficante Ed., 2004. 81-106.

Sanín Cano, Baldomero. *El oficio de lector*. Caracas: Biblioteca Ayacucho, 1989.

Santiago, Silviano. "A ameaça do lobisomem". *Revista Brasileira de Literatura Comparada* 4 (1998): 31-44.

_____ *Aos sábados, pela manhã*. Rio de Janeiro: Rocco, 2013.

_____ *Genealogia da ferocidade*. Recife: Cepe Editora, 2017.

_____ *O cosmopolitismo do pobre: crítica literária e crítica cultural*. Belo Horizonte: Editora UFMG, 2004.

_____ *Ora (direis) puxar conversa!: ensaios literários*. Belo Horizonte: Editora UFMG, 2006.

_____ "Soroche, o mal das alturas". *O Estado de S. Paulo.* 21 junho 2012. <http://www.estadao.com.br/noticias/arteelazer,soroche-o-mal-das-alturas,903349,0.htm>. 14 set. 2012.

_____ *Uma literatura nos trópicos.* São Paulo: Editora Perspectiva, 1978.

Santos de Oliveira, Edson. "Traços melancólicos em Guimarães Rosa: uma leitura de 'Páramo', de Estas Estórias". *Reverso* 32/59 (junho 2010): 71-76. <http://pepsic.bvsalud.org/scielo.php?script=sci_arttext&pid=S0102-73952010000100009>. 19 maio 2012.

Santos Molano, Enrique. "El día que mataron a Gaitán". *Revista Credencial Historia* 195 (março 2006). <http://www.banrepcultural.org/blaavirtual/revistas/credencial/marzo2006/abril.htm>. 1 junho 2012.

Sarduy, Severo. *Obra completa.* Paris/Madrid/México: Unesco/ALLCA XX/Fondo de Cultura Económica, 1999.

Scheibe, Fernando. "Sobre Mallarmé, vontade de jogo". *Teoria, poesia, crítica.* Susana Scramim e outros. Rio de Janeiro: 7Letras, 2012. 174-187.

Scher Pereira, Maria Luiza. "O exílio em 'Páramo' de Guimarães Rosa: dilaceramento e superação". *Psicanálise & Barroco – Revista de Psicanálise* 5/1 (junho 2007): 7-21.

Schwarz, Roberto. "A carroça o bonde e o poeta modernista". *Que horas são?* São Paulo: Companhia das Letras, 1989. 11-28.

_____ *Ao vencedor as batatas: forma literária e processo social nos inícios do romance brasileiro.* São Paulo: Duas Cidades, 1981.

_____ "Leituras em competição". *Novos estudos* 75 (julho 2006): 61-79.

Scramim, Susana. "Andrade, Darío, Lugones. Indecidibilidad, modernidad y poesia". *Boletim de Pesquisa – NELIC - Lindes / Fronteiras*, edição especial v. 2 (2009). <https://periodicos.ufsc.br/index.php/nelic/issue/view/1178/showToc>. 8 out. 2012.

Seixas Corrêa, Luiz Felipe de. "Guimarães Rosa, diplomata brasileiro". *Tópicos* - Sociedade Brasil-Alemanha, ano 46 (abril 2007): 38-39. <http://topicos.de/fileadmin/user_upload/topicos_archiv/2007_04_Topicos.pdf>. 8 out. 2012.

Silva, David Lopes da. *O pulo da onça em Guimarães Rosa: "Meu tio o Iauaretê".* Tese de doutorado. Florianópolis: Universidade Federal de Santa Catarina, 2006.

Silveira, Joel. "Guimarães Rosa nos pergunta: 'Como vão os sobreviventes?'". *Revista Continente* 63 (2006). <http://www.revistacontinente.com.br/index.php/component/content/article/2140.html>. 08 out. 2012.

\_\_\_\_\_ *Memórias de alegria*. Rio de Janeiro: Mauad, 2001.

Silveira, Tasso da. "O caminho de Gilgamesh". *Diário de Notícias* (Rio de Janeiro, 12 set. 1943): 17-23. <http://memoria.bn.br/pdf2/093718/per093718_1943_06407.pdf>. 11 março 2014.

Sirotsky, Nahum. "Bogotaço, cidade em chamas". Porto Alegre, 2008. <http://www.puggina.org/@@backup/outrosautores/news.php?detail=n1215352945.news>. 2 abril 2012.

Sloterdijk, Peter. *O desprezo das massas. Ensaio sobre lutas culturais na sociedade moderna*. Claudia Cavalcanti, trad. São Paulo: Estação Liberdade, 2002.

Sontag, Susan. *Sob o signo de Saturno*. Ana Maria Capovilla e Albino Poli Jr., trads. Porto Alegre: L&PM Editores, 1986.

Sperber, Suzi Frankl. "A virtude do Jaguar: mitologia grega e indigena no sertão rosiano". *Remate de Males* 12 (1992): 89-94. <http://periodicos.sbu.unicamp.br/ojs/index.php/remate/article/view/8635910/3619>. 8 out. 2012.

\_\_\_\_\_ *Caos e cosmos; leituras de Guimarães Rosa*. São Paulo: Duas Cidades, 1976.

Sterzi, Eduardo. "Dante e a necessidade da morte". *Trama Interdisciplinar* 4/2 (2013): 93-110. <http://editorarevistas.mackenzie.br/index.php/tint/article/view/6403>. 8 out. 2012.

Stroparo, Sandra M. "O exílio e a viagem para dentro e para fora de si: a invenção da impessoalidade em Mallarmé". *Estação Literária* 10C (fev. 2013): 39-54. <http://www.uel.br/revistas/uel/index.php/estacaoliteraria/article/view/25574>. 8 out. 2012.

Taussig, Michael. *Walter Benjamin's Grave*. Chicago: The U of Chicago P, 2006.

Tejada, Luis. *Gotas de tinta*. Bogotá: Instituto Colombiano de Cultura, 1977.

Téllez, Hernando. "El 9 de abril de 1948". *Reportaje de la Historia de Colombia*. Seleção e apresentação de Jorge Orlando Melo, tomo II, Bogotá: Planeta, 1989. 303-318.

Tirado Mejía, Álvaro. "Colombia: siglo y medio de bipartidismo". *Colombia Hoy.* Jorge Orlando Melo, org. Bogotá: Siglo XXI Editores, 1990. 102-185.

Torres Duque, Óscar. "Recepción de la obra de Aurelio Arturo: historia de una recepción insular". *Obra poética completa.* Aurelio Arturo. Barcelona/Madrid: ALLCA XX, 2003. 329-408.

Vallejo, Alejandro. *Políticos en la intimidad.* Bogotá: Ediciones Antena, 1936.

Vallejo, Fernando. *La puta de Babilonia.* Madrid: Editorial Seix Barral, 2007.

Vargas Osorio, Tomás. *Obras.* Bucaramanga: Gobernación de Santander, 1990.

\_\_\_\_\_ "Naturaleza y dirección de la poesía". *El Mausoleo Iluminado: Antología del ensayo en Colombia.* Oscar Torres Duque, Bogotá: Biblioteca Familiar Presidencia de la República, 1997. <http://www.banrepcultural.org/blaavirtual/historia/ensayo/tomas.htm>. 9 abril 2012.

\_\_\_\_\_ "Nuevo sentido de la Violencia". *El Mausoleo Iluminado: Antología del ensayo en Colombia.* Oscar Torres Duque. Bogotá: Biblioteca Familiar Presidencia de la República, 1997. <http://www.banrepcultural.org/blaavirtual/historia/ensayo/nuevo.htm>. 9 abr. 2012.

\_\_\_\_\_ *Regreso de la muerte.* Bogotá: Colcultura, 1989.

Vélez Escallón, Byron Oswaldo. "A procura d'*O caminho de Gilgamesh*, ou semblança de Gregorio Neynes". *Boletim de pesquisa NELIC* 16/25 (Florianópolis 2016): 34-60.

\_\_\_\_\_ "Borges 4D". *Variaciones Borges*s 40 (2015): 115-132.

\_\_\_\_\_ "Da carroça ao bonde não há uma linha reta: imagem e sutura no poema 'Tu' da Pauliceia Desvairada". *Teoria, poesia, crítica.* Susana Scramim e outros. Rio de Janeiro: 7Letras, 2012. 145-165.

\_\_\_\_\_ "Grande Sertão: Cordilleras". *Literatura: teoría, historia, crítica* 13/2 (julho-dic. 2011): 121-156.

\_\_\_\_\_ *Grande Sertão: veredas: uma epopéia da escrita.* Tese de mestrado. Florianópolis: Universidade Federal de Santa Catarina, 2010. <http://www.tede.ufsc.br/teses/PLIT0402-D.pdf>.

_____ "JGR-4D: 'O espelho', um despetalar de Rosa". *Cuad. CILHA* 17/1 (2016): 55-77.

Vélez Ocampo, Antonio. "Guerra de 1851". *Cartago, Pereira, Manizales: cruce de caminos históricos.* Pereira: Editorial Papiro, 2005. <http://www.banrepcultural.org/blaavirtual/modosycostumbres/crucahis/crucahis123.htm>. 5 agosto 2012.

Vidales, Luis. *La insurrección desplomada.* Bogotá: Iqueima, 1948.

Viggiano, Alan. *Itinerário de Riobaldo Tatarana: geografia e toponímia em Grande Sertão: veredas.* Belo Horizonte: Crisálida, 2007.

Viveiros De Castro, Eduardo. *A inconstância da alma selvagem e outros ensaios de antropologia.* São Paulo: Cosac & Naify, 2002.

_____ *Araweté, os deuses canibais.* Rio de Janeiro: Jorge Zahar Editor, 1986.

_____ *Encontros.* Renato Sztutman, org. Rio de Janeiro: Beco do Azougue, 2008.

_____ "Os pronomes cosmológicos e o perspectivismo ameríndio". *Mana* 2/2 (1996): 115-144.

_____ "Outro destino". *Aletria*, entrevista concedida a Maria Inês de Almeida 16 (julho-dez., 2007).

Warburg, Aby. *A renovação da antiguidade pagã.* Markus Hediger, trad. Rio de Janeiro: Contraponto, 2013.

_____ *Atlas Mnemosyne.* Martin Wanke, ed. Joaquín Chamorro Mielke, trad. Madrid: Akal, 2010.

_____ *El ritual de la serpiente.* Joaquín Etorena Homaeche, trad. México D.F.: Sextopiso editorial, 2004.

Zalamea Borda, Eduardo. *4 años a bordo de mí mismo (diario de los cinco sentidos).* Bogotá: El Tiempo, 2003.

## Lista de imagens

Capa: Manuel H., *Un tranvía en llamas frente a la Iglesia de San Francisco* (fotografia), 1948.

Diego Velázquez, V*enus del espejo (Venus y Cupido)* (óleo sobre tela), 1647-1651. Reprodução tomada de: http://pt.wikipedia.org/wiki/Ficheiro:VelazquezVenues.jpg

Goya, *La Maja desnuda* (óleo sobre tela), 1790-1800. Reprodução tomada de: http://pt.wikipedia.org/wiki/Ficheiro:Goya_Maja_naga2.jpg

Goya, *San Francisco de Borja y el moribundo impenitente* (óleo sobre tela), 1788. Reprodução tomada de: http://commons.wikimedia.org/wiki/File:San_Francisco_de_Borja_y_el_moribundo_impenitente.jpg

Goya, *El sueño de la razón produce monstruos* (Capricho 43) (água-forte), 1799. Reprodução tomada de: http://www.museodelprado.es/goya-en-el-prado/obras/ficha/goya/el-sueno-de-la-razon-produce-monstruos/

Albrecht Dürer, *Melencolia I* (gravura), 1514. Reprodução tomada de: http://pt.wikipedia.org/wiki/Ficheiro:Melencolia_I_%28Durero%29.jpg

Cesare Ripa, "Malinconia", *Iconologia*, 1630. Reprodução tomada de: NORDSTRÖM, 1989, p. 29.

Goya, *El sueño de la razón produce monstruos* (Capricho 43- primeiro esboço)(desenho), 1797. Reprodução tomada de: http://www.

museodelprado.es/goya-en-el-prado/obras/ficha/goya/el-sueno-de-la-razon-produce-monstruos-1/

Goya, *El sueño de la razón produce monstruos* (*Capricho 43*- segundo esboço) (desenho), 1797. Reprodução tomada de: http://www.museodelprado.es/goya-en-el-prado/obras/ficha/goya/sueno-1-ydioma-universal-el-autor-sonando/

Goya, *Francisco Goya y Lucientes, Pintor* (*Capricho 1*) (água-forte), 1799. Reprodução tomada de: http://www.museodelprado.es/goya-en-el-prado/obras/ficha/goya/autorretrato-francisco-goya-y-lucientes-pintor/?tx_gbgonline_pi1[gocollectionids]=26&tx_gbgonline_pi1[gosort]=d

José Ribera, *El poeta*, 1630. Reprodução tomada de: NORDSTRÖM, 1989, p. 137.

Bernard de Montfaucon, "Saturne ou le temps" (gravura), *Supplément em livre de l'Antiquité expliquée*, 1724. Reprodução tomada de: NORDSTRÖM, 1989, p. 104.

Cesare Ripa, "La historia" (gravura), *Iconologia*, 1630. Reprodução tomada de: NORDSTRÖM, 1989, p. 137.

Goya, La filosofía (esboço de *La Verdad, el Tiempo y la Historia*) (óleo sobre papel), 1797. Reprodução tomada de: http://commons.wikimedia.org/wiki/File:La_Verdad,_el_Tiempo_y_la_Historia_%28Goya%29.jpg

Goya, *Saturno devorando a un hijo (óleo* sobre reboco trasladado a tecido), 1820-1822. Reprodução tomada de: http://www.artchive.com/viewer/z.html

Nicolas Conver, *"Le pendu"* (*Tarot de Marseille*), 1761. Reprodução tomada de: http://www.albideuter.de/html/marseille_etc_-_gehaengter.html

Pamela Colman Smith, "*The hanged man*" (*Rider-Waite tarot deck*), 1909. Reprodução tomada de: http://en.wikipedia.org/wiki/File:RWS_Tarot_12_Hanged_Man.jpg

Otto Wegener, "*Le sacrifice*" (*Les XXII lames hermétiques du tarot divinatoire*, R. Falconnier), 1896. Reprodução tomada de: http://www.greendoor.narod.ru/tarotfalc.htm

Tricia Newell, "*The hanged man*" (*The Mythic Tarot*), 1988. Reprodução tomada de: http://quirkeries.blogspot.com.br/2007/11/daily-draw-mythic-tarot-hanged-man-it.html

Arnold Böcklin, *Die Toteninsel* (óleo sobre madeira), 1883. Reprodução tomada de: http://commons.wikimedia.org/wiki/File:Arnold_Boecklin_-_Island_of_the_Dead,_Third_Version.JPG

Arnold Böcklin, *Vita somnium breve* (óleo sobre madeira), 1988. Reprodução tomada de: http://www.reproarte.com/cuadro/Arnold_B%C3%B6cklin/Vita+Somnium+Breve/916.html

S/A, *Cadáveres del Bogotazo en el Cementerio Central* (fotografia), 1948. Tomada de: ALAPE, 1985, p.519.

Colombo Ramelli, *Cronos*, 1906. Cementerio Central de Bogotá.

Julián Lombana, *Pórtico del Cementerio Central de Bogotá*, 1904. Cementerio Central de Bogotá.

www.ingramcontent.com/pod-product-compliance
Lightning Source LLC
Chambersburg PA
CBHW071355300426
44114CB00016B/2079